U0941945

在百色干部学院给越南领导干部班讲“中国新农村建设的理论与实践”课照

著作主持人、第一作者简介

黄启学，壮族，1954年11月生，广西天等籍，靖西人，中共党员，1976年毕业于广西师范大学政治系。原任中共广西百色地委党校校长、地（市）委党校常务副校长、百色地（市）行政学院院长、百色干部学院邓小平理论研究中心（科研管理、学报编辑部）主任，现任中共广西百色市委党校教授。兼任广西民族发展研究会副会长、广西市场经济研究会常务理事、广西党的建设研究会特约研究员。主要从事协同理论、区域经济、党建研究。

在百色地（市）委党校任教41年。作为主要参加者参与并完成国家社会科学基金重点项目1项。主持并完成广西社会科学基金项目2项。出版专著《系统·协同理论与实践》，主编《广西民族团结协同机理研究》《广西兴边富民研究》等著作4部，副主编著作7部，公开发表《政治体制改革协同论》《研究民族团结协同机理，促进各民族人民大团结》《滇桂黔石漠化片区贫困农户可持续生计优化策略研究》《构建巩固脱贫攻坚成果，解决相对贫困的长效机制初探》等学术论文70多篇（其中全国中文核心期刊12篇）。荣获广西哲学社会科学优秀成果二等奖1项、三等奖3项，全国党校系统、国家行政学院优秀科研成果三等奖2项，广西党校系统优秀科研成果一等奖8项、二等奖2项。

曾荣获全国优秀教师、广西优秀教师荣誉称号和奖章。5次荣获百色地（市）专业技术拔尖人才荣誉称号。

李树立原常务副校长简介

李树立，壮族，1963年7月出生，广西凌云人，中共党员，在职研究生学历。原任中共百色市委党校常务副校长、百色市行政学院常务副院长、百色市社会主义学院党组成员和常务副院长，兼任百色市法学会副会长、广西领导科学研究会常任理事、广西党建研究会特邀研究员。长期从事基层党建和行政领导学的教学研究工作。曾参与广西哲学社会科学“十五”“十一五”规划课题“广西兴边富民研究”“广西县域领导干部队伍能力建设研究”等项目研究工作，发表科研论文30余篇，有多篇论文获得地厅级科社研究优秀成果奖。代表作：《营造有利于人才培养的组织气候》《民族干部的培养与民族地区经济的发展》。

罗金丁副教授简介

罗金丁，壮族，1971年生，广西田林县人，中共党员，研究生学历，经济学副教授。1995年毕业于广西农业大学经济管理专业。曾任中共百色市委办公室副主任，现任中共百色市委党校副校长、市行政学院副院长、市社会主义学院副院长。主要研究方向为农业经济、区域经济、党的建设等，在区内外刊物公开发表学术论文20篇，组织百色市委、市政府多项脱贫攻坚重大课题研究，编写多篇市委、市政府的资政报告，有多篇论文获得省地厅级科社研究优秀成果奖。代表作：《广西百色现代农业发展路径探索》《百色深度贫困现状原因及对策》《百色市高质量脱贫研究报告》《百色市巩固脱贫成果长效机制研究》。

赵堂高副教授简介

赵堂高，壮族，1968年生，广西靖西县人，中共党员，1990年毕业于电子科技大学管理工程系，现为中共百色市委党校副校长、市行政学院副院长、市社会主义学院副院长，副教授。主要研究方向为区域经济、民族经济，在区内外刊物公开发表学术论文30多篇，有多篇论文获得省地厅级科社研究优秀成果奖。代表作：《滇黔桂结合部区域经济合作研究》《创立名牌，促进欠发达地区经济的发展》。

王文亮教授简介

王文亮，壮族，1957年生，广西田林县人，中共党员，长期从事教学科研和干部教育培训工作，原任中共百色市委党校副校长、百色市行政学院副院长、百色市社会主义学院副院长，现任中共百色市委党校教授。主要研究方向是马克思主义理论、区域经济和农村经济，发表和出版了《深刻理解和把握中国特色社会主义的丰富内涵》《邓小平改革思想与百色起义精神》《西部大开发与人力资源开发》《推进经济结构调整提高经济发展质量》《经济发展战略研究》《实施乡村振兴战略研究》等论著，参与《广西兴边富民研究》等课题研究，主持在研国家社会科学课题《左右江革命老区农业供给侧结构性改革研究》等。

李永谋常务副校长简介

李永谋，壮族，1972年10月出生，广西田林县人，中共党员，大学学历。2021年1月任百色市委党校常务副校长、百色市行政学院常务副院长、百色市社会主义学院常务副院长。长期在县区工作，历任西林、靖西县委常委、组织部部长，凌云、那坡政府常务副县长，那坡县委副书记。多岗位历练，有扎实的理论基础和丰富的实践经验，在分管县区的脱贫攻坚工作中，积极创先争优，有多项工作获得全区表扬。

民族地区贫困治理与治理现代化丛书

脱贫攻坚与乡村振兴有效衔接研究

——左右江革命老区核心区百色市的探索实践

黄启学　李树立　罗金丁
赵堂高　王文亮　李永谋　等著

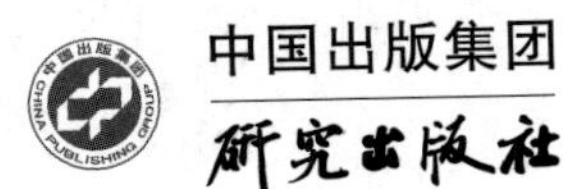
中国出版集团
研究出版社

图书在版编目 (CIP) 数据

脱贫攻坚与乡村振兴有效衔接研究：左右江革命老
区核心区百色市的探索实践 / 黄启学等著 . -- 北京：
研究出版社，2021.7
ISBN 978-7-5199-0530-9

Ⅰ . ①脱… Ⅱ . ①黄… Ⅲ . ①扶贫 - 研究 - 百色②农
村 - 社会主义建设 - 研究 - 百色 Ⅳ . ① F127.673
② F327.673

中国版本图书馆 CIP 数据核字 (2021) 第 128695 号

出 品 人：赵卜慧
责任编辑：寇颖丹

脱贫攻坚与乡村振兴有效衔接研究
TUOPIN GONGJIAN YU XIANGCUN ZHENXING YOUXIAO XIANJIE YANJIU
左右江革命老区核心区百色市的探索实践

黄启学　等　著

研究出版社 出版发行
（100011　北京市朝阳区安华里 504 号 A 座）
河北赛文印刷有限公司　新华书店经销
2021 年 7 月第 1 版　2021 年 7 月北京第 1 次印刷
开本：710 毫米 × 1000 毫米　1/16　印张：28.5
字数：426千字
ISBN 978 – 7 – 5199 – 0530– 9　定价：52.00 元
邮购地址 100011　北京市朝阳区安华里 504 号 A 座
电话（010）64217619　64217612（发行中心）

广西一流学科（培育）建设项目（桂教科研〔2018〕12号）：
百色学院马克思主义理论一流学科（培育）资助

谨以此书献给

中国共产党成立100周年，

以示纪念！

总　序

《民族地区贫困治理与治理现代化丛书》即将出版。这是我们这个志同道合的研究团队，在近年来从事民族地区治理现代化这一领域研究所取得的学术成果的一个阶段性总结，可喜可贺！

中国是一个统一的多民族国家，中国共产党始终坚持以马克思主义的民族理论为指导，不断探索走中国特色解决民族问题的正确道路。党的十八大以来，以习近平同志为核心的党中央，站在实现中华民族伟大复兴这一全局战略高度，以铸牢中华民族共同体意识为主线，以各民族共同团结奋斗、共同繁荣发展为主题，纵深推进民族地区治理现代化。尤其是在“十三五”期间，党中央把贫困治理置于民族地区治理现代化的框架下，深入实施精准扶贫、精准脱贫方略，举全党全社会之力，推动脱贫攻坚战取得全面性胜利，一举解决了数千年来困扰各少数民族的绝对贫困问题，实现了全面建成小康社会“一个民族都不能少、一个民族都不能掉队”的庄严承诺，充分体现了党的领导的政治优势和社会主义集中力量办大事的制度优势。

作为这套丛书的主撰者，我们研究团队的几个核心人物都是少数民族。尽管学科背景不一，年龄跨度很大，但大家可谓趣味相投。深厚的民族情怀是我们共同的“基因”，为促进民族地区实现现代化添砖加瓦是我们始终不渝的初心和使命！或许就是这一“缘分”，使我们自然而然地走在一起，朝着共同的目标携手奋进！

2014年，凌经球教授主持的项目获得国家社会科学基金重点项目立项，研究的主题是滇桂黔石漠化片区的精准脱贫，黄启学教授和农辉锋副教授作为凌经球教授课题组的主要成员参与该项目。同年，陆鹏副研究员的项目也获得国家社科基金项目立项，研究的主题是民族区域自治问题。2016年，农辉锋副教授的项目也获得国家社科基金项目立项，研究的主题是人口较少民族精准脱贫问题。2017年到2020年，黄启学教授在参与上述课题研究的同时，接受广西百色市的委托，对作为左右江革命老区核心区——百色市的精准扶贫问题展开了全方位研究。上述的这些课题，虽然研究侧重点有所不同，但从宏观上看都属于民族地区治理现代化的问题。2018年至2020年，我们还先后承担了原国务院扶贫办组织开展的“新时代中国县域脱贫攻坚研究丛书”的课题研究任务，主持或作为主要成员完成了对广西龙州县、田阳县（现改为田阳区）和东兰县脱贫攻坚经验的总结。几年来，围绕这一主题，我们或一同深入民族地区基层调查研究，或相聚一堂对相关问题相互切磋，或天南海北地去分享学术“盛宴”……偶尔也为某个问题、某个观点争得面红耳赤，互不相让。此间，有时跋山涉水，难免会有舟车劳顿之感，但更多的是看到民族地区发生天翻地覆变化后的惊喜之情和共享完成某项任务之后的愉悦之情。

可喜的是，上述课题恰好都在全面建成小康社会、全国人民共同迈进全面小康的关键时点上得以顺利结项。于是，我们萌发了把这些成果汇编成一套丛书，以此记录在这一伟大历史进程中，我们所走过的路和做出的一点儿微薄贡献。更可喜的是，在中国出版集团研究出版社的大力支持下，我们的愿望最终得以实现。

本套丛书共四册，分别是：《精准脱贫研究：基于滇桂黔石漠化片区贫困农户可持续生计策略优化的视角》（凌经球等）、《民族区域自治制度之治：中央与民族自治区的多维审视与互动实证》（陆鹏等）、《一个不能少：西南人口较少民族精准脱贫要略》（农辉锋等）、《脱贫攻坚与乡村振兴有效衔接研究：左右江革命老区核心区百色市的探索与实践》（黄启学等）。

是为序。

凌经球

（中共广西区委党校、广西行政学院二级教授，研究员）

2021年3月17日

代 序

决胜脱贫攻坚：书写百色发展史上的壮丽诗篇

广西百色市地处滇黔桂石漠化片区，是集“老、少、边、山、穷、库”于一体的特殊区域。截至“十二五”末期的2015年，全市有12个县（区）899个贫困村，68.2万贫困人口，贫困发生率为20.25%，贫困人口总量和贫困发生率在广西14个地级市中均居第二位，脱贫攻坚任务艰巨且极其繁重，是广西乃至全国脱贫攻坚的主战场之一。

改革开放以来，在党中央的坚强领导下，百色开启了与贫困做斗争的艰难历程。党的十八大以来，市委、市政府团结带领全市420多万各族人民，坚持以习近平总书记关于扶贫工作重要论述为引领，牢记总书记的殷殷嘱托，始终把脱贫攻坚作为最大的政治任务、最大的民生工程、最大的发展机遇，深入贯彻“精准扶贫精准脱贫”基本方略以及自治区党委“核心是精准、关键在落实、确保可持续”的基本要求，立足百色实际，探索出具有百色革命老区特色的脱贫攻坚之路，举全市之力、尽锐出战，推动脱贫攻坚取得历史性胜利。截至2019年底，全市共有9个县（市、区）729个贫困村67.8万贫困人口脱贫摘帽，贫困发生率从2012年的48.95%下降到1.08%。2020年，面对突如其来的新冠肺炎疫情，百色市以超常规之举真正答好这一“加试难题”。到10月末，未摘帽的3个贫困县170个贫困村3.78万贫困人口也如期实现了脱贫摘帽，取得了脱贫攻坚战的全面胜利，奋力谱写了百色发展史上最壮丽、最宏伟的诗篇。

百色打赢脱贫攻坚战的艰难历程，就是一部各族人民在中国共产党的坚强领导下，充分发挥社会主义制度优势，依靠人民一举战胜绝对贫困的恢宏历史。回望走过的路，百色与贫困做斗争的历史进程波澜壮阔，打赢脱贫攻坚战的做法和经验可圈可点。

一是以脱贫攻坚统领革命老区振兴。百色是左右江革命老区的核心区。脱贫攻坚中，各级党委政府坚决贯彻落实习近平总书记关于“深度贫困地区的区域发展是精准扶贫的基础”的重要指示精神，坚持以脱贫攻坚统揽经济社会发展全局，促进百色老区全面振兴。推动交通基础设施提档升级，2016年至2019年，全市累计投资133.78亿元硬化村组道路1.53万公里，使连接城乡的“毛细血管”畅通无阻；南昆高铁全线贯通，圆了老区人民的“高铁梦”，先后建成合（浦）那（坡）、乐（业）百（色）、河（池）百（色）高速公路，除西林县外实现了“县县通高速”；百色巴马机场航线加密；千吨级右江航道直达港澳，通江达海抵边的交通网络体系日臻完善，昔日交通末梢的边陲小城华丽蜕变为西部陆海新通道的交通枢纽和开放前沿城市。推动产业转型升级迈上新台阶。以强龙头、补链条、聚集群为抓手，重点建设铝精深加工核心集聚区，打造交通用铝等五条产业链，氧化铝就地加工转化率达42.3%，生态铝的“二次创业”带动了工业高质量发展；着力打造水果、茶叶、油茶、桑蚕等特色优势产业，推动农产品向精深加工延伸，促进乡村产业融合发展。“百色芒果”入选中国农业品牌全国百强榜第14位，县域有机农业规模占全国十二分之一，现代特色农业发展强劲；中国龙邦—越南茶岭跨境商贸物流园区等一批现代服务业聚集区不断壮大，电子商务、快递物流等现代服务业快速增长，服务业占GDP比重提升到40.1%。2019年全市地区生产总值达1257.78亿元，比2012年增长1.66倍，“十三五”前四年年均增长速度达8.4%，高于全国和全区平均水平，地区生产总值、城乡居民人均可支配收入提前一年实现“翻番”目标。推动社会事业加快发展，着力打好义务教育、基本医疗、住房安全和饮水安全“四大战役”；创新推进低保审批权下放乡镇改革，实施健康扶贫“五个一”工程，构建“一站式服务”等工作机制；实现最低生活保障、医疗保险、养老保险、医疗救助全覆盖。统筹打好污染防治攻坚战，持续推进美丽百色建设。2019年森林覆盖率达78.24%，列自治区第一位，空气质量优良率达95.6%，地表水质排全国最好城市前30位。昔日贫穷落后的百色革命老区业已旧貌换新颜，正与全国同步迈入全面小康社会，人民群众的获得感、幸福感、安全感与日俱增，以崭新面貌告慰革命先烈。

二是以老区精神淬炼克难攻坚斗志。革命老区是中国革命的根，老区精神是中国共产党的魂。1929年，邓小平等老一辈无产阶级革命家领导了震惊中外的百色起义，在中国革命史上写下了光辉的一页，在血与火的洗礼中淬炼出百折不挠、实事求是、依靠群众、团结奋斗的百色起义精神。脱贫攻坚是决胜全面小康中必须打赢的一场“硬仗”，“不是轻轻松松一冲锋就能解决的”。从百色来看，12个县（市区）中有9个国家扶贫开发工作重点县，其中深度贫困县和深度贫困村都占到广西全自治区的三分之一，且有隆林各族自治县和那坡县两个极度贫困县，贫困面广、贫困程度深，脱贫难度大。面对如此艰巨繁重的脱贫攻坚任务，百色人民以百色起义精神铸“魂”，凝聚起打赢脱贫攻坚战的磅礴伟力。立下了老区精神不能丢，贫困帽子必须“脱”的雄心壮志，将百色起义精神内化为攻克贫困堡垒的强大动力，外化为攻城拔寨的实际行动，激发全市上下决战决胜脱贫攻坚的信心与决心。用百色起义精神壮“筋”，着力锻造一支敢打硬仗的干部队伍。将弘扬百色起义精神与发挥党员先锋模范作用有机结合，坚持把敢打善战的党员干部放在脱贫攻坚第一线，让他们在脱贫攻坚中建功立业、创优争先，用党员干部的“辛苦指数”换取人民群众的“幸福指数”。以百色起义精神注“力”，重视精神“补钙”，充分挖掘革命战争年代老区人民为新中国的解放事业英勇献身的红色历史素材和改革开放以来莫文珍、吴天来等为甩掉贫困帽而带领群众艰苦奋斗的鲜活典型，以新时代农民讲习所等为平台，强化感党恩、听党话、跟党走教育，让贫困群众摆脱贫困的激情燃烧起来、脱贫攻坚的信心树立起来、开拓进取的精神激发出来，充分发挥贫困群众脱贫攻坚的主体性作用，不断增强其发展的内生动力。

三是以榜样力量激励干部担当实干。伟大时代呼唤伟大精神，崇高事业需要榜样引领。黄文秀同志是在脱贫攻坚实践中涌现出来的新时代先进典型，作为一名全国知名高校毕业的硕士，她放弃了在大都市和沿海发达地区发展的机会，毅然回到家乡投身于老区建设，在脱贫攻坚第一线倾情投入、奉献自我，用美好青春诠释了共产党人的初心使命，谱写了新时代的青春之歌，得到习近平总书记的充分肯定和高度赞扬，被授予“全国优秀共产党员”“时代楷模”等一系列光荣称号。一年多来，百色市贯彻落实习近平总书记对黄文秀先进事迹作出的重要指示精神，结合“不忘初心、牢记使命”主题教育，深化“学文秀、争优秀、创一流”活动，建立健全“学文秀、促担当”长效机制，推动学习黄文秀同志先进事迹、争当“黄文秀式好干部”制度化、常态化建设。这些重大举措极大促进了广大党员干部自觉地以黄文秀同志为榜样，传承她“不忘初心、牢记使命，勇于担当、甘于奉献”的优秀品质，在决战绝对贫困、决胜全面小康的伟大实践中甘吃苦、乐奉献、敢担当、善作为，聚焦“两不愁三保障”短板弱项，攻克“收官之战”的一座又一座堡垒、解决一道又一道难题、啃下一块又一块硬骨头，为高质量打赢脱贫攻坚战，确保百色与全国同步迈入全面建成小康社会发挥了巨大作用。

四是以深（圳）百（色）扶贫协作助推脱贫摘帽。“同饮一江水、两广一家亲。”改革开放后先富起来的广东省广州市践行邓小平“先富帮后富”的思想，自1996年起便对口帮扶百色。2016年深圳市“接棒”广州市帮扶百色之后，深百双城深入贯彻落实习近平总书记关于东西部协作扶贫的重要讲话精神，多措并举深化粤桂扶贫协作，助推百色高质量脱贫，彰显出“深圳给力、百色努力、攻坚合力、脱贫有力”的扶贫协作范例。首先，构建高效协作组织体系，以市级统筹谋动、联席会议推动、结对帮扶带动、工作专班促动为牵引，形成市、县、乡、村四级结对帮扶工作新格局。其次，深入推动产业帮扶，重点打造特色小镇和深百工业园，培育百色脱贫“造血干细胞”。2016年以来，深圳市累计投入18.61亿元，实施帮扶项目647个，共建产业园43个，引进107家广东企业到百色投资发展扶贫产业，惠及805个贫困村

51.71万建档立卡贫困人口。夯实就业劳务协作平台，共建扶贫车间86个，吸纳就业人数4325人；联合举办劳务协作培训班626期，培训贫困人口2.28万人次，帮助贫困劳动力实现就业5.57万人。深化拓展消费扶贫，组织举办百色芒果推介会、百色名特优农村产品交易会等，扩大百色特色农产品影响力；开展百色扶贫产品“圳品”认证，推动深圳线上线下采购百色扶贫产品，消费扶贫金额累计达10.87亿元。拓展教育医疗等领域协作，实施“琢文君·同一堂课”乡村教师培训计划，促进百色教师能力提升；组织开展“深百医院”结对帮扶，举办高端医疗手术示范，援建远程诊疗项目，极大地提升了百色老区医疗水平。深圳市的倾情帮扶，为百色市顺利脱贫摘帽起到了积极推动作用，塑造了东西部扶贫协作的典范。

五是以抓住重大机遇引领新发展。在“十三五”规划即将全面收官的2020年3月，国务院批复同意设立广西百色重点开发开放试验区，百色成为全国首个重点开放开发试验区全覆盖的地级市。百色革命老区迎来了又一次大的发展机遇。百色市围绕将百色试验区建成我国与东盟高质量共建“一带一路”的重要平台、辐射带动周边经济发展的重要引擎、稳边安边兴边模范区、生态文明建设示范区的战略定位，以高质量决胜脱贫攻坚为新起点，擘画“十四五”发展新蓝图，开启左右江革命老区核心区振兴新征程。着力夯实“强”的基础，将百色高新技术产业开发试验区建设成为国家产业创新中心，打造数字经济产业园，以“科创飞地”支撑“外地研发+百色制造”发展模式；建设支撑现代产业体系高质量发展、高效融入国内大循环和国内国际双循环新发展格局的交通网络、数据平台、产业基础等。着力提升“美”的颜值，做大做强生态铝产业，推动产业生态化和生态产业化良性互动。充分发挥百色在红色资源、健康养生、天然氧吧、避寒避暑胜地等方面的独特优势，推进文旅、农旅、康养深度融合，积极创建国家全域旅游示范区，将生态美的颜值加速转化为百姓富的价值。着力做足“边”的文章，加快完善出边通道设施，推进边境口岸智能化升级，创新边民互市贸易政策，探索开展跨境电商B2B出口新模式，建设多业态、多模式的跨境经济区、边境经济合作区，推动开放型经济创新发展。加强边境地区社会治理创新，切实维护民族团结，巩固边疆安宁。推动广西百色重点开发开放试验区取得实质性进展，打造全面融入“一带一路”建设的对外开放新高地，建成经济强、生态美、百姓富、文化兴、边疆稳的壮美新百色，为加速左右江革命老区振兴做出百色新贡献。

党的十九届五中全会指出，“十四五”时期是我国全面建成小康社会、实现第一个百年奋斗目标之后，乘势而上开启全面建设社会主义现代化国家新征程、向第二个百年奋斗目标进军的第一个五年。在这一重要的历史关口，习近平总书记曾多次强调：“脱贫摘帽不是终点，而是新生活、新奋斗的起点。”可见，贯彻落实党的十九届五中全会精神，推动实现巩固拓展脱贫攻坚成果与乡村振兴有效衔接，是开启百色人民“新生活、新奋斗”起点的题中之义，也是促进百色高质量发展的必然要求，更是到2035年确保百色市与全国同步基本实现社会主义现代化的客观需要。对此，百色市具有较高的“政治领悟力”。早在2019年初，市脱贫攻坚指挥部就将“百色市巩固脱贫攻坚成果长效机制研究”作为年度重点研究项目，组织全市最强的研究团队展开联合攻关。在此基础上，2020年市脱贫攻坚指挥部再次组织百色市委党校骨干力量对该课题的成果进行深化与拓展，形成了即将呈现给读者的这本《脱贫攻坚与乡村振兴有效衔接研究——左右江革命老区核心区百色市的探索实践》一书。该书以习近平总书记关于扶贫工作的重要论述为指引，以百色市感天动地的脱贫攻坚实践为分析样本，系统回顾了百色战胜绝对贫困的伟大历程，全面总结了百色打赢脱贫攻坚战的基本经验，深刻分析了脱贫攻坚圆满收官后百色面临的形势与任务、机遇和挑战，着重阐述了巩固拓展脱贫攻坚成果与乡村振兴有效衔接、促进百色乡村持续稳步发展的长效机制。该书的出版发行，既是对脱贫攻坚在百色发展史具有标志性意义的重大事件的一个交代，也是对百色推动全面建设社会主义现代化新实践的一个启示，更体现出百色市委党校围绕中心、服务大局的担当精神。

百色是生我养我的故乡，右江两岸那片富有传奇色彩的福地，永远是我这辈子魂牵梦萦的故园。1982年1月大学毕业之后，我曾在坐落于右江南岸的田东县思林中学迈开了人生奋斗的新起点。近四十年来，我既见证了百色改革开放以来特别是党的十八大以来发生的历史性变化，更为百色发展所取得的历史性成就而无比欣慰。这些年来，无论走到哪里，也不论在任何场合，我都为自己是百色人而无比骄傲和自豪！

我坚信，百色的明天一定会更加美丽富饶！

衷心地祝福我的父老乡亲日子越过越红火！

是为序。

凌经球

2021年1月13日于柳心湖畔

目　录

CONTENTS

第十五章 百色精准脱贫的重大成就及基本经验

第十六章 百色巩固脱贫与乡村振兴面临的机遇和挑战

第十七章 构建巩固拓展脱贫成果与乡村振兴有效衔接长效机制

第十八章 实行“主体责任”不撤担

第十九章 实施“三兴”不放松

第一章

百色扶贫脱贫的实践历程

百色市（原百色地区，2002年撤地设市，以下简称“百色”）位于广西西部，东与南宁市相连，西与云南毗邻，南与越南交界，北与贵州接壤，是一个地处滇、黔、桂三省（区）及中越边境交界的地带，是集“老、少、边、山、穷、库”六位一体的特殊区域。所谓“老”，是指百色是邓小平同志于1929年12月11日组织领导和发动了著名的百色起义、建立革命根据地的老区；所谓“少”，是指百色居住着壮族、汉族、瑶族、苗族、彝族、仡佬族、回族7个世居民族，少数民族人口占总人口的87%；所谓“边”，是指百色边境线长达360.5千米，在相当长的一个时期，百色各族人民为保卫边疆、建设边疆做出了历史性贡献；所谓“山”，是指百色山区占总面积的95.4%，平地台地只占4.6%，是典型的石山地区；所谓“穷”，是指百色还是一个贫穷地区，2015年精准识别之后，百色还有899个贫困村68.2万贫困人口，贫困发生率20.25%，属全国、全区脱贫攻坚主战场之一，扶贫任务十分艰巨；所谓“库”，是指百色是水库移民区，水库移民人口达12万多人。正因为这“六位一体”，使得百色精准扶贫与其他贫困地区相比具有明显的特殊性，是深度贫困地区，其问题更多、难度更大、过坎更艰、任务更重。百色行政辖区有右江、田阳、田东、平果、德保、靖西、那坡、凌云、乐业、田林、隆林、西林共12个县（市、区）135个乡镇（街道）1796个行政村和76个社区，总面积3.63万平方千米，2019年末全市总人口422.68万人。[①] 百色贫困

① 百色市2019年国民经济和社会发展统计公报。

原因复杂多样，主要表现：一是石漠化严重，全市石漠化面积71.54万公顷，占全市总面积的19.7%，其中重度石漠化面积44.5万公顷，占石漠化总面积的62%，在广西14个市中位列第一。一是耕地零碎贫瘠，山多田地少；二是长期交通不便，农村基础设施极其落后，农业生产水平很低；三是贫困农民的素质普遍低，“等、靠、要”思想较严重，内生动力不足。

改革开放以前，百色地区有250多万农民生活在温饱线下。党的十一届三中全会后，我国把工作重点转移到经济建设上，通过经济体制改革，调整国民经济运行，增加农民收入，提高农民生活水平。1978年至1985年的扶贫开发工作尚在孕育阶段，1986年至1993年，国家开始实施有计划、有组织地扶贫开发后，百色地区进入了严格意义上的扶贫开发工作阶段。百色市历届党委、政府也始终把脱贫攻坚作为工作的重中之重，有计划、有组织地开展了一系列的扶贫开发工作，通过构建政策体系、部署脱贫精准措施、加大对口帮扶、建强扶贫队伍、构建产业扶贫发展体系、开展扶贫路径创新等，全面落实中央和自治区脱贫攻坚部署。党的十八大以来，特别是2015年脱贫攻坚战打响以来，百色市委市政府坚持以脱贫攻坚统揽经济社会发展全局，切实把脱贫攻坚作为最大政治责任、最大民生工程、最大发展机遇，聚焦“两不愁三保障”脱贫摘帽目标，全面落实“六个精准”和“五个一批”方略，按照“核心是精准、关键在落实、确保可持续”的要求，围绕“为何扶、扶持谁、谁来扶、怎么扶、如何退、如何稳”这六个问题，精准施策，尽锐出战，脱贫攻坚战取得了决定性胜利，全面完成了脱贫攻坚任务，与全国全区一道全面建成小康社会。35年来，百色市各级党委、政府不懈奋斗，为天地立心，为生民立命，率领全市各族人民在实践中砥砺前行，为改变贫穷落后面貌进行了艰苦卓绝的探索，经历了扶贫开发、“八七”扶贫、扶贫攻坚、精准扶贫等四个阶段，走出了一条符合百色实际的扶贫脱贫路子，用勤劳的双手和汗水谱写了波澜壮阔的百色脱贫攻坚新史诗。

一、1985—1993年扶贫开发阶段

（一）1985—1993年扶贫开发阶段的概况

百色扶贫的第一个阶段是从1985年到1993年。这一阶段是政府主导型的大规模开发式扶贫阶段。自1978年改革开放之后，扶贫工作就提到了国家的重要议事日程，目标是解决农村贫困人口的温饱问题，脱贫的重点在农村。党的十一届三中全会后，家庭联产承包责任制逐渐推行，农村的生产力得以解放，没有解决温饱的贫困人口从2.5亿减少到1.25亿，贫困发生率降为14.8%。1980年到1985年间，百色就已经开始认真贯彻落实党的十一届三中全会以来的一系列方针政策，全地区农村没有解决温饱的贫困人口从269万人减少到236万人，贫困发生率由79.4%下降到78.8%。

1985年，百色农村贫困人口有236万人，尚有67.8万人、53.6万头大牲畜饮水困难，有816个行政村不通公路，610个行政村不通电、不通邮、不通广播电视、不通电话等，贫困发生率为78.8%。百色人年均收入249元，人均地区生产总值为445元，仅为全国平均数的39%；人均工业产值117元，是全国的14%；人均财政收入23元，是全国的12%；农民人均纯收入138元，是全国的32%。人均纯收入200元以下的县有9个：德保、靖西、那坡、凌云、乐业、隆林、西林、田东、平果县；人均纯收入均超过200元的有3个县（市）：百色（现在的右江区）、田阳、田林。对照国家专项资金扶持的贫困县定点标准（人均纯收入在206元以下），1986年百色被列为国家专项资金扶持的贫困县（简称国定贫困县）的有田东、平果、德保、靖西、那坡、凌云、乐业、隆林、西林等9县，被列为用中央和地方其他扶贫资金扶持的贫困县（简称区定贫困县）为百色、田阳、田林3县（市）。由于受社会、经济、历史、自然、地理等多方面的制约，百色与发达地区相比，在经济文化、社会发展等方面的差距很大，农村发展不平衡问题突出，特别是自然条件恶劣、社会发育程度低、生产条件差、基础设施很落后的贫困农村，有相当一部分人口经济收入难以维持其生存的基本需求，缺衣少食，居住条件恶劣。能否尽快改变贫困地区的贫困落后面貌，帮助贫困农村解决温饱问

题，直接关系到改革开放、政治稳定、民族团结、社会稳定、边防巩固和国民经济的发展。

（二）1985—1993年扶贫开发阶段的举措

1986年，国务院贫困地区经济开发领导小组成立（1993年更名为“国务院扶贫开发领导小组”），决定在全国范围内有计划、有组织地开展大规模的扶贫开发工作，农村扶贫随之进入制度化时期。针对一些地区发展缓慢、一部分群众生产生活条件非常困难的情况，国家成立专门工作机构，安排专项资金，制定专门的优惠政策，并对传统的救济式扶贫进行彻底改革，确定了开发式扶贫的方针。1986年，时任中共中央总书记胡耀邦第二次视察百色，鼓励百色充分利用自身气候优势，大力发展芒果、香蕉、大果山楂等产业，帮助贫困群众尽快走上致富之路；1987年，国家民委组成考察组专程来百色考察并帮助制定十大商品生产基地发展规划，促进了百色地区经济社会的发展。广西壮族自治区党委、政府也先后作出了《关于加强扶贫工作的决定》《关于“八五”期间扶贫开发工作的决定》，把扶贫开发作为一项主要内容列入“七五”“八五”国民经济发展计划，采取一系列切实有效的措施，动员全社会力量开展扶贫工作。当时的百色市（现右江区）按照党中央、国务院以及自治区的部署，采取有效措施，有计划、有组织、大规模地实行开发式扶贫，标志着百色的扶贫开发工作进入了一个新的历史时期。主要举措：一是建立健全组织机构。为了更好地开展扶贫专项工作，百色于1984年12月成立了百色地区“老少边山穷”工作办公室，1989年更名为“百色地区贫困地区经济开发办公室”，1992年又更名为“百色地区扶贫开发领导小组办公室”。领导机构建立后必须配套相应的领导体系和工作机构，百色地区于1985年开始建立健全扶贫工作领导体系和工作机构，建立挂钩扶贫联系工作机制，派遣工作队进村入户扶贫，鼓励机关企事业单位参与农业综合开发，表彰奖励致富带头人，制定和落实优惠政策，对传统的民政救济式扶贫进行彻底改革，变救济式扶贫为开发式扶贫，变“输血型”扶贫为“造血型”扶贫，为扶贫开发工作提供了坚实的组织保障。二是加强政策制定。1992年百色地委、行署颁发了《关于加强扶贫开发工作的若干规定》等七个政策性文件，1993年百色地委、行署又特地召开会议，研究制定百色地区群众脱贫、财政脱帽的战略性规划方案，确立了《百色地区建设百万亩优质烤烟基地规划报告》《百色地区芒果基地建设方案》《百色地区异地开发规划》等[①]政策，为百色地区扶贫工作提供政策保障。三是加大资金投入。1985年百色地委、行署召开工作会议，提出在不放松粮食生产的前提下，建立“十大商品基地”，实施“农民下山进城入谷工程”，通过加大扶贫资金投入力度，大搞种养开发，不断促进百色经济社会的快速发展。1986年以后，国家越来越重视扶贫开发工作，扶贫资金不断增多，百色坚持以项目定资金，变单项资金投入为综合投入，把扶贫资金集中使用，不断加强贫困地区的基础设施建设。四是严格计划生育。百色地区通过严格控制人口过快增长，提高人均占有水平，组织劳务输出，增加农民收入，巩固了扶贫开发工作成果。

这个阶段的开发式扶贫，对解决群众温饱问题起到了积极作用，在一定程度上改变了百色地区贫困落后的面貌，给百色落后的经济社会的发展带来了希望。

（三）1985—1993年扶贫开发阶段的成效

1985年至1993年，面对贫困面广、贫困人口多、扶贫任务重的状况，百色的扶贫开发工作始终坚持社会效益与经济效益相统一的原则，走开发式的扶贫路子。这段时间的扶贫开发工作，共投入了8.02亿元的扶贫资金和扶贫物资，突出的成效主要体现在“十大商品生产基地”的建立和实施以工代赈工程。

1985年8月，百色地委、行署明确提出了十大商品基地建设的任务后，分别建立了芒果、大果山楂、刺梨、八角、杉木、田七、黄牛、甘蔗、茶叶、油桐十个生产基地。据统计，到1991年，全地区糖蔗种植面积37万亩，产量11亿多公斤，田七种植1.13万多亩，茶叶种植面积达6.37万亩，用材林150万亩以上，八角总产量149.31万公斤，茴油总产量33.67万公斤，油桐籽产量

① 周炳群：《百色扶贫开发史（上）》，广西人民出版社2016年版，第97、955页。

1732.81万公斤，牛存栏数94.50万头，出栏肉用牛4.47万头，茶叶产量118.99万公斤，芒果产量79.66万公斤，刺梨种植面积1万多亩，野生刺梨面积2000亩，山楂种植面积约3万亩。“十大商品生产基地”的建成直接提高了农民经济收入，促进了农业经济的发展，解决了部分农民的贫困问题。

1985年至1991年，为了改善困难群众生产生活条件，国家采取以工代赈方式，开展改造农田水利、农村公路等基础性建设。1984年至1987年间，通过以工代赈建设项目，修建四级公路120条，总长为1996公里，总投资为2365.26万元；修建水利工程1003处，总投资为1601.13万元。1989年到1992年间，自治区下达给百色的以工代赈工程项目共1368个，累计拨给投资款9829.56万元。在其他项目建设方面，修建公路22条，总投资为3801.66万元；完成水利工程项目152项，总投资1230.56万元；共建成人畜饮水工程项目865项，实际投资1230.99万元；完成以工代赈改造中低产田面积达36.36万亩，完成投资任务780.88万元。① 百色地区的水、电、路等基础设施得到了进一步的改善，到1993年底，全国农村没有解决温饱的贫困人口由1.25亿人减少到8000万人，平均每年减少640万人，贫困发生率由14.8%下降到8.7%。百色与全国同步，全地区没有解决温饱的贫困人口由1985年的236万人减少到1993年的143万人，贫困发生率由78.8 %下降到50.1%，减少了28.7个百分点；农民人均收入大幅度提高，由1985年的138.96元提高到1993年的482.77元，为在20世纪末全地区基本解决温饱问题奠定了坚实基础。

二、1994—2000年“八七”扶贫攻坚阶段

（一）1994—2000年“八七”扶贫攻坚阶段的概况

百色扶贫的第二个阶段是从1994年至2000年，这个阶段是解决农村温饱扶贫攻坚阶段，以1994年4月15日，党中央、国务院《国家八七扶贫攻坚计

① 周炳群：《百色扶贫开发史（上）》，广西人民出版社2016年版，第88-91页。

划》（国发〔1994〕30号）的公布实施为标志，中国的扶贫开发进入了最艰难的攻坚阶段。《国家八七扶贫攻坚计划》明确要求集中人力、物力、财力，用7年左右的时间，基本解决8000万农村贫困人口的温饱问题。在新的扶贫计划下，中国进一步从救济式扶贫向开发式扶贫转变，不同政府部门分别制定本部门的方案，在资金、技术、物资上也有所倾斜，并出台了很多信贷、财税、经济开发等扶贫优惠政策。

1994—2000年，将农民年人均纯收入300元以下的确定为贫困人口，列为扶贫的对象。1994年，在全地区尚未解决温饱的143万贫困人口中，有26.12万人居住在人均耕地0.5亩以下的大石山区，有84.74万人每年的人均口粮低于200公斤，有65.74万人每年的纯收入低于300元，有83.37万人饮水困难。据统计，1991年到2001年，百色地区国定贫困县共有10个，即田东、平果、德保、靖西、那坡、凌云、乐业、田林、隆林、西林；有区定贫困县2个，即县级百色市和田阳县，扶贫开发任务依然艰巨。

（二）1994—2000年“八七”扶贫攻坚阶段的举措

在1994—2000年“八七”扶贫攻坚阶段，全地区集中人力、物力、财力，全面展开“扶贫攻坚”，组织开展人畜饮水建设、村级公路建设、茅草房改造、村村通电建设、村村通广播电视建设、改善学校办学条件、地头水柜建设、异地安置建设、农村沼气池建设、屯级道路建设等“十大会战”，有效解决了山区农村的“饮水难、行路难、用电难、上学难、看病难”等问题。发动社会力量，实施攻坚式扶贫，实施“造福工程”搬迁，推行“小额信贷”，推进脱贫致富与奔小康结合，坚持开发式扶贫，坚持扶贫到村、到户。主要举措：一是贯彻落实各级各类脱贫攻坚政策。1996年9月，党中央、国务院联合召开了中央扶贫开发工作会议，作出《关于尽快解决农村贫困人口温饱问题的决定》，10月31日至11月1日，时任中共中央总书记、国家主席、中央军委主席江泽民第二次到百色视察扶贫工作，关心百色贫困群众的生产生活，重视百色的扶贫工作。自治区党委、政府根据中央扶贫工作的任务和要求，先后制定了《广西贫困石山地区部分群众异地安置试点方案》《广西壮族自治区石山地区部分贫困群众异地安置工作若干规定》《广西壮族自治区小额信贷扶贫实施管理办法》《广西壮族自治区特困村扶贫标准及验收办法》《关于贯彻落实〈中共中央　国务院关于尽快解决农村贫困人口温饱问题的决定〉的意见》《关于力争1999年基本解决全区农村贫困人口温饱问题的通知》等规定和政策。为切实解决百色地区农村贫困人口温饱问题，百色地委、行署根据《国家八七扶贫攻坚计划》和《广西实施〈国家八七扶贫攻坚计划〉方案》等决定与实施办法，也作出《关于确保本世纪末解决全地区贫困人口的温饱问题的决定》（百发〔1996〕57号文），为解决百色地区贫困人口的温饱标准和目标厘清思路，强化措施，确保扶贫攻坚目标任务的完成。接着，于1998年4月1日研究作出《关于1998年基本解决全地区农村贫困人口温饱问题的决定》（百发〔1998〕17号文），要比自治区要求的时间提前一年，即1998年基本解决全地区农村贫困人口温饱问题。二是建立健全党政“一把手”扶贫工作责任制。百色不断增强危机意识、责任意识和担当意识，强调建立健全党政“一把手”扶贫工作责任制，强调各级党政“一把手”尤其是国定贫困县的县委书记和县长，要以高度的责任感和使命感，亲自抓扶贫开发，抓解决温饱问题，从1996年开始实行扶贫资金、权力、任务、责任“四到位”，实行脱贫目标责任制和农村党员干部包干扶贫责任制，做到层层分解目标，层层落实责任，限期完成任务。同时，采取选派工作队和党政机关与贫困县乡村挂钩联系，以及发挥群众团体、民主党派、驻军部队、边防武警的作用等办法，形成了扶贫开发始终是在党委的领导下、政府的倡导下全社会参与的广泛行动。三是提供充足的财政资金保障。1994年至2000年间，中央专项扶贫资金累计投入1242亿元，2001年至2005年各年的专项扶贫资金总额分别为305亿元、311亿元、319亿元、327亿元、314亿元，为扶贫工作提供了坚实的资金保障。

（三）1994—2000年“八七”扶贫攻坚阶段的成效

百色在《国家八七扶贫攻坚计划》实施后，扶贫攻坚力度加大，贫困人口逐步减少，贫困地区的生产生活条件和基础设施有了很大改善，建成家庭水柜2.06万个、水池3986座、引水工程895处，解决人畜饮水问题，修通578

条4417.76公里村级公路，完成茅草房改造2.4万户80余万平方米，完成10千伏输电线路架设1527.28公里，扩建校舍面积89.31万平方米[①]，极大地促进了农村传统生活方式的改变和生态环境的改善，基本上解决了群众行路难、饮水难、用电难等生产生活问题。同时，百色的蔬菜、蔗糖、水果、烤烟、桑蚕、茶叶、香料、竹子、中草药等一批特色农产品支柱产业已逐步形成规模。百色经过1994年到2000年"八七"扶贫攻坚阶段艰苦卓绝的努力，如期实现了"八七"扶贫攻坚计划目标，贫困群众收入逐年增加，农村贫困落后面貌有了明显的变化，为下阶段的扶贫工作奠定了坚实的基础。

三、2001—2012年扶贫攻坚阶段

（一）2001—2012年扶贫攻坚阶段的概况

百色扶贫的第三个阶段是从2001年到2012年，这个阶段的扶贫开发工作进一步深入，农村贫困人口中最低收入者被作为扶贫开发的对象。2001—2005年将农民年人均纯收入625元以下的确定为贫困人口，列为扶贫的对象。据2000年年底统计，百色地区农民年人均纯收入在625元以下的有52.88万人，占当年全地区总人口365.46万人的14.47%。

进入21世纪，扶贫开发工作的形势、任务、目标、内容及政策措施等都发生了新的变化，为做好新阶段的扶贫开发工作，2001年国务院出台了《中国农村扶贫开发纲要（2001—2010年）》和《国家扶贫开发工作重点县管理办法》。国家按照集中连片开发的原则，把贫困人口集中的中西部少数民族地区、革命老区、边疆地区和特困地区作为扶贫开发的重点对象，并在上述四类地区确定扶贫开发工作重点县。2011年国务院出台了《中国农村扶贫开发纲要（2011—2020年）》，表明我国扶贫开发已经从以解决温饱为主要任务转入巩固温饱成果、加快脱贫致富、改善生态环境、提高发展能力、缩小发展差距的新阶段，到2020年，要稳定实现农村贫困对象不愁吃不愁穿，保

① 周炳群：《百色扶贫开发史（上）》，广西人民出版社2016年版，第187-189页。

障其义务教育、基本医疗条件和住房，使贫困地区农民纯收入高于平均水平，基本公共服务的指标要接近全国平均水平。

（二）2001—2012年扶贫攻坚阶段的举措

2001—2012年扶贫攻坚阶段，百色坚定不移地把扶贫开发当作长期的中心工作任务来抓。主要举措：一是继续强化组织领导。百色继续延续党政“一把手”扶贫工作责任制，更加细化任务、职责、目标、考核等内容，实行党政“一把手”［如县（区）、乡（镇）党政“一把手”和行政村的党支部书记、村委会主任］负总责、单位包村扶贫、干部与贫困户结对帮扶三个责任制，层层分解落实扶贫工作指标各项任务、职责、目标，并把扶贫工作指标完成情况作为单位和单位领导、干部年终考核的重要内容。二是持续出台优惠政策。2003年12月24日，百色地委、行署专门研究制定了《关于进一步巩固提高扶贫开发成果，加快全面建设小康社会步伐的决定》（百发〔2003〕47号），2006年签署《“十一五”时期广州百色扶贫协作计划协议书》，明确了当时及之后一个时期的扶贫开发总体思路和目标。同时，百色抓住国家重点扶持和西部大开发等机遇，促进全市经济社会发展。广西壮族自治区政府根据中央的部署和要求，通过研究贫困人口数量、农民收入状况、基本生产生活条件以及扶贫工作情况、人均国内生产总值、人均财政收入等指标，拟定广西国家扶贫工作重点县名单并报国务院审批，国务院扶贫开发领导小组审核确定后，下发通知，将百色的田东、平果、德保、靖西、那坡、凌云、乐业、田林、隆林、西林等10个县列为国家扶贫工作重点县。三是制定有力的实施规划。按照党中央、国务院部署的新一轮定点扶贫开发工作目标任务，百色进一步加大了扶贫攻坚的力度，通过制定实施扶贫开发“十一五”“十二五”规划，着力推进“一大工程”（贫困村整村推进工程）、开展“两大试点”（民政低保与扶贫开发两项制度有效衔接试点、石漠化综合治理与扶贫开发试验区试点）、落实“两大任务”（重点助农增收的产业开发任务、劳动力技能培训任务）、组织“三大会战”（兴边富民大会战、桂西五县基础设施建设大会战、大石山区人畜饮水工程建设大会战），发展种植业和改善基础设施建设。2000—2002年，百色地委、行署积极探索参与西部大开发，地区行署于2000年5月中旬召开了专员办公会和专题座谈会，专题研究抓住西部大开发机遇，加快百色发展的问题，谋划百色在基础设施建设、产业结构调整、生态保护与建设、发展科技与教育和对外开放等方面的发展战略，通过制定有力的实施规划，促进了百色各方面的建设和发展。四是及时调整扶贫开发政策。2011年，中国农村扶贫开发工作进入了更高一级的发展阶段，扶贫标准也跟着提高，中央政府以农民人均纯收入2300元作为新的国家扶贫标准，我国的扶贫对象由2010年的2688万人上升到1.28亿人，占农业户籍人口的13.4%。2011年11月，中央扶贫开发工作会议召开，确定了之后十年扶贫开发工作的总体目标，调整了扶贫开发政策，党中央、国务院制定了《中国农村扶贫开发纲要（2011—2020年）》，对于进一步加快贫困地区发展、促进共同富裕、实现到2020年全面建成小康社会奋斗目标具有重要意义。按照党中央、国务院作出的新一轮扶贫攻坚和实施精准扶贫战略部署，以及新的国家扶贫标准，百色制定和落实了“十二五”农村扶贫开发规划、506个贫困村“整村推进”扶贫规划，以及滇黔桂石漠化片区产业扶贫规划。及时调整加快推进产业扶贫、金融扶贫、科技扶贫和教育扶贫等相关政策，有序组织实施“精准扶贫”“精准脱贫”扶贫工作。五是持续投入扶贫保障资金。“十一五”期间，百色投入各种扶贫资金13.38亿元，其中财政扶贫资金8.18亿元，以工代赈资金3.71亿元，易地扶贫搬迁试点建设资金0.62亿元，对口帮扶资金0.45亿元，扶贫贴息贷款0.41亿元等。2011年，中央综合扶贫投入2272亿元，同比增长40.4%；2012年投入2996亿元，同比增长31.9%，同时地方财政也不断加大对扶贫的资金投入，有效促进了百色扶贫工作的开展。

（三）2001—2012年扶贫攻坚阶段的成效

2001—2012年扶贫攻坚阶段也是国家“十五”“十一五”阶段完美收官与“十二五”阶段发展关键时期。在此期间，百色市委制定并实施了扶贫开发“十一五”“十二五”规划等，推进百色的扶贫开发工作取得了新的成效。同时，百色市正确处理好扶贫开发与深化改革、扩大开放的关系，把加强贫困地区的经济开发作为实施沿边经济发展战略的一个重要组成部分，大力发展外向型经济，取得了明显成效。一是贫困人口不断减少。“十五”期间，从2000年至2005年，全市农村绝对贫困人口由41万人减少到23.8万人，减少17.2万人，减幅达42%；“十一五”期间，农村贫困地区农业生产、生活条件得到极大改善；“十二五”时期，累计实现148个贫困村脱贫，贫困人口从2011年的169.5万人下降到2015年底的68.2万人，减贫101.3万人，减幅59.76%；贫困发生率从2010年的48.95%下降到2015年的20.06%，下降28.89%，贫困人口不断减少。二是基础设施建设进一步完善。百色市连续开展了“十大会战”，实施山区石漠化治理、沼气池及卫生厕所建设、特色产业等项目。新建农村沼气池5万座，升级改造村级道路150条共1000公里，建桥梁10座，全市行政村的路、电、广播电视基本实现“村村通”，建制村沥青（水泥）路通畅率达80.9%，贫困地区农村的基础设施日渐完善。对生存条件极其恶劣的地方，实施易地扶贫搬迁工程，贫困群众的生活得到显著改善。三是实现贫困户学生教育实补尽补。2011年以来，全市共投入6015.2万元财政专项资金实施教育扶贫，有2.19万贫困家庭子女受益，实现贫困户学生教育实补尽补。同时，通过继续实施全市1015个重点贫困村学生免书杂费工程，减免10.3万名困难学生书杂费，为普及九年义务教育创造良好的环境和条件。四是扶贫产业促进农民增收。通过扶贫开发与推进工业化、城镇化和农业产业化有机结合，重点抓好特色农业开发，实施“十个百万亩”工程，形成蔗糖、水果、桑蚕、中草药、香料、茶叶以及林下养鸡、养羊等一批特色种养生产基地，直接促进贫困农民增收。五是形成扶贫攻坚的强大合力。全市农村劳动力转移就业新增5.51万人次，开展职业技能培训3.3万人次，举办创业培训班37次，同时，充分利用和整合各种培训资源，加大劳务培训力度，加快富余劳动力的转移就业。全市纳入低保的已累计达58.67万人，五保户2.01万人。倡导、鼓励和动员社会各界开展扶贫济困、乐善好施活动，深入推进中直、区直机关定点扶贫和广东省对口帮扶，加强劳务协作、产业协作、消费协作。

四、2013—2020年精准扶贫到精准脱贫阶段

（一）2013—2020年精准扶贫、精准脱贫阶段的概况

百色扶贫的第四个阶段是从2013年到2020年，是精准扶贫到精准脱贫阶段，百色市委、市政府的扶贫力度不断加大，经过8年持续奋斗，贫困地区的经济实力大大增强，脱贫攻坚目标任务如期完成。

自2012年底，习近平总书记到河北阜平革命老区考察扶贫，强调“小康不小康，关键看老乡”，拉开了脱贫攻坚的序幕。2013年11月，习近平总书记到湘西土家族苗族自治州花垣县排碧乡十八洞村考察时强调了扶贫要实事求是、因地制宜，并首次提出“精准扶贫”的概念，精准主要体现在“扶持对象精准、项目安排精准、资金使用精准、措施到户精准、因村派人精准、脱贫成效精准”六个方面，为保障扶贫各方面的精准，2014年，国家开始制定识别标准和程序，组织广大基层干部进村入户，摸清农村贫困人口分布、致贫原因、脱贫需求等情况，同年的中共中央经济工作会议在扶贫方面，要求实现精准脱贫，防止平均数掩盖大多数，要求更加注重保障基本民生，更加关注低收入群众生活。同时，中央也陆续出台各项政策保障精准脱贫工作的顺利开展，如，2015年2月，国务院批复，同意实施《左右江革命老区振兴规划》，该规划重点提出要加大扶贫开发力度，实施精准扶贫，加大资金投入，重点加快区内交通等基础设施建设，改善发展环境，促进老区人民脱贫致富。因此，以百色、河池、崇左、兴义、都匀、文山等城市为中心打造“两环三纵四横”的区域开发主骨架，形成“一带二组团多中心”的空间发展格局。2015年11月，中央扶贫开发工作会议召开，习近平总书记发表了重要讲话，系统阐述脱贫攻坚重要意义、目标任务、重大举措，明确精准扶贫精准脱贫为基本方略，会后，中共中央、国务院发布了《中共中央　国务院关于打赢脱贫攻坚战的决定》，提出“到2020年，确保我国现行标准下农村贫困人口实现脱贫”，百色发展迎来了新的机遇。紧接着在百色市第四次党代会上就提出：要“坚决完成决战贫困决胜小康的伟大使命，实现与全国全区同步全面建成小康社会的奋斗目标，全面实施‘十三五’规划，举全市之

力决战贫困决胜小康”。

经过2015年的精准识别之后，百色市还有899个贫困村68.2万贫困人口，贫困发生率20.25%，仍是全国、全区脱贫攻坚主战场之一。党的十八大以来，百色市贫困人口从2012年的169.5万人下降到2019年的3.78万人，累计减贫165.72万人，贫困发生率从48.95%下降到1.08%，贫困人口规模大幅度减少。2017年，党的十九大进一步明确了精准脱贫的目标任务，把精准脱贫作为三大攻坚战之一作出部署，党中央、国务院印发《中共中央 国务院关于打赢脱贫攻坚战三年行动的指导意见》，进入聚力攻坚阶段，并作出了“让贫困人口和贫困地区同全国一道进入全面小康社会”的庄重承诺。2018年，习近平总书记在四川成都召开打好精准脱贫攻坚战座谈会，推动脱贫攻坚更加有效开展。2019年，在重庆召开解决“两不愁三保障”突出问题座谈会，强调要确保脱贫成色和质量。2020年，面对突如其来的新冠肺炎疫情，习近平总书记统筹全局、科学决策，在北京召开决战决胜脱贫攻坚座谈会，发出总攻动员令，将受疫情影响的贫困人口及时纳入监测进行帮扶，有效克服了疫情对脱贫攻坚的影响。

百色市弘扬百色起义精神，经过8年艰苦卓绝的攻坚，全市经济、文化、社会、生态等领域共同发展，至2020年12月，“四大战役”全面胜利，“两不愁三保障”问题全面解决，全市剩下的3个贫困县170个贫困村3.72万贫困人口已经全部实现脱贫摘帽，脱贫攻坚取得决定性胜利，贫困地区面貌发生根本性改变，贫困群众生活水平明显提高， 历史性消除了绝对贫困，实现了我国现行标准下农村贫困人口全部脱贫，贫困县全部摘帽，贫困村全部退出，脱贫攻坚目标任务如期全面完成的目标。

为了进一步巩固拓展脱贫攻坚成果、全面推行乡村振兴，2020年，党的十九届五中全会审议通过《中共中央关于制定国民经济和社会发展第十四个五年规划和二〇三五年远景目标的建议》，把“优先发展农业农村，全面推进乡村振兴”作为“十四五”时期我国经济社会发展的重要任务之一。2020年12月29日至30日，全国扶贫开发工作会议对脱贫攻坚工作进行了总结分析，首次明确提出了要“实现巩固拓展脱贫攻坚成果同乡村振兴有效衔接”，通过5年的过渡期，做好巩固拓展脱贫攻坚成果同乡村振兴有效衔接，促进以国内大循环为主体、国内国际双循环相互促进的新发展格局的构建，加快全面建设社会主义现代化国家和实现第二个百年奋斗目标。

（二）2013—2020年精准扶贫到精准脱贫阶段的举措

摆脱贫困是一项涉及面广、难度极大的系统工程，是全人类迫切期盼解决的难题。特别是2015年，时值全国上下深入贯彻“四个全面”战略布局的关键时期，习近平总书记强调要立下愚公移山志，咬定目标苦干实干，坚决打赢脱贫攻坚战，确保到2020年所有贫困地区和贫困人口一道迈入全面小康社会。百色市坚持精准扶贫、精准脱贫基本方略，以深度、极度贫困地区为主战场，以项目建设为抓手，以提高脱贫质量为导向，强化脱贫攻坚责任、政策、工作落实，做实做细打赢脱贫攻坚战三年行动，着力解决影响实现“两不愁三保障”的突出问题，以实施精准扶贫“十大行动”和“十个到村到户”为主抓手，持续打好“六场硬仗”，扎实开展“五大专项行动”，落实资金保障机制，突出党建引领，积极发动社会力量，巩固脱贫成效，防止返贫，为2020年打赢脱贫攻坚战奠定了坚实基础。主要举措：一是认真开展建档立卡实施精准扶贫。2014年，国家制定扶贫对象识别标准和程序，组织广大基层干部进村入户，摸清农村贫困人口分布、致贫原因、脱贫需求等情况，建立起全国统一的扶贫信息系统，通过建档立卡使我国贫困数据共享实现到村到户到人，同时以精准扶贫“十个到村到户”（惠民政策宣传、危房改造、产业扶持、就业培训指导、基础设施建设、扶贫生态移民搬迁、社会保障、教育扶贫、金融扶贫、干部结对帮扶）为载体，加快推进脱贫攻坚战，实现精准脱贫。二是编制深度贫困地区脱贫攻坚政策。2015年百色通过组织编制“十三五”扶贫开发规划，组织起草系列精准扶贫政策文件，全面谋划、启动“十三五”时期754个贫困村农村扶贫规划、整村推进规划和贫困村产业扶贫规划等编写工作，组织制定一个“十三五”扶贫规划，精准脱贫“十个到村到户”实施方案，N个一系列配套文件，明确今后五年全市脱贫攻坚战的奋斗目标、攻坚重点和具体措施，强力实施精准扶贫“十个到村到户”，加快推进了脱贫奔康步伐。三是健全完善基层组织保障。2013年开始，百色向贫困村选派第一书记和驻村工作队，通过强化领导挂帅督战、服务指导督战、暗访检查督战、扶贫专员督战，坚持“市县落实、乡村实施”的脱贫攻坚工作机制，坚持党政“一把手”负总责的工作责任制，做到市、县（市、区）、乡（镇）、村四级书记一起抓，层层抓落实。同时，坚持“严管加厚爱”机制，关心关爱基层扶贫干部，落实驻村干部激励政策，鼓励和引导人才向艰苦边远地区和基层一线流动。四是积极争取资金和项目支持。百色积极争取国家和自治区的资金及项目支持，坚持增加政府扶贫投入与提高资金使用效益并重，健全与脱贫攻坚任务相适应的财政投入稳定增长机制。2016年以来，百色各级财政共筹措财政扶贫资金439.45亿元投入扶贫开发，其中，2016年筹措扶贫资金108.69亿元，2017年筹措扶贫资金99.82亿元，2018年筹措扶贫资金81.37元，2019年筹措扶贫资金74.00亿元， 2020年共筹措扶贫资金75.58亿元，重点用于农村基础设施建设、农业生产发展、建档立卡贫困户易地扶贫搬迁等方面。同时，将财政专项扶贫资金项目审批权限全部下放到县，建立县级脱贫攻坚项目库，健全扶贫资金公告公示制度，严惩违纪违法行为，资金管理水平和使用效益不断提高。五是补齐短板弱项。主要补齐三个保障和饮水安全短板弱项。教育扶贫方面，实现建档立卡贫困生15年免费教育，全面压实控辍保学“双线四包”责任，解决因贫辍学问题。健康扶贫方面，落实农村贫困人口县域内定点医疗机构住院治疗“先诊疗后付费”，确保所有建档立卡贫困人口100%参加基本医疗保险，确保每个贫困村至少有1个标准化卫生室、1名乡村医生，有基本医疗器械和常用药品。加强了基层医疗卫生人才队伍建设，提升了基层医疗卫生服务能力。实施危房改造方面，实施专项危房改造、政府兜底建设等措施，确保深度贫困地区所有贫困户都能住上安全、稳固住房。易地扶贫搬迁方面，打造“产业建设+就业安置+基本公共服务+便民服务”同步配套模式，推行易地扶贫搬迁五项行动、“8+N”责任制、“五不五有”管理模式、十项结合、四项保障等易地扶贫搬迁工作机制，确保贫困户“搬得出，稳得住，能致富”。饮水安全问题方面，实施脱贫攻坚农村饮水安全巩固提升项目，全面解决贫困人口饮水安全问题。六是开展“五大专项行动”。就业扶贫方面，实施“雨露计划”，开展技工院校结对帮扶贫困家庭“两后生”职业技能培训，“千村万企”技能提升培训大行动，落实带动就业补贴、农民工创业就业奖补政策，加强了“深百”扶贫协作。生态扶贫方面，加快推进山、水、林、田、湖项目实施，优先覆盖贫困村，同时引导贫困人口配合生态保护、生态修复工程建设和发展生态产业，使贫困人口收入水平明显提升。贫困残疾人脱贫方面，将成年重度残疾人和三、四级精神智力残疾人按单人户纳入低保，重度残疾人护理补贴、困难残疾人生活补贴标准由每人每月50元提高到80元，重度护理补贴对象由持证一、二级残疾人扩大到三、四级精神智力残疾人，为精神、智力、重度肢体残疾的贫困残疾人提供托养服务。综合性保障扶贫方面，通过建立以社会保险、社会救助、社会福利制度为主体的综合保障体系，为完全丧失劳动能力和部分丧失劳动能力且无法依靠产业就业帮扶脱贫的贫困人口提供兜底保障。扶贫扶志方面，加强贫困群众的能力培育、技能培训、感恩教育，引导群众树立脱贫光荣思想，增强脱贫愿望，激发脱贫积极性，提升了脱贫能力。七是以特色产业促进村集体经济。百色通过培育特色种植、特色养殖、乡村旅游等重点特色产业，实施产业“百万亩工程”，打造以水果、甘蔗、茶叶等传统特色优势产业为主，农产品精深加工、乡村康养旅游、电子商务等新兴产业为辅的扶贫产业体系，积极构建扶贫产品企业营销平台，大力发展农村集体经济，探索更多的村级集体经济发展模式，拓宽持续稳定增收渠道，不断增加贫困群众的经济收入，提高贫困群众生活水平。八是健全脱贫后续政策体系。百色为了精准施策巩固脱贫成效，通过完善政策设计，强化政策措施，健全脱贫攻坚责任机制、激励机制、资金投入机制、考核评价机制、宣传机制等，对已经脱贫摘帽的县和贫困户，坚决落实好“四不摘”（不摘责任、不摘政策、不摘帮扶、不摘监管），防止因帮扶不实、脱贫质量不高而返贫。九是创新扶贫工作机制。百色通过创新工作机制，提高扶贫效率。如打造了金融扶贫“田东模式”，推进低保审批权下放乡镇改革，推出“三双”工作法、健康扶贫“五个一行动”“一站式服务”等系列工作机制，积极开展“乡村振兴·争创五旗”活动，还通过创新举措深化扶贫领域作风问题专项治理，为打赢打好脱贫攻坚战提供坚强保障。

（三）2013—2020年精准扶贫到精准脱贫阶段的成效

自2013年以来，百色市委、市政府结合百色实际，突出体制机制创新，完成向1854个行政村（社区）选派第一书记和驻村工作队全覆盖，支持在交通、产业、金融、扶贫、生态、国土开发与保护等领域深化改革，出台系列举措，压紧压实市、县、乡、村四级脱贫攻坚责任，全面落实“六个精准”和“五个一批”要求，围绕“为何扶、扶持谁、谁来扶、怎么扶、如何退、如何稳”这六个问题，精准施策，尽锐出战，脱贫攻坚战取得了一定的成效。一是农村基础设施建设得到较大改善。2016年以来，百色累计投入133.78亿元实施农村道路建设或硬化项目，涉及总里程1.53万公里；投入29.3亿元实施危房改造9.5万多户，惠及18.7万人；投入近130亿元实施易地扶贫搬迁项目，累计搬迁入住4.2万户18.18万人，特别是“深圳小镇”一期项目竣工，安置了2315户贫困户9831人，成为粤桂扶贫协作新亮点；投入22.5亿元建成饮水安全工程6109处、家庭水柜6746座，惠及199.4万人，实现了饮水安全；投入75.29亿元实施电力扶贫项目；投入7.59亿元为412个行政村接通了宽带，建设了2281个4G基站①，全市实现村村通路、通电、通网络、通电话。二是贫困群众收入明显增加。百色创新“企业+贫困户”“合作社+贫困户”“示范区+贫困户”等扶贫模式，大力发展芒果、油茶、桑蚕等特色产业，全市“5+2”特色产业覆盖率为97.43%，覆盖贫困户19.63万户；建成脱贫奔康产业园566个，带动17.32万户贫困户脱贫，816个贫困村集体经济收入超过3万元，贫困群众经济收入不断提高。三是民生保障水平显著提高。健康扶贫方面，创新开展健康扶贫工程“五个一行动”“一卡通”服务、“一站式”结算等工作，全面形成“五道医疗保障线”，建档立卡贫困人口住院实际报销比例达92.75%，门诊特殊慢性病报销比例达90.77%。教育扶贫方面，共发放教育资助补助金7.1亿元，受益学生127.97万人次。就业服务方面，累计帮助贫困劳动力外出务工42.78万人；全市发展431家就业扶贫车间，带动就业2.93

① 《广西百色 高质量决战决胜脱贫攻坚》，《人民日报》2020年11月20日。

万人，其中，贫困劳动力7500人；开发各类扶贫公益岗位8.95万个，吸纳贫困劳动力就业8.74万人[①]。社会保障方面，16.59万贫困人口纳入农村低保，全市低保对象、五保户、残疾人等特殊困难群体实现了应保尽保，补助标准逐步提高，实现了最低生活保障、医疗保险、养老保险、医疗救助等制度全覆盖，贫困群众生活质量明显提高，贫困地区公共服务水平明显提升，群众获得感、幸福感、安全感显著增强。四是金融扶贫成效显著。百色各县（市、区）金融机构不断加大服务力度，扩大老区建设融资渠道，引入各类资金投向老区重点项目建设。金融机构累计投放扶贫贷款147亿元，8.46万贫困户获得扶贫小额信贷。特别是2015年12月，国务院扶贫办、农发行总行批复百色市列为全国首个政策性金融扶贫实验示范区，让百色通过“先行先试、以点带面、试点总结、全区推广”，创新打造可借鉴的金融扶贫“田东模式”。五是乡村生活环境明显改善。百色高度重视乡村振兴，促进乡风文明建设，统筹打好污染防治攻坚战，开展农村人居环境三年整治行动，持续推进美丽乡村建设，打造幸福宜居乡村，通过投入生态扶贫资金1.26亿元，改善了人居生态环境，通过新建、扩建村级活动场所（村级公共服务中心）782个，文化室、戏台各975个，篮球场1249个。六是贫困群众精神面貌焕然一新。百色为了改变贫困户“等、靠、要”的习惯、激发脱贫致富的内在动力，通过建立扶贫“爱心公益超市”，实施爱心公益超市“以劳动换积分”的做法，结合“推动移风易俗，树立文明乡风”等活动，丰富了贫困群众的精神文化生活。七是为“三农”工作和实施乡村振兴战略积累了宝贵经验。脱贫攻坚集中了全党的智慧和人民群众的实践，探索了乡村治理的成功方式和有效途径，为今后做好“三农”工作和实施乡村振兴战略积累了宝贵的经验。八是为全球减贫事业做出贡献。我国如期打赢脱贫攻坚战，提前10年实现《联合国2030年可持续发展议程》相关减贫目标，我国探索创造的精准扶贫和开发式扶贫的理论与实践，提供了中国智慧和中国方案，彰显了中国共产党领导和社会主义制度的显著优势，取得了令全世界刮目相看的重大胜利。

---

① 《广西百色　高质量决战决胜脱贫攻坚》，《人民日报》2020年11月20日。

百色深入贯彻习近平总书记关于扶贫工作重要论述精神，坚持以脱贫攻坚统揽经济社会发展全局，始终把脱贫攻坚作为最大的政治责任、最大的民生工程和最大的发展机遇，扶贫开发取得了辉煌成就，农村面貌发生了深刻变化，贫困发生率大幅下降，农民收入大幅提高，各项社会事业也取得了长足发展。脱贫摘帽不是终点，而是新生活、新奋斗的起点。2021年是中国共产党成立100周年，是“十四五”规划开局之年，是巩固拓展脱贫攻坚成果、实现脱贫攻坚与乡村振兴有效衔接的起步之年，百色认真学习贯彻习近平总书记在中央经济工作会议、中央农村工作会议上的重要讲话精神，深入落实全国巩固拓展脱贫攻坚成果同乡村振兴有效衔接工作会议精神，按照党中央、国务院新决策、新部署，把巩固拓展脱贫攻坚成果摆在头等重要位置，通过建立健全巩固拓展脱贫攻坚成果长效机制，聚力做好脱贫地区巩固拓展脱贫攻坚成果同乡村振兴有效衔接重点工作，健全农村低收入人口常态化帮扶机制，着力提升脱贫地区整体发展水平，加强脱贫攻坚与乡村振兴政策有效衔接，全面加强党的集中统一领导，推动脱贫攻坚政策举措和工作体系逐步向乡村振兴平稳过渡，不断书写百色革命老区经济社会高质量发展的历史新篇章。

第二章

百色精准扶贫的创新实践

2015年11月实施精准脱贫攻坚战以来，百色坚决贯彻落实党中央脱贫攻坚战决策部署和习近平总书记关于扶贫工作的重要论述，紧扣决战贫困决胜小康目标，全面实施“六个精准”战略，按照“核心是精准，关键在落实，确保可持续”的要求，围绕“为何扶、扶持谁、谁来扶、怎么扶、如何退、如何稳”这六个问题，积极探索精准扶贫、精准脱贫新路子，加大机制创新、制度创新和模式创新，提出“1+10+N”精准扶贫总体思路，以脱贫攻坚先锋行活动为载体，构建党、政、军、民、社会、企业“六位一体”扶贫大格局，创造性实施精准扶贫“十大行动”“十个到村到户”，实现了全市现行标准下68.2万贫困人口899个贫困村12个贫困县（市、区）全部脱贫摘帽，高质量打赢打好了精准脱贫攻坚战，历史性地完成了决战贫困决胜小康的伟大使命。百色精准扶贫的创新实践，为欠发达地区高质量打赢脱贫攻坚战、协调推进乡村振兴提供了有益借鉴。特别是时代楷模黄文秀为脱贫攻坚倾情投入的先进事迹、金融扶贫的“田东模式”、抓党建促脱贫攻坚、产业扶贫以及扶贫“三双”工作法、健康扶贫“一站式服务”等创新实践工作，都得到中央和自治区的充分肯定。

一、实施精准扶贫的总体思路

精准扶贫，关键在准，重在实效。习近平总书记指出，坚持精准扶贫“关键是要找准路子、构建好的体制机制，在精准施策上出实招、在精准推进上下实功、在精准落地上见实效”，解决好“怎么扶”的问题。百色作为全国脱贫攻坚的重点区域和主战场之一，坚持贯彻落实中央、自治区关于脱贫攻坚的决策部署，认真谋划精准扶贫的实施方略，全面落实扶贫对象帮扶到户举措，找准致贫原因，把扶贫措施扶到点上，扶到根上，实行全覆盖，不留贫困死角，脱贫攻坚取得显著成效。

（一）实施背景

改革开放以来，百色坚持扶贫开发优先发展战略，以扶贫开发为第一要务，弘扬百色起义精神，坚定信念，百折不挠，艰苦奋斗，奉献拼搏，为民谋利，全面实施大规模扶贫开发，先后组织开展了“八七”扶贫攻坚“十大会战”、桂西五县基础设施建设大会战、兴边富民基础设施建设大会战、大石山区人畜饮水工程建设大会战等大规模扶贫战役，取得了显著的成绩。“十二五”时期，实现101.3万农村贫困人口摆脱贫困，贫困发生率从48.95%下降到20.25%，在改善民生、逐步实现共同富裕进程中取得了历史性成就。但受历史、自然条件等因素影响，到2015年底，全市仍有农村贫困人口68.2万，贫困人口的总数和比例仍居全区第一，依然是全区乃至全国脱贫攻坚的重点区域与主战场之一。特别是居住在石漠化严重、生产环境恶劣的大石山区，交通不便的土山区、边境地区、少数民族聚集区和水库移民区的贫困人口，贫困程度更深，脱贫难度更大，是制约全面建成小康社会的短板。到2020年实现农村贫困人口如期全部脱贫，时间紧、任务重、压力大，扶贫开发工作已进入啃硬骨头、攻坚拔寨的冲刺阶段。①

党的十八届五中全会把“扶贫攻坚战”改为“脱贫攻坚战”，中央扶贫开发工作会议作出了打赢脱贫攻坚战的决定，制定了“十三五”脱贫攻坚路线图、时间表、任务书。广西壮族自治区党委十届六次全会明确提出了全区脱贫攻坚战的奋斗目标、攻坚重点和具体措施。按照中央、自治区部署要求，坚决打赢脱贫攻坚战，是实现“两个建成”的政治需要，是百色市人民的迫切期盼，是百色市委、市政府对全市人民的庄严承诺，是促进全百色市

① 《中共百色市委员会 百色市人民政府关于坚决打赢“十三五”脱贫攻坚战的决定》。

人民共享改革发展成果的重大举措，是全面建成小康社会的关键所在。2015年，百色市委、市政府作出了《关于坚决打赢“十三五”脱贫攻坚战的决定》，要求各级党委、政府要自觉肩负起这一重大政治责任，切实增强使命感和紧迫感，夙兴夜寐、激情工作，倒排工期、挂图作战，以更大的决心，以超常规的举措，以决战决胜的信心，坚决打赢脱贫攻坚战，确保全市与全国、全区同步全面建成小康社会。[①]

（二）指导思想

深入贯彻习近平总书记关于扶贫工作的重要论述，以打赢脱贫攻坚战统揽全市经济社会发展全局，紧紧围绕“四个全面”战略布局，牢固树立并贯彻落实创新、协调、绿色、开放、共享的新发展理念。以坚持精准扶贫精准脱贫为基本方略，切实把脱贫攻坚作为最大的政治责任、最大的民生工程、最大的发展机遇，全力推进脱贫攻坚“八个一批”和“十大行动”“十个到村到户”，以创建全国政策性金融扶贫试验示范区为契机，举全市之力，坚决打赢脱贫攻坚战。[②]

（三）基本原则

1. 坚持扶贫开发与经济社会发展相互促进

坚持“十三五”经济社会发展规划与脱贫攻坚规划有机融合，重大基础设施建设项目向基础薄弱的贫困县倾斜，特色产业项目向贫困村、贫困农户倾斜，公共服务项目、民生项目等向贫困村倾斜，引导各种扶助资源向贫困地区倾斜，各方力量向脱贫攻坚汇聚。扶贫开发与社会保障有效衔接，增强贫困地区、贫困人口的自我发展能力。

2. 坚持精准扶贫与扶贫成效相互统一

扶贫开发贵在精准、重在精准，切实做到扶持对象、扶贫项目、资金使用、帮扶措施等精准到村到户，实行一村一策、一屯一计、一户一方，切实提高扶贫成果的有效性与可持续性，让贫困人口有更多的获得感。

---

①② 《中共百色市委员会 百色市人民政府关于坚决打赢“十三五”脱贫攻坚战的决定》。

3. 坚持政府主导与社会力量协同合力

强化政府主导作用，加强资金与政策扶持，发挥贫困群众的主体作用，激发内生动力，增强致富本领，引导市场、社会各界力量共同参与，形成合力，构建专项扶贫、行业扶贫、社会扶贫协同合力的大扶贫格局。

4. 坚持生态保护与绿色发展相互融合

把生态保护放在优先位置，扶贫开发与生态保护并重，在保护和发展生态环境的基础上，探索扶贫开发的新路子，发展有机农业、生态产业、生态建设与修复项目等，实现生态保护与扶贫开发的融合发展，让贫困人口在生态保护上得到更多实惠。[①]

（四）主要目标

1. 实现“三确保”

到2019年，确保百色现行标准下的68.2万农村贫困人口实现脱贫，2020年为巩固期，并同步进入小康；确保全市899个贫困村脱贫出列；确保全市9个国家扶贫开发工作重点县、2个自治区扶贫开发工作重点县（市、区）脱贫摘帽。

2. 实现“两不愁三保障、两高于、一接近”

2019年，稳定实现扶贫对象不愁吃、不愁穿，义务教育、基本医疗和住房安全有保障，扶贫开发工作重点县（市、区）和贫困村农民人均可支配收入增幅均高于百色市平均水平，基本公共服务主要领域指标接近全百色市平均水平。

3. 实现“五有四通”

2019年，实现贫困村村村有特色富民产业、有合作组织、有公共服务场所、有安全饮用水、有新村新貌，20户以上的自然屯实现屯屯通电、通路、通广播电视、通宽带网。真正让贫困地区群众致富有路子、住上好房子、过上好日子，安居乐业奔小康。

（五）战略任务

2016年：减少贫困人口17万人， 200个贫困村脱贫出列。

---

① 《中共百色市委员会 百色市人民政府关于坚决打赢“十三五”脱贫攻坚战的决定》。

2017年：减少贫困人口17万人，200个贫困村脱贫出列。右江区、田阳县、田东县、西林县脱贫摘帽。

2018年：减少贫困人口17万人，200个贫困村脱贫出列。德保县、凌云县、乐业县、田林县脱贫摘帽。

2019年：减少贫困人口17.2万人，154个贫困村脱贫出列。靖西市、那坡县、隆林各族自治县脱贫摘帽。

2020年：全面巩固提升脱贫成果，低保、返贫人口全部实行政策兜底保障。[①]

二、精准扶贫的前提：精准识别

精准识别扶贫对象，是开展精准扶贫工作的前提基础，只有做到识别精准，对象精准，扶贫工作才能做到目标精准、内容精准、方式精准、实施精准、脱贫精准。

（一）精准识别的思想内涵

2013年11月3日，习近平总书记在湖南湘西十八洞村调研扶贫攻坚时强调：要从实际出发，因地制宜，精准扶贫，切忌喊口号，也不要定好高骛远的目标。首次提出精准扶贫的概念。2015年10月召开的中共十八届五中全会提出的“十三五”规划的目标之一就是：“到2020年，我国现行标准下的农村贫困人口实现脱贫，贫困县全部摘帽，解决区域性整体贫困”。随后，在2015年11月召开的中央扶贫开发工作会议上，习近平总书记对精准扶贫工作做了详细地规划和部署，回答了有关精准扶贫的三个基本问题：“扶持谁”、“谁来扶”和“怎么扶”，使精准扶贫这一提法有了具体的操作指南。他强调，要实现精准扶贫，当务之急是处理好“扶持谁”的问题，即精准识别。所谓精准识别，是指通过具体的方法将低于贫困线的贫困户和贫困村准确地识别出来，并建档立卡，同时要搞清楚导致不同贫困户贫困的具体

① 《中共百色市委员会 百色市人民政府关于坚决打赢“十三五”脱贫攻坚战的决定》。

原因，从而进行有针对性的帮扶。

（二）百色精准识别遇到的问题

开展精准识别，就是要识真贫，像扎银针一样，要找准穴位，在精准识别的过程中，深入调查、反复核对、查缺补漏，把贫困人口、贫困程度、致贫原因搞得一清二楚。百色在开展精准识别过程中仍遇到一些问题，影响这些问题的因素主要有两点。

1. 客观因素

由于历史等诸多方面的原因，百色贫困面大，贫困人口多，精准识别工作量大，任务艰巨。仅仅利用两三个月的时间完成全部识别工作，任务量大。有的地方为了按时完成任务，匆忙赶工，难免会出现一些工作上的误差，甚至存在保量不保质的现象。

2. 主观因素

一是参与识别工作的干部基层工作水平有参差不齐的现象，精准识别队伍主要是来自市、县、乡镇等各级不同部门、不同行业的机关事业单位干部，对上级政策的理解水平不一样，对农村实际情况的了解程度不同，而农户的很多实际情况错综复杂，造成一些干部对识别贫困户的标准把握不准，影响识别精准度。二是一些群众对识别工作没有能够积极配合。当前农村，越来越多的青壮年外出务工，家中仅剩老人、小孩留守，个别外出户主甚至没有留下联系方式，干部入户识别时，留守人员对家庭收入等许多情况不了解，回答不准确。个别群众甚至隐瞒家庭财产收入，一定程度上困扰了精准识别。

（三）百色开展精准识别的主要做法

2015年，广西开启了新一轮扶贫精准识别工作。作为广西扶贫攻坚“主战场”，百色应识别农户50.35万户。同年10月，百色抽调1.3万名干部进村入户开展精准识别工作。经过精准识别，全市共识别出899个贫困村68.2万贫困人口。

1. 全面摸清贫困人口

一是以户为单位，为贫困户建档立卡。将“从上而下指标摊派”与“自下而上逐级汇总”结合起来。一方面，根据上级部门层层下达的指标任务，在整体上对全市有大概的了解，再结合入户调查，层层汇总，与上级下达的指标任务进行对接融合，进而达到精准。在“自下而上”精准识别时，按照“农户申请、干部摸底调查、村民会议民主评议、贫困户公示、村“两委”审核、乡镇政府审核、县扶贫办复审”的程序要求，环环相扣，以“倒排序法”确定贫困户，真正做到程序公开透明，群众满意认可。所有贫困户的信息要在所在村（社区）的明显位置进行公示，内容包括贫困户户主姓名、致贫原因等，保证群众的知情权、参与权、监督权，并通过设立举报电话、设置意见箱等方式，畅通群众反映问题的渠道，真正做到公正、公开、公平。

二是建立完善数量充足、结构合理、作风过硬、担当作为的精准识别工作队伍。充分调动乡镇基层干部、村“两委”干部、驻村第一书记、新农村建设指导员等的积极性，确保工作经费的投入，充分借助社会力量，通过政府购买公共服务的形式，开展贫困人口的精准识别工作。

三是建立贫困人口数据库。在村（社区）级建档立卡纸质登记的基础上，乡镇及以上的政府部门还须将纸质材料进行电子化处理，录入电脑并建立乡镇辖区范围内的贫困人口数据库，由村（社区）向乡镇县区直至市里逐级汇总。

四是善于总结精准识别过程中的有益经验，定期召开工作会议，研究总结精准识别工作过程中取得的成效、存在的问题，对成效大力推广，对问题及时研究解决，及时根据实际情况制定《精准扶贫工作指南》，将精准识别的一般方法授予工作人员，推广易于操作的识别方法，如简单观察法：一看收入主要靠什么，二看住房，三看劳动力情况，四看身体状况，五看受教育程度，六看思想状况，等等。①

2. 建立贫困人口动态管理机制

在建档立卡的电子档案建立的基础上，对贫困人口进行长期动态管理。对贫困人口的动态管理，重心仍在基层，只有基层数据精准，上层汇总分析

① 贾岚等：《百色市精准扶贫精准脱贫实践经验和巩固发展对策研究》，《百色科学发展谈》2018年第1期。

才能精准。建立市—县（市、区）—乡（镇）—村（社区）四级贫困人口动态管理机制。市级扶贫部门要根据各县区贫困人口实际情况，制定宏观的贫困人口动态管理制度。此外，每年对各县区建档立卡的动态管理工作进行抽查验收，对检查验收不合格的单位，督促其整改完善。县级扶贫部门指定专人负责建档立卡贫困人口动态管理工作，督促乡镇、农村（社区）两级对年度贫困人口的变化情况进行摸底调查、登记、上报，将脱贫人口和返贫人口进行登记统计，对电子档案进行数据更新、上传。乡镇明确有一名分管领导和若干专干负责贫困人口动态管理工作。一方面，执行上级扶贫部门的指示，指导各村实施贫困人口动态管理工作；另一方面，负责收集、核实村委上报贫困人口变更情况，并整理、上报脱贫、返贫人口名册。农村（社区）则指定专人从事贫困人口动态管理工作，不仅要及时调查和掌握全村贫困人口脱贫和返贫情况、贫困人口年收入变化情况、脱贫和返贫原因、未脱贫和返贫人口建册上报情况等，还要向上级提供适合本村脱贫致富的项目和产业信息。通过建立贫困人口动态管理机制，使贫困人口能进能出，能上能下。把识别不准和已经脱贫的划出去，把未识别出来的贫困户、返贫困户纳进来。

3. 科学划分贫困类型

一是根据贫困农户收入级差进行分类，精确管理。如把国家划定的贫困线与农村低保这两项制度进行衔接，分别以农村居民收入500元、1000元、1500元、2000元、2500元、3000元等为界线，分别划分为重度贫困户、中度贫困户、一般贫困户、轻度贫困户等，对贫困人口进行分级管理。

二是根据贫困类型进行精准划分。如因病致贫、因学（费）致贫、因劳动力（短缺）致贫、因产业落后致贫、因自身思想观念（落后）致贫等，只有做到类型精准，才能对症下药，针对不同的贫困类型精准施策。如因病致贫的，应该完善医疗救助体系；针对因学致贫的，应该提供助学贷款；等等。

三是根据生存环境精准划分。如基础设施滞后导致贫困（如道路、饮水、通信等）、生态环境恶劣导致贫困（如石漠化地区、地质灾害高危区、生态保护区等）、教育负担及资源配置原因导致贫困（与因学致贫不同，主要是政府的农村教育资源供给不足，导致农村人口受教育面窄，受教育程度低）、社会保障贫困（新农合、新农保、最低生活保障不充分）等。[①]

4．开展“自选动作”又精又准

精准识别工作中，百色还通过一系列的机制创新，让识别工作更精准、高效率。比如那坡县，在精准识别工作伊始，便组织工作队员进驻一个有代表性的村进行了调查演练。通过演练发现问题，确保工作队员在正式入户调查前全面熟悉工作流程。这种“先练兵，后教兵，再用兵”工作方法，大大提高了识别工作效率，获自治区扶贫办的充分肯定。在西林县，入户识别除了按照自治区“一进二看三算四比五议”的方法以外，还增加了核查户口、房产证、车辆登记证、林权证、工商证照、残疾证的“六查”，让识别工作更加精准。在开展“六查”的同时，西林县为保证入户评分的公正性和准确性，要求村民评议小组做到户户复核评议、项项核算分数，达到村民小组和村民双认可。

三、精准扶贫的创新实践

自精准扶贫工作开展以来，百色坚持以习近平新时代中国特色社会主义思想为指导，把坚决打赢打好脱贫攻坚战作为各项工作的出发点和落脚点，深化思想认识，提高政治站位，举全市之力全面推进精准脱贫攻坚战，走出了一条有“百色经验”的脱贫攻坚之路。

（一）以“八个一批”“十大行动”和“十个到村到户”为精准脱贫措施，强力推进脱贫攻坚战

百色按照“一村一策、一屯一计、一户一方”和“因贫困原因施策、因贫困类型施策”的要求，聚焦“八个一批”脱贫路径，全面实施精准扶贫。所谓实施脱贫攻坚“八个一批”工程，即产业发展精准脱贫一批、转移就业

① 贾岚等：《百色市精准扶贫精准脱贫实践经验和巩固发展对策研究》，《百色科学发展谈》2018年1期。

精准脱贫一批、扶贫移民搬迁精准脱贫一批、生态补偿精准脱贫一批、教育扶智精准脱贫一批、健康救助精准脱贫一批、低保兜底精准脱贫一批、边贸扶持精准脱贫一批等。坚持“小扶贫”和“大扶贫”有机融合、统筹推进，既注重贫困村的“出列”和贫困人口的脱贫，又注重贫困县（市、区）的“摘帽”，使城乡面貌协同改观；既注重单个贫困村扶贫项目的开发，又注重区域性、整体性的大项目的规划、引进和开发，使扶贫开发项目点、线、面相结合；既注重贫困人口物质财富的增加和生活环境的改善，又注重精神文化建设和全民综合素质的提升，使富“口袋”与富“脑袋”同频共振，促进全市经济社会协调、健康、可持续发展，为有效衔接乡村振兴打下了良好的基础。全市扶贫开发攻坚战按照“找准原因、精准施策、合力攻坚”的要求，聚焦“十个到村到户”，强力推进“十大脱贫攻坚行动”，即实施特色产业富民行动，实现产业扶贫到村到户；实施扶贫移民搬迁行动，实现移民搬迁到村到户；实施电商扶贫行动，实现新型产业到村到户；实施农民工培训创业行动，实现就业扶贫到村到户；实施贫困户产权收益行动，实现资产性收益到村到户；实施基础设施建设行动，实现基础设施到村到户；实施金融扶贫行动，实现金融扶贫到村到户；实施科技文化扶贫行动，实现就业培训到村到户；实施社会扶贫行动，实现结对帮扶到村到户；实施村“三留守”人员和残疾人关爱服务行动，实现政策宣传扶贫到村到户，争取早日脱贫摘帽奔小康。①

（二）以优化政策、强化管理为精准脱贫手段，创新脱贫攻坚工作机制

政策体系和工作机制，是确保精准脱贫的坚强保障。在政策方面，百色通过制定下发了一系列文件，构建了完善的网络化管理体系。

1. 在工作部署上，百色市下发了关于加强扶贫队伍建设的若干意见

明确规定县级政府指定一名扶贫专职分管领导、乡镇安排一名专职副职分管扶贫、乡镇设立扶贫工作站、行政村配备扶贫专干等措施，构建了市—县—乡—村四级扶贫信息管理网络，同时明确了各级管理职责，为精准扶

① 《中共百色市委员会 百色市人民政府关于坚决打赢“十三五”脱贫攻坚战的决定》。

贫、精准脱贫搭建了管理平台。市、县两级全部成立扶贫信息管理中心，1860个行政村全部配备扶贫专干，享受村委会副主任待遇，脱贫攻坚工作落实平台在全区率先建成。

2. 在政策体系上，建立了“1+10+N”精准扶贫政策体系

“1”就是制定1个“十三五”脱贫攻坚总体规划；“10”就是精准脱贫“十个到村到户”实施方案；“N”就是N个脱贫攻坚配套政策文件，包括《关于加强扶贫队伍建设的若干意见》《“十三五”时期市直单位定点帮扶贫困村安排表》《关于做好脱贫攻坚挂图作战有关工作的通知》《百色市干部结对帮扶到村到户实施方案》等系列配套政策文件。同时，明确了市、县、乡、村脱贫平台建设目标、任务，各级党政主要领导是本级扶贫脱贫工作落实平台建设的主要负责人，并把扶贫脱贫工作落实平台建设纳入各级党政领导班子和领导干部经济社会发展实绩考核的内容，有力促进了脱贫平台工作的落实。

3. 在工作制度上，建立健全了一系列扶贫脱贫工作制度

包括乡镇扶贫工作站工作职责、村扶贫专干工作职责、单位定点帮扶工作责任、驻村第一书记工作职责、干部“一帮一联”工作责任等扶贫脱贫工作落实平台系列工作制度，并将工作情况作为评优、评先、晋升、绩效管理的重要条件。明确的工作制度，促进了整个平台相互衔接、相互联动、相互促进、规范运作、高效运行，有力助推了全市脱贫攻坚工作的开展。

4. 在扶贫工作机制上，进行了四项工作创新

一是创新运作方式。市、县（市、区）两级分别设立脱贫攻坚指挥部，统筹推进脱贫攻坚工作，指挥部实体化运作，由市、县（市、区）党政“一把手”亲自担任脱贫攻坚指挥部指挥长，下设十个专责小组集中在指挥部办公，各专责小组组长分别由市、县（市、区）“四大班子”分管或联系的领导担任，市、县（市、区）两级脱贫攻坚战指挥部均抽调558名精兵强将驻组集中办公。二是创新清单管理。围绕“一帮一联”，对照贫困县、贫困村、贫困户脱贫摘帽认定标准，在全区率先建立从市到县到乡镇到村脱贫摘帽工作清单管理平台，列清差距清单、项目清单、责任清单、经费清单、帮扶清单、督查清单、时间清单等，并将各项清单录入系统，实现数据与相关市直部门和各县（市、区）链接，定期分析汇总、指挥调度、跟踪管理、动态更新，为全市脱贫摘帽提供科学、准确、及时的决策依据。三是创新工作机制。为把“一帮一联”工作落到实处，促使结对帮扶双方主动作为，百色结合实际，创新了“五个一行动”工作机制，即一封公开信、一份承诺书、一张联系卡、一本帮扶手册和一本脱贫台账，其中突出抓好脱贫台账“三双”管理工作（双承诺、双认定、双确定），解决好帮扶工作中“三个问题”。即承诺解决好“带你脱贫”和“我要脱贫”问题；对照贫困户脱贫“八有一超”标准，对已达标和未达标的指标进行“双认定”，厘清脱贫短板问题；帮扶干部与贫困户对帮扶内容、措施和过程进行“双确认”，解决干部结对帮扶工作走过场问题。“三双”工作也得到了时任广西壮族自治区党委书记彭清华同志和副书记李克同志的高度肯定和认可。创新健康扶贫“五个一行动”，即建立一份健康档案、提供一份健康教育处方、落实一名家庭签约医生、建立一项医疗保障制度衔接、购买一份健康扶贫保险等5个方面。通过实施“五个一行动”，实现五个100%，即建档立卡农村贫困人口新农合覆盖率100%、大病保险覆盖率100%、预防保健覆盖率100%、家庭医生签约率100%、健康扶贫保险参保率100%。创新开展健康扶贫“一卡通”服务、“一站式”结算等工作，全市建档立卡贫困人口住院实际报销比例达92.75%，门诊特殊慢性病报销比例达90.77%，实现了“有地方看病，看得起病”，广西全区健康扶贫工作经验交流现场会在百色召开①。创新推行易地搬迁扶贫五项行动、“8+N”责任制、“五不五有”管理模式、十项结合、四项保障的易地搬迁扶贫工作机制，实现了“搬得出、稳得住、能致富”的目标，易地搬迁扶贫“585104”工作机制得到自治区充分肯定并获全区推广。打造补助资助全覆盖与控辍保学紧密结合的教育扶贫模式。着力实现义务教育保障全覆盖，不让贫困子女因贫辍学。2015年以来，累计新建学校共204所，其中，义务教育学校73所，补充乡村教师10349人，发放义务教育学生资助惠民补

---

① （百扶领办发〔2020〕16号）百色市扶贫开发领导小组办公室关于印发《百色市2020年脱贫攻坚相关问答》的通知。

助资金27.50亿元。通过“双线四包”工作法，开展劝返劝学活动，全市建档立卡贫困学生11.76万人实现了干部结对帮扶全覆盖，落实教育扶贫各项政策措施，强化控辍保学工作，千方百计让贫困孩子有学上、上得起、上得好，目前全百色市义务教育阶段无因贫失学辍学的学生。着力推动兴边富民行动，全面推广“合作社（互助组）+金融+贸易平台”边贸扶贫模式，加快促进边民脱贫致富。互市贸易累计实现脱贫5000多人。2019年，全区边贸扶贫现场推进会在百色市召开，总结推广边贸扶贫推广中好的做法和模式。四是创新对接服务。组织市直相关部门深入全市12个县（市、区）围绕贫困县、贫困村、贫困户脱贫摘帽认定标准逐项进行分析，厘清脱贫短板，落实部门责任，及时为县（市、区）解决脱贫攻坚战中遇到的困难和问题，有力推进了全市脱贫摘帽工作的顺利开展。平果县还在全县开展了精准扶贫“第一家长”对接帮扶机制，全县派出帮扶干部到贫困户中担任“第一家长”，把“第一家长”的工作成效列入干部个人和机关单位的考核和绩效考评范围。同时利用互联网、电视、广播、报纸等宣传媒介，定期对“第一家长”开展对接帮扶情况、是否按期完成帮扶任务等情况进行公示，确保服务对接效果显著。[①]

（三）以建设脱贫攻坚大数据平台为依托，用信息技术助推精准脱贫工作

建设脱贫攻坚大数据平台，通过实现精准扶贫大数据平台和干部帮扶工作的实时动态管理，使干部随时随地实时了解扶贫信息、接受任务，并将完成“作业”情况实时上报系统，简化了贫困户精准管理程序，同时脱贫攻坚战指挥中心根据工作需要，通过总数据平台发布信息、政策和指令，实时监控掌握贫困村、贫困户的动态以及干部帮扶工作开展情况，及时发现“一帮一联”“一户一册一卡”等帮扶工作存在的问题和不足，督促帮扶干部及时整改，高效推进干部结对帮扶各项工作。如右江区率先研发出“精准扶贫手机App”应用软件，构建了集信息查询、决策指挥、痕迹记录、过程监管、成效评估等功能于一体的扶贫App创新管理模式。“精准扶贫手机App”于2017年9月初在右江区试投入使用，实现精准扶贫大数据平台和干部帮扶工作的

① 《百色市深度贫困县脱贫攻坚工作亮点清单》。

实时动态管理，成为帮扶干部开展精准帮扶工作中的“掌中宝”。软件使用后，右江区全区5930余名帮扶干部完成App软件安装，7331户建档立卡贫困户27318人的信息数据完成导入，并根据帮扶安排，由帮扶干部自行在往后的入户过程中上报完善。脱贫攻坚战指挥部根据工作需要通过总数据平台发布信息、政策和任务指令，随时掌握贫困村、贫困户的动态以及干部帮扶成效，进一步提升了信息沟通和工作效率。软件的使用有效发挥了脱贫攻坚指挥棒的作用，为百色脱贫攻坚管理工作提供了典型经验。这一做法得到自治区党委的肯定，后研发“广西扶贫App”软件，在全区推广使用。

（四）以加强党的建设为统领，增强基层党组织引领脱贫攻坚的先锋作用

习近平总书记指出：“抓好党建促脱贫攻坚，是贫困地区脱贫致富的重要经验。要把扶贫开发同基层组织建设有机结合起来，抓好以村党组织为核心的村级组织配套建设，把基层党组织建设成为带领乡亲们脱贫致富、维护农村稳定的坚强领导核心，发展经济、改善民生，建设服务型党支部，寓管理于服务之中，真正发挥战斗堡垒作用。”[①] 总书记这一论述为百色市探索党建促脱贫攻坚提供了根本遵循。

1. 坚持党的领导

落实“中央统筹、省负总责、市县抓落实、乡村实施”工作机制，全面强化党对脱贫攻坚的组织领导，市县两级成立脱贫攻坚战指挥部，党政“一把手”担任指挥长。压实脱贫攻坚“两个责任”，市委坚决扛起脱贫攻坚主体责任，切实加强对脱贫攻坚工作组织领导、协调推进、工作落实、督促检查。纪委扛起监督责任，强化执纪监督问责，加强对扶贫领域腐败和作风治理。认真落实四级书记抓扶贫要求，层层签订承诺书，强化党政“一把手”履行第一责任人责任，强调各级党政“一把手”当好扶贫书记、扶贫市长（县长、乡镇长）。

2. 打造党建亮点

探索推行村干部职业化管理，推动易地搬迁扶贫基层党组织应建尽建，实施农村党员“红色创贷”项目，开展“乡村振兴·争创五旗”活动，

① 中共中央党史和文献研究院：《习近平扶贫论述摘编》，中央文献出版社2018年版，第32页。

探索“党建+扶贫”新模式，大力发展农村集体经济，实施村级集体经济“十百千”工程，全市1854个村（社区）都有了稳定收入来源。全市各县（市、区）共选树了125名“黄文秀式好干部”，提拔重用脱贫攻坚一线干部2762名。2017年，中组部在百色召开深度贫困地区党建促脱贫现场会，对百色党建促脱贫攻坚工作给予充分肯定。

3. 弘扬一种精神

用百色起义精神和黄文秀同志优秀品质、扶贫攻坚精神、戍边爱国精神，提振百色广大干部群众打赢脱贫攻坚战的决心与信心。“百折不挠、实事求是、依靠群众、团结奋斗”的百色起义精神，是新时代百色革命老区打赢脱贫攻坚战的强大动力。2019年，乐业县百坭村第一书记黄文秀被评为“时代楷模”“全国优秀共产党员”。黄文秀同志牺牲后，习近平总书记作出重要指示，要求广大党员干部和青年同志要以黄文秀同志为榜样，不忘初心、牢记使命，勇于担当、甘于奉献，在新时代的长征路上做出新的更大贡献。黄文秀同志的优秀品质，激励着百色广大干部群众为全面打赢脱贫攻坚收官战顽强奋斗。

（五）以创新扶贫模式为抓手，提高和巩固精准扶贫成果的质量和效益

精准扶贫工作开展以来，百色积极探索创新扶贫开发模式，并取得有益的实践经验与成效。如田林县于2015年5月启动“飞地”和跨省区连片开发扶贫模式，组织贫困农民大力发展生态扶贫产业，拓宽了贫困群众增收渠道，同时也提供了可借鉴的经验。

1. “飞地”扶贫模式

即通过财政注资成立国有经济果木林扶贫开发公司承接基地经营权，采取“公司+基地+合作社+农户（贫困户）”经营模式，由公司投资建设，本地群众以土地或劳力入股，非本地贫困户（合作社）以资金入股，年底按比例分红。

2. 跨省区连片开发扶贫模式

即针对示范区地处桂黔南盘江交界特点，两省区沿南盘江两岸分别成立合作社，引进公司，将扶贫资金入股，打造集观光旅游和开发农林牧产业、

开展两省区交流等融为一体的综合扶贫开发区。据测算，以田林旧州镇平林村示范点芒果基地为例，入股农户约3000户，按6000元/亩计，第四年开始稳产后年产值可达到1200万元。按照“65%（公司）+5%（合作社）+20%（农户）+10%（贫困户）”的比例联营分配收入，公司收入840万元，合作社收入60万元，土地入股农户收入240万元（人均年收入2500元以上），非本地贫困户收入120万元（人均年收入2000元以上）。通过创新这一产业扶贫模式，推进“三变”工程，即“资金变资本、土地变股份、农民变股民”，既可以使扶贫资金真正用在扶贫产业上，实现增值，又可以使农民的利益与产业扶贫项目紧密地联系在一起，激发贫困农民的活力，还可以使农民在产业发展行动中学到技术，增长技能。公司的利益与贫困农民的利益相统一，可以把两方面的积极性调动起来，同时合作社的集体经济也得到了扩大，实现三赢。

3. “党组织+公司+基地+农户”“支部联姻+企业出资+土地入股”等模式

如乐业县的甘田、夏福、四合、达道、九洞等村党支部，引进顾氏集团投资，采取“党支部+基地+农户”模式建设万亩有机农业产业园，种植有机稻4000亩、有机小麦4000亩、有机花卉4500亩、有机茶3000亩，养羊2000只、牛1000头、猪1000头、鸡鸭上万羽，产业开发如火如荼，脱贫致富已成定局。农村基层党组织既发挥了支部的整体效能，也发挥了支书、党员的表率和引领作用。首先，各自带头搞产业，以自己发展产业的示范作用来引领农民、指导农民、带动农民，从而把村（屯）产业做大做强，实现整村整屯脱贫。其次，还有“电商+农户”“公司+农户”“合作社+农户”等多样的扶贫模式，可使贫困农民尽快脱贫致富。①

（六）以产业扶贫为突破口，夯实巩固精准扶贫成果的基础

产业，是稳定脱贫的根本之策，是乡村振兴的重中之重，是激发贫困地区、贫困人口内生动力的重要载体。百色市以产业扶贫为突破口，积极探索产业扶贫形式，走出了一条具有百色特色的产业扶贫之路。

以百色市田东县的芒果产业为例，近年来，田东县以芒果产业扶贫为重点，积极探索、勇于创新，大力开展技术创新、人才培育工作，全力进行芒

---

① 黄启学：《“五大发展理念”引领下的百色市精准扶贫探析》，《桂海论丛》2017年第5期。

果绿色食品标准化建设，不断增强产业带动农民脱贫致富能力，全县芒果种植面积达34万亩，采用新技术增加产值12.9亿元，累计有5400户贫困户1.6万名贫困群众依靠芒果种植告别了贫困。他们的主要做法：一是产学结合，实现产业发展与科研教育深度融合。田东县与科研单位加强合作，制定和执行芒果产业绿色发展标准，推进技术互助协作，促进产业升级。二是科研攻关，重塑芒果品种结构。围绕芒果科技创新能力提升和产业化发展需求，通过创建百色芒果研究院和广西田东芒果试验站，先后引进景东晚芒、热农1号等芒果新品种，推广芒果早花摘除技术、小分子诱导技术，促芒果开花；推广采后修枝、病虫害综合防治等先进实用技术，解决芒果丰产稳产等技术难题，填补了市场对芒果晚熟品种的需求，实现了品种结构优化，延长了芒果供应期。三是强化推广，助力芒果产业开花结果。为保障芒果产业的可持续健康发展，田东县大力推进芒果产业新技术的应用与转化。充分发挥农业技术力量，不断组织农业专家、技术人员深入田间地头，通过开展技术培训班、现场实地指导等形式，把先进的管理技术推广运用到生产种植和管理中；用标准化示范带动，采取"龙头企业+合作社+基地+农户"等模式，让专业合作社牵头，按照合作社相关章程，引导和培训农户进行规范管理，实现芒果种植管理技术的普及推广。经过多年的技术推广与生产实践，"芒果早花摘除技术"和"芒果保花保果集成先进技术"在全县普及推广率达83%以上，每年在百色芒果产区运用面积达28万亩以上，增产达24.8万吨，增加产值12.9亿元，为田东县芒果产业可持续健康发展提供了强有力的制度支撑。四是创建生态循环，绿色发展成效突出。紧密结合绿色循环优质高效特色农业要求，全力打造芒果绿色食品标准化建设。其一，全面推行"一控两减三基本"的绿色发展模式。按照"一控两减三基本"的总体要求，开展"两减、三增、三结合"行动。在生产过程中，严格根据测土配方与作物需求施肥，减少化肥的使用量。其二，增加有机肥使用量，改善农田土壤的通气条件和酸碱度，走低碳农业之路。采用物理和生物防治措施防治病虫草害，使用低毒、高效农药，禁止使用高毒、高残留农药。另外，项目实施过程中产生的植物性垃圾全部经过粉碎、发酵、消毒和生化处理，把有害物质转化为有机肥料，重新参与再生产。田东县拥有两家有机肥生产企业，年产能力15万吨，结合利用全区土壤大数据平台和智能施肥系统，为农户提供精准施肥配方，实行科学施肥，完全可以实现到2020年全县农作物化肥使用量零增长的目标。五是搭建平台，深化产业融合与拓展服务。以10个标准化芒果示范园为龙头，开展示范基地建设，提升规模生产、加工转化、科技集成、品牌营销、产旅互动的综合发展水平，芒果产业从采后处理等粗加工拓展至精深加工、包装印刷等诸多领域，带动二、三产融合发展。以4家国家级创业创新基地为依托，鼓励返乡大学生、农民工等进行自主创业，促进大众创业、万众创新。田东芒果产业已成为百色扶贫产业的“金字招牌”，入选2020年国家扶贫典型范例。

在引导产业扶贫的过程中，百色还注意提高市场预测能力，开展可行性研究，以避免产业扶贫的同质化、低端化、功利化的问题，切实使贫困农民在扶贫产业化的过程中获得利益，增强产业脱贫的信心。可以肯定，继续抓好产业扶贫，使之可持续发展，这是巩固精准扶贫成果的必要途径。①

（七）以粤桂扶贫协作为契机，谱写深百扶贫协作新篇章

2016年，根据中央部署和广东省安排，深圳市“接棒”广州对口帮扶百色市。2016年9月4日，广东、广西两省区主要领导来到百色市田阳县调研对接，并召开第一次联席会议，吹响了携手决战贫困的号角，深圳对口百色扶贫协作工作就此拉开序幕。

深百扶贫协作开展以来，深百双方深入贯彻落实习近平总书记关于东西部协作扶贫的重要讲话精神，多措并举深化粤桂扶贫协作，助推百色高质量脱贫，彰显出“深圳给力、百色努力、攻坚合力、脱贫有力”的扶贫协作范例。构建高效协作组织体系，以高层统筹谋动、联席会议推动、结对帮扶带动、工作专班促动为牵引，形成市、县、乡、村四级结对帮扶工作新格局。深入推动产业帮扶，重点打造特色小镇和深百工业园，培育百色脱贫“造血干细胞”。自2016年以来，深圳累计投入19.117亿元，实施帮扶项目690个，

① 韦从克、黄启学、李剑等：《巩固精准扶贫成果研究》，《百色科学发展谈》2018年第2期。

共建产业园49个，引进116家广东企业到百色投资发展扶贫产业，惠及805个贫困村64.9万建档立卡贫困人口。夯实就业劳务协作平台，共建扶贫车间103个，吸纳就业人数7902人；联合举办劳务协作培训班696期，培训贫困人口2.6万人次，帮助贫困劳动力实现就业5.94万人。深化拓展消费扶贫，组织举办百色芒果推介会、百色名特优农村产品交易会等，扩大百色特色农产品影响力；开展百色扶贫产品“圳品”认证，推动深圳线上线下采购百色扶贫产品，消费扶贫金额累计达14.99亿元。拓展教育医疗等领域协作，实施“琢文君·同一堂课”乡村教师培训计划，促进百色教师能力提升；组织开展“深百医院”结对帮扶，举办高端医疗手术示范，援建远程诊疗项目，极大提升百色老区医疗水平。[①]

以推进百色“深圳小镇”跨区域易地搬迁扶贫项目为例，百色“深圳小镇”是深圳市帮扶百色市的跨区域易地搬迁扶贫重点项目，“深圳小镇”规划用地面积565亩，总规划建筑面积62.37万平方米，其中建设安置住房52栋5073套约46.76万平方米，总投资22.24亿元，规划安置移民2万人。“深圳小镇”分两期建设，一期工程于2017年11月开工建设，2018年10月竣工入住；二期工程于2018年10月开工建设，2019年11月竣工入住。深圳小镇搬迁规模3845户16006人（不包含东城景苑搬迁人口440户2413人），其中建档立卡贫困人口3828户15937人，同步搬迁17户69人。“深圳小镇”建设得到了广东省和深圳市的大力支持，深圳市共投入帮扶资金2.5964亿元，其中财政投入5464万元，腾讯、万科集团各资助1亿元，平安集团资助500万元。2020年1月17日，中共中央政治局委员、国务院副总理胡春华同志到百色调研，对“深圳小镇”的建设模式以及后续产业扶持和就业服务等保障措施给予了高度评价。百色“深圳小镇”已成为粤桂扶贫协作的样板工程、深百扶贫协作的标志性工程。

（八）以创新村集体经济发展模式为要领，充分发挥村集体经济的辐射带动作用

百色积极创新村集体经济发展模式，主要探索和推广了以下模式：（1）直

---

① 中共百色市委理论学习中心组：《决胜脱贫攻坚：书写百色发展史上的壮丽诗篇》。

接投入村集体项目，壮大村集体收入。如右江区永乐镇石平村，投资建立蔬菜、芒果种植基地3500亩。（2）充分发挥集体资源优势，盘活资源。如德保县城关镇那温村以集体资源入股德保县那温旅游专业合作社，实行村企联手共建，互利共赢。（3）股份合作发展壮大村集体经济。如那坡县依托本县国有企业的管理优势，在确保资金安全的前提下，促成贫困村与国有企业的有效合作、互利共赢，以委托经营、逐月分红的形式进行管理，增加村级集体经济收入。田东县思林镇定阳村入股广西金祺生态农业开发有限公司种植火龙果项目等。（4）通过异地购建物业，增加村级集体收入。如西林县那劳镇那宾村、八达镇坡皿村等在县城购置店面等固定资产，通过租赁经营获取收益。[①]（5）创新“抱团”联建模式，共享村集体发展成果。如田林县把发展壮大村级集体经济作为“一把手”工程，形成上下联动、集中发力、任务共担的工作格局，引导全县各贫困村联村抱团发展种植、养殖产业并与公司联合经营，实行公司化运作，提高抵御经营风险能力。通过探索，积累了经验，增强了百色市发展村级集体经济的信心和决心。部分村级集体经济实现了零的突破，收入从无到有，进一步推动了村级各项事业的发展。[②]

（九）以创新金融扶贫模式为支撑，充分发挥政府资金与社会资本在精准扶贫中的重要作用

脱贫攻坚离不开资金的支持，有投入才有产出。因此，要整合各方资金，集中投入脱贫攻坚战的最前线。从金融扶贫来说，要引导、帮助贫困农民克服“等、靠、要”思想。消除“怕还不起，不敢贷款”阻碍发展产业的观念，对如何搞产业开发、如何办理小额信贷之类的手续等问题给予面对面的指导和帮助。如百色市田东县是国家扶贫开发工作重点县，又是全国金融改革试点县。2008年开启了农村金融改革破冰之旅，2015年11月，在中央扶贫开发工作会议上，习近平总书记对金融扶贫“田东金融扶贫模式”给予肯定。2016年，田东县开始打造金融扶贫“升级版”，经过10多年的努力，田东县以“农金村办”为核心，探索建立健全农村金融机构、农村信用、支付

① 《百色市2017年脱贫攻坚工作总结》。

② 《百色市深度贫困县脱贫攻坚工作亮点清单》。

结算、保证保险、抵押担保、村级服务等“六大体系”，创新金融扶贫模式，开展农村产权改革，逐步形成了可复制、可推广、可持续的农村金融普惠机制，为我国农村金融改革和金融扶贫积累了田东经验、贡献了田东智慧、提供了田东方案。截至2020年9月30日，累计向12.81万贫困户发放扶贫小额信贷59.28亿元。田东金融改革之所以取得成功，成为集农村金融改革、金融扶贫和普惠金融于一体，打造了闻名全国的“田东金融扶贫模式”，其中的关键就在于村“两委”发挥了联系和带领贫困农民扶贫致富的作用，让金融扶贫政策落实到贫困农民之中，落实在产业发展及各项举措上，落实到巩固精准扶贫成果的金融支撑上。

（十）以创新脱贫攻坚举措为引擎，力求脱贫攻坚取得新成效

1. 强化工作保障，创新举措深化扶贫领域腐败和作风问题专项治理

在专项治理扶贫领域腐败和作风问题中，百色市纪委监委抓住基层党委纪委抓住“两个责任”不严不实、职责部门履责“东一榔头、西一棒子”、监督监管不到位等突出问题，精准施策，将专项治理上升为“一把手工程”，压紧压实主体责任；开展“五个紧盯”行动，推动职能部门履职尽责，以点带面推动专项治理；开展“清风入户”行动，纪检监察机关深入基层察访，监督“关键少数”、关键岗位、关键领域，难题一道道解、顽疾一个个治，确保扶贫政策落地生根。落实专项治理“6+2”工作机制、联席会议制度，深入开展专项治理工作提升年活动，实施监督执纪再精准、协同联动再强化、监察工作再拓展、查案力度再加大、巡视巡察再深化、精品品牌再打造等六项行动，推动专项治理工作提质增效。百色这些创新举措为打赢打好脱贫攻坚战提供了坚强保障，得到中纪委、国务院扶贫办和自治区充分肯定。2018年12月，中纪委、国务院扶贫办在百色市召开了“扶贫领域作风问题专项治理”专题调研座谈。

2. 创新推进低保审批权下放乡镇改革

百色市率先在全国、全区开展低保审批权下放乡镇改革，实现低保申请“最多跑一次”，这项创新工作得到民政部、自治区民政厅充分肯定，2018年被评为全国社会救助十佳案例，写入2020年8月25日中共中央办公厅、国务

院办公厅印发的《关于改革完善社会救助制度的意见》。

3. 首创选派扶贫专员制度，激励退出领导岗位干部担当实干

百色市从涉及“两不愁三保障”的市直部门选派24名调研员组成8个扶贫专员组，循环式对所有下辖县（市、区）开展脱贫攻坚指导工作，发挥市脱贫攻坚战指挥部的探头作用。一是驻县督导。扶贫专员组每月驻县（市、区）开展工作不少于12天，收集全市检查发现的问题和驻县自身通报的问题，直插基层一线，自主查找薄弱环节和工作短板，提出整改意见，并不定期实地跟踪整改实效。二是定向汇报。市脱贫攻坚战指挥部适时召开扶贫专员工作会议，听取扶贫专员对派驻县（市、区）党委、政府脱贫攻坚“三落实”情况。三是列席会议。扶贫专员根据需要列席派驻县（市、区）脱贫攻坚专题常委会、政府常务会、脱贫攻坚战指挥部或领导小组会议，指出具体问题，书面提出工作意见建议，取得良好效果。

4. 创办爱心公益超市，开创平台助推扶贫助困新模式，激发贫困群众内生动力

创办“爱心公益超市”是激发贫困户参与脱贫建设的热情，以及激活公益资源的一个举措。“爱心公益超市”属公益性非营利性商店，主要运作模式为政府主导、社会支援、村级管理。贫困群众通过参与相关事项获取相应积分，最终经过公平公开审核，兑换相应的生产、生活用品。“爱心公益超市”扶贫，有别于过去直接给钱、给物，将现实表现与积分兑换挂钩，提振了贫困群众的“精气神”。更大程度上激发贫困群众参与积极性，能够避免“养懒汉”，也更加能够激活公益力量，积聚到更多的社会爱心资源。

总之，百色市在开展精准扶贫、精准脱贫的工作过程中，深入分析致贫的深层次原因，因地制宜地结合实际情况，创新扶贫政策、机制、体系、模式、载体和抓手，有重点、有层次地精准施策，对引领贫困人口脱贫致富、助推乡村振兴发展，打下了良好基础。

第三章

基础设施建设扶贫

基础设施建设扶贫是指通过实施交通、水利、电力升级改造，以及农村危房改造、农村信息化建设、公共服务基础设施建设等项目，改善贫困地区和贫困人口生产生活条件，为贫困人口创造经济发展环境，以实现加快脱贫致富目标的一种扶贫方式。要实现脱贫攻坚战的胜利，必须把基础设施建设扶贫抓紧抓实抓好。百色基础设施建设扶贫是以贫困村（屯）为重点，着力解决通路、通水、通电、通网络、通广播电视等问题，稳步推进基础设施建设扶贫工程，显著提升贫困地区发展能力。经过35年的艰苦努力，百色贫困村（屯）基础设施得到很大改善，尤其是2015年以来，百色按照中央和自治区脱贫攻坚有关决策部署，紧扣全市68.2万贫困人口899个贫困村12个贫困县（市、区）脱贫摘帽的任务目标，落实主体责任，创新工作机制，着力突破薄弱环节，扎实推进项目建设，补齐基础设施短板，实现所有的行政村基本通路、通电、通广播电视、通电话、通网络，用上了安全的饮用水，取得显著成效，为全面完成脱贫攻坚任务并实现同乡村振兴有效衔接打下坚实的基础，形成基础设施建设扶贫的百色经验。

一、夯实脱贫摘帽的坚实基础

基础设施建设是贫困地区脱贫攻坚的基础和必要条件，事关全面脱贫大局，导致农村贫困的重要原因之一是基础设施建设严重滞后，农村经济发展根基不牢。“要致富，先修路”，直接体现了基础设施建设扶贫的必要性。

因此，越是在任务紧迫的情况下，各级党委、政府越要以抓补短板、强弱势、增效能为突破口，加强基础设施建设，全面改善贫困地区和群众的生产生活条件，为巩固拓展脱贫成果与衔接乡村振兴提供基础支撑。

（一）基础设施建设扶贫是贯彻落实精准扶贫部署的具体行动

习近平总书记在深度贫困地区脱贫攻坚座谈会上提出：就全国而言，下一步要重点解决深度贫困地区公共服务、基础设施以及基本医疗有保障的问题。集中连片的贫困地区要着力解决健全公共服务、建设基础设施、发展产业等问题。同时，在审议《乡村振兴战略规划（2018—2022年）》和《关于打赢脱贫攻坚战三年行动的指导意见》的中共中央政治局会议上强调：要改善贫困地区居民基本生产生活条件，加大对贫困地区水、电、路、气、网、水利等基础设施建设投入，为脱贫攻坚创造基础条件，提高基本公共服务能力，解决贫困地区的教育、医疗、卫生等条件，切实解决因病、因教致贫等问题。《中共中央　国务院关于打赢脱贫攻坚战三年行动的指导意见》中明确指出，要通过加快实施交通扶贫行动、大力推进水利扶贫行动、大力实施电力和网络扶贫行动、大力推进贫困地区农村人居环境整治等四大行动，来加快补齐贫困地区基础设施短板。相应地，自治区出台的《关于打赢脱贫攻坚战三年行动的实施意见》则提出要全力打好基础设施建设硬仗，具体包含六个方面的实施内容：加强交通扶贫、加强水利扶贫、大力开展大石山区饮水安全问题攻坚、加强电力扶贫、大力实施网络脱贫攻坚和深入实施农村人居环境整治三年行动，巩固“美丽广西”乡村建设成果，打造“幸福乡村”。这些充分显示了基础设施建设扶贫对改善贫困地区面貌的重要性和必要性。

（二）基础设施建设扶贫是贫困农民基本民生水平提升的前提

近年来，我国不断加强贫困地区基础设施建设，贫困地区全面实现了村村通电、通路、通电视、通网络，医院、学校等硬件也实现升级换代，一些行政村有了幼儿园，群众生活面貌有了较大改善。但从城乡统筹发展和全面小康的标准来看，很多贫困乡村的基础设施建设还不完善，标准较低，需要进一步加强、提高。因此，加快贫困地区基础设施建设，将有效改善贫困地区贫困群众的生活条件，为脱贫致富、改善民生奠定坚实的基础。

（三）基础设施建设扶贫是发展产业的必要条件

产业是脱贫致富的基石，基础设施是产业发展的必要条件。“要致富，先修路”的说法，就表达了基础设施建设对脱贫攻坚的重要意义。当前，水、电、路、网、水利等基础设施建设已全面完成，基础设施条件大大改善，但与此同时，能够带动贫困地区工业、农业、旅游、物流等现代产业发展的高等级公路、铁路甚至航线还很欠缺，很多地方通信设施还比较落后，信息化水平较低，发展电子商务、现代物流等新兴产业的条件还比较弱。有的地方还因为缺水，影响了许多工商资本参与产业扶贫，制约着贫困地区产业发展。因此，必须补短板、强弱势，进一步加快基础设施建设，实现提质升级，为扶贫产业的发展创造良好的条件。

（四）基础设施建设扶贫是提高公共服务水平的重要平台

近年来，随着农村基础设施建设的全面加强改善，公共服务水平大大提升，贫困农民生产生活条件大大改善，人口素质、扶贫开发的“软实力”得到明显增强，获得感、幸福感不断提高。但也应看到，还有一部分贫困地区的教育文化、商业服务等基础设施不够完善，条件还比较简陋，导致一些公共服务难以有效开展。要提高脱贫质量防止返贫，建立健全稳定脱贫长效机制，必须加大公共服务基础设施建设的力度，才能为贫困地区稳定脱贫和长期可持续发展创造有利条件。

（五）基础设施建设扶贫是解决脱贫攻坚短板的重大举措

随着基础设施建设扶贫项目不断增加，资金投入逐年增多，农村基础设施得到有效改善，村（屯）面貌发生明显变化，但与全面小康和群众期盼相比，仍然存在一些困难和问题，需要认真研究解决。一是资金困难、依赖性强。百色市位处“老、少、边、山、穷、库”地区，人口居住分散，项目实施的点多面广线长，特别是贫困村项目基本在山区，施工的条件十分恶劣，造成基础设施建设项目投资量大，资金短缺。硬化路、饮水安全等项目实施效益与群众实际需求之间的矛盾突出，而市级财力有限，筹措资金的渠道不多，对中央及自治区层面资金投入的依赖性很大。二是基础设施建设发展不平衡。主要体现在贫困村与非贫困村之间、城乡之间路网的建设发展不平衡。随着脱贫攻坚的深入推进，特别是“十三五”期间，项目资金、社会资源、帮扶力量等整合后不断向贫困村聚集，贫困村基础设施、公共服务条件显著改善，发展面貌日新月异。而对非贫困村的投入较少，导致部分非贫困村基础设施改善缺乏项目资金的支撑，公共服务设施、饮水安全提升、道路安全防护等一些群众关切的热点难点问题解决迟缓，基础设施改善缓慢与贫困村的明显变化形成鲜明对比。三是后期管理维护难度大。一些项目实施单位对项目后期管理维护工作重视不够，在资金筹措、人员配备、机制创新等方面投入不足、办法不多、措施不力，不同程度地存在“重建设、轻管理”现象。近年来建成投用的村（屯）道路、文化室、戏台、篮球场等公共设施，管理维护责任不明确，制度不健全，造成管理不到位，严重影响了基础设施作用的发挥，减少了基础设施使用年限，造成资源浪费。通过实施基础设施建设扶贫，加大投入，落实责任，补短板，强弱项，真抓实干，扎实推进，才能真正解决存在的突出问题，实现通路、通电、通广播电视、通电话、通网络，用上了安全的饮用水，为贫困农民发展生产、改善生活、脱贫致富创造了条件。

二、基础设施建设扶贫的做法和成效

1985年以来，在扶贫工作方面，百色干部群众一代接着一代干，做了大量的工作，特别是新一轮扶贫攻坚以来，针对全市贫困现状和难点问题，制定出台《百色市“十三五”脱贫攻坚规划》，明确按照精准扶贫“十个到村到户”的要求，集中力量、奋力攻坚，优先解决以水、电、路、信息网络等为主的基础设施建设，加快补齐贫困地区基础设施短板，全力打好基础设施建设硬仗，夯实脱贫奔康基础。

（一）基础设施建设扶贫的做法

1. 加大交通设施建设

（1）加强区域交通建设。

围绕加快打造连接中国—中南半岛国际大通道，建设西南地区区域性综合交通枢纽，努力建立完善的综合交通运输体系。重点实施干线铁路“成网”工程、公路交通“畅通”工程、内河水运“提质”工程、民航机场“提升”工程、客货枢纽“优化”工程、城市客运“便民”工程、邮政快递“普惠”工程等七大工程，以重点工程项目为抓手，增强交通运输供给能力，补齐综合运输发展短板，推动综合运输普惠、高效发展，为实现交通运输现代化和脱贫攻坚奠定了发展基础（见表3–1）。

表3–1 西南区域大交通建设重点内容

1. 重点铁路建设项目 建成南昆铁路二线（百色至威舍段扩能），加快黄桶—百色、靖西—龙邦、百色—河池—桂林、防城港—崇左—百色铁路，规划建设百色—柳州铁路、百色—兴义高速铁路、云桂沿边铁路（文山—那坡—靖西—防城沿边铁路）。 2. 重点公路建设项目 （1）完善高速公路网络。建成百色—乐业、河池—百色、靖西—龙邦、田林—西林—罗平、那坡—平孟高速公路，实现县县通高速公路。 （2）改造提级干线公路。重点推进富宁—那坡—东兴、兴义—隆林—西林—广南—那坡—平孟等一批高等级公路；实施田林—西林、巴马—田东—天等、兴义—隆林、田东—凭祥等一批普通国道升级改造；积极推进凌云—田林、天生桥—隆林等一批新建、改扩建公路项目建设。

注：具体项目详见《百色市“十三五”综合交通运输发展规划》

（2）增强农村公路保障能力。

有序完善农村公路网络。进一步完善农村公路网络、提升农村公路技术水平，县道公路达到三级以上等级标准，乡道公路达到四级以上标准。结合农村经济发展和村镇建设，实施一批旅游路、资源路、产业路和新型村镇出口路等县乡道改造，有机串联起与旅游景区、经济新区、工业园区、矿区的农村公路，发挥农村公路对小城镇建设和农业现代化的引领作用。

全面完成农村公路通畅工程。按照全面建成小康社会和扶贫开发的基本要求，以贫困区县、乡镇为主战场，全面完成具备条件的剩余乡镇、建制村通硬化路任务，保障农村地区的基本出行条件。统筹考虑村镇行政区划调整等因素，有序推进人口仍然聚居的撤并建制村通硬化路建设。

扎实推进村（屯）道路建设。以改善自然村（屯）生产生活环境为目标，多渠道筹集资金，全面实施全市20户以上自然村（屯）道路硬化建设，规划建设村（屯）道路4392条、13635公里，道路硬化率80%以上，全部解决20户以上自然村（屯）未通屯级道路问题（见表3-2）。

表3-2 百色市“十三五”时期农村扶贫道路建设规划表

	合计		砂石路		硬化路	
	条	公里	条	公里	条	公里
	4392	13634.92	910	3562.6	3354	9134.25
右江区	406	1517	140	558	266	959
田阳县	464	871.12	55	94.2	409	746.9
田东县	448	868	0	0	448	868
平果县	364	694	145	298	219	396
德保县	176	538.6	15	65.8	161	472.8
靖西市	22	39	22	39	0	0
那坡县	297	519	38	122.2	259	396.8
凌云县	620	1288	94	251	526	1036
乐业县	450	1542	9	32	441	1510
田林县	867	4314	306	1610	433	1797
隆林县	18	49.7	8	32.9	10	16.75
西林县	260	1394.5	78	459.5	182	935

资料来源：百色市脱贫攻坚指挥部

（3）推进农村公路客运物流发展。

加快推进集中连片特困地区交通精准扶贫，以建设“四好农村路”为首要任务，以积极发展农村客运、构建农村物流公共服务体系为落脚点，推进农村交通运输取得突破性进展，让更多百姓享受到交通运输发展的成果。

推进农村公路客运有序发展。统筹推进乡镇客运站及农村客运站场建设，建成右江区汪甸、永乐客运站等27个农村客运站，配套建设一批建制村招呼站和便民候车亭。开辟、改线、延伸农村客运班线，实现具备条件的建制村村村通班车。

完善城乡互动的物流服务网络。积极推动城乡物流发展，统筹规划建设农村物流基础设施和网络，加快完善物流中心、乡镇农村配送站、农村货运网点三级农村物流服务体系，促进城市物流配送与现代物流配送体系向农村地区纵深发展。探索实施客货运站场、邮政网点、供销社、农村超市等多类物流节点的融合发展，推广农村货运班线、农村客运班车利用货仓承接小件快运等农村物流服务模式。

（4）加强农村公路安保与养护。

实施农村公路安保项目。完善县乡联网公路建设，推进农村道路路基、路面提级改造，提高农村道路通行能力。优先对农村公路临崖、临水、急弯陡坡等危险路段进行安全隐患治理，加强对窄路面、窄路基公路拓宽改造，实施农村公路安全生命防护工程及危桥改造，建设一批安保设施项目、桥梁建设改造和过水路堤、危窄桥梁改造等。

加强村（屯）道路管理养护。转变农村公路重建轻养的观念，把养护乡道村道屯道等作为今后加强农村道路管护的重要内容，提高养护标准，制定和完善农村道路管护村规民约，按路段合理划分各村（屯）共建共养共享的道路养护责任制，动员广大农民群众参与农村公路建设、管理、养护，实现民建、民管、民养、民享。组织落实专业技术人员负责农村公路管理、养护等技术指导。完善村民自我管理、自我维护，确保农村道路永久通行。

2. 加强水利设施建设

（1）进一步加强饮水安全建设。

实施饮水安全进村入户工程。对连片贫困村采取集中供水，实施自来水进村入户工程；对严重缺水的贫困村（屯）建设集雨家庭水柜，采取超滤膜技术等解决好贫困村（屯）集雨家庭水柜水质卫生问题。

强化村（屯）饮水设施管护。完善村民自治制度建设，推进村（屯）饮水设施自我管理、自我维护、良好发展，确保农村饮水可持续发展。转变农村饮水设施重建轻养、依赖政府的观念，完善农村饮水设施管护责任制，引导经济实体、村民参与村（屯）饮水设施建设、管理、养护，实现共建共管共享（见表3-3）。

表3–3 百色“十三五”时期贫困人口饮水安全规划表

（单位：万人）

县（市、区）	受益贫困人	精准识别饮水困难人口	精准识别饮水安全不稳定、易反复人口
右江区	1.59	0.63	0.96
田阳县	6.03	2.03	4.00
田东县	1.38	0.73	0.65
平果县	7.72	1.66	6.06
德保县	7.15	3.15	4.00
靖西市	13.95	3.85	10.10
那坡县	2.18	1.92	0.26
凌云县	2.25	1.38	0.87
乐业县	3.34	2.02	1.32
田林县	6.47	2.05	4.42
隆林县	9.32	4.84	4.48
西林县	5.09	1.43	3.66
合　计	66.47	25.69	40.78

资料来源：百色市水利局

（2）加大农田水利建设力度。

加强贫困山区水利建设。实施重点旱片治理工程，大力推进石漠化片区治旱建设。规划建设节水型、生态型灌区，重点实施百色水库灌区项目和大中型灌区工程，加快灌区渠系网络配套建设；大力推进农田水利、抗旱应急设施建设，保障缺水地区旱季用水，提升主要旱片抗旱和灌区灌溉能力。

大力推进“五小水利”建设。推进大中型灌区续建配套与节水改造、小型农田水利建设。抓好病险水库除险加固工程和灌溉排水泵站更新改造工程建设，实施小流域水土保持综合治理工程，新建扩建一批中小型水库。

加强产业基地水利建设。围绕产业脱贫目标，优先在市、县（市、区）产业示范区安排一批高效节水灌溉工程，进一步完善水利基础设施，确保产业用水，促进产业扶贫。

3. 推进农村电网升级

积极推进贫困村农村电网改造到村到户建设，力求全面解决2022个贫困自然屯生产生活用电困难问题。加快推进生产用电输变电线路和设施建设，计划建设67855公里，项目覆盖46917户183290人。积极推动贫困村（屯）生活用电输变电线路和设施建设，建设规模48317公里，项目覆盖10392户44303人（见表3–4）。

表3–4　百色“十三五”时期农村电网改造实施规划表

县（市、区）	户数（户）	受益人口（人）
右江区	829	3003
田阳县	6328	21661
田东县	19818	78879
平果县	20613	85172
德保县	61815	278167
靖西市	9124	45620
那坡县	18643	78300
凌云县	1627	6500
乐业县	7571	29885
田林县	17144	68000
隆林县	80	331
西林县	13882	55531
合　计	177474	751049

资料来源：百色市脱贫攻坚指挥部

4. 农村危房改造

（1）加大危房改造力度。

以改善贫困群众居住条件为重点，结合贫困县、贫困村实际情况，分期分批实施建档立卡贫困户危房改造，并给予建档立卡贫困户政策倾斜支持，实现危房改造到村到户。继续保持对残疾、低保、五保等特困群体危房改造保障政策不变（见表3–5）。

表3–5 百色市“十三五”时期危房改造计划表

县（市、区）	户数（户）	受益人口（人）
右江区	849	2971
田阳县	1593	5478
田东县	7819	35186
平果县	2513	9046
德保县	297	1058
靖西市	4307	20673
那坡县	2532	11394
凌云县	6866	27464
乐业县	1869	8065
田林县	4036	24195
隆林县	4877	19020
西林县	536	2144
合　计	38094	166694

资料来源：百色市住建委

（2）创新方式，增加房源。

在具备条件的县（市、区），稳妥开展以购代建试点，收储一定数量的中小套型商品房，供新建易地搬迁扶贫危房户购买使用。结合棚户区改造，配建易地搬迁扶贫危房户安置住房。

5. 农村信息基础设施建设

（1）加快推进农村信息化建设。

加强贫困村（屯）信息网络基础设施建设，2016—2020年，百色市投资7.98亿元进行电视升级安装和网络工程建设，积极推动光缆入村入屯入户，实施全市行政村宽带信息网络全覆盖工程，实现全市贫困村、自然村（屯）通宽带、通互联网，实现广播电视“户户通”。大力推进通信基础设施建设，极大地改善了城区、乡镇、偏远（含边疆）地区的4G通信网络覆盖水平，特别是电信普遍服务项目的实施，在巩边固边、脱贫攻坚和乡村振兴中发挥了重要作用。

（2）实施贫困村数字电视覆盖工程。

加快推进贫困地区数字电视覆盖工程，完善广播电视设备改造，对贫困户有线电视进行财政补贴，全面解决偏远山区群众收看电视难的问题。

（二）百色市基础设施建设扶贫取得的成效

百色市始终把加快和改善基础设施建设作为打赢贫困地区脱贫攻坚的先决条件，按照“一路二水三网”的思路，深入开展基础设施扶贫到村到户行动，加快农村项目建设，聚焦补齐短板，使贫困村发展环境得到明显改善。“十三五”期间，全市共投入资金142.55万元实施基础设施建设，实施屯级道路、产业路、饮水安全、农网改造、网络基站、农田水利等基础设施项目工程，大大改善了贫困群众的生产生活条件，为实现889个贫困村68.2万名贫困人口脱贫摘帽、全面实现小康目标奠定了基础。到2019年，已全面解决贫困人口饮水安全问题。强化电力保障，到2017年，全面解决用电难问题。加大危房改造力度，到2019年，全面完成全市建档立卡贫困户危房改造任务。加强贫困村（屯）信息网络基础设施建设，2019年基本实现20户以上自然屯宽带信息网络全覆盖。2018年以来，根据《中共中央　国务院关于打赢脱贫攻坚战三年行动的指导意见》及自治区《关于打赢脱贫攻坚战三年行动的实施意见》，进一步加快补齐贫困地区基础设施短板，全力打好基础设施建设硬仗。截至2020年，通村道路硬化率达100%，基本实现20户以上通屯道路硬化，通信网络、电视收视率全覆盖，现有存量农村危房全部拆除，农村饮水安全问题、用电难问题得到全面解决，农村环境脏乱差现象得到有效治理，农村公共服务能力达到全区平均水平。

1. 基础设施建设得到明显改善

百色深入实施道路通村通屯、农村危房改造、农村安全饮水提升、农村电网升级改造、村级公共服务设施提升等五大工程，加快改善贫困地区基础设施条件。2016—2020年，全市累计投入65.99亿元实施农村道路建设或硬化项目，涉及总里程1.37万公里。截至2020年，全市1796个行政村通硬化路，覆盖率100%，完成度100% 。县道公里数为3037.23，乡道公里数为2199.453，专道公里数为33.174，村道公里数为9520.061，共计里程为

14789.918公里。完成农村危房改造38336户，其中建档立卡贫困户危房改造16701户，农村安全住房比例100%。从2010年开始，全市实施农村饮水安全工程建设，至2020年共建设饮水安全工程1.0058万处，家庭水柜1.5万座，完成建设投资32.5亿元，总受益农村人口325.2万人。截至2020年，全市现行标准下贫困户饮水安全有保障比例达到100%，农村自来水普及率达到85.1%。水利工程建设成效显著，截至2020年9月，全市新增、恢复、改善灌溉面积达37.8万亩。2016—2020年投资45.55亿元用于农村电网升级改造、农村电力保障建设等项目，实现了农村电网改造新突破，使农村100%农户用上电，基本实现城乡用电同网同价。截至2019年，全面完成全市建档立卡贫困户危房改造任务37558户，受益人口164550人。投入5308万元，新建村级公共服务中心1364个，贫困村覆盖率达100%，为决胜脱贫攻坚提供强有力的保障。

2. 基本公共服务设施建设得到明显改善

通过加强基础设施建设，到2020年，全市所有行政村通了水泥或沥青硬化道路和宽带网络，自然屯均通了机动车道路，村村建有篮球场、卫生室、村级办公用房，全市县乡村级公路通达率100%，全面解决全市贫困人口饮水安全问题，村级公共服务中心完善率92.8%，进一步提升了贫困地区基本公共服务水平。

2016—2020年，全市进行电视升级安装和网络工程建设成效显著。2017年基本实现全市行政村宽带信息网络全覆盖；2019年基本实现20户以上自然村（屯）宽带信息网络全覆盖，实现全市贫困村95%以上自然村（屯）通宽带、通互联网，基本实现广播电视“户户通”。“十三五”期间，百色大力推进通信基础设施建设，4G基站由2015年的4200个，建成到2020年的14052个，站址共享率从4.11%提升到38.52%。“十三五”期末，解决全市3343个未通宽带光缆线路的自然屯网络问题，项目规模覆盖1782处280541公里、52337户210879人。

三、基础设施建设扶贫的基本经验

为改变百色水、电、路、房等基础设施建设一直比较滞后的状况，1997年以来，全市集中人力、物力、财力，采取超常规措施，以大攻坚、大会战的形式，连续开展轰轰烈烈的人畜饮水工程建设、村级道路建设、茅草房改造、村村通电、村村通广播电视、改善乡村办学条件、地头水柜建设、屯级道路建设、农村沼气池建设、边境建设等“十大会战”，以及桂西五县基础设施建设大会战、兴边富民基础设施建设大会战、大石山区人畜饮水工程建设大会战等。通过大会战，全市长期以来农村基础设施落后的状况得到前所未有的改观。到2020年机场、高铁、高速公路，1000吨级船舶可从百色直达珠三角地区，建成国家一类口岸。特别是精准扶贫全面启动以来，百色集中全体力量，开展奋力攻坚，大力抓好基础设施建设，紧紧抓住危房改造、易地搬迁扶贫、通村通屯道路、人饮工程等重点，提前做好项目规划，加强施工组织，采取非常措施，开足马力，加班加点，加强工程质量监管，倒排工程工期，加快项目推进，取得了显著成效，全面改善了贫困群众的生产生活条件，形成了基础设施建设扶贫的百色经验。

（一）对照标准，梳理年度脱贫摘帽建设任务

一是按照“缺什么、补什么”原则，在全市精准识别的基础上，对各县（市、区）上报的年度水、电、路、网络宽带、广播电视、村委公共服务设施、危房改造等基础设施建设任务进行全面梳理，并将任务纳入市直单位绩效考评内容。二是重点核清全市所有贫困县、摘帽县，以及贫困村、摘帽村20户以上自然村（屯）通路情况，摸清全市贫困村20户以上自然村（屯）道路建设任务量、路面状况、计划动工时间等相关数据。三是做好年度脱贫攻坚建设项目备案工作，及时掌握项目信息，有序开展项目监督管理。

（二）压实责任，充分发挥专责小组工作职能

一是协调基础设施专责小组各成员单位，充分发挥部门职能，履行工作职责，统筹推进“八个一批”“十大行动”等有关行业扶贫工作任务，配合成员单位研究行业扶贫有关政策、协调行业扶贫数据对接、开展行业扶贫工

作考核等工作。组织各成员单位根据精准识别最新数据，对“十三五”时期及年度脱贫攻坚基础设施建设资金需求进行测算，并按照资金需求量，积极争取、筹措、整合项目建设资金，保障各建设项目顺利实施。二是指导各县（市、区）基础设施专责小组围绕完成年度脱贫攻坚目标任务，落实脱贫攻坚基础设施建设主体责任，按照时间节点，倒排工期，采取超常措施，切实加大工作力度，加快推进基础设施项目建设进程。三是配合市其他专责小组完成自治区扶贫开发领导小组交办的工作事务。

（三）动态监测，持续跟踪基础设施建设项目进度

自精准扶贫工作启动以来，对照脱贫摘帽标准，对照自治区制定下达的贫困县脱贫摘帽基础设施建设任务达标进度监测，并下发要求全市各县（市、区）做好进度监测工作，按月报送项目建设进度数据，全面监控贫困地区“有路通村（屯）”“有住房保障”“有饮用水”“有公共服务设施”“有电用”“有电视看”等各项指标达标情况。同时，要求各县（市、区）根据项目进展情况形成分析报告，重点反映存在的问题，提出解决措施，承诺完成时限，及时了解掌握全区脱贫摘帽基础设施建设项目实施进度进展。

（四）强化培训，不断提升基础设施项目建设效能

一是解读基础设施建设政策。从精准脱贫政策要求、建设范围、总目标任务、实施与管理等四方面内容切入，围绕村（屯）道路、人畜饮水、危房改造、宽带网络、文体设施等板块，结合典型案例，重点解读全区、全市脱贫攻坚基础设施建设任务，进行宣传培训。二是开展监测业务培训。对全市脱贫攻坚基础设施建设进度监测业务进行培训。并及时推广先进经验。三是召开村（屯）道路建设现场推进会。推广隆林等县（市、区）村（屯）道路建设经验，隆林各族自治县瞄准20户以上自然屯通路，在用好政府债券资金方面出实招，实行部门集中会审、项目统筹推进，保障石料供应，创新银企融资，加快资金拨付，有力推进村（屯）道路建设。

（五）科学规划，注重分步实施整体推进

一是加大走访调研，准确精细规划。与各部门联合开展了调研工作，针

对贫困村的基础设施情况进一步深入了解、摸排，一切从实际出发，合理进行项目规划、编制。二是着力突出重点，实现整体推进。重点解决偏远山区、自然条件恶劣、经济薄弱和基础设施差的村内群众强烈要求急需解决的项目，以点带面，点面结合，实现整体推进。三是科学区别缓急，推行分步实施。联合各部门根据路网、水网、电网、讯网建设要求，针对贫困村急需解决的事项，注重轻重缓急，逐步实施，确保实效。

（六）沟通协调，研究解决基础设施建设难题

一是不定期召开成员单位联络员“碰头会”，分析评议阶段工作完成情况，交流工作经验，协调解决工作困难问题，避免重复建设。二是专题研究解决脱贫攻坚基础设施相关问题，积极研究解决“有路通村（屯）”“有饮用水”“有公共服务设施”“有电用”等有关问题，确定建设标准，规范项目验收程序，出台有关实施细则。三是完善工作制度，凝心聚力解难题。对基础设施建设项目实行月进度、清单化管理，通报名次排名，协调各相关部门及时研究解决热点、难点问题，推进项目建设。

总之，2020年百色贫困人口全面脱贫，同全国人民一道进入全面小康社会，接续就是实施乡村振兴战略，开启全面建设社会主义现代化国家的新征程，要继续坚持“科学规划、合理布局、因地制宜、分类指导”的原则，厘清城乡统筹发展的思路，进一步修订完善农村基础设施建设规划，同时平衡贫困村与非贫困村的发展规划，做好脱贫攻坚与乡村振兴有效衔接，形成农村基础设施建设、造就美丽新农村的新高潮。

第四章

产业扶贫

产业扶贫是指以市场为导向，以经济效益为中心，以产业发展为杠杆的扶贫开发过程，是促进贫困地区经济发展、增加贫困农户收入的有效途径，是扶贫开发的战略重点和主要任务。[①] 百色市紧紧抓住这一战略重点和主要任务，加大产业扶贫脱贫力度，强化到村到户到人精准帮扶举措，大力培育和发展产业，有效地促进贫困人口增收脱贫，促进贫困农村经济发展，为贫困农村实现全面建成小康社会、推动乡村全面振兴夯实物质基础。

一、全面脱贫的治本之策

产业扶贫，是在我国长期扶贫实践中总结出来的长久稳定脱贫根本之道，是脱贫攻坚的重点任务，也是脱贫攻坚的工作难点。党中央、国务院高度重视产业扶贫工作。2016年4月，习近平总书记在安徽考察时指出："要脱贫也要致富，产业扶贫至关重要，产业要适应发展需要，因地制宜、创新完善。"同年7月，习近平总书记在宁夏考察时强调，发展产业是实现脱贫的根本之策，把培育产业作为推动脱贫攻坚的根本出路。[②] 2016年11月23日，国务院《关于印发"十三五"脱贫攻坚规划的通知》的第二章明确指出，农林产业扶贫、电商扶贫、资产收益扶贫、科技扶贫是产业发展脱贫的重要内容，同时提出农林种养产业扶贫工程、农村一二三产业融合发展试点示范工

① 黄俊毅：《找准扶贫门路脱贫有了出路》，《经济日报》2016年1月20日。
② 唐仁健：《全力抓好产业扶贫这个脱贫根本之策》，《学习时报》2019年1月11日。

程、贫困地区培训工程、旅游基础设施提升工程、乡村旅游产品建设工程、休闲农业和乡村旅游提升工程、森林旅游扶贫工程、乡村旅游后备厢工程、乡村旅游扶贫培训宣传工程、光伏扶贫工程、水库移民脱贫工程、农村小水电扶贫工程等是“十三五”期间重点实施的产业扶贫工程。《中共中央　国务院关于打赢脱贫攻坚战三年行动的指导意见》把加大产业扶贫力度列在强化到村到户到人精准帮扶举措的首要位置，明确要求“深入实施贫困地区特色产业提升工程”。这为产业扶贫的实施指明了方向和路径。各地各级各部门和广大党员干部都深刻领会党中央、国务院关于产业扶贫的工作部署要求，深刻认识到开展好产业扶贫的重要性，把产业扶贫摆在突出的位置来抓好抓实。

（一）产业扶贫是广大贫困农民脱贫致富实现小康的根本前提

贫困是一种多元性、综合性社会现象，它具有多种表现形式。尽管如此，收入贫困仍是现代贫困最重要的概念和最主要的表现形式。[①] 因此，帮助贫困人口实现脱贫和防止返贫最直接的方法就是千方百计使其拥有稳定的收入来源，即能取得稳定收入的产业或技能。授人以鱼不如授人以渔。发展生产、实现产业扶贫就是扶贫工作的“根”和“本”，是“授人以渔”。凭借产业扶贫栽下“摇钱树”、形成“聚宝盆”，变“输血”为“造血”。有了产业支撑，才能使贫困户拥有源源不断的收入来源，实现稳定增收脱贫，从源头上解决贫困问题、拔掉“穷根”。同时，产业是经济发展的命脉，是促进区域发展的重要动力。以发展产业为杠杆的扶贫开发，能够有效对接精准扶贫，带动贫困地区经济社会的发展。此外，产业发展能产生大量就业岗位，可以安置贫困人口就业，使就业的贫困人口获得稳定的工资性收入，帮助贫困人口实现增收脱贫。而且，“产业兴旺，是解决农村一切问题的前提，从‘生产发展’到‘产业兴旺’，反映了农业农村经济适应市场需求变化、加快优化升级、促进产业融合的新要求”[②]。扎实推进产业扶贫，促进

① 殷文涛、谭诗斌：《收入贫困的界定与测量——贫困理论探讨之三》，《脱贫与致富》2003年第8期。

② 习近平总书记2019年4月15日在重庆市石柱土家族自治县调研时的讲话。

贫困农村产业兴旺，又为贫困农村实现全面建成小康社会、推动乡村全面振兴夯实物质基础。

（二）产业扶贫才能有效增强贫困人口脱贫内生动力

扶贫先扶志，奋斗有尊严。产业扶贫可以给贫困户发展产业提供支持和帮助，为贫困人口提供一定的就业岗位和工作培训，让贫困人口拥有自主脱贫的能力，能够通过自己的双手实现脱贫，获得成就感，增强自信心，深刻感受到“幸福是奋斗出来的，脱贫致富不能等、靠、要，既然党的政策好，就要努力向前跑”[①]。从而激发其脱贫的内生动力，实现从原来的“要我脱贫”到“我要脱贫”的转变。据2019年统计，全国8200多万已脱贫人口中有67%是通过产业帮扶实现的[②]。产业脱贫之所以效果如此之好，就是因为这种扶贫方式让贫困人口能够通过自己的双手实现脱贫。产业脱贫带动贫困地区就地发展农畜产品加工业、因地制宜帮助发展旅游业、打造地方特色品牌创新发展电商业等等，都是提升地方经济“造血”能力、让贫困人口拥有自主脱贫能力的有效方式。带领贫困人口通过自己的努力奋斗实现脱贫致富，正是扶贫工作的本质要求与核心要义。

（三）产业扶贫才能有效促进资源整合发挥其最大效用

1. 产业扶贫能有效促进政府投入扶贫资源的有机整合

在产业扶贫过程中，为了集中力量办大事，实现投入产出效益最大化，政府自觉将党政部门、企业、高校等组织机构面向贫困人口的扶贫资源（尤其是资金）进行有机整合，经过充分论证和科学规划，集中投入各种资源来共同发展扶贫产业，并充分发挥各自优势来促进产业健康发展。

2. 产业扶贫能有效促进贫困地方资源禀赋开发利用的有机整合

有的地方深入推进农业产业结构调整促进产业扶贫。按照“规模化、特色化、商品化”的要求，结合资源禀赋、产业基础和市场需求，因地制宜发展优势产业和特色产业，使贫困农村产业结构从单一低效粮食种植向多种产

① 习近平总书记2019年4月15日在重庆市石柱土家族自治县调研时的讲话。

② 农业农村部：《产业扶贫已覆盖92%贫困户》，央广网，https://baijiahao.baidu.com/s?id=1647349947651930540&wfr=spider&for=pc，2019-10-14。

业共同发展，构建形成“粮经饲统筹、农牧结合、种养加一体、一二三产业融合”的产业格局，农业产业结构更加优化，农民增收渠道更加宽广。[①]有的地方探索农村“三变”改革即资源变资产、资金变股金、农民变股东，挖潜各种资源要素，加速激活“沉睡”资源，引导农民参与产业化经营，推进生态产业化、产业生态化。资源变资产是指将合法的集体土地、林地、林木、水域、湿地和闲置的房屋、设备等资源的使用权，通过一定的形式入股到新型经营主体，取得股份权利；资金变股金是指将各级各部门投入农村的发展生产和扶持类财政资金（财政直补、社会保障、优待抚恤、救济救灾、应急类等资金除外），按照各自使用管理规定和贫困县统筹整合使用财政支农资金、资产收益扶贫等国家政策要求，量化为村集体或农户持有的股金，集中投入各类经营主体，享受股份权利，按股比获得收益；农民变股东是指农民自愿以土地（林地）承包经营权、林木所有权、集体资产股权、住房财产权（包括宅基使用权），以及自有生产经营设施、大中型农机具、资金、技术、技艺、劳动力、无形资产等各种生产要素，通过协商或评估折价后，投资入股经营主体，享有股份权利。通过“三变”，实现农民增收、产业增效、生态增值的目的。

3. 产业扶贫能通过利益联结机制，强化扶贫主体与贫困户的合作关系，保障各方都能达到各自的利益目标

如有的地方探索农民专业合作社、基层供销社、农村信用社“三社融合”改革，成立三社融合发展专业合作社，将合作社的组织动员优势、农信社的资金优势、供销社的市场信息服务等优势有效整合，三家机构融合成“一家人”，实现利益共享、风险共担，不断壮大农业产业，助力脱贫攻坚取得良好成效。

（四）产业扶贫才能加速特色农业品牌的打造

随着人民生活水平的提高，社会对农产品品种、质量、安全、功能等提出了更高的要求，品牌农业应运而生。品牌农业是农业多功能性有机结合的

---

① 孟性荣：《整合资源禀赋拓宽增收渠道——毕节市以产业扶贫促进脱贫攻坚》，《毕节日报》2018年8月14日。

结晶，也是消费者对农产品生态、安全、营养、健康以及文化要求的热切期盼。在激烈的市场竞争环境下，要实现农业强必须走农业品牌建设之路。通过积极打造区域农业品牌，给我国乡村产业发展注入新的活力，推动农业强、农村美、农民富。特色农业产业是贫困地区发展的根基，是脱贫的依托。在推进产业扶贫过程中，势必因地制宜将特色资源打造成特色产业，推动形成特色品牌，将“特色”转变为市场优势、经济优势，实现农业增效、农民增收。一是各地认真贯彻落实习近平总书记关于质量兴农的重要指示精神，加快推进质量兴农、绿色兴农①，大力提升农产品质量和市场竞争力，为农业品牌建设夯实基础。二是唱响品牌强农的主旋律。各地立足本地产业特色和比较优势，按照“一村一品”“一县一业”的规划要求，扶持贫困村发展养殖业、林特产业、蔬菜产业和乡村旅游业等特色优势产业，打造特色农业品牌。适应现代农业发展态势，构建形成特色种养业、农产品加工流通业、消费型商业、文化型旅游业等新业态的大产业链，促使一二三产业融合发展，提升区域品牌知名度。三是以品牌建设引领扶贫模式创新。在特色产业扶贫中，把创新和品牌建设作为推动农业产业扶贫工作的内驱力，推广示范园带动模式、企业订单模式、金融扶贫模式、“互联网+”模式，把产业扶贫做深做实。

（五）产业扶贫才能带动人才、技术、资本向农村流动

新一轮扶贫攻坚以来，各地政府敏锐地捕捉产业转移的市场风向，并因势利导地应用于精准扶贫之中，千方百计引进企业、能人到贫困村和扶贫移民易地搬迁安置点去设立扶贫车间，并且呈现星火燎原之势，带动了人才、技术和资金涌向农村，农村土地、山林、水面等资源得以盘活，成为新时代脱贫攻坚和乡村振兴的重要载体。

值得注意的是，20世纪80年代至90年代的“民工潮”，让农村外出经商务工人员在外打拼多年后的一些佼佼者积累了一定的资本。由于脱贫攻坚和乡村振兴的优惠扶持政策的吸引，以及固有的归雁和乡愁情怀，促使这些游

① 《农业部召开全国推进质量兴农绿色兴农品牌强农工作会议》，中国政府网，http://www.gov.cn/xinwen/2018-02/07/content_5264616.htm，2018-02-07。

子选择回乡创业，带动了贫困农村人口就业，使创业者归雁有巢、就业者乡愁有根，两者相得益彰。扶贫车间还使农村留守妇女和有劳动能力的老人实现“就业持家两不误”，充分挖掘了农村的人口红利。而敢于“第一个吃螃蟹”的农村外出人员回乡投资设厂获得成功以后，又带动了更多老板和企业回到农村发展，雁阵效应日益凸显。大量社会资本涌入农村投资产业，形成配套完整的产业链，既带旺了农村产业发展，又吸纳了越来越多的劳动力就业。

各地政府还重视科学技术作为第一生产力的作用，积极对接科研院所和高校，多种形式灵活引进专业人才，为扶贫产业基地提供技术指导力量。一些外出务工的农村有技术人员见到有专家到家门口手把手指导，也愿意回乡发展产业。各地政府还整合扶贫、人社、农牧等部门的培训资源，开展农村实用技术培训，实现对有培训需求的贫困户全覆盖。技术人才的回流是广泛开设扶贫车间过程中出现的可喜现象，技术增加了产品的附加值，就促使创造更高的价值。技术是实现可持续发展的保障，也是乡村振兴的重要手段。

扶贫车间还改变了农村生产生活。一些农村青年，过去由于没有稳定的工作，到了婚龄仍然谈不上结婚对象，进入扶贫车间后，有了稳定收入，结婚的愿望也能实现了。扶贫车间稳定的上下班节奏，让农村的生活更加有规律，这也吸引了一批外出务工人员回流农村就业。

扶贫车间只是产业扶贫的一个缩影。产业扶贫带动人才、技术、资本向农村流动，同时产生更多的就业岗位，这也相当于是农村发展的一次“人口支援”，为脱贫攻坚、实施乡村振兴战略增添了生力军。

二、产业扶贫的做法和成效

（一）产业扶贫的主要做法

百色的市、县、乡、村各级组织认真贯彻落实中央、自治区关于产业扶贫工作的部署要求，重点围绕发挥资源优势补齐产业“短板”，着力打造县级“5+2”、村级“3+1”特色产业（县一级有5个特色支柱产业和2个备选产业、村一级有3个特色主导产业和1个备选产业），推进旅游扶贫工程和电商扶贫工程建设，培育扶持新型经营主体发展，创建扶贫产业基地（园区），努力实现“县有扶贫支柱产业、村有扶贫主导产业、户有增收致富项目”目标，全力开创产业精准扶贫新格局。

1. 强化组织领导，健全工作机制

各县区党委政府充分认识产业扶贫的重要意义，认真贯彻落实中央、自治区有关工作部署，成立产业扶贫工作领导小组，把产业扶贫工作列入重要议事日程，摆在突出位置。领导小组协调各部门、乡镇解决面临的突出问题和困难，督促和推进各项工作落地落实，分类指导帮扶。加强对产业扶贫工作的科学谋划和组织实施，将目标任务落实到各单位、各乡镇、各村（社区），明确领导和责任科室，纳入绩效考核，做到责任到位、工作到位，一级抓一级，层层抓落实。定期召开产业专责小组成员单位工作会议，研究、布置产业扶贫工作，确保产业扶贫各项工作按时完成。

2. 对症精准施策，找准致富路径

为找到一条既能发展地方经济、带动贫困户脱贫致富，又能保护环境、促进生态乡村建设的路子，各县区坚持以问题为导向，积极转变思想观念，根据区域的气候、土壤、水源等自然资源优势，精准对接贫困村、贫困户的需求，因地制宜、对症下药，大力发展特色优势产业。

田阳区（2019年撤县设区）根据地域特征，确定芒果、柑橘、茄果类蔬菜、养猪、养鸡5大主导产业和油茶、糖料蔗2个备选产业，并形成“南+北+河谷”的全县扶贫产业布局，主导产业覆盖建档立卡贫困户达95.5%。在南部山区乡镇，以创建坡洪—五村—洞靖蜜柚十里长廊、桥马片区柑橘示范基地为载体，带动南部山区乡镇发展柑橘、蜜柚、火龙果等特色水果3万多亩，带动1280户贫困户增收64万元。在北部山区乡镇，以创建20万亩农林生态脱贫产业核心示范区为载体，带动芒果、油茶等现代农林产业规模化发展，全县芒果种植面积达40.3万亩，带动6000多户脱贫致富。在河谷乡镇，以推进右江河谷果蔬产业（核心）示范区建设为载体，辐射带动西红柿、大青枣等果蔬产业规模化发展，全县茄果类蔬菜种植面积达22.4万亩，带动贫困户2400户

6700多人脱贫致富，农民人均种菜收入4500元以上。

凌云县立足资源优势，探索“生态+产业”模式，筑牢产业扶贫基础。在特色农业上，围绕创建“全国有机农业示范基地县”的目标，整合资金完善产业道路、标准化大蚕房等基础设施，做大茶叶、油茶、桑叶“三张叶子”。目前，全县茶园11.2万亩，油茶林27.1万亩，桑园7.6万亩，有效覆盖带动周边贫困群众3万多人。在生态工业上，重点依托特色农产品深加工、建材和矿泉水资源优势，加大招商引资，做强农、石、水“三篇文章”。2018年实现工业总产值28.3亿元，提供就业岗位1150人，有效辐射带动贫困群众2500人。在生态旅游上，擦亮城古、茶香、湖秀“三张名片”，建设成为自治区全域旅游示范县、广西特色旅游名县创建县，全县旅游从业人员达1万多人，通过发展旅游带动5000多人脱贫。

靖西市坚持长短兼顾、种养结合，重点培育烤烟、桑蚕、水果、养殖“三种一养”主导产业，大力弘扬“战天斗地、石缝求生”的艰苦奋斗精神，走出了一条适合大石山区发展特色种养的新路子，有效带动贫困户发展特色产业3.53万户，特色产业覆盖率达96.9%。

目前，百色已形成芒果、油茶、柑橘、桑蚕、核桃、中药材等特色产业，特别是百色芒果、百色油茶已成为全国产业扶贫的典范。各贫困村基本形成特色鲜明、规模连片、带贫面广、有竞争力的特色主导产业，截至2020年，百色市扶贫特色产业覆盖率达97.43%，覆盖贫困户19.63万户。

3. 服务保障到位，把脱贫产业做大做强

在资金投入方面，百色建立财政扶贫资金投入稳定增长机制，每年按不低于当年一般公共预算收入增量的20%增列财政专项扶贫资金给予资金保障。搭建“政、银、农”合作平台，利用“信用评级+贫困互助社（合作社）+扶贫产业+信贷+保险+财政投入”的融资扶贫方式，通过设立产业担保、产业贷款贴息、产业风险补偿等方式，拓宽贫困户产业发展的融资渠道。

在技术保障方面，构建市、县、乡、村（基地）四级产业技术推广服务体系，每个乡镇均配有5名以上农技推广人员，为产业发展提供技术保障。建立扶贫产业服务制度，组建农业产业专家服务团队开展特色产业种植技术服务及动物疫病防控技术培训指导等。

在政策保障方面，因地制宜制定产业扶贫政策。各县区结合贫困户实际，制定了操作性强、门槛低、补助标准具体的产业扶贫奖补政策，出台实施方案，鼓励贫困户通过发展特色产业实现脱贫。

4. 强化示范带动，促进脱贫产业加快发展

各县区自觉把产业扶贫工作融入现代农业发展和农业供给侧结构性改革大局，按照“运作规范化、生产标准化、经营品牌化”的发展要求，大力扶持产业示范基地、产业园区建设，引进龙头企业，鼓励支持专业合作社、家庭农场、专业大户发展，发挥其示范、辐射、带动作用，不断推动扶贫特色产业健康持续发展。同时，大力推行“一村一基地”村集体经济发展模式，整合各类扶贫资金投入，根据各贫困村具体条件和需求，精准打造贫困村特色产业，实现贫困村、贫困户持续增收，脱贫致富。

田阳区重点打造以北部20万亩农林生态脱贫产业核心示范区、右江河谷现代特色农业果蔬产业（核心）示范区、南部华润五丰（田阳）生态养殖供港基地和扬翔生态养猪项目等特色产业大基地为载体，辐射带动了全县芒果、柑橘、茄果类蔬菜、油茶、养猪、养鸡等特色产业规模化、产业化、集约化发展。全区成功创建广西现代特色农业（核心）示范区（三星级）1个、自治区级（四星级）特色农业示范区1个、县级示范区5个、乡级示范区12个；全县61个贫困村已发展有特色产业示范基地（园）共27个。

隆林各族自治县通过创建万亩桑蚕扶贫产业园引领示范带动贫困户发展种桑养蚕产业，先后引进富凤、红谷、嘉利茧、金钟汉康、大北农、裕丰、广西国控林业等企业，带领贫困群众发展种养产业。以“合作社+基地+农户”“龙头企业+合作社+农户+基地”发展模式，提升产业辐射带动能力。建立各类现代特色农业示范区（点、园）72个，培育发展合作社461家、家庭农场31家、农业龙头企业6家。2020年脱贫摘帽贫困村10个，均有新型农业经营主体或产业示范基地（园）覆盖。

西林县坚定“龙头兴产业、产业带基地、基地富农户”的扶贫发展思路，引进农业龙头企业，培育壮大家庭农场、农民专业合作社，新建和提档升级一批现代特色农业示范区，加快49个脱贫奔康园[①]、万亩标准示范园建设。通过股份合作、订单帮扶、生产托管等有效做法，吸纳贫困户参与产业发展，推动新型农业经营主体与贫困户建立稳定、紧密、互利的利益联结机制，发挥龙头企业、农民合作社、创业致富带头人等主体带动作用，带动贫困户融入产业发展中，实现产业增收致富。目前，全县有农业龙头企业14家、农民专业合作社410个、家庭农场33个、种养大户179户，培育创业致富带头人312人，有现代特色农业示范区（园）19个，带动8448户贫困户发展产业。

据统计，至2020年百色市全市累计建设脱贫奔康产业园557个，种植规模170.78万亩，养殖规模16.63亿头（羽、只），参与龙头企业277家，参与合作社1516家，产业园覆盖贫困户218016户，实现贫困村100%全覆盖[②]。同时，百色市紧扣互利做文章，着力构建带贫益贫机制。以多方受益为目标，开展“千企扶千村”活动，引导龙头企业到县（市、区）开展项目对接、合作洽谈，建立“龙头企业+基地+专业合作组织（经济能人）+贫困户”发展模式，大力推广订单生产、土地流转、就业务工、生产托管、股份合作、资产租赁等带贫模式，推动贫困户与带贫主体建立稳定利益联结关系，把单门独户的分散经营转变为有组织、有分工的产业化、规模化经营，带动贫困户“跟着看、跟着干、共同富”。全市899个贫困村均实现有新型经营主体带动或产业基地覆盖，带动6.8万户贫困户增收。[③]

5. 加强产业技术培训，激发贫困农民内生动力和致富本领

打铁先要自身硬。发展扶贫产业帮助贫困户实现持续脱贫致富，关键在于贫困户自身是否具有内生动力。百色市坚持扶贫与扶志、扶智相结合，加强对贫困人口的产业技术培训和思想教育，大力培育村级致富带头人和产业发展指导员，解决产业扶贫“最后一公里”难题，培养贫困群众自力更生意识，提高其自我发展能力。如田阳区在2016年初就针对各乡镇建档立卡贫困

①② 数据来源：百色市脱贫攻坚指挥部。

③ 《百色：因地制宜打造特色扶贫产业》，《右江日报》2020年8月29日。

户情况，组织全县帮扶干部进村入户开展调查，从根本上了解贫困户种养殖需求，推行“点将式”“点菜式”培训方式，对全县贫困户进行技能培训，力争实现技能覆盖率100%。按照“政府主导、多方参与、产业引领、精准培养”的思路，紧扣“精准选人、能力培养、孵化创业、带动增收”四大环节，坚持扶贫与扶志、扶智相结合，促进乡土人才回流创业，推广农村基层党建成功经验，着力培育一批创业有能力、带贫有成效的贫困村创业致富带头人。从10个乡镇61个贫困村中“精挑细选”出186名创业致富带头人，对创业致富带头人在政策上给予金融扶持、产业奖补、农业保险等扶持，让其带头创办合作社、家庭农场。入社的贫困户以土地流转“租金”、进场劳务“薪金”、入股分红“股金”等方式增加收入，实现致富带头人减贫带贫目标，并要求创业致富带头人以自身为示范户介绍脱贫经验，打消贫困户的顾虑，切实增强脱贫内生动力。同时，制定《田阳区贫困村产业发展指导员制度实施方案》，全区共设置394名产业发展指导员，其中根据61个贫困村所选择的“3+1”特色产业共设置246名，91个非贫困村根据贫困户发展产业实际情况共设置148名。产业发展指导员的设置，有力地促进产业发展的带贫减贫机制，更好地落实到村到户到人的产业精准帮扶举措。

6. 创新产销对接模式，助推扶贫产业稳定发展

百色紧扣市场做文章，着力解决产品销售之忧。以市场需求为导向，通过展会助销、电商助销、订单助销等方式，构建贫困地区农产品产销新渠道。

在展会助销上，借助广西名特优农产品交易会等各类展会活动，推动百色农产品走出去。据统计，2018—2020年，百色先后在北京、深圳、重庆、大连、哈尔滨、西安、郑州等地举办百色芒果宣传推介和农超对接活动20多场，组织企业参加深圳对口百色农产品扶贫产销会、广西名特优产品交易会、深圳绿色农产品博览会等活动，推动百色与北京新发地、大润发、华润万家等超市、农批市场建立了稳定的产销流通一体化合作体系。目前，百色在北京、广州、深圳、珠海等20多个国内大中城市建立了销售网络。仅在2020年百色农特产品（广州）产销对接会上，总交易额就达成21.36亿元。

在电商助销上，推进“电商进农村”工程和农村金融服务进村活动，鼓励和引导贫困群众直接参与电商销售，实现农村地区支付清算网络全覆盖，农产品产供销线上线下有效衔接。如芒果是百色覆盖面最广、支撑力最强的扶贫产业，2020年种植面积超130万亩，年产量76万吨。为拓宽芒果营销渠道，百色构建“互联网+芒果销售”模式，通过淘宝、京东商城、苏宁易购等平台销售百色芒果，将百色芒果推至国际市场。从2014年开始发展电子商务，创建阿里巴巴百色产业带和淘宝百色特色馆，建成县级电子商务服务中心10个、村级服务点1327个，其中贫困村建设网点531个，电子商务行政村覆盖率达86.85%。目前全市共有约10000家企业（商家）通过电商平台、有赞、微信小程序或微信朋友圈等形式销售百色芒果，2018年，百色芒果电商快递揽件2054万件，销量近10万吨，通过电商销售的芒果价值超过14亿元，占全市芒果产值38亿元的36.84%①；2019年芒果季，通过互联网销售的百色芒果快递单数约为2362万件，销量11.81万吨，销售产值16.97亿元②；2020年，尽管受到新冠疫情影响，物流运输运行不正常，全区收寄百色芒果快件量仍然达到1650万件③。

在订单助销上，充分利用东西部扶贫协作契机，借助深圳、广州等大城市的信息、渠道优势，以订单助销，积极推进“场地挂钩”、订单农业，建立长期稳定的产销对接协作关系，把农产品销往珠三角、长三角城市。累计引进24家涉农企业，与26家大中型超市、2个农产品批发市场建立长期供销关系。④

（二）产业扶贫的成效

自20世纪80代起，特别是新一轮扶贫攻坚以来，在党中央、国务院的亲切关怀和各级党委、政府的正确领导下，在全市各族人民万众一心的共同拼

① 《百色芒果进驻上海　喜获无数粉丝》，凤凰网，https://biz.ifeng.com/c/7olGLFCPEIK，2019-07-31。

② 《百色抓住芒果发展机遇　努力打造“百色芒果”品牌》，广西新闻网，http://www.gxnews.com.cn/staticpages/20200717/newgx5f11bddc-19699476.shtml，2020-07-18。

③ 数据来源：百色市脱贫攻坚指挥部。

④ 《百色：因地制宜打造特色扶贫产业》，《右江日报》2020年8月29日。

搏下，百色产业扶贫从无到有、从小到大，为贫困农户“造血”，促进农民增收，使200多万农村贫困人口脱贫致富，产业扶贫起到了关键的作用。

1. 扶贫支柱产业规模大、覆盖广

百色着力改变过去“撒胡椒面”式的“输血式”扶贫方式，科学规划，集中力量，精准投入，将资源优势转化为优势产业，着力打造扶贫支柱产业，至2016年，先后培育出3570万亩的林业产业、227万亩的水果产业、152万亩的油茶产业、135万亩的蔗糖产业、37万亩的茶叶产业、32万亩的桑蚕产业和31万亩的中草药产业，合计总面积达4184万亩的农业产业扶贫规模。①至2020年7月，全市“5+2”特色产业覆盖率达到97.43%。其中百色芒果成为百色覆盖面最广、支撑力最强的扶贫产业，是全国产业扶贫典型范例，种植范围覆盖12个县（市、区）、45个乡镇、490个村，种植面积达132万亩，投产面积86万亩，年产量70多万吨，年产值超40亿元，至2018年已累计有6.8万户25.23万人依靠芒果告别了贫困。

2. 产业扶贫有效促进农业结构调整优化

种植业结构实现多样化，水果、蔬菜、经济作物种植产业规模效应显现，经济拉动力增强。据统计，百色市2019年农业产值2246971万元，占农林牧渔业总产值的57.9%。其中水果、食用坚果、茶、饮料和香料845409万元，占比37.6%；蔬菜、食用菌及花卉盆景园艺产品766219万元，占比34.1%；粮食作物319390万元，占比14.2%；经济作物276163万元，占比12.3%。畜牧业生产平稳增长，林下养殖成为扶贫产业的一大亮点，禽蛋产值拉动力强，蚕茧生产快速提升，草食动物产业发展稳定增长。2019年畜牧业产值840171万元，占农林牧渔业总产值的21.6%。林业生产发展快速增长，油茶、竹木采伐产值比重明显提升，2019年林业产值446074万元，占农林牧渔业总产值的11.5%。②

3. 产业扶贫有效促进贫困人口实现脱贫致富

经过30多年持续艰苦努力，农业产业扶贫使全市农民人均纯收入从1985

① 周炳群：《百色扶贫开发史》，广西人民出版社2016年版，第11页。

② 2019年百色市农业产业结构分布现状运行分析，广西壮族自治区统计局网站，http://tjj.gxzf.gov.cn/tjsj/yjbg/sx_268/t4105312.shtml，2020-03-31。

年的138元增加到2019年的12195元，增长了87倍，贫困人口从当年的222万人下降到2019年的3.78万人，减贫218.22万人，至2020年贫困人口全部脱贫。这绝大多数是靠发展农业产业实现了脱贫致富。[①]

三、产业扶贫的基本经验

百色在产业扶贫探索实践中取得了一定成效，也总结出一些有益的经验，为全国其他地区推进精准脱贫和乡村振兴提供了可资借鉴的成功样本。

（一）创新思维引导产业扶贫

思想指挥行动，思路决定出路。要加快推进贫困地区的产业发展，必须在思想观念上实现创新。一是善于把握机遇。紧紧把握“十三五”脱贫攻坚规划将产业扶贫工作提升到前所未有的重要地位，从政策、资金、人力资源开发等方面予以大力倾斜的机遇，努力把重大机遇转变为发展成果。二是突出科学规划。必须科学规划扶贫产业布局，因地制宜，统筹兼顾，突出重点和特色，分阶段、分区域安排好产业发展。三是敢于推陈出新。要敢于解放思想，突破惯性思维，探索扶贫开发新路子。如对生存条件恶劣的偏远山区，改变常规就地扶贫开发模式为易地搬迁扶贫，将移民安置与发展生产并举、有土安置与无土安置相结合，一、二、三产业共同发展。四是适应时代潮流。创新思维并非赶时髦，而是要立足当地特色，对接潮流大势，找到两者之间的最佳契合点，这样才能顺势而上，巩固脱贫成果。首先是市场经济思维。要明确产业扶贫的经济属性，坚持市场导向，遵循市场和产业发展规律，因地制宜合理确定产业发展方向、重点和规模，提高产业发展的持续性和有效性。其次是特色思维。要敢于和善于从崭新的角度去审视贫困地区资源禀赋，并挖掘出潜在的特色优势。比如，一些山区日照充足、立体气候明显，就是一大优势；一些地方虽然自然条件较差，但劳动力资源丰富，这些资源只要得到科学、合理、及时的开发，就能转化成贫困地区发展的后发优

① 《百色扶贫史》和《2020年百色市政府工作报告》。

势。最后善于运用互联网思维推动工作。当下，“互联网+”为很多产业转型发展、跨越发展提供了不少机会。扶贫产业应顺势而为，争取新的发展机遇，为产业发展插上腾飞的翅膀。

（二）产业扶贫关键在精准定位

在产业扶贫实施过程中，常常听到一些基层干部群众反映产业发展难的原因就是“没资源”“没特色”“没市场”“没资金”等。其实归结起来就是对自身定位不明晰、不准确。这就需要有“火眼金睛”，善于发现和挖掘到根植于本土的特色与优势，因地制宜确定主导产业。然后，立足贫困地区实际，注意扬长避短，突出特色，精准进行差异化的产业布局，避免盲目跟风形成产业同质化的弊病。而一旦实现了产业的精准定位，就要在后续的龙头企业引进、新型农业经营主体培育、人才队伍建设等方面，有的放矢、精准作为，培育完整的产业链条，打造有竞争力的产品品牌，使扶贫产业及时有效持续产生效益，助推贫困地区实现脱贫致富。

就百色而言，贫困农村面积宽广、地形复杂，贫困村自然条件和资源禀赋差异大，致贫原因各不相同，因此扶贫产业的选择一定要因地制宜、对症下药，根据本地特色和优势精准定位，做到宜种则种、宜养则养、宜旅则旅，分类突破。土山地区以“土”生金，大力发展山上经济、林下经济，充分利用丰富的土地资源和林业资源，大力发展特色水果、茶叶、油茶、草食牲畜养殖等产业和林下种植、养殖产业，如右江、田阳、田东的芒果，西林的砂糖橘已经成为当地农民的“致富果”；石山地区依仗立体生态，做足特色经济文章，形成“山顶林、山腰果、山脚粮、水里鱼”的立体生态农业发展模式，因地制宜发展桑蚕、特色水果、特色中药材、特色养殖、特色林业等主导产业，如凌云、那坡的桑蚕，靖西、隆林的烟叶让当地农民腰包鼓起来；水库淹没区“靠水吃水”，大力发展渔业经济和休闲旅游业，西林、隆林、乐业的群众已经尝到甜头；民族地区开发“醉”美风情，打造生态民俗旅游新产业，靖西、德保的群众笑开了颜。

（三）产业扶贫必须强化保障

产业扶贫是一项长期性工作，因为任何一个优质产业的培育与成长需要较长的时间，需要政府和社会舍得放弃短期利益，敢于“放长线钓大鱼”，做好长期的投入准备才能取得成功。如百色覆盖面最广、支撑力最强的扶贫产业——芒果种植业，从20世纪80年代就开始培育，在全市上下的共同努力下，经过二三十年持续艰苦打造才有了今天的规模、声誉和成效。所以产业扶贫工作一定做好打持久战的心理准备，建立长期稳定的产业扶贫治理与保障机制，避免产业扶贫的简单化和短期化。

一是强化组织保障。要在县、乡、村各级层面建立抓产业的专班，明确一班人马，瞄准一个目标，制定一套措施，一以贯之，一张蓝图绘到底。

二是强化资金保障。用好省级脱贫攻坚产业扶贫基金、市级脱贫攻坚定点帮扶基金、财政专项扶贫资金、信贷金融保险扶贫、特惠贷等金融扶贫产品，大力开展招商引资活动，积极引入社会资本，聚集市场闲散资金，汇聚成强大的脱贫攻坚资金合力。

三是强化技术保障。既要充分发挥农技人员的专业优势，深入田间地头，对产业全程跟踪指导服务，又要提高贫困户自身发展意识和生产技能，大力开展实用技术培训，实现贫困户全员培训，力争人人都是“田秀才”“土专家”。

四是强化时间保障。充分尊重经济作物生长规律和产业发展规律，给予特色农业产业充足的培育养成时间，坚持按照产业发展需求长期扶持，要有“等得起”的心态，不见成效不收兵。

（四）产业扶贫需要带动引领

火车跑得快，全靠车头带。贫困农村产业基础薄弱，自我发展能力不强，要实现产业超常规发展，需要强有力的带动力量。

一是需要“车头”产业引领。要善于开发出植根于当地特色与优势、适合当地发展需求实际的主导产业（项目）做“车头”，引领相关产业发展，激活贫困农村经济。如靖西市南坡乡逢鸡村是“九分石头一分地”的山旮旯贫困村，过去种一亩玉米只有百来元收入。后来帮扶单位请来专家进行指导和培训，因地制宜种出了耐旱的高山脐橙，被当地群众称为“量身定制的产业”，贫困户产业覆盖率达100%。2019年已经有60户贫困户242个贫困人口通过发展果业实现脱贫。

二是需要龙头企业带动。需要政府引进或培育一个有能力拉动扶贫主导产业发展的龙头企业，调动其他资源来推动这个产业（项目）的发展。没有龙头就没有市场，没有龙头就没有产业链和价值链。如凌云县种植茶叶条件得天独厚，该县围绕“茶业强县”发展思路，引导广西浪伏股份有限公司、广西凌春集团有限公司等龙头企业通过技术培训、资金扶持、茶旅融合、茶叶低产改造的方式，大力培植壮大茶叶产业，带动贫困户群众脱贫增收。全县有近5万人从事茶叶产业，占全县人口的1/4，已有1.5万贫困人口通过茶产业实现脱贫。

三是需要能人带动。要重视乡土人才、致富带头人培育培养，鼓励支持乡土人才、致富带头人创办公司、专业合作社、家庭农场等新型经营主体，吸纳带动周边贫困群众投身产业发展，滚雪球一般把扶贫产业做大做强。如乐业县新化镇林立村党支部书记杨昌伦，创办昌伦茶业有限责任公司，带动11名党员成立茶叶专业合作社，建立茶叶加工厂，引导周边村（屯）800多户贫困农户发展种植茶叶1.2万亩，使贫困户卖茶年均增收6000元以上。截至2018年，乐业县已在全县43个贫困村中培育出致富带头人149人，辐射带动13560户贫困户群众发展猕猴桃、刺梨、茶叶、油茶、杉木、核桃等特色产业12.45万亩，全县特色产业覆盖率达82.5%。

四是需要集体经济支持。当前，农村产业发展的组织化和专业化程度较低，村民单打独斗只能使极少数人富裕起来。只有发展壮大村级集体经济，才能发挥集体的力量，把村民组织起来抱团发展，有效抗击市场风险。只有大力发展村级集体经济，才能把外出的村民吸引回来，才能把群众重新组织起来，培养一支职业化、专业化的新时代农民队伍。只有发展壮大村级集体经济，才能推进农村资源变资产、资金变股金、农民变股东的“三变”改革，带动无劳动能力贫困户脱贫，不让一个群众在小康路上掉队。如百色右江区泮水乡驮安村，2017年新一届村“两委”班子成立后，敢闯敢干，成立驮安村村民合作社，发挥党员先锋模范作用，带领群众发展八角、百香果、蜜薯、蜂蜜等产业。全村181户819人均发展有自己的产业或享受到合作社的收益分红。村集体经济收入从2016年的0元增长到2019年的30.7万元，在提取发展积累资金、公共事务和公益事业资金、合作社日常管理费用后，实现户均分红1150元，人人共享发展红利。

（五）产业扶贫必须发挥群众主体作用

习近平总书记在中央扶贫开发工作会议上强调："幸福不会从天降，好日子是干出来的，脱贫致富终究要靠贫困群众用自己的辛勤劳动来实现。"贫困群众是精准扶贫的对象，更是脱贫致富的主体，充分调动贫困群众的积极性、主动性、创造性，激发内生动力，积极主动参与产业开发与建设，是产业扶贫取得成效的关键。

一是做好宣传教育。加大政策宣传力度，向贫困户讲清产业扶贫的目标、内容、要求，以及党委、政府扶持政策，让贫困户感受到党和政府的关心爱护，意识到脱贫致富有盼头、有门路，从而提高贫困户参与产业扶贫的主动性和积极性。加强思想教育工作，引导贫困户树立自力更生、脱贫光荣的理念和志向，鼓励他们通过辛勤劳动、发展产业、靠自己的努力脱贫致富，过上有尊严的生活。注重典型示范影响，及时总结精准扶贫过程中涌现的脱贫致富先进典型，扩大宣传，用身边的事教育身边的人，提高典型的影响力和示范效应，让贫困群众学有榜样、赶有方向，树立脱贫致富的信心和决心。

二是建立参与机制。通过制订帮扶计划，组织和帮助贫困户自己制订产业脱贫计划和措施，发动、鼓励贫困户参与扶贫项目的决策、实施和监督，变"干部端菜"为"群众点菜""自己做菜"，激发贫困户参与产业扶贫的热情。建立利益连接、共享和合理分配机制，形成贫困户户户参与、人人共享的局面，使他们在参与产业发展中增加经济收入，实现稳定脱贫。

三是提升能力素质。通过对贫困户进行科技知识、市场知识、劳动技能的培训，提高他们的脱贫致富能力，使他们实现由"输血式"扶贫到"造血式"扶贫的真转变。对从事农业种植、家庭养殖、农产品加工的农户，要对他们进行种养加技术、市场信息方面的培训；对于外出就业的劳动力，对他们进行专项技能培训，使他们有一技之长；对于有资源无劳力的农户，引导他们参股新型市场主体经营，实现资产收益。通过采取多种措施，增强贫困群众“自我造血”的能力和信心。

（六）产业扶贫要以市场为导向

产业扶贫虽然由政府主导和推动，但是其经济属性却没有改变。产业扶贫要实现长远可持续发展，必须坚持市场导向，遵循市场和产业发展规律。

一是产业选择要坚持市场导向。既要善于挖掘贫困地区的资源优势有利条件，抓住市场需求，集中要素资源，发挥比较优势，壮大特色经济，又要适应各地的资源禀赋以及贫困户的经营能力和脱贫需求，不能脱离实际，盲目一哄而上，引进水土不服的产业。

二是产业运营要坚持市场导向。坚持以销定产，发展有市场的产业，并确定产业规模，不能盲目跟风发展无市场产业及扩大产业规模。坚持质量为本，大力发展生态优质农产品产业，以质量赢得市场、取得效益。坚持全链条发展，通过延长产业链条，提升产业附加值、吸纳就业能力和抗市场风险能力。坚持品牌先行，大力加强品牌建设，提升产品知名度，扩大市场占有率。

三是政策支持要坚持市场导向。地方政府对扶贫产业的资金支持应避免简单的借款形式，防止被支持企业产生依赖性，防止市场扭曲和不公平竞争，防范扶贫资金风险。建议通过成立扶贫产业基金，吸引金融机构、投资机构、社会资本等联合参与，以股权或债券等方式投资或资助扶贫产业。产业政策的实施要以平等参与为条件，以互相竞争为关键环节，通过市场选择，促进行业内部有效竞争。

四是扶贫企业治理机制建设要坚持市场导向。努力消除扶贫企业对政府的依赖，积极引导扶贫企业按照市场化导向转型。建立以效益指标为核心的市场化考核体系，完善法人治理结构，激发企业改革发展的内生动力。

（七）产业扶贫要完善利益联结机制

搞好产业扶贫，需要政府、企业、合作社、贫困户等各参与方的共同努力，关键是让龙头企业、合作社等新型经营主体与贫困户形成利益共同体，既给新型经营主体创造发展条件，又让贫困户在产业链中找到位置、获得收入，实现双方共赢。因为产业扶贫的出发点和归宿点是贫困户增收脱贫，只有贫困户获得长期稳定的收入，产业扶贫才达到目的。因此，要千方百计建立健全产业扶贫利益联结机制。政府虽然不直接参与生产经营，但是要通过充分发挥组织管理和协调引导优势，做好“引导员”“服务员”“协调员”“监督员”。通过出台激励约束政策、规范相关行为和标准、严格监督管理、构建良好市场环境等措施，激发龙头企业等新型经营主体和贫困户参与产业扶贫的积极主动性，引导龙头企业等新型经营主体和贫困户构建紧密、公平、规范的利益联结机制，实现真扶贫、扶真贫。百色在产业扶贫实践中，大力推行“公司+合作社+基地+农户”等利益联结模式，推进“资源变资本、资金变股金、农民变股东”的“三变”改革，推广“村社合一”集体经济发展模式做大利益联结“蛋糕”，使公司与集体经济、农民的利益紧密联系起来，农产品通过公司而走向市场，集体经济得到扩大，农民稳定获得订单生产收益、劳动务工收益、反租倒包收益、资产扶贫收益、入股分红收益等实实在在的收入，既实现公司、合作社、集体经济、农民四赢，又可为“产业兴旺”和后续的可持续脱贫致富、解决可能出现的相对贫困问题提供可靠的经营模式和坚实基础。

总之，产业扶贫是帮助贫困地区和贫困群众实现增收脱贫的最直接、最有效的举措，是增强贫困地区造血功能、帮助群众就地就业的长远之计，更是贫困地区决胜全面建成小康社会、推进乡村全面振兴的基本前提和重要支撑。百色在产业扶贫探索实践中取得了一些成效，为全国其他地区提供了“他山之石”。农业、农村、农民问题是关系国计民生的根本性问题，是全党工作的重中之重。全面脱贫后续实施乡村振兴，大力发展产业只有进行时，没有休止符。在聚焦产业兴旺、推进乡村振兴建设中，要坚持精准定位，强化保障机制，龙头带动引领，以市场为导向，完善利益联结机制，并发挥群众主体作用，实现农业发展、农民增收、农村繁荣。

第五章

就业创业扶贫

就业创业扶贫是贫困劳动力实现脱贫的重要途径。就业创业扶贫工作是以提升贫困劳动力就业创业能力、帮助其实现稳定就业创业为首要任务，通过促进就业创业增加贫困家庭劳务性收入，加快贫困劳动力脱贫步伐。就业创业扶贫工作是百色打赢精准扶贫攻坚战的一项重要举措，把就业创业扶贫工作做实做细做好，具有十分重大的现实意义。所谓“一人就业，全家脱贫”“回乡一人，致富一方”，就是就业创业扶贫重要性和效果的真实写照。百色地处集中连片贫困地区，经济社会发展底子薄，贫困人口基数大。据统计，脱贫攻坚伊始，全市农村劳动力资源总人数为215.9万人，其中贫困劳动力人数达59.3万人，就业创业扶贫任务艰巨。为做好就业创业扶贫工作，百色各级党委政府高度重视、集思广益、实事求是、精准施策，贫困群众就业创业脱贫取得了显著成效。

一、拓宽增收的重要渠道

就业惠民生，创业促发展。就业创业扶贫既是促进贫困群众增收的重要渠道，也是激发贫困群众脱贫内生动力、促进城镇化与产业发展、推进乡村治理的重要手段。

（一）就业创业扶贫是帮助贫困群众脱贫的主要路径

就业创业扶贫最主要的目的就是让贫困群众能够通过自主劳动、自主经营的方式实现稳定脱贫，并最终走上致富之路。

我国虽然幅员辽阔，但现有耕地面积仅18.37亿亩，占全世界现有耕地面积的7%左右，2020年全国农村人口数量有56401万人，农村人口人均耕地面积3.2亩，仅为世界人均耕地面积的三分之二，农村人多地少的矛盾始终比较突出。家庭联产承包责任制实施以后，随着农民生产积极性的提高和农业科技的进步，农民收入虽然在一段时间内大幅快速上升，但少量的土地已经无法承载数量众多的农村劳动力，农业生产的边际收入也呈现递减趋势，仅仅依靠在地里刨食吃的农业生产已无法满足农民增加收入的迫切需求。由此，越来越多的农民寻求向外发展。他们走向城市，通过劳动就业，换取了城市的快速发展，同时也获得比农业生产更高的报酬。资料显示，工资性收入占农村居民可支配收入比重多年来一直呈上升趋势，已成为农民增收的最大贡献因素。1990年，中国农民人均纯收入约有20%来自工资性收入，至2018年该比重已上升至41.02%。2018年，全国农村居民年工资性收入为5996元，比上年增加498元，对农民增收贡献率达42%。

要确保广大贫困户如期按标准脱贫，抓好就业创业扶贫更显意义重大。据相关资料显示，2018年，我国农民工月均收入已达3721元，按每个农村劳动力每年务工10个月计，年工资性收入可达37210元，这足以使一个农村六口之家的人均收入超过脱贫标准。而贫困户返乡或就地创业，大部分从事的都是非农产业、农业产业化经营或开发性农业生产，它给农民带来的经济效益是传统的农业生产不能比的。假如按一个企业雇用3个贫困户劳动力，每个员工月工资按贫困地区较低水平2000元计，也可使得上述六口之家达到脱贫标准，当然创业存在一定风险，但当前从中央到地方，对贫困户创业的支持力度前所未有，创业成功的概率相对较高。

综上所述，不论是基于历史还是现实，就业创业都是农民增收的主要手段，对贫困户亦是如此。尤其由于受新冠疫情影响，贫困户返贫风险增大的情况下，加强就业创业扶贫，确保贫困户保收、增收更显其必要性。

（二）就业创业扶贫有助于农村产业发展和新型城镇化建设

就业创业扶贫对农村产业化发展和城镇化发展的促进作用主要体现为以下几个方面。

1. 就业扶贫有利于扩大农村消费

就业扶贫作为农民增收的主要手段，能促进消费，进而吸引各行业、企业重视农村，布局农村，深耕农村市场，从而促进农村各项产业的全面发展。消费兴则产业兴。长期以来，我国城镇居民和农村居民可支配收入一直存在比较大的差距，较低的可支配收入抑制了农村居民的消费需求，尤其是贫困农户，其基本温饱问题尚未得到解决，更谈不上其他需求的满足，这也使得各行业、企业生产经营布局偏重于城市，农村各项产业发展不充分。而当数以亿计曾经贫困的农村人口彻底摆脱贫困、走向小康，其被唤醒的巨大消费需求是任何行业和企业都不能忽视的。

2. 创业扶贫能促进要素回流农村

农村产业的发展，需要资金、技术和人才，我国农村地域广阔，条件千差万别，仅仅依靠外部投入还难以解决资金、技术、人才问题。而部分贫困农户通过外出就业，掌握现代经营理念，学习先进的技术，赚取创业发展资金之后，通过鼓励农民工回乡创业，可以部分解决农村产业发展的资金、技术、人才问题，充分整合利用农村闲置资源，从而促进农村各项产业的发展。

3. 就业创业扶贫可多方面助推农村城镇化

通过就业创业扶贫，大批农村贫困劳动力进入城市。他们有的通过自身努力，逐渐在城市站稳脚跟，完成从农民到市民的身份转化；有的则回到当地就业或创业。而伴随农民工回流，一方面会对农村交通、供水、供电、教育、医疗、通信、文化等基础设施和公共服务产生巨大需求，基于规模效益和社交需要，这种需求会推动乡村人口迁移聚集，从而推进城镇化发展；另一方面，城市文明也会逐渐向农村辐射，使得农村文明和城市文明呈现一体化趋势，这也是新型城镇化的重要方面。

（三）就业创业扶贫有助于激发贫困群众脱贫的内生动力

“扶贫需先扶志。”贫困群众缺乏脱贫的内生动力一直是脱贫攻坚的一大阻碍。其内生动力不足主要体现在：一是不想就业创业。由于贫困地区多地处偏远，交通不便，信息闭塞，造成了部分贫困群众眼光狭隘、安于现状、得过且过、不思进取，甚至认为是政府“要我脱贫”而不是“我要脱贫”，当贫困户光荣，有钱领，有东西拿，“等、靠、要”思想严重。二是不能就业创业。贫困地区大多教育比较落后，部分贫困群众因为受教育程度低，对新生事物、新技术、新观念接受能力差，缺乏学习能力，没有一技之长，脱贫能力严重不足。三是不敢就业创业。贫困地区教育医疗等公共服务还比较欠缺，因病致贫、因灾致贫情况时有发生，部分群众抗风险能力低，或又因要照顾家庭，就业创业有顾虑。

实施脱贫攻坚以来，国家对贫困群众的帮扶力度前所未有，政策倾斜前所未有，投入了大量的人力、物力、财力，取得了显著的成效。但“授之以鱼”不如“授之以渔”，要实现贫困户摘得帽、稳得住、守得住，就必须充分发挥贫困户在脱贫攻坚中的主体作用。而在就业创业扶贫工作中，通过宣传、教育、引导，以克服贫困户脱贫的思想障碍，通过加强职业技能培训，以克服脱贫的能力障碍，通过深入调查，因人施策，以克服脱贫的现实障碍，真正激发他们脱贫的内生动力，才能使贫困户真正“想脱贫、能脱贫、敢脱贫”。

（四）就业创业扶贫能有效促进乡村治理

就业创业扶贫促进乡村治理，主要体现为以下几个方面。

1. 有助于夯实党对乡村治理的群众基础

脱贫攻坚既是民生工程，也是民心工程，通过就业创业扶贫，让贫困群众掌握一技之长，并在就业创业中开拓视野、增长见识，不仅使他们能摆脱当前的贫困状态，更能有效阻断贫困的代际传递，这对于促进贫困群众精神面貌的改善、增进贫困群众对党和政府的信任度、提升基层党组织的凝聚力和战斗力意义重大，是夯实党的执政之基，完善党对农村基层治理的有力举措。

2. 有助于提升乡村治理的精准度和有效性

通过就业创业扶贫，能够深入了解贫困群众的思想动态、知识技能及其家庭基本情况，及时掌握基层动态，这就使得乡村基层治理能精准施策、有的放矢，提升政策措施实施的有效性。

3. 有助于提升乡村的文明程度和治理的科学性

通过就业创业扶贫，贫困群众不仅从外部带回了资金、技术和市场信息，也带回了城市先进的管理理念、文明的消费观念和生活方式。通过他们引领乡村的文明风尚，能有效改善乡村的陈规陋习；当他们将从外部学到的科学管理理念和方式，应用到基层乡村的管理工作中，能有效提升村民自治的科学管理水平。

二、就业创业扶贫的做法和成效

在充分认识就业创业扶贫必要性的基础上，百色市各级党委政府按照党中央、国务院精准扶贫精准脱贫基本方略和自治区党委、政府脱贫攻坚决策部署，坚持把促进贫困劳动力就业创业作为决战脱贫攻坚、决胜同步小康的有力抓手，大力实施就业优先战略，落实激励就业创业政策，多措并举助力脱贫攻坚，取得了显著成效。

（一）就业创业扶贫的做法

1. 完善体制机制，强化就业创业扶贫保障

面对脱贫攻坚的艰巨任务，百色市坚持把脱贫攻坚作为系统工程，通过构建市、县、乡、村四级脱贫攻坚战指挥部，充实扶贫一线力量，选优配强贫困村第一书记和驻村工作队员，选派扶贫专员和科技特派员，整合资源，全力构建党、政、军、民、社会、企业“六位一体”的大扶贫格局。并制定出台了“1+10+N”系列文件，严格落实脱贫攻坚责任制，完善管理机制，创新“五个一”工作机制和“三双”（双承诺、双认定、双确认）的工作办法，完善扶贫工作长效机制，全方位强化工作机制、政策、投入、精神作风等方面保障，确保包括就业创业扶贫在内的脱贫攻坚工作高质量推进。

在市级统筹的基础上，为加大就业扶贫工作统筹力度，各县（市、区）还根据自身实际，创新机制保障。例如：德保县及时成立脱贫攻坚战指挥部就业创业专责小组，首先，明确工作职责，形成主要领导亲自抓、牵头单位重点抓、业务部门具体抓的“齐抓共管”良好工作格局。其次，加强协调推

进，建立就业扶贫联席会议工作制度，定期开展工作进度通报，层层压实责任，进一步提高就业扶贫工作效率。平果市成立市脱贫攻坚战指挥部，市委、市政府主要领导担任总指挥长，指挥部下设15个专责小组，统筹推进脱贫攻坚各项工作。实行“战区司令”负责制。将全市12个乡镇划分为12个战区，每个战区由一名市领导担任“司令员”，分战区作战，压紧压实责任。创新“第一家长”帮扶机制。全市共派出9683名“第一家长”，与贫困户结成亲家，深入开展帮扶工作。择优派选干部担任贫困村“第一书记”、驻村工作队员，指导贫困村开展脱贫攻坚工作，同时，向非贫困村选派“第一书记”，实现所有行政村全覆盖。右江区则是成立就业创业专班，抓就业。“八路出击”，上下联动，全力推进就业扶贫“百日攻坚”。从2020年3月初到5月底，在全区开展就业扶贫百日攻坚行动，奋战100天，以“八路出击”攻破就业扶贫工作壁垒，促进贫困劳动力实现就业增收脱贫，切实高质量打好脱贫攻坚收官战。

2. 强化政策激励，提高就业创业动力

就业创业扶贫是系统性工程，政策的制定既要注重总体推进，也要注重分类细化，还要注重落实，才能真正强化政策的激励作用，百色在这方面采取的措施是：

（1）注重政策顶层设计，总体推进就业创业扶贫。脱贫攻坚伊始，百色市委、市政府就按照中央、自治区一系列脱贫攻坚文件的部署安排，结合自身实际制定出台了《关于坚决打赢“十三五”脱贫攻坚战的决定》，并以决定为核心，建立了“1+10+N”精准扶贫政策体系（“1”就是制定坚决打赢脱贫攻坚战的决定；“10”就是精准脱贫“十个到村到户”实施方案，“N”就是N个脱贫攻坚配套政策文件，如《“十三五”脱贫攻坚规划》《百色市决战贫困三年行动计划（2015—2017年）》等系列配套政策文件）。在这一政策体系中，就业创业扶贫是其中重要的内容，明确了就业创业扶贫的目标，指明了就业创业扶贫的方向，奠定了就业创业扶贫的总基调，极大地提升了贫困农户就业创业的动力。

（2）细化工作，分类定策，全面推进就业创业扶贫。例如：为鼓励贫困劳动力转移就业，从2014年开始，百色市委、市政府及有关部门先后制定出台了《百色市关于进一步做好农民工工作的意见》《百色市人力资源与社会保障局 财政局关于开展农民工创业就业补贴工作的通知》；为了吸引更多的企业参与扶贫车间建设，市人社部门联合财政、扶贫部门制定下发《关于进一步加快推进全市就业扶贫车间建设管理工作的通知》；为鼓励易地搬迁农户就业创业，制定了《做好易地搬迁扶贫劳动力就业创业工作实施方案》；为激励农民工返乡创业，带动就业，制定了《百色市农民工创业就业补贴实施细则》《关于印发百色市农民工返乡创业园区创建工作方案的通知》《百色市创业孵化基地认定和管理实施细则》等多个政策文件，明确以创业带动就业战略，完善返乡下乡创业政策保障。此外，各县市区还根据自身实际，制定相关具体政策，加强就业创业政策引导，例如：田东县出台了《田东县2020年贫困劳动力就业扶贫奖补实施方案》和《田东县建设就业扶贫车间吸纳贫困劳动力转移就业实施方案》，对外出务工6个月以上、年度累计收入9000元以上的外出务工贫困劳动力进行差异化奖补。平果市也出台“就业扶贫车间带动就业奖补”“企业吸纳重点群体就业”降税等就业扶持政策。

（3）加强政策宣传学习，提升政策知晓率和服务水平。政策制定以后要落实政策，摆在首位的就是要让政策执行人和政策受益人知晓政策，只有做到应知尽知、应用尽用，才能做到应享尽享。为此，百色市在就业创业扶贫政策方面，一是强化政策宣传，对新政策的出台，除下发正式文件和印制宣传单外，还充分运用现代信息技术，通过广播、电视、网站、微信、QQ等方式进行多渠道宣传。同时，还定期对各项扶贫政策进行梳理，编撰并及时更新《就业创业政策汇编》，下发至责任领导、帮扶干部及贫困农户手中，提升政策知晓率。在这方面，那坡县的做法成效尤为显著。其通过梳理现行就业创业培训政策，开展“就业创业政策进万家”行动，实现就业创业政策“五送五进五覆盖”：“五送”是送政策、送岗位、送培训、送奖补、送服务进企业；“五进”是进单位、进社区、进机构院校、进村入户；“五覆盖”是覆盖重点企业、中小微企业、人力资源机构培训院校、重点人群、乡镇村（屯）。2020年，那坡县发放各类就业补贴惠及1206人次及13家企业。

截至5月末，全县累计发放创业担保贷款357笔，扶持自主创业357人，带动吸纳就业931人，有效实现创业带动就业的倍增效应。上述政策的制定和实施，强化了就业创业扶贫政策导向，极大地调动了贫困劳动力就业创业的积极性。二是加强政策学习，提升政策服务水平。习近平总书记指出：脱贫攻坚任务能否完成，关键在人，关键在干部队伍作风。干部作为政策的执行人，把政策能学深悟透，努力提升政策服务水平，事关政策的落实。百色在这方面除建立定期或不定期的学习制度外，还特别强调领导干部带头学、帮扶干部重点学、工作队队员和第一书记全面学。此外，各县市区还创新学习方式，例如：平果市在全市开展“周五固定学习日”活动，要求各单位各部门利用周五时间组织本单位干部职工集中加强理论学习，特别是对脱贫攻坚相关政策文件的学习，确保单位帮扶“第一家长”脱贫攻坚政策理论知识知晓全覆盖。德保县采取领导辅学、脱贫攻坚政策知识讲堂、书记讲堂、发展讲堂、名师讲堂和沙龙讲堂等形式，分批组织干部学习脱贫攻坚政策、热点难点问题、入户技巧、提升贫困户满意度等内容，进一步提升全县广大干部的政策服务能力。这些措施，为就业创业扶贫政策落实奠定了良好的基础。

3. 强化职业技能培训服务，提升就业创业能力

掌握一定的职业技能是贫困劳动力就业创业的素质基础，职业技能培训是激发贫困农户脱贫创富内生动力的重要手段。

百色对此项工作十分重视，始终坚持培训为先，实现技能就业创业。在全面了解掌握贫困劳动力信息的基础上，整合各类培训资源，及时制订培训计划，采取多层次、多形式、精准化的培训手段。在培训内容上，有针对性地开展以中药材种植、土鸡土蜂土猪养殖、农作物栽培为主的生产技术培训，以家政服务、电子技术、电子商务、建筑装修等为主的技能培训和以汽车驾驶、挖掘机操作、电焊汽修为主的长线培训。把贫困群众技能培训作为推进扶贫车间发展的有效突破口，引导定点培训机构与就业扶贫车间开展合作，量身定制培训内容，提高贫困户劳动技能。提供“项目制”培训服务，确保贫困劳动力能按需受训。通过上述措施，极大地提升了贫困劳动力的职业技能素养，确保了就业创业扶贫收到实效。

在市级统筹的同时，各县市区也在这方面进行了创新。德保县在此方面，一是创新推动“云山夜校”进村（屯）活动，“四大班子”主要领导和各单位主要领导带头深入村（屯）走上讲堂，宣讲政策，解答疑问，研究解决实际困难和问题。二是实施技能脱贫专项行动。针对无技能、低技能贫困劳动力开展短期职业技能培训，通过职业技能培训使贫困劳动力掌握一技之长，有效促进就业。三是实施技能脱贫千校行动，积极推进广西、深圳技工院校结对帮扶贫困家庭“两后生”职业培训专项计划，定向招收建档立卡贫困户青年，培训期间提供“包吃、包住、包培训、包推荐就业”一条龙服务，帮助他们习得专业技能，在毕业后实现技能就业。田阳区的做法则是由人社局会同扶贫办，联合农业农村、商务、林业、团委、残联、妇联等各有关部门，围绕县内外用工市场需求和我区产业发展需求，结合工作实际和劳动者意愿，开展标准化职业技能培训、“项目制”培训、岗前培训、岗位提升培训、农村实用技术培训及创业培训等多形式职业培训，增强培训工作的针对性和实用性。平果市的做法，一是按照自治区、市相关文件精神，根据贫困家庭劳动力的培训意愿，结合产业发展、外出务工市场需求，针对贫困家庭劳动力年龄偏大、文化较低等特点，开展电子装配（耳机制作）、育婴员、中式烹调师、中式面点师、电工、焊工、叉车司机等职业技能培训，2016年以来共组织贫困对象参加各类职业技能培训8981人次。二是以自主培训和“项目制”培训相结合的形式，在就业培训、创业培训过程中适当增加农村种养殖技术培训。三是开展创业培训，提高创业能力。对有创业意愿并具备一定创业条件的贫困对象开展创业培训，促其创业脱贫。

此外，受2020年新冠疫情影响，集中统一线下培训无法开展，各地还创新培训形式，将培训课堂移到岗位，开展“以工代训”。

4. 搭建服务平台，畅通就业创业渠道

就业创业服务平台能推动贫困劳动力和就业岗位、创业实践的有效连接，畅通就业创业渠道，百色市采取的做法如下：

（1）搭建就业创业信息收集与发布平台。借助政府力量，充分对接经济发达地区政府与企业，尤其是充分利用深圳帮扶百色的契机，对接深圳各级政府和当地用工企业，多渠道收集当地企业招工用工信息。同时摸底调查本地用工企业、建设项目等临时用工需求信息。充分发挥包村工作队、扶贫干部、村级协管员等力量，摸清贫困劳动力就业基本情况，收集群众务工意愿，通过发放岗位信息手册、宣传栏、宣讲、微信公众号、微信群、QQ群等“线下”和“线上”方式发布企业招工信息。特别值得一提的是，为克服新冠疫情对贫困劳动力就业造成严重影响，确保2020年如期实现脱贫，针对农民工返岗复工需求，百色市采取了定制服务送岗上门的工作方式，及时掌握劳动力资源数量和就业意愿，收集区内外企业、工程项目的用工信息，搭建线上服务平台，建立线下服务站，畅通企业与求职者供需对接渠道。同时，成立赴粤返岗复工专列工作领导小组，下设应急处理、物资保障等8个工作组，以定岗、定标准、定时间、定方式的“四定”服务，送百色籍农民工赴粤返岗复工。此外，百色市还坚持劳务输出与本地转移就业相结合，以“政企联合”的模式制定就业服务方案，发挥县、乡、村三级就业服务平台的作用，由“坐等群众上门”到“主动送岗上门”，通过就业推荐、劳务输出、创业扶持和就业援助等措施，引导农民工、困难人员“应就业尽就业”。

（2）搭建企业与贫困劳动力供给对接的多样化平台。2016年以来，百色各县（市、区）每年均组织举办了针对贫困劳动力就业的“就业援助月”“春风行动”等招聘会，有效促进了贫困劳动力的就业。在平台的多样化方面，既有线下平台，也有线上平台，除定期或不定期组织用工企业现场举办用工招聘会外，还充分运用新媒体举办线上招聘。例如，乐业县就通过积极对接联系用工企业，举办多次网络招聘，帮助贫困户达成就业。既有面向全体务工人员的综合性招聘会，也有面向专门群体的专项招聘会。例如，平果市除每年定期举办针对贫困劳动力就业的“就业援助月”“春风行动”等招聘会外，还根据企业用工的时间节点及企业的性质，面向不同群体，因时制宜、因人制宜举办“民营企业周”“金秋招聘月”“10·17扶贫日”和村民合作社转移就业招聘会、易地扶贫专场招聘会等一系列公共就业服务专项活动，为建档立卡贫困劳动力、农民工、下岗失业人员、高校毕业生等各类就业群体提供就业交流平台，以满足不同企业、不同人群的用工和就业需求。既有长期平台，也有短期平台，例如，那坡县在优先解决长期就业需要的同时，为进一步稳定和扩大全县就业工作，向零散劳动力与用工企业提供双向交流，增加自主选择机会，编制印发了《那坡县劳动者之家建设工作方案》，建立打造那坡县零散劳动力综合服务场所——就业者之家，强化短期用工服务。既有政府平台，也有社会平台，除政府有关部门定期或不定期举办相关招聘会外，还积极引入社会力量参与平台建设，提供就业服务。百色市已经成立了人力资源服务行业协会，发展、吸纳人力资源服务机构、定点培训机构、劳务派遣机构和相关优质企业等会员，动员和组织协会成员帮助贫困劳动力、困难群体快速、高质量就业。靖西市就通过购买服务方式引导人力资源机构参与就业扶贫工作，先后委托多家人力资源服务公司，协助开展扶贫车间建设指导、易地搬迁扶贫后续就业扶持、劳动力资源调查、举办用工招聘会等工作，解决就业创业扶贫人力短板问题，推进就业创业扶贫政策落实和工作任务的完成。

5. 创新就业创业扶贫载体，拓宽就业创业门路

为使就业创业扶贫工作真正落到实处，百色市各级政府明确就业创业扶贫方向，通过扶贫车间吸纳、返乡创业带动、有组织劳务输出、公益性岗位托底等有力举措，扎实有效推进就业创业扶贫。

（1）推动就业扶贫车间建设，吸纳农民工就近就业。一是因地制宜打造扶贫车间。为使扶贫车间能真正发挥“造血”功能、助力就业创业扶贫，百色市一方面在加大基础设施建设的基础上，瞄准资金、厂房、订单、人才等关键环节，着力解决企业入驻遇到的困难问题，为“扶贫车间”发展营造良好环境、提供有力保障。另外，结合脱贫攻坚目标，根据各地的实际情况，科学推动“扶贫车间”的选点、建设、运营。严格落实“三个优先”要求，即“扶贫车间”优先在贫困村、人口聚集区、易地搬迁集中安置区布局建设，真正打造就业脱贫的平台。针对部分贫困户劳动力年龄大、没有知识、因病因残不能外出等实际，依托农副产品加工、民族特需用品、电子产品加工、旅游纪念品等特色产业，开展生产加工技能培训，引导和鼓励贫困户发展家庭作坊式加工，计件式支付加工费，保证每个就业群众月收入在2000元左右，实现“就业一人、脱贫一户”。二是坚持市场导向，促进城乡融合发展。结合乡村振兴战略实施和农村土地改革，坚持把“扶贫车间”创建与农村“三地”改革有机结合起来，对移民承包的土地进行确权后流转、入股、置换、代管等；对承包林地实施退耕还林还果；对退出的宅基地进行复垦复绿，让移民得到更多的资产性收益。如田东县政府出台相关文件，成立县易地搬迁扶贫资产运营公司，对移民“三地”等资产进行代管及运营，使易地搬迁扶贫资产得到高效利用和保值增值，让移民通过入股分红和基地务工等增加经济收入。三是加强扶贫车间的管理、认定。结合农村贫困劳动力就业需求，对就业扶贫车间予以分类指导，对已达标的，及时予以认定，并加强工作指导，帮助企业扩大生产；对初具条件的，加强扶持、指导，完善相关条件，培育其尽快达标通过认定；探索扶贫车间认定新方式，通过政府购买服务的形式，委托第三方机构指导就业扶贫车间收集认定评估材料，帮助和指导扶贫车间做好厂房内部环境改善，制定考勤管理、安全生产、卫生消杀等规章制度，塑造企业文化，提升企业形象；及时兑现政策红利，设立“一站式”服务，落实兑现各项优惠政策。统筹人社、财政、扶贫、市场监管、税务、电力、电信等职能部门的资源优势，使各类奖补政策得到兑现和落地，激发建设就业扶贫车间动力。另外，部分县区市还建立扶贫车间月报制度、定期走访调研制度，加强对各乡镇已认定及正在建设就业扶贫车间运营情况监测反馈，积极申报就业扶贫车间典型，扩大扶贫车间优秀经营主体正面激励效应，做到政策到位、责任到位、扶持到位、效果到位。

（2）开发公益性岗位，托底安置贫困劳动力就业。公益岗位门槛低、技术要求不高，贫困群众经培训即能上岗。脱贫不离家，岗位送上门，一方面可以增加扶贫对象的收入，促其稳定就业、脱贫；另一方面也部分解决了基层公益领域的发展和管理问题。百色市在这方面的做法是：一是强化岗位设置。围绕民生保障、脱贫攻坚、乡村振兴等目标，以就业援助、岗位兜底为手段，按照因事设岗、按需定员、服务扶贫的原则开发乡村公益性岗位，大力开发保洁、治安、护路、护林、管水、扶残助残、养老护理等扶贫类、基层公共社会服务类等公益性岗位，优先吸纳无转移就业意向、急需岗位托底安置、通过自身能力无法实现脱贫致富的建档立卡极度贫困户、“零就业”贫困户家庭劳动力等困难群众上岗就业。二是落实资金保障。人社部门与财政部门做好沟通协调，做好全区公益性岗位经费预算，根据公益性岗位特点合理确定资金支出规模，做好公益性岗位资金的筹措、落实和使用，按规定给予岗位补贴和社保补贴，缓解用人单位资金压力，提高贫困人口就业质量。三是加强岗位监督管理，确保乡村公益性岗位长效运行。通过出台岗位管理实施办法，明确各个岗位的工作职责，完善工作机制，规范选聘程序，完善岗位补贴及标准，建立定期培训制度，由用人单位采取集中培训与下乡指导相结合的方式强化岗前培训，提升贫困劳动力就业信心和上岗能力。建立公益性岗位实名制信息，并根据实名登记信息，通过明察暗访、实地督查等方式，加强对公益性岗位的监管。

（3）促进劳务协作转移就业。为强化转移就业的精准度，百色各级政府还充分利用深圳帮扶百色的契机，积极与深圳市对接，做好企业用工需求与本地劳动力就业需求监测工作，根据空缺岗位与贫困劳动力求职需求进行逐一对应匹配，通过两地协作联合举办现场招聘方式，帮助人岗匹配的贫困劳动力实现跨省输出、转移就业。具体做法是：百色市人社局根据百色市与深圳市劳务协作工作要求，对贫困劳动力开展“四个底数”［贫困劳动力总数、有到深圳就业意愿和能力的贫困劳动力数、已在深圳就业的贫困劳动力数、贫困家庭应届中职（中技）毕业生和未继续升学初高中毕业生人数］，人社局摸清“四个底数”后，制定“求职需求清单”并将清单提供给深圳市人社局，深圳市人社局根据“求职需求清单”，组织引导企业开发岗位，并根据开发出的岗位，制定“岗位供给清单”，并将清单反馈给百色市人社局。百色市人社局收到“岗位供给清单”后，将空缺岗位与贫困劳动力逐一进行对应匹配，深圳市人社局根据人岗匹配结果再组织企业招聘。深圳市人社局协助组织百色市有到深圳就业意愿和能力的贫困劳动力开展就业指导。通过上述措施，贫困劳动力和就业岗位实现了精准对接，极大地提高了就业扶贫的效果。

（4）鼓励返乡下乡创业带动就业。精准脱贫以来，百色始终把返乡下乡创业作为重大民生工程、民心工程，聚集优势资源搭建平台，让初创者有“经”可取，让成功者有“台”可施。具体工作举措如下：

一是创新工作思路，推进实施“123”就业工程。“123”就业工程具体内容为：“1”是搭建一个市、县、乡、村四级联通的公共就业服务信息网；“2”是“双千”，用两年时间培养1000名农村劳动力转移就业带头人和1000名农村劳动力创业带头人；“3”是建立农村劳动力、返乡创业农民工、返乡创业项目3个信息库。通过该工程的实施，人社部门搭建起公共就业服务信息平台。同时建立与自治区联网的地级市资源数据库，组织搭建市、县、乡、村互联互通的公共就业服务信息网，形成覆盖市、县、乡、村的四级信息网络，实现一点登录、全市查询，并征集了数百个市场前景好、见效快、风险小、适合初次创业者创业的项目。每个项目都详细介绍创业项目所属行业领域、项目简介、经营模式、市场预计前景及盈利分析、经营建议及潜在风险、推介单位、联系人等信息，清晰明了，便于返乡创业人员选择。另外，还给村级就业和社会保障协理员配备了能无线上网的平板电脑。村民可以网上求职，实现就近、就地、就业创业。

二是打造“4+2”农民工创业园区。“4+2”农民工创业园区即以右江河谷的右江、田阳、田东、平果4县区为核心；以靖西、德保两市县为腹地的综合型农民工创业园。对园区建设在资金支持和土地使用上给予政策倾斜；在土地供应、用地指标、财政资金扶持、贷款融资担保、住房保障、子女入学等方面给予进驻创业园企业优惠，鼓励和引进企业入园；设立专门的管理服务机构，为创业农民工提供法律、法规、政策、证照办理、创业信息等方面的基本咨询服务，强化就业创业服务；优化落实注册登记、税费优惠、资金扶持、创业培训、综合服务等政策措施，降低创业门槛和创业成本；组织建立农民工创业项目库和农民工创业指导专家队伍，有效搭建培训和服务工作平台，为农民工开展创业培训、开业指导、项目开发、融资服务、创业孵化、跟踪扶持等“一条龙”服务。

三是加快创业孵化基地和众创空间建设。试点推动老旧商业设施、仓储设施、闲置楼宇、过剩商业地产转为创业孵化基地，为入驻的企业提供政策咨询、创业培训、申报政策补贴等一系列创业扶持服务，进一步推动全市大众创业万众创新工作。

四是搭建电商创业平台。注重电商服务体系向乡村延伸，加大村级电商服务站点建设，大量吸收农村贫困人口参与电商创业就业，成立电子商务协会，采取抱团发展的合作模式，有效解决快递物流成本过高的问题，同时引导本土优秀电商，举办电子商务进农村培训班、电子商务农民实用技术培训班，为贫困家庭毕业生、建档立卡贫困户等提供免费培训。

五是拓宽创业的融资渠道。全面推进创业担保贷款。充分发挥农民工创业专项扶持资金的促进作用，加快实施创业担保贷款业务，提高服务意识，对符合条件的创业人员做到应贷尽贷，扶持农民工自主创业。进一步降低创业担保贷款申请门槛。推进农民工创业奖补政策落实，对农民工新创办的各类市场主体施行创业奖补。

（5）发展产业带动就业。产业扶贫是精准扶贫的主要渠道，而产业兴则就业旺，百色市在产业扶贫的过程中也十分注重发挥其对就业创业的带动作用。

一是发展园区产业带动就业。例如，田阳县为解决易地搬迁群众就地、就近、就业问题，在老乡家园贫困人口集中安置区附近配套建设1万亩的农林产品精深加工产业园，引进一批农林产品精深加工企业，把芒果、油茶等特色产品就地深加工，让“一产”转化为“二产”，带动“三产”发展，创造更多的经济总量和就业岗位，实现“现代农业提升一产、精深加工做大二产、接二连三做旺三产”，经济效益、社会效益双丰收的目标，推动三次产业深度融合发展。截至2020年4月，共有3家企业进驻产业园，可安排就业岗位600个以上；创办35家扶贫车间，提供就业岗位5000多个，帮助1285名贫困群众实现就近、就地、就业目标。此外，邻近老乡家园的新山铝产业示范园、农贸综合批发市场、田州古城等园区和企业提供了大量的就业岗位。据测算，贫困群众每年稳定务工时间8～10个月，每月收入可达2000～3000元。

二是发展农村产业带动就业。百色通过开展“千企扶千村”活动，引导龙头企业到县（市、区）开展项目对接、合作洽谈，建立“龙头企业+基地+

专业合作组织（经济能人）+贫困户”发展模式，大力推广订单生产、土地流转、就业务工、生产托管、股份合作、资产租赁等带贫模式，逐步形成了芒果、油茶、柑橘、桑蚕、核桃、中药材、养殖等特色产业，既推动了农村产业的发展，壮大了集体经济，又充分带动了贫困劳动力的就业。例如，田阳县五村镇陇华村结合当地气候、土壤等优势条件，通过与商家共建产业扶贫合作共赢项目，相继引进商家在陇华村进行产业扶贫投资，先后建设210亩火龙果和100亩柑橘种植示范基地，不仅带动基地附近村（屯）60余名村民实现家门口就业，而且促进了村集体经济持续发展，实现农户、合作社、企业三方共赢。平果县通过平台公司，在太平镇打造太平镇万亩火龙果示范基地。基地建成后，可为易地搬迁扶贫对象提供种植、管护、采摘、分选等就业岗位近500个，年人均收入可增收1万元以上。田林县的浪平镇，因地制宜，反复推敲试种姬松茸，建立村民合作社发展集体经济，为1100多户解决了就业问题，而且已经有两个村依靠这一产业实现脱贫。

（二）就业创业扶贫的成效

新一轮脱贫攻坚以来，百色各级党委政府按照国家及自治区就业创业扶贫部署要求，紧盯目标不懈怠，心无旁骛抓落实，通过大力发展就业扶贫车间建设，加强深百对口劳务协作，全力开发扶贫岗位，大力支持返乡下乡创业等措施，有效促进贫困劳动力就业创业。2019年，外出务工贫困劳动力40.69万人，占全市贫困劳动力59.3万人的68.6%，劳务输出年总收入逾120亿元，人均年总收入3万元以上。2020年以来，各县（市、区）想方设法克服疫情影响，千方百计保障贫困劳动力返岗复工，贫困劳动力外出务工增至45.9万人，比2019年提升了12.8个百分点，绝大多数的贫困家庭获得了工资收入，部分贫困人员已通过自主创业、发展产业等途径脱贫摘帽，基本实现“就业创业一人，脱贫一户”的目标，有力地推动了百色市脱贫攻坚总目标的达成。

全市各项具体就业创业扶贫措施的成效如下。

1. 技能培训促进就业

2016年以来，全市累计开展农村劳动力职业技能培训24.85万人次，其中建档立卡贫困劳动力9.46万人次，培训后实现就业率达50%以上；累计输送

2294名贫困家庭“两后生”到区内对口帮扶百色市的9所技工学校参加为期一年的职业技能培训，培训后就业率达到98.98%；累计组织355名“两后生”到深圳市第二高级技工学校、深圳市携创高级技工学校接受高级技能培训。开展深圳对口扶贫劳务协作职业技能培训696期，共计培训贫困劳动力2.6万人次。

2. 就业招聘会转移就业

2016年至2020年，百色市举办不同规模的线上线下专场招聘会共计415场，参与招聘企业4623家，提供就业岗位数40万个以上，达成就业意向3.08万人以上。

3. 扶贫车间吸纳就业

截至2020年，全市累计认定就业扶贫车间452个，直接带动就业3.16万人，其中贫困劳动力0.79万人。贫困劳动力人均年增收1.2万元以上。

4. 公益性岗位保障就业

截至2020年，百色市共开发各类扶贫公益性岗位、扶贫岗位9.54万个，吸纳贫困劳动力就近就业9.35万人。

5. 劳务协作转移就业

2016年至今，全市累计举行劳务协作对口帮扶专场招聘会（含线上）超过130场，组织企业超过2500家，提供就业岗位超过16万个，帮助贫困劳动力新增就业超过5万人次。

6. 促进创业带动就业

2016年至2020年，全市各级公共就业服务机构累计设立国家创业担保贷款担保基金7211万元，累计发放创业担保贷款3944笔，累计发放贷款总额35285万元，累计发放创业担保贷款财政贴息金额2488.91万元，直接扶持自主创业3944人，带动吸纳就业6140人。全市认定创业孵化基地21个，入孵企业（团体）达到448家，直接带动就业2420人，落实补贴266万元。

7. 发展产业带动就业

2016年至2020年，全市累计建设脱贫奔康产业园557个，种植规模170.78万亩，养殖规模16.63亿头（只、羽），参与龙头企业277家，参与合作社1516

家，产业园覆盖贫困户218016户，实现贫困村100%全覆盖。田阳县、平果县、靖西市、隆林县4个自治区级农民工创业园已进驻企业45家，提供就业岗位数1707个，园区内就业人数11062人，其中吸纳农民工就业1038人。

三、就业创业扶贫的基本经验

综观百色就业创业扶贫的工作举措及其成效，对其基本经验可总结如下：

（一）坚持全面、协同是基础

全面、协同观点是任何一项系统性工作都必须坚持的。就业创业扶贫工作受众广，各县区市条件不一，就业创业地域范围广，时间跨度大，方式多种多样，涉及的单位部门多，只有坚持全面、协同推进，才能使就业创业扶贫真正取得实效。

全面：一是掌握信息全面。百色市在脱贫攻坚之初，就采取“以户为单位、一户一表、入户调查”的方式开展农村劳动力资源调查，建立建档立卡贫困劳动力信息库，全面掌握劳动力的基本信息，以及就业、社会保险、技能培训需求，全面摸清家底。二是机制保障全面。即全面制定落实各层级组织机制、工作机制、考核机制、问责机制等，确保工作责任到位、动力充足、措施落地。三是政策措施全面。既有指导性的顶层政策，也有具体的实施政策，政策措施涵盖了培训、扶贫车间建设、东西部劳务协作、公益性岗位设置、促进创业、易地安置贫困劳力就业、返岗复工等范围。

协同：一是组织协同。百色市坚持把脱贫攻坚作为系统工程，整合资源，全力构建党、政、军、民、社会、企业“六位一体”的扶贫大格局，积极打造市、县、乡、村四级脱贫攻坚战指挥部，同时，各级党政机关内部，各局、委、办相互协作，确保人员、物资、资金、技术到位，横向协同与纵向协同相结合，共同推动就业创业扶贫工作。二是机制政策协同。即机制政策按照其作用的一般机理来建立制定，强化顶层设计，讲求完善配套，细化落实执行，对其目标要求、人员保障、工作方式、考核激励等进行全方位考虑，上下左右协同发力，确保工作责任落实、动力充足、执行到位，以达到

1+1>2的效果。三是措施协同。即在全面掌握贫困劳动力信息的基础上，根据不同的状况，分别采取不同就业创业推进措施，共同推动就业创业扶贫目标的实现。

（二）做到精准、科学是关键

实现全面小康，只有做到精准、科学，才能做到不漏过一个贫困群众，才能因地因时制宜，因人施策。

精准：一是精准识别。百色的做法是全市动员，选派大批驻村工作队队员和帮扶干部，采取“一对一”服务，进村入户、进家见人、面对面交流的方式，开展全面摸排，精准、动态掌握建档立卡贫困户劳动力基本信息，加强就业信息监测，建立农村劳动力信息数据库，随时动态更新，及时录入全国扶贫开发信息系统。二是精准分类。建立贫困劳动力清单，设立已就业和未就业人员“两个清单”，对已就业人员进行“就业地域清、就业行业清、薪资待遇清”，对未就业人员进行“就业意向清、培训需求清”，动态跟踪，精细管理。三是精准施策。例如，针对三类重点人群，提供精准就业服务。对有外出就业愿望人员，广泛收集就业信息，适时举办各类招聘会，深化东西部劳务协作，及时沟通，精准对接劳务转移。对有就近、就地、就业愿望和创业愿望人员，精准打造承接平台。对贫困家庭未继续升学的初高中毕业生，充分了解就业意向和培训需求，精准实施职业培训。

科学：一是指科学制定落实扶贫措施，因地制宜、因人制宜、因时制宜，不搞一刀切，例如在“扶贫车间”的布局、建设上，依据“三个优先”原则，优先在贫困村、人口聚集区、易地搬迁集中安置区布局建设，真正打造就业脱贫的平台。在“扶贫车间”生产项目的选择上，针对部分贫困户劳动力年龄大、没有知识、因病因残不能外出等实际，有针对性地发展农副产品加工、民族特需用品、电子产品加工、旅游纪念品等特色产业，并开展生产加工技能培训，引导和鼓励贫困户发展家庭作坊式加工，计件式支付加工费，保证每个就业群众收入稳定。又如在确定发展农村产业项目时，多方调研，反复论证，充分考虑当地地理、气候特点及贫困劳动力状况，科学选择项目，确保起到增收促就业的作用。二是指扶贫手段的科学化，即充分运用大数据、微信、App等现代信息技术手段开展数据采集、政策发布、沟通交流、指标分析等工作，提高施策的科学性和精准度，提升工作效率。

（三）注重扎实、创新是保障

就业创业扶贫，事关贫困群众是否能够真正增收，事关脱贫攻坚、全面小康的大局，来不得半点马虎，必须扎扎实实做好每项工作。脱贫攻坚到最后，剩下的都是难啃的硬骨头，不在政策、方法、措施上进行创新，难以克难攻坚。

扎实：一是工作作风扎实，真扶贫。具体体现为通过全面机制保障，严格落实五级书记责任制度，选拔得力干部担任驻村第一书记和工作队队员，强化服务、检查、监督、问责，确保就业创业扶贫政策、措施落实。坚持劳务输出到哪里，人社部门的服务就要跟进到哪里，构建服务农民工就业创业的长效机制，确保农民工就业有门路、维权有渠道。二是政策措施讲求实效，不搞花架子，扶真贫。例如，百色市牢牢把握“扶贫先扶智”这一原则，以增强贫困群众脱贫内生动力为出发点，坚持培训为先，整合各类培训资源，不断加大劳务培训力度，把贫困群众技能培训作为就业创业扶贫突破口，实现贫困农户的可持续发展。

创新：一是创新就业创业扶贫政策。包括创新奖补政策、扶持政策，例如田东县为鼓励贫困劳动力外出务工，出台了贫困劳动力就业扶贫奖补实施方案，鼓励企业在招工时优先录入贫困劳动力，对外出务工六个月以上、年度累计收入9000元以上的外出务工贫困劳动力进行差异化奖补。二是创新就业创业扶贫措施。例如，东西部劳务协作创新，就是通过双向沟通协作，实现岗位与就业需求的精准对接。又如百色坚持把“扶贫车间”创建与农村“三地”改革有机结合起来，对移民承包的土地进行确权后流转、入股、置换、代管等；对承包林地实施退耕还林还果，对退出的宅基地进行复垦复绿，让移民得到更多的资产性收益。三是创新就业创业扶贫发展模式。例如，田阳县以实施20万亩农林生态脱贫产业核心示范区、农林产品精深加工产业园、农事城办服务中心等惠民工程为抓手，创新打造了“山上基地、产业富民，山下园区、就业安民，农事城办、服务便民”的“新三民”发展模式，“全链条式”解决搬迁群众后续发展问题。四是创新就业创业扶贫工作方法。例如，百色市人社局推出的“123”工程，通过建立公共就业服务信息平台，征集并推介市场前景好、见效快、风险小、适合初次创业者创业的项目，主动服务，全程跟踪，有力助推返乡农民工实现就业创业。

当前，面对新冠疫情的严峻挑战和世界经济纷繁复杂的形势，党中央提出了要构建以国内大循环为主、国内国际双循环相互促进的新发展格局。2020年是精准脱贫的收官之年，百色也同步实现了整体脱贫摘帽。但作为曾经的集中连片深度贫困地区之一，经济社会发展程度较低，整体脱贫、全面小康的基础还比较薄弱。就业创业扶贫作为实现贫困群众精准脱贫的重要举措，对今后农民继续迈向富裕以及乡村振兴仍将发挥重要的作用，各级党委政府必须充分认识就业创业工作的重要意义，及时总结工作经验，认真研究新发展格局下农村就业创业工作，聚焦重点问题，科学精准施策，推动扶贫攻坚事业继续向前发展。

第六章

易地搬迁扶贫

易地搬迁扶贫是国家实施新时期脱贫攻坚“五个一批”精准扶贫工程之一。易地搬迁扶贫是按照“政府主导、群众自愿”的原则，将居住在生存条件恶劣、生态环境脆弱、自然灾害频发等“一方水土养不起一方人”地区的农村贫困人口搬迁到生存发展条件较好地方，并通过产业、就业、培训、教育、健康、社会保障等系列帮扶措施，使其摆脱贫困状况、实现稳定脱贫的综合性扶贫方式。自党的十八大以来，特别是2015年精准脱贫攻坚战打响以来，百色深入学习贯彻总书记关于扶贫工作的重要论述，坚定贯彻落实党中央、国务院工作部署，坚持“搬得出、稳得住、有事做、能致富”的原则，以强化“四个保障”（组织保障、纪律作风保障、舆论宣传保障、督查考核保障）为抓手，开拓创新、克难攻坚，大力推动政策保障体系化、公共服务均等化、产业帮扶覆盖化、就业帮扶多元化、社会治理精细化，圆满完成了各个阶段的易地安置扶贫任务，贫困农民由“一方水土养不起一方人”的山区搬进了宜居宜业的新家园，实现充分就业，脱贫攻坚取得决定性胜利，并在实践中积累了宝贵经验。

一、挪穷窝去穷根的有效途径

实践证明，在生产生活条件极其恶劣、生态环境极其脆弱的贫困地区，就地扶贫措施成效并不显著，反而陷入了“贫困—人口增多、生态破坏—贫困程度加深”的恶性循环之中。新一轮脱贫攻坚，党中央把易地搬迁扶贫作为脱贫攻坚的"重中之重"，实施了一系列行之有效的政策举措。习近平总书记亲自给出"一方水土养不起一方人"的定义，明确了易地搬迁扶贫的内涵。易地搬迁扶贫具有工作时间跨度大、空间覆盖广、持续周期长、动态复杂、操作性强的特点。在精准脱贫"五个一批"工程中，易地搬迁扶贫是一项极为艰巨、复杂浩大的系统工程，是精准扶贫中最难啃的"硬骨头"。

易地搬迁扶贫对象一般要同时具备以下三个条件：一是生活在"一方水土养不起一方人"的地方，二是本人愿意搬迁，三是农村建档立卡的贫困人口。符合上述条件的建档立卡贫困户中的计划生育受处罚户、无房户也可以享受易地搬迁扶贫政策。易地搬迁扶贫作为"五个一批"精准扶贫工程的重要组成部分，是解决"一方水土养不起一方人"、实现贫困群众"挪穷窝、断穷业、斩穷根"的根本之策，也是打赢脱贫攻坚战的重要手段。

（一）易地搬迁扶贫是解决"一方水土养不起一方人"的必要手段

易地搬迁扶贫将居住在生存条件恶劣、生态环境脆弱、自然灾害频发等"一方水土养不起一方人"地区的农村贫困人口搬迁到生存发展条件较好地方就业创业脱贫，它不是将人口简单地向农村或城镇的空间变动，而是人口发展、产业结构调整、城镇化、生态环境建设等多个层面的系统性问题，这是中国特色开发式扶贫的一个重要创举，也是国家脱贫攻坚的标志性工程。习近平总书记对此特别关注，他强调："易地搬迁脱贫一批，是一个不得不为的措施，也是一项复杂的系统工程，政策性强、难度大，必须横下一条心，加大力度，加快速度，加紧进度，齐心协力打赢脱贫攻坚战，确保到2020年现行标准下农村牧区贫困人口全部脱贫，贫困县全部摘帽。"

（二）易地搬迁扶贫是消除贫困的有效途径

贫困是一个世界性难题，反贫困是人类共同的任务。消除贫困被联合国列为社会发展问题三大主题之首。联合国自1993年起把每年10月17日定为世界消除贫困日，要求各成员国宣传和促进全世界消除贫困的工作，采取具体的扶贫行动。改革开放40多年来，我国已使7亿多人摆脱贫困，这是举世瞩目的减贫成就。特别是党的十八大以来，党中央先后提出"精准扶贫""乡村振兴”等思想战略，脱贫攻坚战取得决定性进展，谱写了人类反贫困史上的辉煌篇章，在世界树立起了减贫事业的中国样板。但是，仍有部分居住在深山、石山、高寒、荒漠化、地方病多发等生存环境差、不具备基本发展条件，以及生态环境脆弱、限制或禁止开发地区的农村建档立卡贫困人口，由于先天条件制约，多年来的扶贫效果并不明显，当“一方水土养不起一方人”时，易地搬迁扶贫便成了摆脱贫困的有效途径。

易地搬迁扶贫工作起于1982年。1983年，国务院成立专门机构拨出专项资金将“三西”地区（甘肃的河西、定西和宁夏的西海固）作为全国第一个区域性扶贫开发实验地，“三西”地区很快脱贫，取得了良好的经济、社会和生态效益，开启了搬迁扶贫的先河。之后，易地搬迁扶贫成为中国开发式扶贫的重要措施，受到重视并逐步推广。

1994年，《国家八七扶贫攻坚计划》将易地搬迁扶贫作为重点工作，成为大石山区、贫瘠地区、边境地区群众摆脱贫困的有效途径。2001年，国家开始在内蒙古、贵州、云南、宁夏4省（自治区）开展易地搬迁扶贫试点，随后又陆续扩大到全国17个省（自治区、直辖市），并设立了中央预算内投资专项资金，形成了稳定的投入渠道，资金支持总量和户均补助标准逐步增加。2015年，全国各地按照精准扶贫精准脱贫的基本方略，组织开展了大规模的扶贫对象精准识别工作，经摸底，约1000万农村贫困群众仍生活在“一方水土养不起一方人”地区，难以实现就地脱贫。同年，中央决定用5年时间，把居住在生存条件恶劣、生态环境脆弱、自然灾害频发等“一方水土养不起一方人”地区的1000多万贫困群众搬迁出来，彻底摆脱恶劣的生存环境和艰苦的生产生活条件，从而揭开了新时期易地搬迁扶贫的序幕。

（三）易地搬迁扶贫是践行以人民为核心的发展思想的具体体现

习近平总书记指出：“贫穷不是社会主义。如果贫困地区长期贫困，面貌长期得不到改变，群众生活长期得不到明显提高，那就没有体现我国社会主义制度的优越性，那也不是社会主义。”我们党来自人民、服务人民，党的一切工作，必须以最广大人民根本利益为标准，让全体人民过上更加幸福美好的生活，让全体人民共享改革发展的成果，既是实现社会公平、维护社会稳定的需要，也是政府对国民应尽的责任和义务。高尔基说：人类生活一切不幸的根源就是贫困。如果贫困问题长期得不到解决，势必影响社会的长治久安，这不仅是一个经济问题、民生问题，而是一个重大的政治问题。因此，开展易地搬迁扶贫，是我们践行以人民为中心发展思想的根本立场，是人民至上价值取向的具体体现。

新时期易地搬迁扶贫除具有搬迁人数多、时间紧等明显特点以外，还面临着搬迁对象是“贫中之贫”“难中之难”，安置及发展空间更受局限，贫困群众故土难离、恐惧搬迁后未知风险的三大考验。为此，国家以《全国“十三五”易地搬迁扶贫规划》为引领，形成了包含财政、金融、投资、搬迁对象、住房、基础设施、土地、后续扶持、公共服务等方面的易地搬迁扶贫“1+X”政策体系，为实施好易地搬迁扶贫提供了强有力的政策保障。各地政府整合各类资源，基本构建了“产业支撑+技能培训+就业帮扶+综合保障+政策托底”的稳定脱贫网，使易地搬迁扶贫工程成为新时代最受贫困群众欢迎的贴心工程、民心工程。

（四）易地搬迁扶贫是事关百色脱贫攻坚全胜的关键一役

共同富裕是社会主义的本质规定和奋斗目标。习近平总书记指出：“我们追求的发展是造福人民的发展，我们追求的富裕是全体人民共同富裕。”党的十八届五中全会强调：“共享是中国特色社会主义的本质要求。必须坚持发展为了人民、发展依靠人民、发展成果由人民共享，作出更有效的制度安排，使全体人民在共建共享发展中有更多获得感，增强发展动力，增进人民团结，朝着共同富裕方向稳步前进。”

百色是一个集革命老区、少数民族地区、边境地区、大石山区、贫困地区、水库移民区“六位一体”的特殊区域，是全区乃至全国扶贫攻坚主战场之一，呈现“多、广、深、杂、重”的特点，特别是作为大石山区，百色山区占总面积的95.4%，平地台地只占4.6%，且土地石漠化严重，全市有近1300万亩的石漠化土地，其中重强度以上石漠化土地近700万亩。全市有16.2万人人均耕地不足0.3亩，有53万人人均耕地不足0.5亩。虽然经过多年的扶贫攻坚，全市脱贫攻坚工作取得显著成效，但受恶劣的自然条件限制，全市仍有近20余万各族群众处在贫困状态，这些地区贫困程度深、扶贫难度大、扶贫成本也高。面对18万“贫中之贫”“难中之难”，推进易地搬迁扶贫，能不能“换一方水土富一方人”，不仅事关这些群众能否如期脱贫，而且事关全国脱贫攻坚全局，更关乎党中央2020年决胜全面建成小康社会、实现第一个百年奋斗目标的庄严承诺。为此，百色市把易地搬迁扶贫工作作为脱贫攻坚的“头号工程”和关键战役，确定在“十三五”时期易地搬迁扶贫人口18.318万人（其中建档立卡贫困人口18.1644万人，同步搬迁人口0.1536万人），是广西易地扶贫搬迁人口最多的设区市。

（五）易地搬迁扶贫是巩固脱贫攻坚成果与乡村振兴有效衔接的重要举措

易地搬迁扶贫，是扶贫的一种形式，要让搬迁后的群众生活实现“搬得出、稳得住、能致富”的目标，还需要下好“先手棋”，在规划上做好文章，谋篇布局运筹于帷幄之中。通过规划引路搭桥，更好地服务易地搬迁群众的生产生活，做好脱贫攻坚成果的巩固与乡村振兴战略规划的有效衔接，以更高站位决胜脱贫攻坚战。

乡村振兴战略，是党的十九大提出的一项重大战略。2017年12月，习近平总书记出席中央农村工作会议并发表重要讲话，明确到2020年，乡村振兴取得重要进展，制度框架和政策体系基本形成；到2035年，乡村振兴取得决定性进展，农业农村现代化基本实现；到2050年，乡村全面振兴，农业强、农村美、农民富全面实现。可以说，“脱贫攻坚”与“乡村振兴”二者不是割裂的，2020年脱贫攻坚取得决定性胜利，就是乡村振兴取得重要进展的一部分。脱贫攻坚是乡村振兴的重要前提和优先任务；乡村振兴是巩固脱贫攻坚成果接续向前发展，最终实现共同富裕的必然要求。

为使脱贫攻坚与乡村振兴有效衔接，在推进易地搬迁扶贫的进程中，注重产业振兴，在安置点配套建设产业园，成立创业就业技能培训中心，创建扶贫车间，实施产业发展项目，实现搬迁群众稳定就业；注重人才振兴，激励各类人才参与，打造一支强大的人才队伍，形成发展的良性循环；注重文化振兴，设立易地搬迁扶贫安置区夜校、新时代文明实践中心，强化搬迁移民“志、智”双扶，实现物质、精神“双脱贫”；注重生态振兴，结合农村土地改革、乡村环境整治等各项工作，助推美丽乡村建设；打造红色旅游、民族风情游、特色农业观光等旅游精品工程；注重组织振兴，发挥基层党组织战斗堡垒作用，完善管理机构，形成政府治理和社会自我调节、居民自治的良性互动新模式。

二、易地搬迁扶贫的做法和成效

百色市委、市政府牢牢把握“搬得出、稳得住、能致富”的根本要求，集全市之智、举全市之力，聚焦重点难点，下足“绣花功夫”，全力投身于这场史无前例的攻坚大战中。在具体实践中，全市探索创新推行易地搬迁扶贫五项行动、“8+N”责任制、“五不五有”管理模式、十项结合四项保障的易地搬迁扶贫工作机制，走出了一条具有百色特色的易地搬迁扶贫路子，易地搬迁扶贫经验得到广西壮族自治区充分肯定并在全区推广。

（一）百色易地搬迁扶贫的艰辛历程

1985年至1993年，是百色易地搬迁扶贫工作的尝试探索阶段，这是百色易地安置工作的第一阶段。在客观条件十分困难的情况下，广大基层干部努力尝试，凭借艰苦奋斗的劲头，取得了可喜的成就。

1993年至2000年，是百色易地搬迁安置的试验与示范工作阶段，这是百色易地安置工作的第二阶段。百色制定了易地安置方案，首先在凌云、田东、德保三县搞易地安置扶贫试点，易地安置了532户3719人。在试点获得成功后，市委、市政府扩大试点和示范范围，坚持“以本县内安置为主，以自力更生为主，以开发式移民为主”的原则，对于特别贫困人口有计划地分批实行易地移民安置，让他们到条件较好的地方进行开发性生产，建立新家园。1997年起，百色全面实施易地安置，在政府的统一组织、规划和实施下，在全地区范围全面展开。如田林六隆安置点，1997年百色根据《国家八七扶贫攻坚计划》，在广州对口帮扶下，点燃了田林六隆扶贫易地安置的燎原星火，共征用4个乡19个村57个村民小组17万多亩山地，建设八渡笋生产和加工基地，安置来自德保、那坡、凌云、隆林、乐业等县大石山区贫困农户3947户19824人，成为全国易地搬迁及产业扶贫安置的成功典范。经过10年时间，六隆易地搬迁安置点共投入资金1.2亿多元，建成3个总场12个分场66个移民安置点，修通产业道路32条502公里，新建移民住房3947间98832平方米，水池29个1440立方米，架通10千伏高压线路11条共58公里，建成学校22所、卫生所9个，实现了"当年搬迁、当年发展、当年解决温饱、当年小康"的目标。据统计，1993年初至2000年，百色地区实际完成扶贫易地安置任务的120%，共征用土地80万亩，建成安置场100个、安置居民点364个，为全市全面脱贫奠定了良好基础。

2001年至2011年，百色在巩固中发展易地安置，这是百色易地安置工作的第三阶段。这个阶段全市将10多个移民易地安置开发区的巩固工作与新发展易地安置开发场相结合，同向发力，对新型移民社区统一打造建设，完善配套设施，移民点农民年人均纯收入比搬迁前增加3倍以上。

2012年以后，百色实施扶贫生态移民工程，这是百色易地安置工作的第四阶段。特别是党的十八大以来，以习近平同志为核心的党中央把脱贫攻坚摆到治国理政突出位置，向全党全国发出了脱贫攻坚战的进军令。这一阶段全市上下根据大部分贫困群众居住在生活条件极差、石漠化严重、地质灾害频发等区域，水、电、路基础设施落后的现状，坚持因地制宜政策，根据不同的村（屯）条件，实事求是提出相应的具体措施，既重视在关键项目上给予资金扶持，更注重在区域产业建设、农民增收、提高农民素质能力上的扶持，把扶贫工作从资金扶持逐步向改善发展条件、智力扶持、特色产业扶持等方面转变，变"输血式"扶贫为"造血式"扶贫，从而确保了移民"搬得出、稳得住、可发展、能致富"。

（二）易地搬迁扶贫的主要做法

百色市委、市政府坚持把易地搬迁扶贫作为啃下脱贫攻坚"最硬骨头"的头号工程，集中精力、人力、财力，精准聚焦"十个强化"重点任务，加大工作力度，强化工作举措，全面推进落实，吹响了向深度贫困进军的"集结号”，实现了搬迁一方群众、建好一处家园、实现一地脱贫的目标。

1. 提高政治站位，健全组织机构

认真贯彻落实习近平总书记关于扶贫工作的重要论述和中央、自治区关于扶贫开发工作的重大战略部署，主动担当，精准发力，奋发作为，着力构建党政一把手负总责的脱贫攻坚工作责任制，健全市、县、乡、村四级脱贫攻坚组织体系，层层签订责任书，逐级立下军令状，列出责任清单，逐项定人量化，实行包建设进度、工程质量、资金监管、搬迁入住、后续产业发展、就业创业、稳定脱贫、考核验收的“八包”责任制，严格行政建制与资金管理，统筹易地搬迁扶贫工作和生产经营管理，健全易地搬迁群众稳定脱贫机制，落实建档立卡易地搬迁群众退出后一定时期内帮扶政策不变、力度不减。建立全市申报易地搬迁扶贫后续扶持项目库，完成争取后续扶持资金（中央资金）2.555亿元，完成申报后续扶持2021年提前批项目41个，申请项目补助资金3.664亿元。

2. 坚持规划先行，建设美丽家园

尊重群众意愿，统筹解决人往哪里搬、钱从哪里筹、地在哪里划、房屋如何建、收入如何增、生态如何护、新村如何管等具体问题，把群众从不适宜居住和生存发展、生态环境脆弱的地区搬出，集中到区位条件相对较好、交通比较便利、气候较为适宜的集镇定居。坚持“政策向易地搬迁扶贫倾斜、资金向易地搬迁扶贫聚集、项目向易地搬迁扶贫靠拢”的原则，整合饮水安全、动力电覆盖、通村道路建设、公共服务体系建设、社会保障兜底等一揽子政策，采取张贴“作战图”、制定“施工图”、列出“推进表”的方式，按规划、分年度、有计划地组织实施，配套完善水、电、路、网等基础设施，打造了一批规划更科学、布局更合理、功能更完善的安置点，搬迁群众全部实现了走水泥路、用动力电、喝安全水、住小康房的目标。坚持服务管理、自治组织同步跟进，全市以建立落实网格化管理服务机制为核心，在安置区全覆盖组建基层组织64个、村民自治组织160个、配套组织158个、活动场所94个，“街道、社区、片区、楼栋、住户”五级网格化管理服务体系已经形成。

3. 完善政策体系，推动责任落实

着力在机制创新上找路子、在精准施策上出实招、在精准落地上见实效，完善并落实易地搬迁产业扶贫、就业扶贫、教育扶贫、金融扶贫、社保兜底扶贫、健康扶贫等一系列配套政策“组合拳”，将工作措施精准到村到户到人，构建起中央和自治区、市县各类易地搬迁扶贫政策配套融合的政策保障体系。实施易地搬迁群众收入倍增计划，千方百计增加易地搬迁群众家庭经营性、工资性、财产性、转移性收入，不断缩小收入差距，使脱贫攻坚与乡村振兴有效衔接，为打造生态美、环境优、乡村兴、百姓富的“百色样板”打下了坚实基础。

4. 培育就业载体，促进安居乐业

全市坚持“挪穷窝”与“换穷业”并举，积极探索产业精准扶贫的新模式，采取“企业+合作社+基地+农户”模式、1125模式、党群致富共同体模式等，打造特色品牌、新型经营主体、现代特色农业（核心）示范区等，带动包括易地搬迁群众在内的贫困劳动力就业、创业和增收。乐业县、田阳县、那坡县、深圳小镇等在安置点附近流转土地创建老乡家园创业产业（园）基地，通过“公司+合作社+贫困户+基地”的模式，探索财政专项扶贫资金和其他涉农资金以入股形式发展水果种植基地、农家乐等项目，大力发展小种植、小养殖、小加工、小经营“四小”产业，实现了每个安置点都有一个主导产业的目标。同时，各地积极探索创新，千方百计扩大就业渠道，在全市形成了“园区需求”解决一批、“劳务输出”转移一批、“扶贫车间”吸纳一批、“公益岗位”安置一批、“自主创业”带动一批的全方位就业扶贫模式，促进了易地搬迁群众稳定就业、持续增收。2020年，全市引进43家劳动密集型企业，开发3064个公益性岗位，城镇安置点实现就业85247人，户均就业2.18人。

5. 创新帮扶举措，激发内生动力

注重把外力推进与激活内生动力有机结合起来，坚持扶智、扶策、扶技、扶资多措并举，变“输血”为“造血”，增强了贫困村持续发展、贫困户持续增收的后劲。各地在实践中通过技能培养、观念倡导、典型引领、参观学习等方式，引导群众转变思想观念，并探索出了“搬迁+城市管理”优化社区管理、“搬迁+粤桂协作”发展“三业”致富、“搬迁+乡村振兴战略”推进土地改革、“搬迁+文化扶贫”促使移风易俗、“搬迁+感恩教育”激发内生动力等一系列行之有效的帮扶举措，让群众由“站着看、等着扶”变为“想办法、主动干”，进一步提高了群众依靠自己勤劳的双手、聪明的智慧来创造富裕幸福新生活的内生动力。

6. 强化兜底保障，筑牢民生底线

在全面实现“两不愁三保障”的基础上，按照“缺什么帮什么”的原则，积极为搬迁群众协调安排有关民生项目和社保政策，帮助解决看病、上学、养老等方面的现实困难，使最紧缺、最急迫的问题得到优先解决。构筑易地搬迁群众在内的贫困人口基本医疗“四重保障”（基本医疗保险、大病保险、医疗救助和补充商业医疗保险），实行财政代缴基本医疗保险和大病保险个人缴费政策，贫困人口均享受城乡居民基本医疗保险和大病保险的政府代缴政策。全面落实农村低保、养老、“两孤一残”等社会保障政策和粮食直补、农机补贴、农业保险等强农惠农政策，更加关注孤寡老人、留守儿童、残疾人等特殊群体，完善农村特困户生活救助、临时补助和大病救助等社会救助体系，确保了全面建成小康社会一个都不能少、共同富裕路上一个都不掉队。2020年，全市易地搬迁建档立卡贫困人口纳入低保62264人，其中农村低保58026人，城市低保4238人。

7. 健全公共服务，提升生活质量

坚持目标导向、问题导向、结果导向，全面改善义务教育薄弱学校基本办学条件，落实农村义务教育学生营养改善计划等惠民政策，推动教育均衡优质发展，阻断贫困代际传递。精准开展职业技能培训，落实职业培训补贴，积极推进广西、深圳技工院校结对帮扶贫困家庭“两后生”职业培训专项计划，为有就读技工院校意愿的贫困家庭学生提供免费技工教育。健全市、县、乡、村四级医疗服务体系，通过建设标准化村卫生室及乡村一体化管理等措施，实现了全市所有行政村基本医疗和基本公共卫生服务全覆盖。同步推进以文化站、农家书屋为代表的群众性文化活动阵地，普及推广体育健身项目，搬迁群众的幸福感、获得感、安全感明显增强，改革发展成果更多更公平地惠及全市人民。

（三）易地搬迁扶贫的成效

百色市12个县（市、区）高度重视易地搬迁，坚持因地制宜、因村施策，采取的具体工作措施也各具特色，取得了决定性的成效，搬迁数据如表表6–1、表6–2、表6–3所示。

表6–1 百色市“十三五”时期易地搬迁扶贫情况统计表（1）

（单位：户、人、%）

县（市、区）	安置点	总搬迁规模		计划搬迁建档立卡数	实际搬迁建档立卡数		实际同步搬迁数		入住率	备注
	个数	户数	人数	人	户数	人数	户数	人数		
右江区	2	1266	5227	5227	1266	5227	0	0	100	其中1个安置点为“深圳小镇”
田阳区	3	6068	25145	25123	6063	25124	5	21	100	
田东县	6	3738	15478	15227	3671	15234	67	244	100	
平果市	16	5457	23911	23903	5455	23903	2	8	100	
德保县	12	4123	17502	17181	4042	17185	81	317	100	
靖西市	3	5458	23808	23389	5357	23428	101	380	100	
那坡县	11	2315	9465	9317	2278	9321	37	144	100	
凌云县	15	3357	16098	16049	3356	16091	1	7	100	
乐业县	10	2304	10204	10076	2291	10144	13	60	100	
田林县	16	2282	9768	9679	2260	9683	22	85	100	
隆林县	3	4403	19174	18968	4350	18968	53	206	100	
西林县	16	1719	7585	7505	1705	7521	14	64	100	
合计	114	42490	183365	181644	42094	181829	396	1536	100	包含“深圳小镇”安置点

表6-2 百色市“十三五”时期易地搬迁扶贫安置点情况统计表（2）

（单位：户、人、%）

序号	县（市、区）	安置点	总搬迁规模		建档立卡		同步搬迁		入住率	备注
		个数	户数	人数	户数	人数	户数	人数		
一	深圳小镇	1	3845	16006	3828	15937	17	69	100	
1		平果市	33	141	32	137	1	4		
2		德保县	730	3045	725	3021	5	24		
3		靖西市	595	2524	593	2519	2	5		
4		那坡县	508	1898	508	1898				
5		凌云县	155	502	155	502				
6		乐业县	485	2108	484	2104	1	4		
7		田林县	386	1609	386	1609				
8		隆林县	929	4096	921	4064	8	32		
9		西林县	24	83	24	83				
（一）	右江区	2	1266	5227	1266	5227			100	
（二）	田阳区	3	6068	25145	6063	25124	5	21	100	
（三）	田东县	6	3738	15478	3671	15234	67	244	100	
（四）	平果市	16	5424	23770	5423	23766	1	4	100	不含“深圳小镇”
（五）	德保县	12	3393	14457	3317	14164	76	293	100	不含“深圳小镇”
（六）	靖西市	3	4863	21284	4764	20909	99	375	100	不含“深圳小镇”
（七）	那坡县	11	1807	7567	1770	7423	37	144	100	不含“深圳小镇”
（八）	凌云县	15	3202	15596	3201	15589	1	7	100	不含“深圳小镇”
（九）	乐业县	10	1819	8096	1807	8040	12	56	100	不含“深圳小镇”
（十）	田林县	16	1896	8159	1874	8074	22	85	100	不含“深圳小镇”
（十一）	隆林县	3	3474	15078	3429	14904	45	174	100	不含“深圳小镇”
（十二）	西林县	16	1695	7502	1681	7438	14	64	100	不含“深圳小镇”
合计	百色市	114	42490	183365	42094	181829	396	1536	100	

表6-3　百色市“十三五”时期易地搬迁扶贫安置点情况统计表（3）

（单位：户、人、%）

序号	县（市、区）	安置点	建档立卡		同步搬迁		总搬迁人数		备注
			户数	人数	户数	人数	户数	人数	
一	深圳小镇	1	3828	15937	17	69	3845	16006	
1		平果市	32	137	1	4	33	141	
2		德保县	725	3021	5	24	730	3045	
3		靖西市	593	2519	2	5	595	2524	
4		那坡县	508	1898			508	1898	
5		凌云县	155	502			155	502	
6		乐业县	484	2104	1	4	485	2108	
7		田林县	386	1609			386	1609	
8		隆林县	921	4064	8	32	929	4096	
9		西林县	24	83			24	83	
（一）	右江区	2	1266	5227	0	0	1266	5227	
1		汪甸乡易地搬迁扶贫安置小区	122	549			122	549	
2		迎龙易地扶贫搬迁安置小镇	1144	4678			1144	4678	
（二）	田阳区	3	6063	25124	5	21	6068	25145	
1		老乡家园一、二期安置点（含雷公点）	2132	8487			2132	8487	
2		老乡家园三期安置点	3483	13978	5	21	3488	13999	
3		福晟家园安置点	448	2659			448	2659	
（三）	田东县	6	3671	15234	67	244	3738	15478	
1		小龙安置点	618	2676			618	2676	
2		福明安置点	97	322	62	223	159	545	
3		平洪安置点	2255	8360	5	21	2260	8381	
4		林逢安置点	245	1628			245	1628	
5		思林安置点	326	1605			326	1605	

续表

序号	县（市、区）	安置点	建档立卡		同步搬迁		总搬迁人数		备注
			户数	人数	户数	人数	户数	人数	
6		义圩安置点	130	643			130	643	
（四）	平果市	16	5423	23766	1	4	5424	23770	不含“深圳小镇”
1		吉祥小镇	2298	9688			2298	9688	
2		如意小镇	1561	6139			1561	6139	
3		凤梧镇凤鸣新村	97	535			97	535	
4		海城乡圆梦新村	116	487			116	487	
5		海纳帝豪时代	84	337			84	337	
6		博雅文园	51	262			51	262	
7		展华世纪城	22	149			22	149	
8		泰和城市天地	35	148			35	148	
9		建业四季花城	20	120			20	120	
10		现代茗城	18	87			18	87	
11		凤翔小区	18	80			18	80	
12		坡造感笔新村	19	78			19	78	
13		县城花园里一街	15	60			15	60	
14		榜圩安置点	17	54			17	54	
15		荣旺东方国际	10	45			10	45	
16		果化龙福新村	14	44	1	4	15	48	
		分散安置	1028	5453			1028	5453	
（五）	德保县	12	3317	14164	76	293	3393	14457	不含“深圳小镇”
1		老乡家园——德保县城南移民集中安置小区	1844	8368	1	4	1845	8372	
2		老乡家园——德保县扶朝移民集中安置小区	465	1718	1	3	466	1721	
3		德保县城关镇鑫源花都以购代建安置点	153	799			153	799	

续表

序号	县（市、区）	安置点	建档立卡		同步搬迁		总搬迁人数		备注
			户数	人数	户数	人数	户数	人数	
4		城关镇潜龙以购代建安置点	159	686			159	686	
5		德保县城关镇恒瑞居佳华府以购代建安置点	37	238			37	238	
6		德保县城关镇南城时代广场以购代建安置点	80	484			80	484	
7		德保县城关镇乐观岩以购代建安置点	204	563			204	563	
8		德保县城关镇峒奇村中屯集中安置点	65	145			65	145	
9		德保县东凌镇定坡集中安置点	208	733	7	20	215	753	
10		德保县隆桑镇下布村北站屯安置点	63	277	21	99	84	376	
11		德保县都安乡农棋村陇钦屯安置点	24	87	16	78	40	165	
12		德保县燕峒乡多龙村汤那屯安置点	6	29	18	50	24	79	
		分散安置	9	37	12	39	21	76	
（六）	靖西市	3	4764	20909	99	375	4863	21284	不含“深圳小镇”
1		老乡家园安置点	4462	19575	99	375	4561	19950	
2		新瑞小区安置点	86	561			86	561	
3		德爱小区安置点	216	773			216	773	
（七）	那坡县	11	1770	7423	37	144	1807	7567	不含“深圳小镇”
1		百都乡百岩安置点	28	110			28	110	
2		百都乡各当安置点	20	84	4	12	24	96	
3		百都乡田房安置点	14	47	1	6	15	53	

续表

序号	县（市、区）	安置点	建档立卡		同步搬迁		总搬迁人数		备注
			户数	人数	户数	人数	户数	人数	
4		百合新区安置点	72	312			72	312	
5		百南乡“深百家园”安置点	17	82	3	14	20	96	
6		百省乡下华安置点	92	387			92	387	
7		达兵新村安置点	29	107	3	13	32	120	
8		德隆乡那习安置点	48	190	11	45	59	235	
9		科冬安置点	1362	5761	11	42	1373	5803	
10		龙合乡桂合村谷江屯安置点	8	22	2	5	10	27	
11		平孟镇“美边固疆”安置点	25	95	2	7	27	102	
		城厢镇分散安置点	55	226			55	226	
（八）	凌云县	15	3201	15589	1	7	3202	15596	不含“深圳小镇”
1		东城景苑安置点	440	2413			440	2413	
2		吉祥嘉园安置点	107	731			107	731	
3		百坎安置点	522	1958			522	1958	
4		茶产业园安置点	701	3446			701	3446	
5		幸福家园安置点	330	1850			330	1850	
6		旦村安置点	129	384			129	384	
7		五指山安置点	10	41			10	41	
8		下甲河洲安置点	286	1499			286	1499	
9		伶兴坡贴安置点	173	851			173	851	
10		伶站那利安置点	72	389			72	389	
11		逻楼陇老安置点	31	136			31	136	
12		农贸市场安置点	195	945			195	945	
13		沙者安置点	99	466	1	7	100	473	
14		朝里六作安置点	60	293			60	293	
15		一品湾安置点	46	187			46	187	

续表

序号	县（市、区）	安置点	建档立卡		同步搬迁		总搬迁人数		备注
			户数	人数	户数	人数	户数	人数	
（九）	乐业县	10	1807	8040	12	56	1819	8096	不含“深圳小镇”
1		同乐镇武称安置点	24	120	0	0	24	120	
2		城镇上岗安置点	679	2809	0	0	679	2809	
3		城镇当站安置点	224	1116	0	0	224	1116	
4		新化安置点	194	872	12	56	206	928	
5		甘田镇安置点	146	705	0	0	146	705	
6		花坪安置点	103	456	0	0	103	456	
7		幼平乡安置点	110	497	0	0	110	497	
8		逻西乡安置点	124	549	0	0	124	549	
9		逻沙乡安置点	99	447	0	0	99	447	
10		雅长乡安置点	104	469	0	0	104	469	
（十）	田林县	16	1874	8074	22	85	1896	8159	不含“深圳小镇”
1		百花寨安置点	640	2860			640	2860	
2		利周平坤安置点	35	159			35	159	
3		利周百达安置点	42	167			42	167	
4		浪平安置点	224	972			224	972	
5		百乐新吉安置点	85	372			85	372	
6		百乐龙车安置点	24	107			24	107	
7		潞城安置点	73	330			73	330	
8		旧州安置点	100	400			100	400	
9		平塘安置点	84	385			84	385	
10		者苗平欢安置点	19	85			19	85	
11		者苗弄麦安置点	18	78	15	56	33	134	
12		八渡福达安置点	54	230	5	21	59	251	
13		八渡八头安置点	43	173	2	8	45	181	
14		定安安置点	147	618			147	618	
15		六隆安置点	73	341			73	341	

续表

序号	县（市、区）	安置点	建档立卡		同步搬迁		总搬迁人数		备注
			户数	人数	户数	人数	户数	人数	
16		八桂安置点	49	194			49	194	
		分散安置	164	603			164	603	
（十一）	隆林县	3	3429	14904	45	174	3474	15078	不含“深圳小镇”
1		鹤城新区	3339	14478	33	128	3372	14606	
2		德峨满落丫口	49	239			49	239	
3		桠杈新街	41	187	12	46	53	233	
（十二）	西林县	16	1681	7438	14	64	1695	7502	不含“深圳小镇”
1		福景新苑	282	1459			282	1459	
2		阳光小区	225	1056			225	1056	
3		新红小区	156	577			156	577	
4		桔乡幸福家园	114	294			114	294	
5		古障安置点（含西舍下寨整屯搬迁）	125	513	6	24	131	537	
6		那劳安置点	98	465			98	465	
7		马蚌安置点	12	53			12	53	
8		西平安置点	27	119			27	119	
9		者夯安置点	7	27			7	27	
10		足别者么安置点	19	106			19	106	
11		足别新区	16	74			16	74	
12		普合平安安置点	47	170			47	170	
13		八达河口安置点	47	226	8	40	55	266	
14		那佐新寨安置点	38	188			38	188	
15		那佐龙浪安置点	20	111			20	111	
16		那佐新丫安置点	24	119			24	119	
		分散安置	424	1881			424	1881	
合计	百色市	114	42094	181829	396	1536	42490	183365	

（四）百色在易地搬迁扶贫中探索的成功模式

“十三五”以来，百色市各县（市、区）在易地搬迁扶贫工作中开拓创新，大胆探索，在实践中形成了一批成功模式，培树了一批先进典型，国家发改委办公厅印发《关于全国“十三五”时期易地搬迁扶贫典型案例的通报》中，百色市2个县（区）入选搬迁工作成效明显县，1个部门入选搬迁工作担当有为集体，3个集中安置区入选美丽搬迁安置区，3名同志入选奋进易地搬迁干部，4名搬迁群众入选励志易地搬迁扶贫群众。《人民日报》《广西日报》和人民网等主流媒体相继报道了广西百色易地搬迁扶贫工作的成效。

1. “深圳小镇”模式

百色“深圳小镇”是深圳市帮扶百色市的跨区域易地搬迁扶贫重点示范工程，也是粤桂扶贫协作的样板工程、深百扶贫协作的标志性工程。小镇占地面积836亩，总建筑面积91.37万平方米，安置搬迁建档立卡户3828户15937人，项目总投资32.54亿元。小镇坚持高标准规划、高起点定位，以建设功能完善、配套齐全、环境优美、绿色宜居的易地搬迁扶贫安置示范社区为基本要求，构建科学务实管用的社区社会事务服务管理体系，探索实现了贫困农民直接变市民的新模式，开创了百色易地搬迁扶贫“稳得住、能发展、富起来”的新篇章。

2. 产业带动模式

百色右江区澄碧湖芒果产业（核心）示范区注重创新优化园区发展模式，累计投入建设资金9000万元，重点推进道路建设、水利灌溉、休闲观光配套设施、标准化生产、乡村建设等工作。通过技术培训，使右江区所有贫困群众均可免费到示范区参加芒果种植技术培训或随示范区内的种植大户“跟班学习”，对全区2万多户芒果种植户、36万亩芒果种植起到不可替代的示范引领作用。在示范区的带动下，2018年永乐镇芒果产业收入达到人均6500元以上，带动476户1844人贫困户实现脱贫，2019年底，永乐镇芒果产业收入达到人均7000元以上，带动永乐镇114户416人贫困人口如期脱贫。

3. 劳务带动模式

隆林县对接“粤桂协作办”就业扶贫，与帮扶城市搭建企业和搬迁群众供需劳务对接平台，有计划、有组织地开展针对性技能培训，组建电工、家政、建筑等队伍，推荐到广东发达地区稳定就业。以隆林县人力资源和社会保障局、深圳市罗湖区人力资源局主办，广西正工劳务有限公司协办打造“粤桂扶贫劳务协作服务中心”以及微信公众号平台，实现劳务协作对口帮扶，转移就业精准脱贫。根据搬迁群众的意愿，大部分搬迁群众愿意外出务工增加收入。人社部门通过举办各类招聘会、发布信息等，为外出务工搬迁群众提供就业平台。据人社部门统计我县搬迁群众外出务工共10220人，区内务工7237人，区外2983人。

4. 企业带动模式

百色市右江区澄碧湖芒果产业（核心）示范区以“公司+合作社+农民”的运作模式，引进百色华润集团、百色富农农业科技有限公司、右江区鑫源资产经营投资有限责任公司等4家企业入驻，扶持培育“右江区鸿发水果农民专业合作社”“右江区晚湖水果农民专业合作社”等6家农民专业合作社，按照“统一生产标准、统一技术规程、统一农资供应、统一产品质量、统一品牌销售”的原则，进行组织化经营和标准化生产。田东县引进新型经营主体带动其他特色产业发展，支持本地南华糖业集团、增年山茶油和引进钱记蛋鸡产业、天成集团等一批实力雄厚的外地企业进驻县内并开展“订单农业”，落实经营主体和基础设施建设“以奖代补”政策，发挥整合涉农财政资金杠杆作用，撬动社会资本参与产业扶贫，依托这些龙头企业来带动搬迁贫困户发展特色产业。

5. 对口帮扶模式

根据党中央、国务院“两个大局”战略思想和“东西部扶贫协作”决策部署，由深圳市对口帮扶百色市。2016年以来，深圳财政投入帮扶资金18.92亿元，会同百色实施项目639个，惠及709个贫困村，带动百色市7.18万贫困人口脱贫。深圳市集中使用扶贫协作资金，落实易地搬迁扶贫配套建设，积极对接百色易地搬迁工程，建设建成田阳区精准扶贫农村饮水安全巩固提升项目、田东县美丽乡村项目、靖西市贫困村集体经济养殖小区建设项目、田林县八桂瑶族乡易地搬迁扶贫那榄安置点幼儿园项目、西林县的八达镇中心小学迁建项目（罗湖小学）等。

6. 抵边安置模式

那坡县坚持易地搬迁扶贫与脱贫攻坚、守边固边相结合，依托边境优势，建设了平孟镇“美边固疆”、百南乡“深百家园”2个易地搬迁扶贫安置点，出台了《那坡县加强边境0～3公里地区易地搬迁扶贫工作方案》抵边安置倾斜政策，通过引导和鼓励非边境一线（边境0～3公里以外）地区符合易地搬迁扶贫条件的农村建档立卡贫困人口和同步搬迁人口向边境0～3公里地区搬迁安置，筑牢稳边固边群众堡垒。

在推进易地搬迁扶贫工作中，百色各县（市、区）根据自身实际，通过组织推动、党员带动、产业催动，各尽其能、各展所长，积极探索具有自身特色的易地搬迁扶贫模式，圆满完成了各项工作任务，形成了百花齐放、优势互补、典型引领的脱贫攻坚新局面。

三、易地搬迁扶贫的基本经验

“惟其艰难，才更显勇毅；惟其笃行，才弥足珍贵。”经过30多年的探索与实践，在市委、市政府的正确领导和各级有关单位部门的大力支持配合下，百色在易地搬迁扶贫工作中取得了显著成就，也积累了宝贵经验。

（一）提高政治站位是做好易地搬迁扶贫工作的前提

易地搬迁扶贫是习近平新时代中国特色社会主义思想的重要组成部分，是习近平总书记关于“三农”工作和扶贫工作重要论述的重要内容，也是一项复杂的系统工程和社会工程，政策性强、涉及面广、工作难度大，并非简单的人口空间“大挪移”。2015年3月8日，习近平总书记参加十二届全国人大三次会议广西代表团审议时发表重要讲话，赋予广西“三大定位”新使命，并对广西扶贫工作作出重要指示，强调：“加快贫困地区致富奔小康，是广西全面建成小康社会必须啃下的硬骨头，离全面建成小康社会还有5年时间，我们要立下愚公志、打好攻坚战，决不让一个少数民族、一个地区掉队。”总书记的讲话对广西脱贫攻坚工作具有重要指导意义，百色认真贯彻党的十八大、十九大精神和习近平总书记关于扶贫开发的重要讲话精神，提高政治站位，牢固树立新发展理念，坚持把党的领导贯穿易地搬迁扶贫工作全过程，把习近平总书记重要讲话和指示精神落实到脱贫攻坚各方面，制定科学有效的易地搬迁扶贫规划和完备的政策措施，使易地搬迁扶贫落到实处，取得良好成效。百色的实践告诉我们，加强党的领导，是打赢打好脱贫攻坚战的坚强政治保障和根本保障，只有发挥中国特色社会主义制度的优势，才能集中力量办好扶贫攻坚的大事。

（二）强化顶层设计是做好易地搬迁扶贫工作的关键

易地搬迁扶贫是脱贫攻坚的“头号工程”和“标志性工程”，也是“五个一批”中最难啃的硬骨头。为做好易地搬迁扶贫工作，做好顶层设计，百色编制“十三五”建档立卡贫困人口易地搬迁扶贫规划和制订年度实施计划。经过5年的易地搬迁扶贫具体实践，百色进行大量的调研和论证，已经形成了较为完善的政策保障体系，在政策的宣传发动、搬迁对象的精准核实、拆旧复垦的激励措施和工程质量的监督考核等方面，结合本地实际出台了一系列卓有成效的政策措施，为顺利开展易地搬迁扶贫工作起到了至关重要的作用。百色的实践告诉我们，强化顶层设计，必须要解决好“要搬哪些人、人往哪里搬、钱从哪里筹、房屋如何建、收入如何增”等关键性问题，只有建立健全完备的政策支撑体系，特别是实现政策保障体系化、公共服务均等化、产业帮扶覆盖化、就业帮扶多元化、社会治理精细化，才能从根本上保障“搬得出、稳得住、能发展、可致富”。

（三）完善工作机制是做好易地搬迁扶贫工作的保证

百色在推进易地搬迁扶贫工作过程中，各县（市、区）成立易地搬迁扶贫工作领导小组，由主要领导担任组长，分管领导担任常务副组长，相关单位为成员单位，全面统筹易地搬迁扶贫工作。在全市范围内创新推行“585104”工作机制，以“五个一”“8+N”“五不五有”“十个结合”“四个保障”为主要抓手，5个工作机制协调配合，共同推进，构成一个有机整体，走出了一条具有百色特色的深度贫困地区易地搬迁扶贫工作路子。同时，充分发挥基层党组织的政治功能和组织功能，最大限度地把资源整合起来，把党员群众凝聚起来，形成了推动易地搬迁扶贫的强大合力。百色的实践告诉我们，完善工作机制必须高位推动、压实责任，建立完善市、县、乡、村“四级书记”抓扶贫和党政同责的工作机制，实现到乡到村到户责任落实全覆盖。

（四）创新安置模式是做好易地搬迁扶贫工作的重要环节

“搬迁”只是手段，“稳得住、能发展、可致富”才是目的。因地制宜、因村施策，不断创新和发展安置模式是做好易地搬迁扶贫工作的主要环节。各县（市、区）创新发展“易地搬迁扶贫+N”模式，以“易地搬迁扶贫+城市管理”模式完善社区公共服务管理，“易地搬迁扶贫+粤桂协作”实现搬迁农户在家门口就业，“易地搬迁扶贫+文化扶贫”促进社区平安和谐发展，推动移风易俗，使群众养成科学文明的生活习惯，“易地搬迁扶贫+感恩教育”增强爱国爱党情怀和内生动力，取得了显著效果。百色的实践告诉我们，易地搬迁扶贫，必须因地制宜“改穷貌”，统筹推进水、电、路、气、网建设，补齐基础设施和公共服务短板，健全基层保障服务体系；必须精准施策“改穷业”，加快安置点产业培育和发展，采取多元模式让群众有事做、有钱挣，不断拓宽就业渠道，让群众的生活“芝麻开花节节高”；必须立足长远“拔穷根”，激发群众致富内生动力，做到“扶上马”再“送一程”，培养搬迁群众“自我造血”能力，激活新希望、点亮新未来，实现逐步富裕的奋斗目标。

（五）提高搬迁群众素质是做好易地搬迁扶贫工作的核心

脱贫攻坚是党和国家的事业，是人类发展的事业，也是贫困群众自己的事业。贫困群众是扶贫攻坚的对象，更是脱贫致富的主体。通过灵活多样的活动形式，推动形成“要我发展”为“我要发展”，加强搬迁群众思想文化、感恩教育和法律意识，强化公共道德意识、卫生健康意识、文明和谐意识，促进搬迁群众爱党爱国，遵守村规民约，激发搬迁群众感恩之心，增强爱国爱党情怀，维护社会稳定，促进社区平安和谐发展，力促搬迁群众成为新时代社会主义现代化的建设者、发展者和共享者。百色的实践告诉我们，加快贫困地区发展，离不开国家、社会等外部力量的扶持，更离不开贫困群众的自我发展动力，必须要牢固树立“宁愿苦干、不愿苦熬”的观念，必须发扬“好日子是干出来的，幸福是勤奋的结果”的自力更生、艰苦奋斗精神。

（六）严格监督管理是做好易地搬迁扶贫工作的有效手段

易地搬迁扶贫涉及金融支持、社会救助、产业发展等多个领域，涉及党组织、政府、社会、市场等多个行为主体，投资规模大，社会关注度高。通过强化资金管理、项目管理和督查工作等方式，规范资金使用流程，做到专户管理、专账核算、资金支付程序规范，确保资金按时足额运行。落实“四制”要求，规范工程施工，统筹推进基础设施配套建设，确保同步规划、同步建设、同步竣工。定期组织有关单位，对易地搬迁扶贫项目工程建设、资金管理和使用、后续扶持、档案管理等方面的情况，采取听取汇报、查看现场、查阅资料等形式进行督查，了解和掌握项目建设各安置点进展情况、存在困难和问题、需要解决事项等，对在督查中发现的问题，形成问题清单，并研究解决办法，严格落实整改责任，限时按项逐条推进整改。百色的实践告诉我们，强化扶贫领域监督执纪，严格工程项目监督管理，坚决杜绝形式主义、官僚主义和弄虚作假现象，特别是对重大问题实行挂牌督战，才能把真金白银花在关键处，才能取得更好的效果。

易地搬迁扶贫工作责任重大、影响深远，既事关脱贫攻坚战的成败，也事关全面建成小康社会目标的顺利实现。中央和自治区党委、市委关于易地搬迁工作的部署要求，为做好易地搬迁扶贫工作指明了方向，提供了重要遵循。百色市将按照党中央、自治区的决策部署，坚持目标导向、问题导向、结果导向，采取精准硬举措，全面发起总攻冲刺，提升安置质量，高质量完成移民搬迁各项工作任务，坚决巩固易地搬迁扶贫成果，实现与乡村振兴有效衔接。

第七章

生态扶贫

生态扶贫是在扶贫开发中加强生态系统保护的一种复杂的扶贫工作方法，是通过对贫困地区实施重大生态工程建设、加大生态补偿力度、发展生态产业、创新生态发展方式等手段，达到改善贫困地区的生态环境，增强其生态产品的供给能力，带动贫困人口参与生态保护、生态修复和发展生态产业，增加收入并改善生产生活条件，最终推动贫困地区扶贫开发与生态保护相协调、脱贫致富与可持续发展相促进的扶贫方式。从1984年起，百色先后实施了易地搬迁安置、封山育林、退耕还林还草、石漠化综合治理、水源林和天然林资源保护、水土保持、生态功能区保护建设、湿地保护与恢复等工程，让有劳动能力的贫困人口通过参与工程建设获取劳务报酬，在生态公益性岗位劳动得到稳定的工资性收入，通过参与生态产业发展获得经营性或财产性收入，通过生态保护补偿政策获得转移性收入，与全国其他贫困地区一样同步实现全面脱贫。

一、绿水青山就是金山银山

生态扶贫对实施精准扶贫，实现全面脱贫和可持续发展具有十分重要意义。

（一）什么是生态扶贫

生态扶贫是扶贫工作的一种重要方式。1999年，学者沈斌华最先提出“生态扶贫”概念，他在《谈“生态扶贫”和“组织扶贫”》文章中分析广西平果市“石漠化山区种植任豆树+山羊养殖”治理、江西省发展“草+果+牧+菇+

渔”生态农业的红壤治理和内蒙古鄂托克前旗“麻黄战略”的扶贫经验时提出，生态扶贫是从本地区的实际出发，发展有地方特色的林业、草业、药材业和沙产业是贫困地区群众彻底脱贫的必由之路。2002年10月28日，《人民日报》发表百色人写的文章，认为“生态扶贫是从改变贫困地区的生态环境入手，加强基础设施建设，从而改变贫困地区的生产生活环境，使贫困地区实现可持续发展的一种新的扶贫方式”。

2005年8月15日，时任浙江省委书记习近平在浙江安吉余村考察时提出“绿水青山就是金山银山”的科学论断，蕴含尊重自然、谋求人与自然和谐发展的生态治理和发展理念。

总结前人的研究和实践，我们认为，生态扶贫就是运用生态平衡规律、生态经济学原理和扶贫基础理论，在生态文明、绿色发展思想指导下，通过严密的人类社会行动，从政策、制度、方法措施上，精准识别，优化配置资源，实现贫困地区扶贫目标产业生态化，生态产业化，调动扶贫主体参与、解决贫困和生态的关系问题，确保在人与自然生态系统可持续发展的前提下追求扶贫效益最大化的人与自然协调发展的活动。

生态扶贫有广义和狭义之分。广义生态扶贫的概念在本章开头已作概述。狭义生态扶贫是指在扶贫工作中通过政策措施和经济手段实现脱贫和保护生态环境的目的，如退耕还林补偿、聘请生态护林员等。研究生态扶贫的实践需要考虑广义和狭义的生态扶贫概念和范畴。

（二）实施生态扶贫的必要性

1. “生态扶贫”是“精准扶贫”的重要举措之一

2015年11月底，习近平总书记在中央扶贫开发工作会议上指出，要解决好“怎么扶”的问题，按照贫困地区和贫困人口的具体情况，实施“五个一批”工程。“生态补偿脱贫一批”就是“五个一批”工程之一。实施“生态补偿脱贫”，扩大对建档立卡贫困户的政策和资金扶持范围，精准选聘生态护林员、退耕还林还草、实施天然公益林保护、石漠化治理等生态工程，利用生态补偿和生态保护的资金，让有劳动能力的贫困人口就地就业，成为专职生态护林员，让他们从生态保护中获得稳定的收入，实现脱贫，并推动林业产业的发展，这是最重要也最简单直接的生态扶贫。

2018年1月18日，国家发改委等六个部门联合印发《生态扶贫工作方案》（发改农经〔2018〕124号），要求把生态保护放在优先位置；2018年6月15日，中央提出“加强生态扶贫，实现生态改善和脱贫双赢”，选聘生态护林员等岗位40万个、探索森林“合作社+管护+贫困户”模式，吸纳贫困人口参与管护、建设生态扶贫专业合作社，吸纳贫困人口参与石漠化治理、防护林等建设，完善横向生态保护补偿机制。党中央、国务院如此重视，可见生态扶贫十分必要。

2. 实施生态扶贫是百色深度贫困地区实现脱贫的实践需要

百色是一个集“老、少、边、山、穷、库”为一体特征的贫困山区，是全国14个连片的深度贫困地区之一，全市12个县（市、区），有9个是国定贫困县，有2个区级贫困县（2015年），5个乡（镇）被定为深度贫困乡（镇），495个行政村被列为深度贫困村。2019年，隆林各族自治县、那坡县、乐业县被列为深度贫困县，贫困发生率分别为14.51%、20.52%、1.81%，凌云县后龙村等24个村被列为极度贫困村，后龙村贫困发生率高达87.8%（2018年数据）。

（1）石漠化十分严重。恶劣生存环境造成百色生态环境极度脆弱，石山区占总面积的95.4%，石漠化和水土流失严重，占广西石漠化面积的45%，耕地零碎贫瘠。恶劣环境是百色贫困人口摆脱贫困最难逾越的障碍。

（2）农村基础设施落后。恶劣的生存条件造成了百色农村基础设施落后，农业生产条件差，投入大，效益低。2015年，精准识别的贫困村有754个，贫困人口有68.2万，有336个贫困村没有硬化路，有163个自然屯未通电，有27.6万贫困人口饮水困难，有危房5.12万户。

（3）贫困人口的素质普遍偏低。部分有“等、靠、要”的依赖思想，摆脱贫困的内生动力不足，加上农村“空巢”现象严重，劳动力资源失调。

（4）资源开发不合理、产业规模小。贫困山区，特别是深度贫困山区自然资源不合理开发、规模小、形式单一，产业发展缓慢。一些贫困村，虽然探索出了产业发展路子，但因生产技术落后，产业化程度低，规模小，竞争力弱，效益低。

（5）致贫原因复杂多样。据2015年数据统计：因缺资金致贫的占贫困人口的38.36%，缺技术致贫的占19.48%，因病致贫的占9.19%，因学致贫的占8.81%，缺劳力致贫的占7.87%，因生态意识淡薄、抵御灾害能力弱占10.11%。以上致贫因素相互交织重叠，导致贫困恶性循环。

具有上述五大现象的地方，唯有实施生态扶贫，实施生态补偿政策，坚持恢复生态，保护生态，发展绿色产业，方可改变恶劣的生态环境，实现生态扶贫的目的。

3. 生态扶贫是实现农村脱贫与绿色发展双重目标的需要

生态扶贫是以低污染、低消耗、高效率的发展方式作为减贫的动力机制，是以“绿水青山就是金山银山”的减贫理念作为实现摆脱贫困的新思路，是以发展低碳农业、低碳产业带动减贫的有效途径。通过实施生态工程建设、生态补偿、发展生态产业等，加大对贫困地区、贫困人口的支持力度，以达到推动贫困地区扶贫开发与生态保护相协调、脱贫致富与可持续发展相促进，最终实现贫困地区绿色发展、人与自然和谐共生、脱贫致富与生态文明建设“双赢”的目标。

综上所述，作为深度贫困的百色只有认清处在恶劣生态环境的实际，因地制宜，采取生态扶贫的举措，狠抓落实，让生态脆弱区的贫困群众从生态保护、生态扶贫中获得更多经济实惠。

二、生态扶贫的做法和成效

生态扶贫是在扶贫开发和产业发展实践中逐渐形成的具有创新意义的扶贫方式。在这个概念提出之前，百色已渐进地在扶贫工作中开展了生态扶贫，从实践的角度分析有两个方面：一是从历年的政策制定上看生态扶贫策略；二是看渐进实施生态产业扶贫的成效。

（一）扶贫开发工作中的生态扶贫策略

1982年1月，百色地委贯彻落实中央《关于加快农业发展若干问题的决定

（草案）》精神，提出“巩固一个基础，发挥八大优势”，把粮食、蔗糖、林业、畜牧业、水果和茶叶产业生态化发展与扶贫工作结合起来。

1983年和1984年，地委行署分别召开专家座谈和“三级干部”会议，提出“靠山养山、商品生产、科学种养、以短养长、综合经营、讲求效益”生态发展路子。

1985年8月，决定退耕还林85万亩，努力建成“十大商品基地”①，并在此基础上实施“143433”综合开发工程②，突出生态扶贫。

1987年，落实“封山育林”和“植树造林”的具体规划、措施。

1992年，实施《右江河谷经济开发带开发总体方案》，发展河谷和山区生态产业。

1996—1998年，实施生态移民工程，生态安置贫困人口4万多人，仅田林县就配套种植了八渡笋和笋、材两用竹林19.5万亩。

1996—2010年，实施《百色地区土地利用总体规划》，生态退耕22500公顷。

2011—2015年，继续实施退耕还林政策。

2015年以后，实施精准扶贫，全面落实国家《生态扶贫工作方案》，实施“生态补偿脱贫一批”，对象精准、项目精准、资金精准、措施到户精准、成效精准。

以上就是百色在政策上逐步制定和实施的生态扶贫策略。

（二）扶贫开发工作中生态扶贫产业实施的渐进过程与成效

1. 在扶贫实践中探索异地生态移民的生态扶贫新路子

生态移民本质上是生态扶贫的一个类型。百色在利用“以工代赈”项目资金实施“水、电、路”基础设施建设时，就开始结合实际实施易地搬迁的

① “十大商品基地”：指芒果（10万亩）、山楂（20万亩）、刺梨（3万亩）、茶叶（10万亩）、桐油（50万亩）、八角（40万亩）、用材林（150万亩）、蔗糖（15万亩60万吨）、田七（3万亩）、商品牛（4万头）。

② “143433”综合开发工程：即烤烟10万亩，芒果4万亩，冬菜3万亩，林业400万亩，改造中低产、保土30万亩，茶叶3万亩。

生态扶贫，这个例子，就是广西田阳县尚兴村。1987年，该村在党支部书记莫文珍（原是贫困户）带领16户32人到山外的弄蕉屯承包了450亩荒坡，他们搭建工棚，风餐露宿，不等不靠，开荒修路，造田造地，生态套种玉米、甘蔗、芒果，探索产业发展脱贫路子。在8年时间，共带领全村14个自然屯220户1300多人进行生态搬迁。到2015年，全村全部搬出来，在几十座荒坡上扩大优化芒果种植，实现脱贫梦想，成为百色生态移民易地安置扶贫的典型。

2. 实施封山育林等六大扶贫工程

1998年，百色实施“生态、温饱、劳务输出、庭院经济、素质和基础设施”六大扶贫工程，投入资金2.85亿元，围绕农田基本建设，重点进行“退耕还林，种、封、管、节相结合，扩种竹子、任豆树和经济果木林”生态修复工程。建成一个“河谷—丘陵—大山”立体的生态产业体系，实现右江河谷“粮、果、蔗生产和畜牧水产”丰收，丘陵山区“水果、茶叶、八渡笋、八角、玉桂”丰收，大石山区“竹子、任豆树、烟叶生产”丰收。2000年，建成39万亩芒果、19.5万亩八渡笋和42万亩冬季蔬菜生产基地。

3. 实施以改善贫困村生态环境和基础设施为重点的“十大会战”

从1997年到1999年，百色举全地之力实施基础设施建设“十大会战”，努力改善贫困村的生产生活生态环境。（1）实施人畜饮水工程建设大会战，解决10个国定贫困县11.99万户61.02万人及48.51万头大牲畜饮水难问题；（2）实施村级道路建设大会战，共修建578条5093.2公里道路；（3）实施茅草房改造大会战，改造1.79万户，完成率74.77%；（4）实施村村通电工程大会战，架设10千伏输电线路1876.83公里，解决224个村2008个屯29.54万人的用电问题；（5）实施村村通广播电视工程大会战，安装907个卫星接收站，解决815个村24万山区群众看电视难问题；（6）实施改善学校办学条件大会战，改造村级小学危房248所，建筑面积5.10万平方米，完成130所乡初中校舍扩建，面积5.58万平方米；（7）实施地头水柜建设大会战，新建地头水柜10.8万个，容量648万立方米，覆盖农户10.8万户，解决灌溉面积16.2万亩，配套种植竹子10.8万亩；（8）实施易地搬迁安置大会战，安置15万贫困人口；（9）实施农村沼气池建设大会战，新建沼气池8.59万座，建省柴炉51.39万户，普及率达74.76%；（10）实施屯级道路建设大会战，修建5480条1.16万公里道路，解决边远群众行路难的问题。

这十大基础设施建设会战，本质上就是生态扶贫。政策精准，措施精准，对象精准，措施有力，成效显著，实现了贫困村农业增产、农民增收，促进了全地区生态、经济、社会协调健康发展。

4. 实施农村生态家园建设工程

“十五”期间，百色全面实施封山育林、退耕还林、珠江防护林、森林生态效益补偿试点工程和沼气池建设等工程，建成沼气池9万多座，拓展了生态扶贫领域，为实施生态家园建设奠定了基础。

“十一五”期间，百色实施以沼气池为核心的“生态家园示范工程”，结合农村绿化、美化、亮化和生产生活污水治理，加强新能源、微生物肥（沼渣沼液）的综合利用，减少农药化肥的施用，提高农产品产量和品质，建设村容整洁、环境优美的农村。到2010年，共建成农村“生态家园”105个。

5. “桂西五县”基础设施建设大会战中生态项目是重点

2008—2009年底，百色实施“桂西五县”（凌云、乐业、田林、隆林、西林）基础设施建设大会战，把加强农村沼气建设及入户使用率、城乡环境整治、改善农村生活环境等项目列为重点。共有19大类52项5.2万个项目，总投资为14.13亿元。其中，卫生设施项目62个，受益贫困村1010个自然屯1.29万个175.1万人；农村沼气生态富民工程，新建沼气池4.39万座，投资2490万元，沼气入户率从会战前的34.38%提高到60.83%，年可为4.3万农户提供优质燃料1757万立方米，节约薪柴8.8万吨，节省劳力30.67万个，保护森林面积10.98万亩，增收节支4393万元，实现生态效益和经济效益的双赢；实施环境治理项目12个，投资1706万元，26.3万人受益，改善了部分农村人居环境；实施土地复垦修复项目84个，投资2.57亿元，复垦修复土地342.3公顷，新增耕地236.5公顷、水田105.8公顷。由于改善了基础设施，五县的生态产业发展较快。例如，西林县在项目结束时（2010年）已完成了10万亩砂糖橘、10万亩茶叶种植，到2018年全县砂糖橘生态化发展已经达到17.3万亩。2018年，乐业县建成猕猴桃产业生态化种植2.5万亩，年产值超1亿元，解决5120人就近就业，其中，贫困人口2012人。

6. 卓有成效的石漠化生态治理

前文叙述了学者沈斌华（1999年）分析的“石漠化山区种植任豆树+山羊养殖”的治理经验，这也是百色卓有成效的石漠化生态治理模式。

（1）百色石漠化生态治理的基本情况。石漠化生态治理是生态扶贫的一个重点。百色市石漠化土地面积54.5万公顷，位列广西第二，占全市土地总面积的15%；重度石漠化占81.7%，居广西第一。百色市从“十五”中期至“十二五”期间进行了大规模的石漠化治理，2008年，先以平果、田东、田阳3个县为试点，共投资9833.4万元，治理石漠化总面积450平方公里，生态明显改善，全市森林覆盖率从1999年的55.02%提高到2009年底的63.92%。2011年，田阳、田东、平果、德保、靖西、那坡、凌云、乐业、隆林等9个县被列为全区石漠化综合治理重点县，全域重点围绕生态保护和建设、基础设施建设和经济发展的总体目标，进行石漠化生态治理。一是增加树种植被；二是加强基本口粮田建设与保护；三是探索发展草食畜牧业；四是加强农村沼气能源、节柴灶建设；五是推进易地生态扶贫搬迁；六是积极发展生态产业。先后实施植树造林和封山育林、农村生态能源、水土保持、易地生态扶贫搬迁、地头集雨水柜、沃土工程、种草养畜、退耕还林、石漠化治理、珠江防护林、森林生态效益补偿等工程。

实践中，百色探索出了“封、育、造、退、沼、柜、移、输”等多种石漠化治理方式相结合的经验。有平果“任豆树+剑麻”“任豆树+山羊”“竹子+剑麻+工艺+造纸”生态经济治理模式，以种植任豆树发展山羊养殖，取得良好经济与生态效益；有田东、田阳的“竹子+苏木”产业发展与治理相结合的模式，让石漠化治理与产业培育有机结合，发展种竹造纸，形成“山上竹海”绿色生态产业；有隆林“金银花+香椿”混交造林模式，山上栽植香椿树，在林下发展金银花，生态和经济效益明显；还有田林铁腕封山育林恢复生态等措施，有效地控制了水土流失，遏制了石漠化发展。

（2）重度石漠化地区的生态治理经验。2010—2012年，市政府将深度贫困的重度石漠化乡（隆林德峨乡、靖西果乐乡）作为“石漠化综合治理与扶贫开发试验区”，实施“生态工程、产业发展、基础设施、社会事业”四大项目。2011年，投入资金7887万元（隆林5100万元，靖西2787万元），共实施项目1034项（隆林853项，靖西181项）。涉及两县两乡贫困村8个自然屯，131个贫困户4813个，人口1.83万，石漠化综合治理与扶贫开发面积10.5万亩。通过创新治理，两地生态有效恢复、贫困群众收入增加。

第一，隆林各族自治县德峨乡石漠化生态治理的做法和成效。德峨乡龙英、常么、弄杂、德峨4个村97个自然屯，有贫困户2421户1.09万人。土地面积共12.85万亩，耕地1.45万亩，其中石漠化面积占6.48万亩，他们以“五子登科”方式进行治理。

一是山顶盖被子。严格封山育林、加强人工造林、严管生态公益林等措施，保持水土，遏制石漠化，逐步恢复生态植被。共完成封山育林2.55万亩、造林7248亩、生态林管护4.18万亩、种植金银花6800亩，2012年，试验区森林覆盖率已提高到64.2%。

二是山腰系带子。在退耕还林的土地上，给山腰系上绿色“带子”，发展板栗、油茶、桑蚕等特色经济林，为贫困群众增收脱贫奠定基础。2011—2012年，先后在石漠化山区种植板栗1200亩、桑蚕2.9万亩、竹子2500亩，水果2519亩。

三是山脚搭梯子。针对坡度在15°以下土层较厚的坡耕地进行“坡改梯”改造，因地制宜地配套蓄水池和田间道路等，有效地遏制岩溶山地石漠化的进一步扩张。2011—2012年，全县整合基础设施建设资金6393.52万元，实施坡改梯面积1.75万亩，受益贫困群众1890户7560人。

四是平地铺柜子。建设雨水集蓄利用工程，因地制宜建家庭水柜和地头水柜，有河水的引河水，有地下水的打井提水，有泉水的建大水池。2011—2012年，投入资金763.8万元，打井80眼，建设地头水柜554座，容量3.32万立方米；投资720万元建设家庭水柜550座，总容量3.3万立方米，受益贫困群众2452户8538人。

五是入户建池子。大力发展家庭沼气池建设，解决农村能源问题，降低上山砍柴等人为活动对生态环境的破坏和影响。2011—2012年，在石漠化片区地区建设沼气池3000多座，并发展“养殖—沼气—沼渣（液）—种植”的农村庭院循环经济。

2015年，实施精准扶贫以来，加大了扶贫培训力度，解放思想，“移位换脑子”，不断巩固和拓展石漠化生态治理成果，逐步提高脱贫质量。针对石漠化片区的群众开展各类扶贫培训12885人次，劳动力转移就业3165人、创业173人，建档贫困家庭子女参训150人，贫困农户户均有1人掌握1～2门实用技术，增强群众自我发展的内生动力；“雨露计划”资助建档贫困家庭子女就读高职高专1119人，补助资金167.85万元；逐步走出一条“换了脑子，挣了票子”的脱贫路子。2016—2020年，石漠化地区的群众基本掌握发展金银花、桑蚕、茶叶、油茶、林下养殖、水果、烤烟等生态产业技术，逐步掌握传统产业（板栗、黑山羊、黄牛等）品种（品质）优化技术，保持特色，提高品质和数量。2020年，德峨石漠化地区开始走上了一条既保护了青山，又依托青山发展特色产业实现脱贫致富的路子。

第二，靖西县（2015年8月撤县设县级市）果乐乡石漠化生态治理的做法和成效。靖西县果乐乡试验区有大叭、交怀、和温、义用等4个村，自然屯34个，农户1762户7368人。土地面积6.38万亩，其中，石漠化面积4.02万亩。2011—2013年，共投资7800万元，实施4大类813个小项目进行石漠化综合治理与生态扶贫建设。围绕“山上绿化要生态、山下调产要效益、基础设施促发展、人居改善促和谐”的思路，实现产业生态化发展，实施“荒山植树造林、退耕造林补粮、生态林管护、山塘整治、排灌沟渠、地头水柜”等建设项目。通过“人工种草+饲养牲畜”模式扶持贫困户发展林下养殖。共种植细叶龙竹500亩、金银花1400亩、脐橙300亩；造林补粮面积3460亩；封山育林2.35万亩；生态林管护林木3.51万亩；改造危房40座；建设沼气池20座；建设人畜饮水项目1处人饮水柜9座，解决6个自然屯1802人饮水安全问题；扩建硬化公路4条14.33公里；建设机耕道路4条3.69公里，覆盖耕地302亩；整治山塘6座；修建水利渠道5条4.92公里，灌溉960亩；建设地头水柜73座，灌溉100

亩；建设电灌站3处，灌溉面积750亩；建设牛舍300平方米，种植牧草30亩；建设鸡舍5座，面积600平方米，肉鸡存栏8000羽；进行农民实用技术培训3800人次。

2015—2019年，实施精准扶贫，加强退耕造林补偿、生态护林员聘请制度、生态公益林补偿等生态扶贫产业开发，进一步巩固、拓展石漠化治理成果，延长农业产业链、价值链，增加贫困人口收入，实现脱贫。

（3）融入滇桂黔石漠化生态治理圈，百色石漠化治理与生态扶贫全面发展。2012年国务院将百色市12个县（市、区）全部纳入《滇桂黔石漠化片区区域发展与扶贫攻坚规划（2011—2020年）》的治理范围。百色进一步加强了“石漠化治理与生态扶贫相结合”的措施，一是提高石漠化片区的植被覆盖率和保护物种多样性；二是控制区域水土流失，提高耕地质量；三是改善生态，增加农民收入；四是增强农民生态保护意识。

2018年百色的森林覆盖率达到78.24%，高于全区5个百分点，连续五年居全区第一；建成252个市级生态村，被命名为“国家园林城市”“森林城市”“卫生城市”；田东、凌云、乐业、西林县成为全国生态文明试点县。

2018年以来，各县因地制宜，继续巩固石漠化生态治理成果，实现石漠化综合治理与扶贫攻坚深度结合，同步实现“产业发展和生态保护”。如平果县建成“火龙果+任豆树+养羊”模式，隆林县建成“金银花+香椿+桑蚕”的混交模式，田阳和田东县建成“竹子+任豆树+养羊”模式，凌云县建成“茶叶+牛心李等水果”产业基地，西林县建成17万亩砂糖橘、12万亩茶园的规模化产业基地，乐业县建成“核桃+猕猴桃”水果产业基地，实现了石漠化地区生态扶贫和农民增收。

2011—2020年，百色通过一系列的石漠化治理与生态扶贫相结合的实践，在观念上，牢记了习近平总书记提出的“两山论”，强化生态振兴，推动山区生态资源向一、三产业融合转化，实现生态保护与经济发展“双赢”；在实践上，加强封山育林与生态保护，植被和生物多样性明显恢复，局部发展农业生态旅游、实现绿色发展，群众脱贫致富，逐步实现“产业生态化和生态产业化”目标。表7–1中的数字说明百色市在石漠化治理与产业扶贫开发取得的成效是十分显著的。

表7-1 百色市2008—2014年石漠化治理情况统计表

年度	项目上级投资（万元）	其中上级林业项目投资（万元）	林业项目建设规模和内容（万亩）				备注
			小计	人工造林	封山育林	植被管护	
2008	1491.0	329.26	2.8470	0.1935	2.6535	6.3533	田阳县、田东县、平果县
2009	2572.0	765.68	8.6493	0.2871	8.3622	9.1243	田阳县、田东县、平果县
2010	34.110	940.50	10.1213	0.3938	9.7275	12.5461	分布田阳县、田东县、平果县、德保县、靖西县、那坡县、凌云县、乐业县、隆林县共九个县（区）
2011	8393.0	2854.99	19.3124	1.1859	4.0338	14.0927	田阳县、田东县、平果县
2012	8423.0	3134.15	15.1039	2.06115	2.61645	10.4262	全市十二个县（区）
2013	9772.0	3042.06	14.2214	2.067	12.15435	12.5657	全市十二个县（市、区）
2014	10636.0	1650.80	8.5500	1.06	7.49	13.2546	全市十二个县（区）
总计	44698.0	12716.60	78.8052	7.2484	47.0378	78.3629	累计数

注：2008—2014年是全国石漠化治理年限，2015年以后属于巩固和保护的不能算在治理之列。

（三）实施精准的生态扶贫及其效果

2013年11月，习近平总书记提出实施“精准扶贫”，2015年10月16日，在减贫与发展高层论坛上习近平总书记又提出“五个一批”的方略，随后，中央又出台《中共中央　国务院关于打赢脱贫攻坚战的决定》，明确“五个一批”的扶贫措施，落实“生态补偿脱贫一批”的实施细则。一是吸纳有劳动能力的贫困人口担任生态护林员，让他们在保护生态环境中获得稳定收入；二是实施生态补偿机制，促进退耕还林还草、保护生态公益林。2018年1月18日，国家发展改革委、林业局、扶贫办等六部门共同制定《生态扶贫工作方案》，落实生态文明建设与脱贫攻坚“双赢”具体措施。

几年来，百色集中力量落实党中央部署的“生态补偿脱贫一批”政策，全面实施退耕还林，从建档的贫困户中选聘生态护林员、执行生态公益林保护补偿机制，开启生态扶贫资金发放。以林业系统为主体，实施“十大林业产业扶贫”，围绕“四个一批”（建设分红脱贫一批、劳动就业脱贫一批、承包经营脱贫一批、发展第三产业巩固脱贫一批），实现“户户有产业、人人有就业、家家有收入”的目标，生态扶贫政策和生态产业惠及18.20万户贫困农户48.98万贫困人口，占建档立卡贫困户的54.43%，累计投入生态扶贫资金526327.96万元。此外，从建档的贫困户中选聘一批环境卫生保洁员。建档立卡贫困户每年每月都从生态保护中获得稳定的现金收入，现实脱贫目标。

1. 全面实施退耕还林，补偿精准脱贫一批

2001年，百色已经开始退耕还林的工作，并取得显著成效。

前一轮（2001—2005年）退耕还林工程，共完成331.93万亩（其中：退耕地造林104.26万亩、宜林荒山荒地造林176.57万亩、封山育林51.1万亩），退耕地补助资金60785.21万元。截至2019年底，已兑现资金54094.4228万元。

新一轮（2014—2019年）退耕还林工程，完成22.12万亩（退耕地还林21.45万亩、荒山荒地造林0.67万亩），退耕地补助资金31455.0万元，截至2019年底，已兑现资金28929.4418万元，带动建档立卡贫困户20951户56581人，户年均增收400～9281元不等[①]。表7-2是百色市各县（市、区）实施退耕还林生态扶贫成效一览表，数字说明百色生态扶贫的退耕还林成效显著，建档立卡贫困户从退耕还林中获得一定数量生态补偿金。

---

① 数据来源：生态数据由百色市林业局生态科提供，建档立卡贫困户数据由各县林业局提供。

表7-2 百色市各县（市、区）实施退耕还林生态扶贫成效一览表

（单位：万亩、万元、户、人）

县(市、区)	退耕还林完成面积	两轮退耕还林完成面积	两轮退耕还林各发放补助	两轮退耕还林共发放补助	带动建档立卡贫困户	户年均增收	备 注
田阳区	9.67	前一轮6.57	4596.09	9066.09	1674	0.093	
		新一轮3.1	4470				
田东县	10.4	前一轮9.7	6890.6	10440.6	630	1.41	
		新一轮2.5	3550				
平果市	35.6	前一轮34	42044.5	44464.5	2121	0.04	2002年开始实施退耕还林，涉及1.7万个农户
		新一轮1.6	2420				
德保县	1.6	前一轮1.16	145	337	115	0.356	
		新一轮0.48	192				
靖西市	4.7459	前一轮3.2734	1880.91	3956.76	1365	0.546	
		新一轮1.4725	2075.85				
那坡县	7.53	前一轮6.13	3526.34	5504.06	3585	0.3045	
		新一轮1.4	1977.72				
凌云县	10.9	前一轮9.25	6722	9167	5674	0.05	
		新一轮1.65	2445				
乐业县	19.34	前一轮17.34	2168	4688	3532	0.465	
		新一轮2	2520				
田林县	11.9	前一轮9.7	6333.62	9346.17	1259	0.14	
		新一轮2.2	3012.55				
隆林县	46.25	前一轮14.68	40188.44	43435.02	655	0.19	
		新一轮2.5	3246.58				
西林县	8.5	前一轮7.5	4957.82	6457.82	341	0.9281	
		新一轮1.0	1500				
合 计	166.436	166.436	146863.02	146863.02	20951		右江区没有此项目

2. 执行生态护林员选聘制度，生态保护就业脱贫一批

全市各县均执行生态护林员选聘制度，2016—2019年四年共选聘生态护林员31890人（户），发放补助20050.21万元，带动建档立卡贫困户25906个，户年均增收3600～10000元不等，如表7-3，建档立卡贫困户在每年从事生态护林工作中均得到一定数量的稳定收入。

表7-3　百色市各县（市、区）2016—2019年执行生态护林员选聘制一览表

（单位：年、人、万元）

	2016	2017	2018	2019	四年合计		带动建档立卡贫困户	户年均增收	备注
	聘请人数	聘请人数	聘请人数	聘请人数	聘请人数（次户）	发放补助			
田阳区	100	100	89	253	542	295.02	542	0.54	
田东县	900	598	649	844	2991	1827.24	2991	0.36～1.0	
平果市									无此项目
德保县	1000	1000	1000	1200	4200	3592.95	4200	0.85546	
靖西市	50	567	106	953	1676	861.39	1676	0.937	
那坡县	130	422	199	1067	1818	1639	1818	0.9	贫困人口7286
凌云县	772	913	680	1013	3378	2326	3378	0.48～0.75	
乐业县	1094	980	953	1098	4125	3555	5015	0.5～1.0	
田林县		1833	2193	2417	6443			0.36～0.7268	
隆林县	1230	1067	1212	2149	5658	5283.61	5658	0.93	年人均增收2126.5元
西林县	57	68	460	474	1059	670	628	0.633	
右江区									无此项目
合计	5333	7548	7541	11468	31890	20050.21	25906	0.36～1.0	

数据来源：各县扶贫指挥部和林业局

3. 执行生态公益林保护补偿机制，保护绿色生态脱贫一批

全市各县执行生态公益林保护补偿机制，保护生态公益林1423.87万亩，

涉及贫困户面积594.42万亩，2016年发放补偿金63978.74万元，带动建档立卡贫困户179917个39.6281万人，户年均增收108～2000元不等，如表7–3，说明贫困户被选聘为生态护林员，并从生态公益林保护中每年都获得相应的收益。

4．发展林下经济，拓展生态扶贫领域

林下经济本质是一种生态经济。百色先后出台《百色市2014—2015年林业扶贫实施方案》《百色市2015—2020年林业扶贫实施方案》，实施“林下经济、特色产业、退耕还林、森林生态效益补偿、林地开发、营造林、林木采伐、生态能源建设、林业生产劳务、森林生态旅游扶贫”十大工程，开发了“林—油、林—茶、林—药、林—禽、林—畜、林—蚕、采松脂、采草药、采竹笋、采香料、森林生态休闲游”多种经营，分片落实，精准到户，责任到人，带动贫困人口发展林下经济，成效显著。如表7–4。

表7–4　百色市2015—2020年度林下经济发展基数统计表

（单位：万亩、亿元、户、人、元）

年度	林下经济面积	林下经济产值	带动		林下生态扶贫人均收入	备注
			贫困户	贫困人口		
2015	102.81	86.65			1867	林下养鸡753.5万羽，“123”林下经济投入2.05亿元
2016	106.5	95.59	80885	242000	2316	其中林下种植26.19亿元，林下养殖50.84亿元，森林旅游7.23亿元，林下产品加工11.33亿元
2017	204.63	106	37348	175606	2465	产业覆盖391个贫困村
2018	550	96	36455	172131	2325	
2019	627.2	115	77278	236000	2380	
2020	850.5	125	81657	253212	2500	预计数

数据来源：市林业局

5．发展“5+2和3+1”特色产业，做好生态扶贫的巩固与乡村振兴的拓展和衔接

（1）围绕生态，创新产业合作发展形式，产业落实到户。2015年底，百色开展“1+10+N”的精准扶贫步骤，聚焦“八个一批”中的生态补偿，狠抓“产业到户”，采取“党支部+龙头企业+合作社+农户+贫困户”的方式，一方面，政府对带动建档立卡贫困户发展产业的龙头企业从发展资金、财政、金融贷款、税收给予大力支持；另一方面，对吸收贫困户发展产业的专业合作社，按带动脱贫人口予以补助，同时奖励参与产业发展的贫困户。探索无劳动能力的贫困户以扶持资金或土地入股、有劳动能力的贫困户以扶持资金或土地入股和劳动力入股等形式，带动了贫困户参与扶贫产业生态化开发，让贫困村或贫困户的“资源变资产、资产变资本、资本变资金、资金变股金、农民变股民”，积极带动了贫困人口参与产业发展和生态保护工作，激发内生动力，为困难群众高质量脱贫奠定基础。2015年以来，百色巩固和发展粮食、芒果、柑橘、蔬菜、茶叶、桑蚕、“双高”蔗糖、油茶、核桃、板栗、良种松杉、乡土珍贵树种以及林下经济等“十个百万亩”工程，带动更多贫困户发展。截至2019年底，已建成380万亩粮食生产面积、263.55万亩水果生产基地（其中，芒果124.08万亩，柑橘56.65万亩，蕉类、火龙果、猕猴桃等48.23万亩）、约130万亩“全国南菜北运”等9大生态农业基地。被授予“中国芒果之乡”“中国茶叶之乡”“中国砂糖橘之乡”称号。建成886个生态特色农业示范园区，自治区认证生态养殖场222个，新增规模养殖场126个。百色芒果、百色番茄、百色红茶、靖西大香糯、靖西大果山楂、田林灵芝、凌云牛心李、凌云乌鸡、隆林黄牛、隆林黑猪、隆林黑山羊、西林水牛、西林麻鸭等17个生态产品被农业部注册农产品地理标志，其中，百色芒果被农业部列为“国家级农产品地理标志示范样板”（2016年）、首推中国—欧盟农产品地理标志互认的35个产品之一（2017年），闻名全国；认证无公害农产品、绿色食品、有机农产品基地突破200万亩，全区第一。凌云县、乐业县、西林县分别获“全国十大生态产茶县”“全国有机农业示范基地县（茶叶）”称号。截至2020年底，百色市农产品生态化和标准化生产基地40万亩，“三品一标”产品数量270个，认证面积99.89万亩、认证产量82.9万吨。县级“5+2”特色产业覆盖率为97.27%，899个贫困村的“3+1”特色产业覆盖率为95.1%，产业落实到户覆盖贫困户19.76万户，为2020年以后做好生态扶贫的“巩固”与乡村振兴的“拓展”和“有效衔接”打下坚实的实践基础。

（2）各县（市、区）发挥主体作用，发展生态产业，巩固拓展扶贫攻坚成果，创造乡村振兴有效衔接基础。

右江区：发展生态循环、富硒、休闲农业和林下经济，“5+2”特色产业覆盖率达98.01%，“3+1”特色产业覆盖率达100%，产业兴旺基础雄厚。2019年，水稻生态种植5.1万亩；蔬菜22万亩、38.68万吨；油茶、八角等500万亩，油茶年户均收1445元，带动贫困户3851户16326人；林下生态养殖13万亩，产值25亿多元，带动农户3.6万户，助农增收5亿元；小河、池塘稻田生态家畜养殖3.5万亩，带动农户2689户，年出栏250多万羽，产值达1.86亿元；芒果38.86万亩，年产量19.19万吨，总产值12.2亿元。

田阳区：“一果一蔬”助农持续增收，产业兴旺强基础。发展芒果、柑橘、茄果类蔬菜、养猪、养鸡5大主导产业和油茶、糖料蔗2个备选产业。“5+2”特色产业覆盖率达96.37%。建成20万亩农林（芒果）生态扶贫产业核心区、右江河谷果蔬产业核心区、供港五丰生态养殖基地。截至2020年底，芒果面积40.5万亩，年产值15.5亿元，茄果类蔬菜面积24.9万亩，年产值14.1亿元，两类产业带动8450户贫困户33775人，分别助农增收8.3亿元和7.6亿元。

田东县：发展名优芒果、水稻、糖料蔗、油茶和特色养殖，产业走上生产标准化、规模化、品牌化、信息化、市场化建设和有机化生产，衔接乡村振兴。“5+2”生态特色产业覆盖13104户贫困户，覆盖率为97.57%；村级“3+1”生态特色产业覆盖53个贫困村的贫困户，覆盖率达90%。2020年全县芒果面积33万亩，优质稻19.3万亩，糖料蔗20.5万亩，油茶12.1万亩，其中，种植芒果农户2.52万户（含2700户贫困户1.16万人），2020年户均芒果纯收入4万多元，仅芒果收入就让贫困户脱贫。2019年发展林下经济30多万亩，产值12.7亿元，其中，林下养鸡出栏1.7亿羽，产值6.87282亿元。

平果市：巩固拓展脱贫攻坚成果，强化“产业扶贫”向“产业兴旺”发展，同乡村振兴有效衔接。实施“13345”产业扶贫，带动10205户贫困户，“5+2”和“3+1”特色产业覆盖率分别达97.53%、90.9%。2020年，已建成生态水果面积11.3万亩，桑园10.2万亩，甘蔗6.5万亩，油茶3万亩；建成

“12+2”林下养鸡集中区，全年出栏3756万羽，桑园面积10万亩，养蚕21万张，鲜茧17万担，产值3.9亿元。全面巩固和发展石漠化治理与扶贫产业开发项目：“红火全覆盖”火龙果、“万亩构树+养猪”和“任豆树+养羊”精准生态扶贫产业。全县有5126户25344人种植火龙果，带动贫困户1389户2624人，仅此项贫困户年人均收入5500元。

德保县：发展生态产业，巩固脱贫成果。2015年以来，精选柑橘、山楂、桑蚕、生猪、糖料蔗、肉鸡、八角等特色产业，实施精准扶贫，带动贫困村89个贫困户16514户，“5+2”和“3+1”特色产业覆盖率分别达94.32%和90%。2020年，建成柑橘园14.3万亩，年产量17.5万吨，产值10.5亿元，带动贫困户1510户5889人，年人均增收4906元；建成桑园6.30万亩、山楂7.24万亩。2019年，德保脐橙、山楂、黑猪、矮马等产品获得国家地理标志保护认证。

靖西市：“引龙头、建基地、育能人”重点发展“三种二养”（烤烟、桑蚕、水果和养猪、养牛）生态扶贫产业，筑牢乡村振兴基础。“5+2”和“3+1”生态特色产业带动贫困户3.52万个，覆盖率分别为96.9%、95.8%。截至2020年底，种植烤烟7.2万亩，产值1.26亿元，贫困烟农户均收入3万元以上；桑园19.2万亩，带动贫困户5013户；发展水果18.8万亩，带动贫困户6769个；建成养猪合作社505个，出栏29.15万头，带动贫困户9860户。此外，还带动一批贫困户参与发展优质稻糯、柑橘、茄果类和养牛。

那坡县：主推边疆特色产业，对接乡村振兴。重点发展“桑蚕、中药材、油茶、鸡+猪+牛、杉木”。2020年，“5+2”和“3+1”特色产业覆盖率分别达96.2%、95%，建成桑园12.82万亩，覆盖127个村13148户，带动贫困户5154户；种植中药材6.59万亩，带动贫困户3656户；精品油茶16.7万亩；杉木34.97万亩，带动贫困户4263户；肉猪出栏4.2178万头，肉牛出栏0.65万头，家禽出栏72.2326万羽，带动贫困户6326户。

凌云县：大力培育地方民族生态产业，巩固扶贫成果，筑牢乡村振兴基础。重点发展茶叶、油茶、桑蚕、乡村旅游、八角、牛心李、乌鸡。2020年，“5+2”和“3+1”生态特色产业覆盖率达97.72%、90%，建成茶园

11.2万亩，产干茶5700吨，产值5.19亿元，带动贫困农户3325户，覆盖率达19.53%，茶农户均收入2.81万元；有油茶29.1万亩，茶籽11500吨，产值4.2亿元，户均收入3万元以上，带动贫困户9508户，覆盖率达55.86%；桑园9.1万亩，产蚕茧4650吨，产值2.05亿元，覆盖农户5863户26386人，户均收入3.65万元，带动贫困户1720户，覆盖率达10.1%；发展乡村旅游，综合消费26.01亿元，参与乡村旅游发展611户，户均年收入3万元以上，覆盖率达3.58%；有八角21.08万亩，产果13700吨，产值0.959亿元，果农户均收入2.1万元，带动贫困户5523户，覆盖率达32.45%；有牛心李2.4万亩，产果1130吨，产值0.226亿元，果农户均收入0.8万元以上，带动贫困户821户，覆盖率达4.89%；养鸡，鸡出栏99.76万羽，产值0.8479亿元，户均收入0.22万元，带动贫困户3656户。

乐业县：精准施策促脱贫，产业振兴夯基础。重点发展猕猴桃、刺梨、芒果、油茶、猪、杉木、核桃“5+2”特色生态产业，带动贫困户4324户，户年均收8000元以上。“5+2”和“3+1”特色生态产业覆盖63个贫困村，覆盖率均达100%。截至2020年，有猕猴桃4.5万亩，带动贫困户8637户；刺梨2.3万亩，带动贫困户227户；芒果1.2万亩，带动贫困户2254户；油茶7万亩，带动贫困户5777户；杉木65万亩，带动贫困户3680户；核桃5.5万亩，带动贫困户1173户；养猪5.18万头，带动贫困户997户。

田林县：突出绿色发展，精心谋划乡村振兴战略。重点发展杉木、油茶、糖料蔗、猪、鸡和笋、芒果。“5+2”和“3+1”特色产业覆盖率分别达96.7%、100%。2020年，建成“五个30万亩”（芒果、甘蔗、油茶、八渡笋、用材林）生态扶贫产业基地，“带动贫困户2193户，带贫减贫成效显著”。

隆林县：发展民族特色生态产业，拓展脱贫成果，夯实产业兴旺基础。发展“三张叶子（烟叶、桑叶、茶叶）一枝花（金银花）一株蕉（西贡蕉）”“两黑一黄一清一白”（隆林黑山羊、黑猪、黄牛、清水鸭、大水面养殖）以及核桃、油茶、板栗等，“5+2”和“3+1”特色产业覆盖率分别为95.06%和96.1%。截至2020年，种植水稻33.9万亩，烤烟1.8178万亩，桑蚕

5.57万亩，茶叶3万亩，西贡蕉3.7万亩，金银花等中药材6.7万亩，油茶17.78万亩，板栗13.78万亩，甘蔗5.2万亩，杉木78万亩。存栏隆林黑猪16.97万头、黑山羊12.97万只、黄牛2.80万头、清水鸭15.71万只、家禽94.98万羽。发展林下养鸡42.13万羽，林下种植中草药、食用菌等。共带动贫困户20531户，覆盖贫困户达97.56%。

西林县：凝心聚力，发展生态立体农业，衔接乡村振兴产业路。以“山顶林木化、山腰茶果化、田间果蔬化，林下经济化”发展砂糖橘、茶叶、油茶、中草药、特色养殖等生态产业，带动8448户贫困户发展产业，“5+2”和“3+1”特色产业覆盖率分别达97.07%、93.1%。到2020年，建成优质砂糖橘产业20万亩、茶叶11.83万亩、油茶13万亩，获得“中国砂糖橘之乡”“全国十大生态产茶县”和入选“全国生态文明示范工程试点县”等殊荣。

上述各县生态扶贫各具特色，对整体脱贫攻坚发挥了决定作用，但要全面实施乡村振兴战略，还需要加大力度推广秸秆“五料化”利用和“微生物+”“稻（藕）+渔生态+微生物”种养，以及化肥农药零施用的绿色清洁生产技术。

三、生态扶贫的基本经验

百色生态扶贫的基本经验可以概括为“五个坚持”。

（一）坚持党的领导，凝心聚力

农村党组织是群众脱贫的领头雁，需要在扶贫工作中发挥组织领导核心作用。百色30多年的扶贫工作证明，加强党的各级基层组织和领导班子、干部队伍的建设，充分发挥农村基层党组织在新时代乡村振兴工作中的战斗堡垒作用是各项扶贫工作取得胜利的关键。通过党的基层组织和各级干部将精准扶贫方略贯彻落实到实处，他们已成为“精准扶贫”工作有效执行者、有力组织者和有为实践者。他们深入贫困乡村和农户，宣传党的扶贫惠民致策，密切党群干群关系，务实苦干，共同谋划产业发展，帮助贫困群众解决困难，确保党的各项扶贫政策精准地落实到村、到户、到人。他们“舍小家、顾大家”，顾大局、讲政治，识大体、担重任；他们亲民、懂民、为民，真心当好贫困群众的贴心人；他们实干担当，全心全意为人民；他们牢记宗旨，服务群众，做好一件件小事，出色完成百色“生态扶贫”的十大工程。正如百坭村第一书记黄文秀以及中国共产党百坭村支部委员会一样，他们为脱贫攻坚做了大量卓有成效的工作。

（二）坚持以人为本，服务群众

30多年来，百色在扶贫开发工作中，坚持扶志为主，激发困难群众艰苦创业的内生动力，走出一条自力更生的脱贫致富道路。对丧失劳动能力的贫困群众，给予必要的救济和扶助，建立最低生活保障制度，实行生态扶持，保障他们的基本收入。目前，各县实施生态扶贫项目，紧盯扶贫对象，使他们从生态保护中得到更多的实惠，调动他们劳动脱贫致富的积极性和创造性，百色多年的生态扶贫工作实践就是坚持以人为本、服务群众的生动体现。

（三）坚持解放思想，转变观念

思想是行动的指南，解放思想是做好生态扶贫工作的前提。尤其是生态扶贫，必须解放思想，转变观念，摆脱思想上的贫困，让生态发展理念成为发展的动力。在30多年的扶贫进程中，百色把坚持解放思想、转变观念放在首位，从救济型扶贫向生态开发型扶贫转变，从输血型扶贫向造血型扶贫转变，从封闭式扶贫向开放式扶贫转变，践行“绿水青山就是金山银山”的理念，主动融入生态扶贫和生态产业发展中。

（四）坚持实事求是，科学决策

实事求是、科学决策是生态扶贫的重要保证。百色坚持实事求是、科学决策原则，制定《百色市2015—2020年林业扶贫实施方案》等生态扶贫方案，实施“林下经济、特色产业、退耕还林、生态补偿、林地开发、植树造林、林木采伐、生态能源、林业生产劳务、森林生态旅游扶贫”等工程，开发了“林—油、林—茶、林—药、林—禽、林—畜、林—蚕、松脂—加工、草药种植—加工、笋竹食材两用、香料—加工、森林生态—旅游”项目，精准到村到户，多种经营，强有力地推动百色生态扶贫的各项工作。

（五）坚持因地制宜，突出特色

百色处于全国14个集中连片特困地区（滇桂黔石漠化片区），生态脆弱，生产条件恶劣，资源短缺，返贫率高。因此，必须坚持充分利用国家的扶贫政策，走生态扶贫之路。生态移民、石漠化治理、生态公益林保护、退耕还林、护林员选聘制度、林下经济、生态旅游扶贫等特色产业，是不断培育和增强贫困村和贫困户自我发展能力的宗旨。

这些基本经验对今后继续实施生态扶持政策、巩固和拓展脱贫攻坚成果、筑牢乡村振兴有效衔接基础、全面实现乡村振兴，有着重要的现实意义和深远意义。

第八章

边贸扶贫

边贸扶贫是指边境地区利用边境区位优势、边境跨国资源优势以及边境贸易政策优势等便利条件，组织、鼓励和动员边民特别是贫困边民，直接或间接参与和从事边境互市贸易、边境小额贸易、跨境劳务等边境经济贸易活动，从而解决就业、实现创业，最终实现增加收入和脱贫致富的一种精准扶贫的方式途径。百色是一个“老、少、边、山、穷、库”六位一体的地区，其中“边”即边境地区。因而必须始终突出“边”的特征，做好“边”的文章，扎实推进精准扶贫和努力实现兴边富民。实行边贸扶贫就是边境地区因此采取的重要举措。实践证明，边贸扶贫对百色特别是靖西、那坡等边境地区推进精准扶贫、打赢脱贫攻坚战是十分必要和有效的。截至2020年，百色边境地区所有边贸扶贫参与和受益贫困户7984户32110人，均已如期实现脱贫摘帽，与全国人民一道奔向全面小康。

一、做足做好“边”的文章

俗话说，靠山吃山，靠水吃水。百色作为边境地区，就要靠边吃边，即要充分利用边境资源、发挥边境优势、用好边境政策，始终突出和准确把握“边”的特点规律，做足做好“边”的文章。

百色12个县（市、区）中有靖西、那坡两个边境县（市）及享受边境待遇县的德保县，陆地边境线360.5公里。靖西、那坡、德保三县（市）位于百色南部、广西西南部、我国西南边陲，其中靖西、那坡两个县（市）直接与越南接壤，距中越边境线0～20公里范围内的边境乡镇19个边境村212个。其中，靖西市南部的湖润镇、岳圩镇、龙邦镇、壬庄乡、安宁乡、吞盘乡6个乡镇与越南高平省的重庆、河广等县交界，边境线长152.5公里，拥有龙邦、岳圩、新兴、孟麻4个边民互市贸易区（点），以及36条出入境通道。靖西市距边境线0—20公里范围内有13个乡镇110个行政村869个自然屯，农户4.43万户，边民20.94万人，是广西8个边境县（市、区）中边境人口最多的县份。那坡县百都乡、百省乡、百南乡、平孟镇4个乡镇与越南河江省的苗旺县和高平省的保林县、保乐县、河广县等4个县接壤，边境线长207公里，是广西陆地边境最长的县份之一。那坡县距边境线0～20公里范围内的边境区域有德隆、百合、平孟、百南、百省、百都6个乡镇62个村679屯，共17043户74146人，其中0～3公里范围内的边境区域有平孟、百南、百省、百都4个乡镇25个村255个屯，共6546户28382人，直接与越南接壤的有3个乡镇21个村89个屯2095户9721人。德保县没有直接与越南接壤，但其燕峒乡利屯村、下钦村、多龙村及龙光乡大邦村、钦迷村等5个村处于3～20公里范围内。2003年，广西壮族自治区人民政府批复同意给予德保县享受边境县待遇，广西边境三市八县（市、区）及百色边境2市（县）GDP、人口情况及比较详见表8-1。

表8-1　2018—2019年广西边境八县GDP及常住人口情况

	2018年		2019年	
	GDP（亿元）	常住人口（万人）	GDP（亿元）	常住人口（万人）
百色市	1176.77	366.94	1257.78	367.84
靖西市	128.53	52.45	122.42	52.63
那坡县	26.60	16.26	39.42	16.37
崇左市	1016.49	209.94	760.46	210.48
大新县	141.60	30.88	98.67	31.00
宁明县	154.30	35.59	91.48	35.76
龙州县	129.38	22.84	87.05	22.97
凭祥市	90.10	12.07	63.73	12.16

续表

	2018年		2019年	
	GDP（亿元）	常住人口（万人）	GDP（亿元）	常住人口（万人）
防城港市	696.82	95.33	701.23	95.84
防城区	139.81	39.52	128.52	39.77
东兴市	98.29	16.25	80.73	16.54
三市合计	2890.08	672.21	2719.47	672.21
八县（市、区）合计	908.61	225.86	712.02	225.86
占三市比重	31.44%	33.60%	26.18%	33.70%
百色市靖西、那坡边境2个市县合计	155.13	68.71	161.84	69.00
占八县比重	17.07%	30.42%	22.73%	30.37%

注：本表数据来源于2018年、2019年《广西统计年鉴》或根据其中数据整理所得。

2015年精准识别时，靖西有贫困村123个，贫困人口12.59万，贫困发生率为20.8%，农民年人均纯收入增加到5927元。2017年7月，经动态调整全市贫困村总数达153个（其中深度贫困村110个），贫困人口增加到13.7万，贫困发生率为22.6%。按这一贫困发生率推算，靖西距边境0～20公里范围有4.73万人。贫困村、贫困人口数量分别排在广西第一位和第二位，是国家扶贫开发工作重点县、深度贫困县、边境贫困县。2015年精准识别时，那坡有贫困村59个，贫困人口1.2937万户5.1034万人，贫困发生率达27.8%，农民年人均纯收入增加到4962元。其中，26个行政村1782户7195人居住在距边境线0～20公里条件艰苦的边境区域，占贫困人口的13.9%。2017年7月经动态调整，全县贫困村新增26个至85个，贫困户13670户，贫困人口53768人，贫困发生率达28.18%，其中25个行政村235个自然屯2397户9238贫困人口居住在边境0～3公里范围内，贫困村、贫困户、贫困人口分别占全县的29.4%、17.2%、17.5%。2015年精准识别时，德保全县有贫困户18858户70297人，贫困发生率达21.0%。其燕峒乡利屯村、下钦村、多龙村及龙光乡大邦村、钦迷村等5个边境村全为贫困村。这些村（屯）地处条件艰苦的边境一线，由于战争等历史原因，大量的公路、桥梁、水利等基础设施在战争中被炸毁，基础设施薄弱，生产生活条件恶劣，经济社会发展滞后，群众生活困难，贫困面大、贫困度深，“三穷、八难、一陋”（财政穷、干部穷、边民穷，行路难、喝水难、用电难、看病难、上学难、成家难、堵防难、守边固土难，房屋简陋）现象严重，历来是扶贫攻坚工作的重点和难点。

对类似边境地区而言，实施边贸扶贫是推进精准扶贫、打赢脱贫攻坚战十分必要且重要的有力举措，是因时制宜、因地制宜、因势制宜做足做好“边”字文章的有效途径。

（一）实施边贸扶贫是落实中央精准扶贫要求部署的重要举措

2013年，中央提出精准扶贫策略后，各地积极响应，努力探索精准扶贫之策。习近平总书记多次强调指出，决不让一个少数民族、一个地区掉队。实施边贸扶贫，是边境地区结合实际，因地制宜、因时制宜、因势制宜推进精准扶贫和脱贫攻坚的创新之举，是落实习近平总书记关于精准扶贫重要指示精神和中央精准扶贫部署和要求的重要举措，是做好边境地区这一特殊区域扶贫工作的重要策略，是推进精准扶贫的一种具体可行、扎实有效的方式方法。

（二）实施边贸扶贫有利于充分发挥临边近边的区位优势，激活边境地区发展活力

百色市靖西、那坡两个边境县（市）与越南接壤，有龙邦、平孟2个国家级口岸，以及排干、岳圩、新兴、孟麻、平孟、那布、百南等7个边民贸易互市点。按照《广西沿边地区开发开放“十三五”规划》，广西沿边开发开放地区，是指广西边境地区的百色、崇左、防城港3个沿边市的8个县（市、区），即东兴市、防城港市防城区、宁明县、凭祥市、龙州县、大新县，靖西市、那坡县所涵盖的全部行政区域，有31个边境乡镇225个边境行政村与越南的河江、高平、谅山、广宁4个省18个县接壤。全区沿边8个县（市、区）总人口260万人，其中边民约77万人。2018年，百色靖西和那坡两个沿边县（市）总人口87.65万、占百色全市人口的32.74%；常住人口68.71万，占广西边境八县比重的30.42%（详见表8-2）。实施边贸扶贫有利于动员和组织

边境群众参与边境贸易，充分发挥临边近边的区位优势，激活边境地区发展活力。

表8-2　2018年广西边境八县（市/区）总人口情况

市及县（市、区）		边境线（公里）	总人口（万人）		占全市人口比重（%）
防城港市	防城区	126.5	44.00	58.96	22.03
	东兴市		14.96		
百色市	那坡县	360.5	21.74	87.65	32.74
	靖西市		65.91		
崇左市	宁明县	533.0	44.13	121.06	45.23
	龙州县		27.23		
	大新县		38.26		
	凭祥市		11.44		
合计		1020	267.67		100

注：本表数据来源于相关市县政府网站及2019年《广西统计年鉴》或根据其中数据整理所得。

（三）实施边贸扶贫有利于充分利用国家边境贸易优惠政策，促进边贸兴旺，增加边民收入

近年来，国家和自治区十分重视沿边地区开发开放发展。2015年，国务院出台了《关于支持沿边重点地区开发开放若干政策措施的意见》，2016年自治区出台了《关于支持沿边重点地区开发开放的实施意见》，2017年自治区印发了《广西沿边地区开发开放“十三五”规划》。百色深入贯彻落实党中央、国务院关于沿边开发开放的部署，积极主动融入“一带一路”建设和中国—东盟自贸区升级版战略，高度重视和大力推进沿边开发开放，先后得到设立重点开发开放试验区、建设跨境经济合作区、开展跨境经济合作（劳务、旅游、生态等）、开展跨境金融改革等战略部署和政策支持，有力促进了百色边境贸易的快速发展。实施边贸扶贫有利于这些国家平台作用的发挥。具体地讲，一是有利于抓住和利用脱贫攻坚这一最大的发展机遇，以脱贫攻坚统揽经济社会发展全局；二是有利于充分利用国家边境贸易优惠

政策，以边境贸易的便利和兴旺，吸引边民特别是边境贫困人口从事边贸产业，使其在直接和间接参与边境贸易中解决就业、增加收入，改善生活现状。

总之，在边境贫困地区实施边贸扶贫，既是落实中央精准扶贫战略部署、推进精准扶贫和打赢脱贫攻坚战的重要举措，也是突出“边”的特点、发挥“边”的优势、写好“边”的文章的有效途径，有利于以脱贫攻坚统揽经济社会发展全局和推进脱贫攻坚工作，有利于增加边民收入和提高边民生产生活水平，有利于激活边境地区生产要素和发展活力，促进区域协调发展，亦有利于屯边、稳边、固边、安边、兴边和维护边境地区安全稳定。

二、边贸扶贫的做法和成效

自精准扶贫开展以来，百色因地制宜、因人制宜、因时制宜、因势制宜，精准识别、精准施策，充分利用国家精准扶贫政策、边境贸易优惠政策，大力鼓励和支持边民参与互市贸易，不断完善边贸扶贫措施，有力助推边境地区贫困人口脱贫摘帽、致富奔康，持续保持稳边固边、不断推进安边兴边，措施有力，成效显著。

（一）大力加强边境基础设施建设，边境地区发展环境和生产生活条件不断改善

长期以来，党中央、国务院及有关部委和自治区党委、政府高度重视边境建设发展。2000年12月国务院印发《关于实施西部大开发若干政策措施的通知》，把兴边富民纳入了西部大开发整体布局，明确提出“继续推进‘兴边富民’行动”。自治区党委、政府深入贯彻实施西部大开发和兴边富民行动，为边境地区发展和提高人民群众生活水平打好基础，为实现富民、兴边、安边、睦邻和持续发展创造良好条件，2000年8月，自治区党委、政府决定集中人力、物力、财力开展边境地区基础设施建设大会战，先后出台下发了《关于加强广西边境建设的若干意见》《广西边境建设大会战实施方案》，强力推进边境交通、通信、医疗、教育、安全饮水等基础设施和公共

服务设施建设。

2000年8月2日，时任广西壮族自治区党委书记曹伯纯率自治区党政考察团到靖西边境地区考察调研，2000年8月6日至7日，自治区党委、自治区人民政府在防城港东兴市召开全区边境建设工作会议，并决定从2000年8月开始，到2002年春节前，用两年左右的时间，集中人力、物力和财力，在边境8个县（市、区）组织开展一场边境地区基础设施建设大会战，为边境地区群众办好24件实事。

其后20年，广西又连续组织开展了三轮以完善基础设施为重点的边境地区建设大会战。百色特别是靖西、那坡两个边境县（市）及享受边境县待遇的德保县，积极响应，深度参与，大力实施兴边富民行动、边境基础设施建设大会战、口岸基础设施建设大会战等专项行动。通过2000年8月至2002年9月第一轮边境基础设施建设大会战，2008年6月至2009年6月第二轮0～3公里兴边富民行动基础设施建设大会战，2009年9月至2010年12月第三轮3～20公里兴边富民基础设施建设大会战，2012—2015年第四轮兴边富民行动大会战，百色边境基础设施，特别是距边境线0～20公里范围内乡镇、村（屯）的基础设施得到显著改善，生产生活条件大为改观。边境贸易发展环境条件也更加完善，为边贸扶贫创建了一个更好的大环境、更扎实的环境基础条件。

以靖西为例，1998年6月至2000年8月，靖西开展了一场持续2年、耗资2.26亿元的人畜饮水、村村通公路、村村通电和农村电网改造，以及村村通广播电视、茅草房改造、改善办学条件、地头水柜建设、千屯道路建设、沼气池建设等扶贫攻坚“九大会战”，极大改善了贫困地区和人口的生产生活条件，使靖西的贫困人口从1997年的4.5万户20万人，下降至2001年的1.6万户6.75万人，解决了13.43万人的温饱问题，提前两年实现通过“八七”扶贫攻坚基本解决农村贫困人口温饱的目标和计划。“九大会战”刚一结束，2000年8月18日，靖西县委、县政府召开全县西部开发暨边境建设大会战动员大会。2000年9月4日，百色在靖西县吞盘乡弄乃村开工建设那坡至东兴贴边路，正式打响边境地区建设大会战，拉开了靖西县边境建设大会战的序幕。2002年9月8日至9日百色（地区）在靖西召开边境建设大会战总结表彰大会，首次边境建设大会战圆满结束。第一次将近两年的边境建设大会战，靖西共完成项目投资3.81亿元，其中县负责实施项目投资1.55亿元，共完成项目建设5329个。其中完成村级路33条141公里；村通电工程57个；建成村办公用房294间，19292平方米；建成村卫生室232个；完成茅草房改造3179户，1.098万人受益；完成12个乡镇的供水工程；建成人畜饮水工程136处，解决3.3万人饮水难问题；创建广播电视站点677个；完成行政村通电话41个；建成乡镇干部宿舍楼25栋18800平方米，解决752名干部职工的住房问题；完善19所乡镇卫生院；完成13个乡镇文化站建设；完成24个乡镇农贸市场建设；完成2个乡镇邮电所建设；完善1所县级中学、26所乡镇初中、23所乡镇中心小学、131所村级完小，总建筑面积124543平方米；完成14个乡镇通油路任务，实现全县乡乡通油路目标；修通县县通二级公路88公里；修通贴边三级公路127.65公里；修通边防连队、边贸点三级公路3.3公里；完成战后边民回迁安置房屋建设66户、饮水工程36处，屯级道路30条。极大改善了靖西县的发展环境，改善了靖西县贫困乡镇、村（屯）的基础设施和公共服务设施，改善了靖西县贫困人口的生产生活条件。

大会战以来的20年，也是百色边境地区经济发展最快、社会面貌变化最大、人民群众得实惠最多的20年。这20年，靖西、那坡、德保三个县（市）生产总值分别从1999年的11.4亿元、2.8亿元、8.4亿元增长到2019年的122.42亿元、39.42亿元、87.31亿元。

（二）大力推动边境地区经济发展，边贸扶贫的经济贸易基础持续壮大

针对边贸产业平台建设滞后、进出口产品单一、拉动创业就业能力弱、促进脱贫攻坚成效不明显等短板和薄弱环节，靖西、那坡、德保三县（市）坚持打基础、促长远，加大招商引资力度，加快完善口岸基础设施建设，积极培育园区经济，为促进边境地区产业发展培育内生动力，从而促进边贸经济发展，拓宽边民致富就业门路。提高边境经济发展水平形成好的创业就业经济环境，壮大了边贸扶贫的经济基础。

1. 努力夯实边境贸易基础设施

近年来，百色在交通、通信等基础设施建设逐步完善的情况下，更多地

推进靖西、那坡两个县（市）口岸和工业园区等基础设施建设。“十三五”以来，先后投入20多亿元资金开发建设龙邦口岸那西通道。龙邦口岸那西通道建成查验部门办公业务用房4000平方米，一线和二线两个卡口共24条专用货物运输通道，以及联合查验场、快速检测中心、检疫处理中心、国际转运中心、水果库、粮食库等基础设施，总建筑面积为23万平方米。投入1亿多资金建设完成平孟口岸新联检大楼、国门广场、口岸验货场一期工程、检疫实验室等，完成平孟口岸互市贸易通道从“两进一出”增加到“四进三出”改扩建工程，货物通关能力从原日均的270吨提升至500吨左右。上报自治区批复同意设立弄平互市区并实现开工建设。目前，正在全力推进那坡至平孟口岸高速公路、平孟物流大道建设，建成后将极大提升口岸的交通运输条件。

2. 加快推进边境贸易转型升级

积极贯彻落实国家和自治区关于支持边境贸易创新发展的政策，大力推进以互市商品落地加工为主的加工产业发展，出台的《百色市边境贸易商品落地加工若干扶持政策》，推动了龙邦万生隆国际商贸物流园区、深圳龙岗—百色靖西协作共建产业园、那坡县边贸扶贫产业园，共建成标准厂房4万多平方米，引进项目落地18个，已建成并通过备案的加工企业有15家，实现投产11家，吸纳边民入厂就业500多人，实现加工产值约4亿元。

3. 加快平台建设助推开放型经济发展

推动龙邦口岸建成进境粮食、水果指定监管场所，加快推动龙邦口岸升格为国际性口岸并扩大开发至那西—那弄通道，推动广西百色重点开发开放试验区获批，推动百色（靖西）边境经济合作区获批。这些开放平台的建设，有力助推了百色开放型经济的发展。

（三）大力宣传和有效组织，边贸扶贫参与度较高、有活力

边贸扶贫作为一种新的、边境独有的扶贫方式，一开始并不为贫困边民所接受，参与的积极性并不高，究其原因，一是边民对边贸扶贫缺乏了解，不理解、不掌握、不会利用相关优惠政策，不敢轻易参与和尝试；二是受缺乏启动资金、缺乏交通工具、位置偏远交通不便、海关实行“人到、货到、证到”监管模式等影响，边民参与边贸扶贫的条件和能力有限，未能很好地享受到

边贸政策的优惠扶持。贫困边民的积极性没调动起来、参与能力不提高、参与条件不解决，直接影响贫困边民参与互市贸易的行为及边贸扶贫工作。

为此，百色市委市政府，特别是靖西、那坡等边境县（市、区）党委政府，把边贸扶贫纳入精准扶贫的总体部署，作为边境地区助力贫困人口脱贫、打赢脱贫攻坚战的重要举措，依托边贸互市点（区），用好用足用活边境边民互市贸易政策，引导边民通过合法的边境贸易活动实现增收致富，对参与边境贸易的贫困边民给予优先支持、提供更优质服务，使贫困边民想参与、敢参与、能参与到边境贸易、边境经济发展中来，重点推行边贸互助新模式，主要采取了推进实施边民无纸化备案、组建合作社（互助组）、实行“集中式”申报、推动落地加工产业发展、推行“边民贷”等一系列措施，充分发挥互市贸易“真边民、真互市、真实惠”的功能作用，达到“边民增收、企业增效、财政增税、风险降低”的目标，提高贫困户增收致富能力，加快贫困边民脱贫步伐，为打赢全市脱贫攻坚战发挥重要作用。

截至2020年10月，百色全市通过边民无纸化备案的边民已有2.1万人，成立边贸合作社27家、社员10253人（其中建档立卡贫困人口1429人），成立边民互助组144个。互市商品落地加工厂吸纳边民就业500多人，参与边民互市贸易的边民每月平均增收约1000元。实践证明，边贸扶贫能够有效促进边境贸易、边境地区经济社会发展，给边民提供更多的就业岗位和创业机会，带动边民通过参与互市贸易实现就业增收，带来了实实在在的、看得见的好收益。

（四）大力实施和推广“边贸+扶贫”模式，边贸扶贫作用和效应明显

如何组织贫困边民参与边贸扶贫，必须建立便捷有效的途径和模式。百色通过大力创新探索“边贸+扶贫”机制模式，畅通边民特别是贫困边民参与边贸扶贫的路径，取得较好效果。

第一，总结和优化推广“企业+互助组+边民+金融”边贸扶贫模式，通过实施“指纹录入—跨境交易—物流运输—二次交易—挑选加工—商品升级—实现增值”的互市贸易创业就业渠道，提高贫困边民参与边境贸易脱贫致富的意识，拓宽贫困边民从边境贸易获得收入的途径，使参与边境贸易的7000

多名贫困边民全部实现脱贫。

第二，通过在跨境经济产业园区、互市贸易落地加工园区等设立扶贫车间，与企业协商按一定比例招收建档立卡贫困户，带动贫困户就业增收。

第三，充分利用边民免税政策，成立边民贸易互助组，积极引导和帮助贫困边民参与互市贸易。如那坡县充分利用国家给予边民“每人每天交易8000元货物全免关税和环节税”的优惠政策，创建了边境贸易“1+20+1”的边民脱贫新模式。组建8个合作社（边民互助组），合作社互助组人员名单汇总有2415人，每组成员15～50人，每组吸纳1名以上贫困户边民，从指定互市点（区）进口商品，再销售给边境地区加工企业，帮助边民特别是贫困户边民增加经营性收益。

第四，鼓励边民组建边民互助组参与互市贸易，挑选一批能力强、号召力高、有一定经济能力的领头人发起组建互助组，负责对接集中申报、加工企业、进厂加工等事项，互助组成员中建档立卡贫困户必须占有一定的比例。并逐步规范完善互助组章程，加强边民互助组的备案管理，探索互助组成员间共享、诚信合作方式，积极引导互助组与试点企业建立稳定合作关系。如那坡县允许经过备案的边民互助组，委托1名边民代表或部分边民在互市区作业场所内进行“集中申报”、拼车运输。鼓励互助组协助企业采购组织货源、独立结算、通关、销售等，以集体形式开展互市商品购销业务。

三、边贸扶贫的基本经验

上述这些结合实际、因地制宜、探索创新出来的边贸扶贫的方式方法、措施模式，既直接解决了边民特别是贫困边民就业创业问题，增加了边民收入，又促进了边境地区水、电、路、通信等基础设施和医疗、教育、文化、广播电视等公共服务设施的改善，不仅为边境地区脱贫攻坚提供了有力支撑，推动了包括边贸经济在内的经济社会发展，同时为今后进一步巩固拓展脱贫攻坚成果，持续推进脱贫地区发展和乡村振兴开拓了思路，为边境地区乃至整个区域的发展、为扶贫工作乃至全盘工作、为扶贫领域乃至经济社会发展全局都积累了许多可学习、可借鉴的经验。

（一）必须持续加强边境基础设施建设

百色市靖西、那坡等边境地区虽然具有边境优势，经过四次基础设施建设大会战、兴边富民行动大会战，边境地区特别是距边境线0～20公里范围内村（屯）的基础设施也有了极大改善，但毗邻的越南北部腹地高平、河江等省，多为贫困大石山区，生产生活及自然条件恶劣，经济社会发展滞后，交通、通信等基础设施建设水平低，连接通往越南河内、芒街等相对发达地区的交通较差，运输成本高，连接我国边民所在村镇到互市点的交通设施不完善，阻碍了边境互市贸易发展及边民参与边境贸易。

加强边境基础设施建设，要从国家战略高度和长远发展出发，积极响应和参与“一带一路”建设，抓住国家“一带一路”建设和新一轮开放发展机遇，切实提升边境地区“五通”建设水平。特别是，要加大外联“互联互通”基础设施建设、努力促成越南毗邻地区“互联互通”基础设施建设和加强域内“互联互通”基础设施建设。要敢于超前谋划高铁、高速公路、机场等高等次、高效率交通基础设施建设，如重点推进或谋划黄桶铁路、口岸高速、沿边高铁、靖西通用机场等建设，优化贵州、重庆、四川等西南腹地抵边出境的便捷陆路通道，提高沿边地区与外界的通达水平。要尽快完善广电网络、网络通信等信息基础设施建设，降低“互联互通”成本，提高“互联互通”效率。要发挥“一带一路”的协商沟通作用，发挥亚投行等资金融通作用，促成、推进和助力越南毗邻地区交通、通信、网络等“互联互通”基础设施建设。要加快域内路网建设，提高路网密度，通过拓宽取直、硬化美化、改造提升各等级道路水平，打通各种“断头路”“肠梗阻”，畅通“最后一公里”，全面解决边境贫困村不通公路问题，加大推进村级公路硬化工程。加强域内其他公共服务基础设施建设。以问题为导向，以边境一线贫困村（屯）作为脱贫攻坚重点，针对公共服务设施存在的问题和短板，加大投资力度、建设力度，补齐短板。重点是解决安全饮水、工农业用水用电、广播电视、网络通信、文化等公共服务设施建设问题，特别是要支持边境一线基础设施建设，大力完善边境一线乡镇、村（屯）交通、饮水、广播电视、通信、网络宽带、公共服务等基础设施，打造一批交通便利、信息通畅、公共服务完善、村容整洁的边境示范乡（镇）、示范村（屯），这样才能加快边民生产生活条件的改善，为脱贫攻坚打下良好的基础。

（二）必须持续改善边境贸易基础设施建设

贸易基础设施直接服务于边境贸易和边境经济发展，主要包括口岸等通关设施、互设贸易点（区）等各类交易市场、贸易加工园等各种经济园区，以及承载上述市场、园区及附属功能的功能性区域。改革开放以来，特别是党的十八大和边境基础设施建设大会战以来，百色经济发展也有长足进步，但仍有很大差距。如那坡县2010年人均GDP为6818元，是全区人均水平的33.7%，到2017年人均GDP为16696元，仅是全区人均水平41955元的39.8%。因此，必须持续强化和大力改善各类边境经济和贸易设施建设。

强化和改善边境经济贸易设施建设，特别要加强口岸和互市贸易点的基础设施建设，积极发展边境特色优势产业，才能加快推进边境城镇化建设。具体是，要加大边民互市贸易点及边境地区边境贸易基础设施建设力度，加快推动龙邦升格为国际性口岸并扩大开放至那西—那弄通道，加快推动粮食、冰鲜产品指定监管场所的获批，增强龙邦口岸发展活力。加快推进平孟口岸货场扩建工作，提高通关过货能力。加快推进岳圩口岸升格为一类口岸，推进弄平互市贸易区建设进度，形成新的贸易增长点。加快推动平孟口岸申报中药材指定口岸。加大对口岸、互市点以及口岸至沿边道路等基础设施的投入，对离口岸和互市点较远的乡村提供公共交通，方便边民到互市点开展活动。要继续把扶贫与外贸有机结合推进边贸扶贫，积极建设口岸互市贸易园区、边贸市场，推动互市贸易商品落地加工、延长产业链、增加附加值，为贫困边民创造更多的创业机会和就业岗位。把边贸扶贫和产业扶贫、就业扶贫、旅游扶贫、易地搬迁扶贫等扶贫方式、扶贫举措有机结合，因地制宜发展边境旅游、转口贸易、加工转销、农家乐等特色优势产业，通过合作社、龙头企业等经济组织，引导和带动贫困边民参与产业开发，实现脱贫致富。要以守边固边建设试点县建设为抓手，大力支持和加快龙邦、平孟等“边境小镇”“贸易小镇”“旅游小镇”建设，把龙邦、平孟、岳圩、湖润等特色小镇打造成为精品城镇、商贸旅游强镇，把龙邦口岸、平孟口岸以及岳圩、新兴、孟麻等边民互市贸易点连片统筹规划建设。建议国家出台相关优惠政策，鼓励边境地区群众搬迁安置到距边境0～3公里范围，可给予边境线0～3公里范围内的贫困户提高危房改造补助标准，全面完成贫困户危旧房改造；加强中低产田改造，大力建设高产稳产基本农田，扶持建造平整户均2亩以上标准耕地；允许边境0～3公里范围内的贫困户，参照易地搬迁补助标准给予危房改造补助，并配套建设生产用地和产业扶持；等等。只有大力支持、鼓励和吸引内地公民到边境一线守土固边，才能增强边民守土固边、安边兴边的信心和决心。

（三）必须继续加强平台建设和政策争取、研究和利用

作为欠发达后发展的百色地区特别是边境地区，条件差、基础薄、自我发展能力弱，更需要国家政策扶持。实践证明，百色经济社会的快速发展离不开党中央、国务院的关心支持，离不开国家有关部门和自治区党委政府的大力扶持，特别是离不开国家给予的战略部署、发展平台、顶层设计和政策支持。因此，必须继续注重平台建设和政策支持、研究。特别要依托和围绕广西百色重点开发开放试验区建设，大力推进体制机制创新和政策争取，加快跨境经济合作、生态环境合作、人文交流合作等平台建设，继续推动口岸开放升级，进一步用好、用足、用活国家及自治区边境贸易、边贸扶贫等优惠政策、扶持政策。具体做法：要结合百色实际，大胆探索创新，形成有本地特色的试验区建设经验和亮点，加快推动靖西市、那坡县申报获批国家互市进口商品落地加工试点县市，进一步贯彻落实边境贸易创新发展的文件精神，积极推动相关政策尽快落地；要努力推进龙邦、平孟口岸升格为国际性口岸，推动岳圩口岸恢复通关，并不断推动智慧口岸建设，大力提升通关能力与水平；加强与海关、边检、税务、市场监督管理局等监管部门的沟通协调，努力提升通关、贸易便利化水平，扩大边境贸易规模，做大边境贸易总量；要发挥边境贸易优势，用足用好每人每天享受互市贸易8000元免税额度、5万元的扶贫小额信贷等优惠政策，引导和带动贫困边民积极地参与到互市贸易和边境贸易活动；要依托电商整合边民互市资源，扶持0～20公里的

边民通过电商平台积极开展中越边境互市贸易，提高边境互市贸易参与度和效率，加快边境贸易扶贫步伐，使边民尽快脱贫致富。

（四）必须继续大力引进和培育边境贸易市场主体

边境地区的经济贸易发展，需要国家政策的支持、各级党委政府的扶持，还要靠市场的力量去推动，才能实现高效、可持续健康发展。因此，必须加快引进和大力培育边境贸易市场主体，特别要加大边境贸易招商引资力度，加快构建边境贸易服务体系，大力培育边境贸易市场主体。具体是：要加快推进边境产业园区建设，筑巢引凤，引进有实力的企业和投资到靖西、那坡等边境地区、口岸和边境（跨境）园区投资置业、经商办厂，助力边境贸易做大做强，带动边民家门口就业；要加快建设粤桂扶贫协作百色（边境）产业园、靖西国际物流商贸中心等项目，构建面向东盟的跨境贸易服务体系；要大力培育边境贸易市场主体，实施边贸扶贫行动计划，通过补贴、政策等手段加大对边境一线贫困边民扶持力度，继续鼓励边民以合作社（互助组）形式开展互市贸易，规范合作社管理，加大对有文化、有能力的边民特别是贫困边民的培训、指导，抱团发展，实现边民增收致富。对有文化、有能力的边民特别是贫困边民加强引导指导，加强培训和帮助，使其逐步成长为个体户、中小企业经营者等贸易主体、市场主体；加强边贸政策宣传，多渠道挖掘和引进新的边境贸易个体户、中小企业等经营者登记注册，开展或从事边境贸易、落地加工、生产性和生活性服务业等行业，给边境经济、边境贸易注入新鲜血液，助力边境贸易做大做活。

（五）必须继续营造和改善边境贸易发展的营商环境

营商环境主要包括硬环境和软环境。在大力改善交通、通信、口岸、市场、园区等硬环境的同时，必须高度重视软环境建设，大力创新体制机制和优化提升政务、金融等服务，努力营造边境贸易发展的良好营商环境。特别是要大力推进体制改革和创新，加强边民互市贸易点的信息化建设，提高金融服务水平。具体是，要结合广西百色重点开发开放试验区建设，在互市监管方面创新监管模式，如非食药同源的中草药互市贸易进口免领药品进口通关单进口、互市贸易海运方式进口商品落地加工、边民互市掌上App申报等。

研究探索非边境县（市、区），特别是在享受边境待遇的德保县，建设成“边贸飞地加工区”，从而使其边境村（屯）甚至其他村（屯）的贫困户也能参与到边境贸易中，通过边贸扶贫脱贫致富；要建立边民互市贸易管理平台系统，设立边民互市贸易跨境交易结算中心，实现申报、审核、备案、通关、结算、税务、统计等作业和管理的信息化，实现边民真交易、真结算，实现收购企业在百色市纳税，防范互市商品进入国内后的风险，使政府与海关管理间信息互联互通，促进规范管理、统一执法、简化手续、防控风险，为边贸扶贫工作提供技术支撑；要通过小额信贷、贴息贷款等方式，加大对贫困村边贸互助合作组织、贫困边民的金融贸易扶持，对参与边贸的贫困边民提供5万元以内、3年以下、免抵押、免担保的小额信贷支持。鼓励金融机构在依法依规前提下，创新模式，加大对有订单、有效益的贫困边民互助合作社/组及相关进口项目的融资支持，为边贸扶贫工作提供金融支持。

总之，边贸扶贫是百色特别是靖西市、那坡县、德保县等边境地区采取的扶贫重要措施，在边境地区脱贫攻坚中发挥了重要作用，取得了明显成效，直接解决了边民包括贫困边民的就业创业、增加了边民收入，同时有利于边境地区实现稳边固边、安边兴边，实现国家、地方和边民等多方互利共赢，实现经济、社会、生态、国防等多领域良性互动发展。在脱贫巩固期、脱贫攻坚到乡村振兴转换期及后续的发展中，必须继续依托边境贸易优势，发挥边境贸易作用，丰富拓展、转型升级“边贸+扶贫”等方式和做法，探索创新“边贸+旅游”“边贸+加工”“边贸+电商”“边贸+金融”“边贸+党建”等更多的“边贸+”发展模式，这对百色特别是靖西、那坡、德保三个县（市、区）等边境地区巩固全面脱贫和全面建成小康社会成果及推进乡村振兴和现代化建设，稳边固边、安边兴边，加快推进百色重点开发开放试验区建设，促进经济社会持续健康发展和开启全面建设社会主义现代化强国新征程，均具有十分重要的现实意义和深远的历史意义。

第九章

教育文化扶贫

教育文化扶贫就是通过在农村普及教育，发展文化事业，“智、志”双扶，使贫困农民及其子女得到应有的教育和文化熏陶，通过提高思想道德意识和掌握科技文化知识来实现脱贫的方式。百色在扶贫工作中，十分注重落实抓好教育扶贫与文化扶贫工作，通过巩固义务教育阶段发展均衡教育与文化建设中培养农村基础教育，创新发展职业教育；通过“扶贫+扶智+扶志”提高贫困人口的文化水平、技术技能和思想觉悟，从根本上形成以人力资本为动力推动脱贫攻坚战略的实施，不断增加农民收入，增强农村可持续发展能力[①]，实现人与社会的全面发展，为脱贫攻坚和乡村振兴提供人力支撑。

一、阻断贫困代际传递之方

扶贫要注重“扶志、扶智”，要在激发人的主观能动性上下真功夫。人永远是解决问题的核心要素。[②] 教育与文化最核心的关系就是最大限度地挖掘和调动文化的资源和力量来推进教育的发展，用完整而全面发展的文化培育完整而全面发展的人；同时，最大限度地挖掘和调动教育的资源和力量来

① 周汉民：《扶志+扶智 精准“拔穷根”》，光明网，http://theory.gmw.cn/2020-06/27/content_33941936.htm，2020-06-27。

② 麻艳香、蔡中宏：《教育：文化发展的内在机制——教育与文化的关系研究》，《西北民族大学学报（哲学社会科学版）》2010年第1期，第40-48页。

推进文化的发展，用完整而全面发展的人推进文化的完整而全面的发展。[①]这是马克思主义教育观、马克思主义文化观的根本遵循，也是马克思主义的最高命题、社会主义所追求的终极价值理想和中国共产党人的价值目标和实践追求。[②]因此，必须要重视教育文化扶贫。教育文化扶贫的必要性是由教育和文化的自身地位、意义与作用决定的。教育与文化的关系是极其紧密的，教育是人类文化的传承与创造，是文化发展的内在机制，文化是教育的本性。教育文化扶贫不仅能促进教育与文化公平共享，更能阻断贫困代际传递，能够实现“智、志”双扶和促进人的成长发展，是利在千秋的伟大事业。

（一）教育扶贫的必要性分析

1. 教育扶贫的含义

教育扶贫是在精准扶贫工作开展以后具体划分出的一项内容。中华人民共和国成立初期（1949—1978年），在绝对、普遍贫困的基本国情下，改变普遍贫困面貌，普及农村基础教育，推广扫盲教育，是扶贫探索酝酿阶段的教育工作重点；改革开放初期（1979—2000年），是以“输血式”扶贫为主要特征阶段，教育与扶贫主要是为普及义务教育，保障贫困群体的受教育权；21世纪初期（2001—2012年），随着扶贫工作的深入，我国的扶贫工作由“输血式”转变为“造血式”扶贫，这一时期教育工作的重点是为了提高贫困地区的教育质量；2013年，习近平总书记提出了“精准扶贫”的扶贫方式，开启了我国扶贫工作的新阶段，教育作为其中的一项重要内容，担负着以教育扶贫拔除穷根的任务目标。[③]可以看到，精准扶贫工作中教育扶贫的目标指向，由以普及公平教育、提升教育质量为目的，转变为以脱贫为目标，是通过公平的高质量教育使人摆脱知识贫困、技能短缺、思想贫困的困境，从而实现发展致富。

---

① 孟建伟：《教育与文化——关于文化教育的哲学思考》，《教育研究》2013年第3期，第4-11、19页。

② 田海舰：《马克思的人的自由全面发展思想的价值蕴含》，《中华魂》2018年第6期。

③ 袁利平、丁雅施：《教育扶贫：中国方案及世界意义》，《教育研究》2020年第7期，第17-30页。

基于这一目的的转变，在精准识别贫困人口的基础上，通过对家中有义务教育阶段成员，或者有受教育需求的人口，精准配置教育资源和提供教育资助、服务，让贫困人口充分享有平等、充分的受教育权利，获得更加多样、更有质量的教育，从而提高贫困地区人口质量和自我发展能力，最终使得贫困地区能够发展经济、摆脱贫穷、建成小康。①

2. 教育扶贫的目标

要实现精准脱贫与后续发展的有效衔接，就要认清现状落实工作，在工作中形成目标发展架构，为长远发展深谋远虑。

党的十九届四中全会审议通过的《中共中央关于坚持和完善中国特色社会主义制度　推进国家治理体系和治理能力现代化若干重大问题的决定》作为当代中国马克思主义国家学说②，为我们国家发展进步、民族复兴提供了全方位的制度保障，全面明确了各个方面的制度目标。教育是民生保障制度的重要一环，学好这一精神，就要把全民终身学习的教育体系构建与精准扶贫工作结合起来，坚持教育优先发展，发挥好教育在脱贫攻坚中的根本作用。③基于我国社会教育发展的总体目标与扶贫现状的差距，教育扶贫的目标就是要弥补教育差距，以教育助力精准脱贫任务，实现与乡村振兴接续发展的有效衔接。

总的来说，教育扶贫的具体目标是围绕提高基础教育的普及程度和办学质量，提高职业教育促进脱贫致富的能力，提高高等教育服务区域经济社会发展能力，提高继续教育服务劳动者就业创业能力这四个方面开展的。④在基础教育方面，要做好发展学前教育、保障义务教育、普及高中阶段教育和

---

① 周娟、唐建兵：《精准教育扶贫：理论阐释、战略意义及其路径选择》，《安徽农业大学学报（社会科学版）》2020第2期，第20-24页。

② 何毅亭：《马克思主义国家学说的新发展》，《学习时报》2019年11月18日，第1版。

③ 《中共中央关于坚持和完善中国特色社会主义制度　推进国家治理体系和治理能力现代化若干重大问题的决定》，中国共产党新闻网，http://cpc.people.com.cn/n1/2019/1106/c64094-31439558.html，2019-11-06。

④ 《国务院办公厅转发教育部等部门关于实施教育扶贫工程意见的通知》，中华人民共和国教育部门户网站，http://www.moe.gov.cn/jyb_xxgk/moe_1777/moe_1779/201309/t20130912_157306.html，2013-07-29。

特殊教育，保障贫困家庭学生的受教育机会，实现幼有所育、学有所教，优化教育资源，形成均衡、公平的教育发展格局；在职业教育方面，要加快发展多元化职业教育平台的搭建，将脱贫举措与技能培训精准对接，提升人口教育水平和素质能力，实现脱贫致富持续推进；在高等教育方面，既要实现精准资助，也要形成对口帮扶，推动大扶贫格局的全方位构建；在继续教育方面，要搭建起公益性、高质量、可持续的继续教育平台，根据地方需求，从职业技能培训、就业创业能力、文化素质提升等方面提供教育服务，促进全民全面发展和终身学习。因此，教育扶贫要围绕这四个目标维度多维立体开展工作，把教育作为脱贫致富的手段之一，形成以教育促脱贫、以教育促发展的教育理念和行动。

3. 教育扶贫的必要性

（1）教育扶贫是实施教育强国战略的前提和基础。“教育决定着人类的今天，也决定着人类的未来。”2018年5月2日，习近平总书记在北京大学师生座谈会上强调，教育兴则国家兴，教育强则国家强。国兴国强是全国性、全面性的兴盛与强大，而不是部分地区、部分方面的兴盛与强大。目前，我国的教育发展还处在不平衡、不均衡状态，特别是集中连片特困地区，教育文化等方面的发展水平仍明显低于全国的平均水平，距离努力让全国人民享有更好更公平的教育，距离获得发展自身、奉献社会、造福人民的教育能力目标还有很大的差距。教育扶贫工作致力于补齐补好全国教育短板，公平与平衡教育发展水平，为建设公平优质教育打下坚实的基础。因此，要通过落实好对贫困落后地区的教育帮扶，才能实现以教育促脱贫，以教育促发展，以教育建强国的目标。

（2）教育扶贫是扎根中国大地办教育的集中体现。习近平总书记在全国教育大会上明确指出，要坚持扎根中国大地办教育。教育扶贫在精准识别贫困人口的基础上，通过为农村儿童配齐幼儿园，以多项举措控辍保学，普及高中教育，鼓励资助高等教育和职业教育，发展继续教育等，有针对性地根据地方的教育实际情况，重新规划教育资源，提供教育服务，实实在在地落实教育扶贫工作，让贫困人口充分享有平等的受教育权利，获得更加多样、更有质量的教育。这体现出我国教育扶贫是着眼于自身发展需要，立足我国基本国情，尊重教育发展规律和地方发展规律的①，做到了具体问题具体分析，是扎根中国乡土大地办教育的基本遵循。

（3）教育扶贫是彻底稳定脱贫的重要推手。扶贫先扶智，扶智先扶志。教育扶贫作为精准扶贫工作的关键一环，对解决顽固性、持久性、广泛性的贫困问题发挥着基础性、全局性、长期性的关键作用，是能够解决贫困地区发展和贫困家庭持久脱贫的最佳方式，是彻底稳定脱贫的重要推手，能够从根本上阻断贫困的代际传递。这是因为，教育扶贫是“造血式”的扶贫方式，通过让贫困人口接受良好、公平、高质量的受教育机会，在文化、知识和技能增长中获得致富、发展的本领和能力，全面提升了个人、家庭、地方脱贫的技术与能力。同时，在教育熏陶中培养自力更生、勤劳奋斗的品质和精神，使人树立高远理想，在教育中形成脱贫致富、发展创造的思想意识。从而实现在智与志的扶持中，可持续性地稳定推进脱贫致富。

（二）文化扶贫的必要性

在前文中已经阐述清楚教育与文化的关系是十分紧密的。从社会主义现代化强国建设目标来看，文化与经济、政治、社会、生态文明建设有机构成了中国特色社会主义事业“五位一体”的总体布局，对于国家社会发展具有强大的思想引领作用。在精准扶贫工作中，文化扶贫是全面建成小康社会和实施乡村振兴战略的重要抓手，通过积极推进新时代的文化精神，振奋贫困群众精神，在扶智与扶志中，增强贫困人口自我发展素质，增强脱贫攻坚的信心和决心，在主观上培育脱贫意志，从根本上建立脱贫攻坚的长效机制。②因此，必须要重视文化扶贫在精准扶贫中的重要作用，树立起以文化促脱贫、以文化促发展的思想意识，在脱贫致富的道路上汇聚积极、健康的文化之光。

---

① 董伟伟：《坚持扎根中国大地办好教育》，中国社会科学网，http://ex.cssn.cn/zx/bwyc/201811/t20181122_4779636.shtml，2018-11-22。

② 曾江、华夏：《积极推进新时代文化扶贫》，《中国社会科学报》2020年5月29日，第1版。

1. 文化扶贫能够激发群众的内生动力

文化扶贫是扶智与扶志的手段之一，更是根治贫困问题的有效途径。这是因为文化建设具有社会效益和经济效益相统一的特征，并始终把社会效益放在首位。文化建设是以社会主义核心价值观为引领，在加强思想道德建设和社会诚信建设的过程中，以丰富的文化产品和服务，发挥文化引领风尚、教育人民、服务社会、推动发展的作用。在精准扶贫中，文化扶贫主要以建设文化服务设施，送文化下乡活动的文化活动和交流，以及发展文化产业和文化市场等形式开展，目的是通过挖掘与丰富贫困地区人民生活的精神文化，提振人民精神风貌、开阔视野，提高贫困群众的文化素养和经济收入，逐渐破除“等、靠、要”的消极意识，发挥文化扶志、扶智的作用，从而激发贫困人口的内生动力。可以说，文化扶贫是彻底地扶贫，是预防再度返贫的根源性举措。[①]

2. 文化扶贫是乡风文明的有力保障

文明风气是需要建设的。我国农村在社会建设的过程中，已经发生了翻天覆地的变化。但是，一些迷信行为、婚丧陋习、攀比行为等背后的不良风气和落后思想仍然存在。在精准扶贫工作深入开展、乡村振兴战略接续衔接的关键时期，要扭转农村风气向好发展，是文化扶贫的应有之义。我们国家在精准文化扶贫工作中，注重以社会主义核心价值观为引领，因需而建、因地制宜地打造各个贫困地区的精神文化事业，建设能让当地人民群众接受的优秀文化，在熏陶中潜移默化地改变民风民俗，在基础设施建设和文化氛围营造中，满足贫困人口的文化需求，改善风气，促人发展[②]，从而建设、建好文明、有序、和谐的乡村风貌，逐渐实现乡风文明。

3. 文化建设是构建扶贫长效机制的根本

文化扶贫是全面的扶贫，是扶贫的更高要求[③]。在打赢脱贫攻坚战后，

---

① 人民论坛理论研究中心：《文化扶贫：新时代扶贫工作的重要内容》，人民论坛网，http://politics.rmlt.com.cn/2019/0202/538850.shtml，2019-02-02。

② 饶蕊、耿达：《文化扶贫的内涵、困境与进路》，《图书馆》2017年第10期，第13-17页。

③ 人民论坛理论研究中心：《文化扶贫：新时代扶贫工作的重要内容》，人民论坛网，http://politics.rmlt.com.cn/2019/0202/538850.shtml，2019-02-02。

接续的下一个任务就是实施乡村振兴战略，因此要做好推进全面脱贫与乡村振兴的有效衔接工作。从建立扶贫长效机制的角度来说，文化扶贫必须要融入国家乡村振兴战略和不断提升社会文明程度的伟大实践中①。这是全面贯彻落实党的十九大关于建设美丽中国的具体行动，也是推进新型城镇化和社会主义新农村建设、生态文明建设的重要途径。目前，我们国家的主要矛盾已经转变为人民日益增长的美好生活需要和不平衡不充分的发展之间的矛盾，而文化需求作为更高层级的需求，其发展相比物质需求更为落后。基于文化发展的特征和现状，文化扶贫不仅可以补足脱贫工作在文化建设方面的短板，还能为贫困地区经济发展提供新的思路，盘活贫困地区文化资源②，从而推动贫困地区的全面、协调、可持续发展，构建起扶贫长效机制。

二、教育文化扶贫的做法和成效

（一）教育文化扶贫的工作举措

1. 教育扶贫的工作举措

自2013年中央提出精准扶贫，在教育扶贫中聚集了多方共同参与，形成了纵向和横向工作的大扶贫格局。纵向工作是以教育阶段进行划分的，通过在学前教育、义务教育、高中阶段教育、高等教育、职业教育、特殊教育和继续教育等七个教育阶段，落实教育政策保障，开展各项帮扶措施，基本构建起了终身教育体系；横向工作是以项目制为基本单元开展的，目前主要是以信息化建设、教育安全工程、移民安置区学校建设、营养餐计划、民族双语教育、学生就业服务、对口支援帮扶、人才支持计划、千校行动、乡村教师支持计划、“两免一补”政策、助学金制度、雨露计划等项目的开展为依托推进教育扶贫工作。

---

① 曾江、华夏：《积极推进新时代文化扶贫》，《中国社会科学报》2020年5月29日，第1版。

② 人民论坛理论研究中心：《文化扶贫：新时代扶贫工作的重要内容》，人民论坛网，http://politics.rmlt.com.cn/2019/0202/538850.shtml，2019-02-02。

我国的教育扶贫在全面铺开落实的过程中，多措并举取得了一定的成效，形成了稳定有力的全国性教育扶贫工作制度，对于指导地方工作的落实起到了制度性保障作用。在2020年脱贫攻坚的收官之年，实现公平、均衡、高质量教育建设的目标任务，是后续社会发展可持续性的源源动力。

“十三五”以来，广西教育扶贫通过积极联合扶贫、教育、人社三部门，围绕“转移就业扶持一批”“教育扶智帮助一批”“农民工培训创业行动”三方面工作，全力推进教育精准扶贫，落实好“雨露计划”，优先保障教育补助资金，做到应补尽补，在“两广”对口帮扶职业教育协作试点工作、扶贫巾帼励志班建设、短期技能培训和农村实用技术培训、技工院校结对帮扶计划、帮扶贫困户联系贫困生活动等工作中，有力提升了贫困户的内生动力。百色市教育扶贫工作依据国家和自治区一级教育扶贫工作方针的指导，在严格落实的教育扶贫基础性、普遍性工作基础上，根据自身的具体情况，实事求是地将教育扶贫工作落实落地，有效增强了贫困群众的内生动力，为每个人都能享有公平优质的教育，为实现终身教育体系建设打下了坚实的基础。

（1）发展学前教育。在精准教育扶贫以前，农村的学前教育普及程度是一项短板。客观原因是农村幼儿园的数量相对较少，收费较高，且幼儿居住分散，年龄较小，造成入园困难；主观是因为农村部分群众的思想观念制约，对幼儿教育不够重视。为解决好主客观“入园难”的问题，精准教育扶贫工作大力发展普惠性学前教育。百色根据实际需要合理规划布局，构建起政府主导、社会参与、公办民办并举的学前教育公共服务体系，在贫困村依托小学新建、改扩建幼儿园，充分利用中小学布局调整富余的校舍举办幼儿园（班），并按标准配齐幼儿教师，配足保教和生活设施设备，实现了乡镇公办中心幼儿园乡乡全覆盖和有实际需求的贫困村幼儿园全覆盖，基本解决了“入园难”的问题。在资金支持上，加大贫困村学前教育公共财政投入，把普惠性民办幼儿园纳入财政补贴范围，制定普惠性民办幼儿园生均补贴标准。田东县还在落实国家学前一年教育资助政策的基础上，逐步实现对农村贫困家庭幼儿实现学前三年免费教育。

另外，为提高学前教育质量，加强儿童对社会的适应程度，百色根据自身少数民族山区的具体情况，积极落实好推普脱贫工作任务，在幼儿园开展“学前学会普通话”活动。在教师培训中，多措并举、分类培训，对普通话不达标的教师开展网络培训，进行小班教学、训练和辅导，为幼儿推普教育保障好师资质量；在儿童培养中，开展了符合幼儿发展规律的多种教育活动。例如，那坡县大力开展“小手拉大手，学说普通话”，通过诵读文明礼仪儿歌、召开主题为“小手拉大手，共学普通话”的班级专题会、校园广播宣传等，积极向幼儿、家长、社会宣传推广普通话，让孩子把推普传单带回家给家长，帮助纠正家人不正确的普通话发音和表达方式。同时，还到民族聚居地幼儿园开展送培下乡活动，对在园和非在园、完全不会说普通话的幼儿进行普通话培训，让会说普通话的在园小朋友与非在园不会说普通话的小朋友“手拉手”学说普通话，取得了良好效果。在这一系列活动中，通过教师、儿童和家长的共同参与，营造出“人人讲好普通话”的良好氛围，促进了幼儿园和家庭共同提高国家通用语言文字的应用能力。

（2）保障义务教育。义务教育是教育精准扶贫工作的重中之重，而控辍保学是义务教育保障工作的重中之重。随着教育精准扶贫投入的持续性增大，在经济物质层面已经能够基本保障每一位学生完成义务教育阶段的学习，但是在精神思想层面要实现控辍保学还存在一定的困难。为了确保高质量完成“义务教育有保障”工作任务，构建控辍保学网格化管理的责任体系，百色市在控辍保学上开展了全方位的工作。

在工作机制上，百色严格落实控辍保学“双线四包”“三级联动”工作机制，构建控辍保学网格化管理的责任体系，明确各单位、各层级的责任及要求，压实主体责任，加强控辍保学工作的动态管理，注重控辍保学的长期效果，不断提升义务教育巩固率。其中，隆林县充分发挥“双线四包”劝返工作机制，制定了“情况周报制度”“逢十乡镇小结制度”“月分析研判制度”三项制度，实现对全县控辍保学工作进展情况的密切跟踪，构建国扶系统、学籍系统、学校在校生花名册、资助管理系统及残疾信息等五大系统的信息比对，适时分析研判、动态管理，做到不漏户、不漏人，保障好辍学学生的教育，全力推动辍学学生劝返工作。如乐业县在“双线四包”的基础上形成了“三线（教育线、政府线、政法线）六包（四包+政法领导包乡镇、政法责任干部包人）”的工作机制，更加有效地加强了部门之间的联防联控，有力地动员所有可利用的力量开展控辍保学工作，顺利地推进了劝返工作的完成。

在预防工作中，百色根据控辍保学工作特点和规律，自觉将控辍保学关口前移，做好辍学预防工作。如田东县充分利用寒暑假时间，在县脱贫攻坚战指挥部义务教育保障专责小组指挥下，组织全县义务教育学校班主任、教师、村组干部、第一书记、帮扶干部等人员，组成寒暑假联合大家访工作组，深入“六类”学生（辍学和易辍学学生、留守儿童、建档立卡户学生、残疾适龄儿童、学习困难学生、家庭不完整学生）家庭，开展假期联合大家访活动，精准了解“六类”学生家庭状况及学生思想动态、心理需求，有针对性地帮助学生了解义务教育资助政策，做好人生理想规划，动员学生新学期按时回校上课。那坡县建立了“135”长效机制，即班主任负责了解学生每天到校情况和思想状况，建立留守儿童少年、学困生、辍学生等特殊学生台账，科任教师课前对学生的到位情况进行清点，发现有未到课堂的立即告知班主任。学生1天没有到校的，班主任要与家长及时联系、沟通并及时报告学校；3天仍未到校的，由学校组织教师进行家访；5天未到校的，则报当地党委政府组织政府干部、村组干部、教师开展劝返工作，落实好各项措施做好辍学预防工作，切实保证每一位学生都享有受教育的权利。

在部门联动工作中，明确学校、乡镇、司法、公安、人力资源、市场监督等单位的工作责任，做好控辍保学的联防联控工作。联合公安、市场监管局、文旅广电局，对旅馆、网吧、游戏厅、KTV、酒吧等营业性娱乐休闲场所排查整治，切除不良诱因，净化校园周边环境；联合人社、公安、扶贫办、卫健局等部门，建立健全贫困学生“一人一案”电子学籍和台账化精准控辍管理机制，按照“人籍一致”“一校一册、一生一案”要求建立有辍学动态监测、辍学生登记、书面报告等台账，成立控辍保学数据处理中心，以“四步工作法”精准排查辍学学生，对已框定的疑似辍学生的辍学原因与去向，对违反规定使用未满16周岁在校学生务工单位、企业或用人单位进行排查整治，并进行严肃处理，切断学生辍学务工源头；组织教育、司法、人社等部门，加大控辍保学宣传力度，通过开展“百场法律宣传进村（屯）”“千条宣传横幅标语进社区”“万名党员教师进万家”等活动，在公共场所通过标语、板墙报、宣传单、宣传栏、宣传车、上门宣传等形式，多层次、全方位对控辍保学工作进行宣传，加大控辍保学宣传力度，做到宣传动员家喻户晓，实现发动全民参与控辍保学工作，营造控辍保学浓厚氛围，形成联防联控工作局面。

在劝返保学工作中，各县区实行有针对性的分类劝返工作方法，以合适的方法分别对厌学辍学类、外出务工类、同居生育类、特殊病患类等不同类别的学生进行劝返。在劝返后，再具体根据每一位学生的情况做好保学工作，做到“扶智”和“扶志”相结合。百色各县（市、区）在保学工作中，从学生的兴趣和爱好出发，探索研究教学方法，开办各类学生社团组织或者兴趣班，激发学生的学习兴趣，并且有针对性地做好心理健康教育，在思想上、生活上、学习上关心学生，引导学生树立正确的学习观、世界观、人生观、价值观，使返校生劝得来、留得住、学得好。对不愿在普通学校就读或学业困难、极度厌学学生，采取灵活安置方式，实行职业教育融合办学方式，安排到职业技术学校的普职融合体验班继续接受教育，做好义教与职教的衔接融合，保证每一个学生都能掌握一技之长。对残疾儿童少年等弱势群体学生，依据其自身的实际情况进行随班就读、到特殊学校就读、送教上门或免学缓学的教育分类安置，及时给予心理辅导和心理教育，保护每一位少年儿童的身心健康成长。

（3）推进职业教育。职业教育是最快实现脱贫的一种教育形式，它通过对初中毕业和高中毕业学生进行中职或高职教育，使学生在全日制专业化的职业教育中获得基本职业技能，从而能顺利就业。百色作为较落后地区，教育的发展也受到了经济发展的制约，导致人们对教育的重视程度不够，厌学、辍学外出务工现象时有发生。以普通教育作为脱贫手段，见效慢，时效长，很难得到立竿见影的效果。而职业教育学习内容操作性强、专业设置丰富、教育目标实用性强，能够给予厌学或是有经济负担的学生更大的学习兴趣和动力。因此，在贫困地区推进职业教育是符合地方发展、学生发展与教育发展规律的重要内容。

田东县在推进职业教育的过程中，结合地方实际情况，构建了多层级多维度的职业教育体系，从根本上维护每一位学生的受教育权利，做到了面面俱到。围绕“就读一人、就业一个，脱贫一户”目标，把家庭贫困学生全部纳入职业学历教育和技能培训计划，努力转变贫困学生家长的思想观念，达成“扶贫先扶智”共识，通过在职校开办“协力文更班”“海南成美巾帼励志班”“广西芬芳巾帼励志班”和开展“雨露计划”等，对家庭经济困难学生给予生活补助费，有效引导农村地区特别是家庭经济困难学生接受职业教育，激励贫困山区孩子上学读书，励志成才。在“两后生”职业教育培训中，田东县实施技工院校结对帮扶贫困家庭“两后生”职业培训计划，帮助了数百个贫困家庭“两后生”完成一年的学习培训后实现就业或继续升学。他们还尤其重视在义务教育范围内的中职学生的补助与引导，实施好中等职业学校学生享受国家免学费和助学金政策、中等职业学校自治区政府奖学金项目以及“雨露计划”，整合社会各界力量，创办扶贫助学班，多元化资助贫困学生，扎实推进中高职贯通办学，鼓励和支持中职毕业生继续升入高等职业院校接受高等职业教育，切实提高了贫困人口的就业创业能力。

（4）全面落实学生资助。在教育扶贫工作中，学生资助是最为普遍的扶贫方式。随着精准扶贫工作的深化，学生资助工作也朝着更加全面、科学、精准、规范的方向发展，做到了“绝不让一个学生因家庭经济困难而失学”。目前，学生资助主要分为两大来源，一是国家资金资助，二是社会资金资助。

在国家资助中，百色构建起了从学前教育到高等教育全学段的资助政策体系，通过宣传单、横幅、标语、电话咨询等方式，大力宣传学生资助政策力度，做到家喻户晓，确保群众享受政策。在全力摸排中，组织学校认真核对学生信息，全面摸排比对核实核对，确保建档立卡学生信息精准，不错补或漏补，做到应补尽补。在此基础上，全面落实学前教育免保教费、义务教育家庭经济困难学生生活补助、农村义务教育学生营养改善计划补助、残疾学生补助等教育资助，普通高中和中等职业教育免学杂费，提供国家助学金、大学新生入学补助、生源地信用助学贷款、中央专项彩票公益金教育资助项目等，实现了建档立卡贫困户学生资助全覆盖。同时，严格落实在脱贫攻坚期间，教育扶贫学生资助“摘帽不摘政策”要求，对建档立卡未脱贫户和不同年份的退出户家庭学生的差异化资助，实现应助尽助。如凌云县根据本县民族情况，在四个民族乡中心小学和县城初中、高中、职校开设了特少数民族提升班，发放生活物资和生活补助，有力保障了少数民族学生享受均衡教育发展成果，确保不让一个少数民族掉队。

在社会性资助中，得益于大扶贫格局的构建，在全社会共同助力脱贫攻坚的过程中，百色得到了高校、企业、商会、社团组织、民间公益事业团体组织和居民自发组成的各种形式的互助组织等的社会帮扶，各组织纷纷捐资助学，给予贫困学生生活费、奖助学金，发放教学物资、慰问物资等，这些社会资助对贫困学生完成学业提供了有力的物质保障和资金支持。如靖西市利用深圳市对口培养高技能人才项目，保障每位学生接受3～4年的全日制学历教育，学校给予学生免学费、生活补贴、住宿补贴、交通补贴等学习待遇。在凌云县的4个瑶族乡，特少数民族居住较为集中，生活条件差，经济落后，受历史条件限制，送子女入学积极性不高，教育水平低，是辍学高发区。该县利用两广对口帮扶资金，在特少数民族聚集区开办盐田班、启航班、白鹭班、鹏城班等教育扶贫资助班级，加大对贫困特少数民族学生的资助力度，极大地激发了学生上学积极性，提高了学生的入学率和在校巩固率，为提升特少数民族人口劳动力综合素质夯实了基础，助推了凌云县的脱贫攻坚工作。

（5）促进乡村教师队伍建设。教师是学生的引路人，有好的老师才会有好的教育，因此乡村教师是保障乡村教育的重要支持。在教育扶贫工作中，做好教师增量提质工程，坚持引进和培养并重原则，配齐配强师资队伍，才能推动教育扶贫的高质量发展。百色市精准教育扶贫开展主要是围绕教师待遇、优先教师职称评定、拓宽教师聘用和加强教师培训四个方面展开的。通过这一系列政策倾斜，促进乡村教师队伍建设，在保障乡村教师利益的基础上有效地保障了乡村教育的质量。

在教师待遇方面，百色全面落实乡村教师支持计划，提标扩面实施乡村教师生活补助和提高乡村教师待遇，将特岗教师、政府购买服务临时聘用人员纳入年终绩效奖励范围，切实增强获得感。在补助上，还根据学校距离、教师工作生活环境艰苦程度等实行差别化补助。同时，大力实施乡村教师周转宿舍建设，建成农村小学教师周转宿舍和教师公租房，确保乡村教师安居乐教。凌云县在落实乡镇工作补贴政策中，实现“义务教育教师平均工资收入水平不低于当地公务员平均工资收入水平”，全面实施校长岗位奖励性绩效工资，教师与公务员同等享受年终绩效奖励工资，为特岗教师缴纳社会保险，实现同工同酬待遇，安排财政专项资金，每两年为全体在职教职工体检一次，给予教师人文关怀。

在职称评定方面，对乡村教师给予政策倾斜。百色市对任教满20年以上的乡村教师不受本单位岗位限制，可参加职称评聘；有支教、走教经历的教师在职称评聘、评优评先中具有优先条件；县城中小学教师在评聘高级职称时，应具有一定乡村学校任教年限；建立乡村教师荣誉制度，按照有关规定对在乡村学校长期从教的教师予以表彰。通过政策倾斜，在全社会大力营造关心支持乡村教师和乡村教育的浓厚氛围。

在教师聘用方面，由于乡村教师依然存在招不到、留不住的问题。目前，百色市在对乡村教师的聘用中，积极盘活教师编制，核定教师基本编制情况，每年通过公开招聘中小学教师、特岗教师、“银龄计划”、定向培养全科教师、专项招聘、使用核编控制数招聘等方式补足配齐乡村学校教师，对农村边远地区和寄宿制学校，特别是村小和教学点实行倾斜核编，满足其紧缺学科教师编制需求。凌云县在补充乡村教师工作中，还注重提高农村教师数量和质量，以推进“城乡一体化发展”为契机，推动“县管校聘”试点管理体制改革，让一批优秀校长和骨干教师向国家级深度贫困村学校、薄弱学校流动，充分发挥了优秀教师、学科带头人的示范带动作用，促进教育均衡发展。

在教师培训方面，百色各区县已经把乡村教师培训纳入基本公共服务体系，认真做好“国培”“区培”“市培”的培训计划，积极开展县级培训和校本培训，保障经费投入，确保乡村教师培训时间和质量，不断提高教学水平和教育教学质量。在教师交流方面，百色市利用东西部协作平台，采用“请进来、走出去”的方式，积极与对口帮扶的地区开展交流学习。如德保县通过引进深圳市南山区教育专家智力帮扶，还邀请深圳南山区第二实验学校、南山区中科先进院实验学校的老师到德保中学开展课堂示范教学等活动，积极创设机会让当地教师在交流学习中有所收获。

（6）学校建设项目有序开展。教育扶贫保障的是全社会贫困受教育群体享有教育权利且享有均衡的教育，这一目标就要求我们国家具备相当数量的各级各类学校，以及具备一定的办学条件，才能满足学有所教所需要的硬件设施。对于全国教育扶贫工作来说，学校建设是可视化、可量化的硬性指标，也是均衡教育发展指标中的一项重要内容。在国家强有力的经济支持下，百色和全国一样，城乡学校建设已经得到了快速的发展，尤其是易地搬迁扶贫安置点学校建设和乡村地区的学校办学条件改善，都达到了各项指标要求。

对于现有的城乡学校中，以实施学前教育工程、中小学校舍维修改造项目、义务教育薄弱学校改造工程等来改善学校的办学条件。通过实施农村寄宿制学校建设工程，建设学生宿舍楼，解决了“大通铺”现象和学生上学难问题；通过合理布局乡村教学点，保障农村儿童就近入学；通过以撤并薄弱学校，改扩建中小学校和幼儿园，优化基层教育资源配置，扩增学位，加快消除了“超大班额”和入园难问题；通过配齐体育运动场、网络多媒体教室、音乐专用教室、美术专用教室等基础设施，满足广大学生对优质教育资源的需求，在多方面确保所有学校达到基本办学条件，推动义务教育均衡发展与优质均衡项目的有效衔接。

对于新建学校，主要是根据易地搬迁移民户和进城务工子女的需要，提前做好学校办学规模及项目建设的规划，推动搬迁集中安置点的基本公共服务设施教育项目建设。在集中安置点，要配套齐全幼儿园及中小学校，以“免试、就近、划片”分配的原则，确保贫困学生就近能上学、上好学。

2. 文化扶贫的工作举措

（1）传承发展地方文化。文化是一个民族的特殊印记，是中华民族的瑰宝。百色地处边远少数民族山区，又是革命老区，这片土地上孕育出了丰富多彩的文化，需要我们传承与发展。文化扶贫工作的开展，也将文化的传承与保护工作落实到位，为繁荣发展本土文化做了许多工作。

例如，隆林在文化扶贫中，加强对乡村文化遗产保护，划定乡村建设的历史文化保护线，保护好文化遗产。通过实施乡村非物质文化遗产传承发展工程，完善非遗传承人扶持政策，切实保护隆林德峨苗族跳坡节、隆林壮族歌会习俗、隆林壮族山歌（哥依呵调）、隆林仡佬族拜树节、隆林苗族服饰制作技艺、隆林北路壮剧、隆林彝族祭送布谷鸟节、壮族踩风车、壮族八音坐唱、壮族衮服制作技艺、彝族打磨秋、隆林蓝靛膏制作技艺等12项自治区级非物质文化遗产保护项目，建设非物质文化遗产传承基地和民族文化生态保护区，保护和挖掘优秀民族民间文化遗产，传承、传播和发展民族文化。

（2）积极推广普通话。普通话是我们国家法定的通用语，也是联合国六种官方工作语言之一。目前，百色地区使用的地方语言主要有壮话、白话、桂柳话等，普通话的普及程度仍有待提高。尤其在一些贫困落后地区，普通话不够普及，还有部分群众听不懂、不会说普通话，这影响了学生到外求学发展和劳动人口到外务工的质量。因此，在脱贫攻坚战中，以普通话促脱贫，是文化扶贫的一项重要工作。百色在精准扶贫工作中也开展了丰富多彩的活动推广普通话的工作。如德保县在“推普脱贫”方面做了全方位立体化的具体工作，将普通话纳入职业技术培训内容，提高外出务工人员的语言交流沟通能力，使其能够更好地融入城市生活；针对“四类”人群开展普通话培训，明确“学龄前儿童、青壮年农民、教师、基层干部”这四类人群的培训目标，组建师资团队，开展普通话培训；组织开展学校语言文字达标建设工作，以实现2020年50%以上学校完成语言文字规范化达标建设工作的指标任务。

（3）发展文化旅游项目。旅游发展虽然是产业发展的一部分内容，但是也需要文化发展的支持助力。百色本身就具有十分丰富的旅游资源，但是，因为经济发展的落后，目前还有很多资源处于未开发或开发程度低的状况。部分市县通过以高品质的文化理念注入旅游资源的开发当中，既能够产生经济效益，也能够促进社会和人的全方位发展。如靖西市以“山水边城、锦绣靖西”为形象品牌，加大营销宣传力度，实施品牌带动战略。在旅游路线上，着力打造“中越跨境之旅”“生态休闲养生之旅”、边关探秘游线路、壮族风情游线路等旅游精品路线；在乡村文化旅游项目中，打造安德南天国故地文化艺术节、龙邦非遗传习大典、化峒三月三歌圩、湖润元宵歌圩、新兴二月二传统花炮节等内容丰富、规模宏大的特色乡村传统文化活动品牌，促进乡村文化旅游发展；在文化产业方面，靖西以文旅结合发展特色文化旅游产业，壮锦、绣球等已被列入国家、自治区非物质文化遗产的民间技艺，确定为民族民间文化开发利用的重点项目，在政策上扶持，在资金上倾斜，将壮锦和绣球打造成为靖西的文化象征，衍生出具有地方文化特色的旅游文化特色产品。通过这些文化扶贫项目的开展，鼓励农村群众自办农家乐，解决农村贫困劳动力就业，让农村群众通过制作手工艺品，经营旅游产品、本地土特产品、餐饮、民宿、旅游服务等增加收入。

（4）完善文化性公共服务设施。文化生活的开展需要有一定的设施配备，在文化扶贫中，填补文化性公共设施的空白是文化扶贫的一项基础性工作。平果市按照国家有关建设标准，在村级公共服务中心建设公共服务综合楼、篮球场、文艺舞台、宣传文化栏（墙），组建文艺队、体育队，到2020年完成全市大部分村级公共服务中心建设，努力实现有条件的村级公共文化服务基本全覆盖；通过设立农家书屋和管理员，配备报刊、藏书、卫星机顶盒、电视机、计算机等设施，既满足了群众多样化、多层次的需求，又解决了农村居民“买书难、借书难、看书难”的问题；在文艺队的组建工作中，通过深入基层开展调查研究，摸清状况，再次收集梳理业余文艺团体中能力较弱的扶持对象，有针对性地对节目创编及文艺骨干培训予以重点扶持，制定开展文艺演出的计划方案和规章制度，深入贫困村（屯）开展“文化下乡”“送戏下乡”等服务活动，结合中华传统节日、重要假日等举办各种演出、民俗文化展演等活动，不断提高基层自办文艺活动的能力和水平，提升业余文艺队的整体素养和节目质量；同时，还开展送书下乡活动，切实推动全民阅读活动。

（5）开展移风易俗活动。我国农村具有淳朴、朴素的一面，但是也存在一些不良的风气和行为习惯。为改善农村在婚丧嫁娶、清洁卫生等方面的不良思想风气行为，在文化扶贫中，百色开展了一系列移风易俗的活动。在隆林县，把引领和传播时代文明新风尚作为文明创建工作的重要着力点，引导文明单位在弘扬新时代文明新风方面发挥示范表率作用，深化隆林各乡村文明行动，健全村规民约、道德评议会、红白理事会、村民议事会、禁毒禁赌会等“一约四会”，组织开展乡风评议；倡树喜事新办、丧事简办、厚养薄葬等文明新风，破除婚丧嫁娶大操大办、人情攀比等陈规陋习；全面推行惠民殡葬政策，加快公益性公墓建设；加强农村科普宣传和阵地建设，抵制封建迷信活动。如在德保易地搬迁安置点，一是开展搬迁群众“五美家庭”评比活动，评选最美媳妇、最美婆婆、最美乡贤、最美自富户、最美致富带头人，通过“最美长廊”进行宣传，积极创建安置小区“五美家庭”，树立搬迁群众标杆和道德楷模，促进搬迁群众爱党爱国，遵守居规民约，积极参与就业产业脱贫致富，促进家庭和睦邻里团结；二是建设“移风易俗长廊”，吸收优良的乡约民规和家风庭训，制作社区新民公约板报、标语，强化公共道德意识、卫生健康意识、文明和谐意识，促进搬迁群众道德自律，摒弃向窗外乱扔垃圾、随地吐痰、随意践踏草坪、攀比浪费、酗酒闹事等不良习惯；三是建设“议事会长廊”，通过老乡议事会、红白理事会、禁毒禁赌会等，促进搬迁群众团结友爱、互助互信。坚持新事新办，废除陈规陋习，简化改良殡葬习俗，禁止大操大办，树立良好的婚丧喜事习惯。同时，加强法律法规的宣传教育，提高搬迁农户禁毒禁赌、拒毒拒赌意识，维护社会稳定，促进社区平安和谐发展。

（6）激发群众内生动力。文化素质的提升能够持续性激发群众的内生动力。田林县在构建文化服务体系的过程中，通过面对面宣讲、扶贫专栏宣传、文艺编演等多形式宣传，营造“脱贫光荣、懒惰可耻”社会氛围，从思想情感上激发群众内生动力。田阳区通过深入开展物质与精神“双脱”行动，全面激发脱贫攻坚内生动力。在深入开展脱贫攻坚大宣传行动中，创新宣传手段、丰富宣传内容，利用新型传媒，为打好脱贫攻坚战营造良好舆论氛围。通过制作一部扶贫宣传推介片、建设一个扶贫工作展览馆、创建一批扶贫公益爱心超市、创作一台扶贫大型民族音画舞蹈史诗、举办一场高质量脱贫主题研讨会、表彰一批脱贫攻坚典型人物等“六个一”宣传方式，进一步加大脱贫攻坚宣传力度，引领全区人民增强“四个意识”，树立“四个自信”，为决战贫困决胜小康奠定坚实的思想基础。

（二）教育文化扶贫的成效

习近平总书记指出：“扶贫既要富口袋，也要富脑袋。”提高扶贫质量，摆脱贫困的代际传递，关键在于提高贫困群众的综合素质，激发和培育贫困群众的内生发展动力。要想激发贫困群众内生动力、培养稳定脱贫能力，教育文化扶贫是根本之策。教育文化对个人的影响必须通过长时间的学习和渗透才能体现出效果，百色在精准扶贫工作实施以来，教育文化扶贫工作多方并举、扎实推进，取得了较为显著的成效。

1. 教育扶贫成效

2016年以来，百色教育扶贫工作严格按照中央、自治区和市委、市政府关于脱贫攻坚的部署要求，紧紧围绕教育扶贫工作，突出工作重点难点，通过采取下沉一线蹲点作战，建立月调度、月通报和月督导等制度，全力推进教育扶贫各项任务落实，取得了一定的成效。

（1）义务教育“一个不少”。百色通过推行“四步工作法”，全面开展对失学辍学学生的数据排查，精准确定失学辍学人数，严格落实各项工作机制，组织开展劝返工作并给予合理安置，为学困生建立了“一帮一、多帮一”关爱帮扶机制，尽最大努力让学困生、劝返生“一个都不能少”。根据“十三五”以来的统计数据，百色在劝返工作中，共劝返失学、辍学学生

14340人，2019年，九年义务教育巩固率达到95.77%，比2015年提高了6.88个百分点。至2020年春、秋季两个学期，均已实现义务教育阶段建档立卡贫困户家庭和非建档立卡家庭适龄儿童少年失学、辍学动态“双清零”目标任务，目前全市义务教育阶段无因贫失学辍学学生①。

（2）精准资助“一个不漏”。百色全面落实国家资助政策，在精准教育扶贫工作中，构建起从学前教育到高等教育各学段全程帮扶工作机制和全覆盖的学生助学体系，落实了学前免保教费、“两免一补”、农村学校就读享受营养膳食补助、高中免学杂费、高中国家助学金、中职免学费、中职国家助学金、大学新生入学补助、生源地信用助学贷款等资助惠民项目，实现从学前至高等教育资助全覆盖。据教育部门统计，2016年至2020年10月30日，全市共发放各类学生资助惠民补助资金33.58亿元，受益学生638.32万人次，贫困学生应助尽助，切实解决家庭经济困难学生读得起书的问题，有效阻断贫困代际传递。

截至2019年数据统计，在建档立卡户中，因子女上学负担重而致贫的，通过教育扶持实现了精准脱贫2万人以上。同时，还建立起了贫困家庭子女定户、定人教育精准帮扶机制，对建档立卡贫困户子女从入学到毕业就业进行全程跟踪、全程资助、全程扶持情况。具体在学生教育资助中，“十三五”以来，共发放义务教育困难学生资助资金51.63亿元②。

百色市通过对各学段学生的精准资助，在重点保障义务教育的基础上，尤其重视对学前教育、高中阶段教育、高等教育和职业教育等非义务教育阶段的帮扶，切实做到了“一个不漏”。

百色在教育扶贫中实事求是，做到了具体问题具体分析。根据本市贫困面广，贫困人口多、贫困程度深的基本市情，除在义务教育阶段严格落实以外，还重点突破学前教育、高中教育和职业教育中存在的难题，通过教育脱贫一批的目标得到了实现（详见表9-1）。

①② 中共百色市委宣传部：《广西百色　高质量决战决胜脱贫攻坚》，人民网，http://paper.people.com.cn/rmrb/html/2020-11/20/nw.D110000renmrb_20201120_1-08.htm，2020-11-28。

表9-1　各学段学生的精准资助一览表

学 段	帮扶人群类别	人数（万人）	金额（亿元）
学前教育	建档立卡贫困户、城乡低保、城乡特困人员、孤儿、事实无人抚养儿童、烈士子女	24.58	1.79
高中教育阶段	建档立卡贫困学生	14.82	1.19
职业教育阶段	一年级、二年级在校涉农专业学生和非涉农专业建档立卡贫困户、城乡低保、孤儿、残疾等家庭经济困难学生	28.28	2.64

在学前教育方面，百色落实完善了学前教育资助制度，有力保障了贫困家庭幼儿接受学前教育。“十三五”期间，全市对建档立卡贫困户、城乡低保、城乡特困人员、孤儿、事实无人抚养儿童、烈士子女等已纳入免除保教费范围，共发放学期教育资助补助资金1.79亿元，受益幼儿24.58万人。

在高中教育阶段中，全部免除建档立卡贫困户高中生学杂费，2016年至2020年，共发放免学杂费资助补助资金1.19亿元，受益学生14.82万人，实现了12年免费教育。

在职业教育方面，百色市落实职业教育免学杂费政策，一年级、二年级在校涉农专业学生和非涉农专业建档立卡贫困户、城乡低保、孤儿、残疾等家庭经济困难学生享受国家助学金，保障了未升入普通高中的初中毕业生都能够进入中等职业学校就读，还建立了市内大学贫困家庭子女定向培养制度，对贫困家庭子女上大学实行定向培养、定向就业，并给予中长期贷款补助，在2016年至2020年，共发放各项目资助补助资金2.64亿元，受益学生28.28万人。百色市通过积极探索职业教育助力脱贫攻坚工作，重点办好了一系列职业教育扶贫助学班，实现了贫困家庭初中毕业生通过职业教育得以顺利就业。其中，有8513名在职业教育扶贫助学班接受教育，部分学生已毕业并稳定就业，实现“读书一人、就业一个、脱贫一户”的目标。

同时，多元化帮扶主体，积极发挥百色市教育基金会学生资助平台的作用，在“十三五”期间多渠道筹措社会资金，提升了对贫困学生的帮扶力度。一是积极募捐，共募集款物超1.88亿元。二是落实精准助学，获得显著成效。2016年至2020年累计助学支出9847.96万元，共资助全市家庭经济困难学生59593人（次），其中大学生15837人、高中生22606人、中职生1162人、小学生10323人、初中生9665人。还先后帮助基础薄弱学校援建200多项改善办学条件项目，为全市的教育精准扶贫发挥了重要作用，成为国家学生资助工作的重要补充。三是建立教师发展基金，营造全社会尊师重教浓厚氛围。2019年，百色市建立教师发展基金，落实了奖教助教开支4790万元，共表彰全市优秀教师12628人次，还资助了困难教师266人次。

（3）协调发展“一个不落”。教育扶贫不仅要补齐教育短板，更要促进教育的全面协调可持续发展。为此，百色市在教育扶贫工作中，以“推普脱贫”工作为杠杆，补齐教育短板，多措并举改善制约教育发展的方方面面，在保证每个人享有“一个不落”均衡全面发展的前提条件下，促进人的发展，持续提高人的内生动力。

首先，“推普脱贫”工作机制的完善，提升了工作的科学性。这体现在，教育职责评价工作在体系、管理、督导等方面实行了科学的制度。同时，通过优化计算机辅助开展普通话水平测试工作，提高了普通话测试的公平、公正和科学性。还有通过实施推普乡村行、树立行业标杆、编写培训教材、组织专项培训、推行“语言扶贫”App网络资源等方式，以现代科学手段提升工作效率和工作质量，促进了人与社会的科学化发展。

其次，“推普脱贫”工作具有一定的社会服务功能。百色市根据地域和民族特点，积极开展“推普脱贫”工作，共组织教师普通话培训15486人次，基层干部普通话培训19700人次，学龄儿童普通话训练31621万人次，青壮年普通话培训7292人次，累计完成普通话水平测试40000人次，全市普通话普及率已达到89.4%，实现了基本消除因语言不通而影响脱贫的情况。百色市通过普及普通话工作，提高了贫困群众使用国家通用语言文字对国家、社会、政策的知晓度，提高了在校生的学习广度，提高了群众外出务工的数量与交流质量。

最后，“推普脱贫”工作让民族语言保护得到了有效支持。百色的多民族、地方语言作为中华民族文化的组成部分，具有丰富的研究内涵。“推普脱贫”工作的开展，不是一项单一的语言推广工作，而是在尊重、保护多元文化的基础之上提高少数民族群体适应社会能力和增强竞争力的一项工作。因此，“推普脱贫”工作通过创建双语学校，持续开展语言资源有声数据库和语保工程项目建设，共完成了10个项目点的创建，建立了民族语言保护平台，实现了本地民族语言得到有效保护。

（4）办学条件“一个不差”。办学条件是教育教学工作开展的基础，百色市在教育扶贫工作中持续实施薄改项目，从硬件与软件两方面着手，切实做到办学条件“一个不差”的目标。

在硬件上，2015年以来，百色全市累计新建义务教育学校204所①，共投入29.98亿元用于义务教育学校校舍及附属设施等基础设施建设，共实施单体工程2037个，建设校舍面积173万平方米，已开工1958个，已竣工1754个。仅2019—2020年，在新建、改扩建82所义务教育学校共计282个土建项目，已开工274个，已竣工251个。在这82所参与义务教育保障战役的学校中，20所为新建易地搬迁扶贫安置点新建学校，20所学校均已招生办学。同时，加大资金投入用于购买普教仪器、设备16465.1万元，提升教育信息化28503.91万元，图书设备9570.61万元，课桌椅690.3万元，床架912.1万元，洗浴设备4577.18万元。大量资金的投入，基本补齐了薄弱学校教育技术装备的短板，全市义务教育学校办学条件基本达到自治区的标准，实现了学前和义务教育办学条件和基本生活条件的全面改善。

在软件上，百色市对教师队伍进行了大量补充。2016年以来，在义务教育方面共补充乡村教师11692人。②通过多渠道补充乡村教师，一是通过全区全市中小学教师公开招聘，二是通过实施农村学校特设岗位计划招聘，三是通过农村小学全科定向培养计划，四是通过乡村教师专项招聘等其他方式，有效补充了百色市的师资队伍（详见表9-2）。

为保证教师队伍稳定，百色市人民政府出台了《百色市乡村教师支持计划实施方案（2015—2020年）》和《关于提高艰苦边远地区村校及教学点教

①② 中共百色市委宣传部：《广西百色　高质量决战决胜脱贫攻坚》，人民网，http://paper.people.com.cn/rmrb/html/2020-11/20/nw.D110000renmrb_20201120_1-08.htm，2020-11-28。

师待遇保障水平的若干规定》，率先实现了乡村教师生活补助范围的全覆盖，即县城城区学校以外的所有乡（镇）、村学校和教学点教师全覆盖，并在自治区和百色市规定生活补助基础上，按照地域和艰苦程度不同再提高额度不等的补助。到2019年底，全市乡村教师月平均收入比乡镇公务员高500元左右，比城区教师高950元～1750元，保障了乡村教师的待遇，有效提升乡村教师职业吸引力，让乡村教师更安教、乐教于乡村教育。

表9-2　2016年以来百色市义务教育阶段教师队伍建设统计表

（单位：人）

时间	公开招聘	全科教师	特岗	双选	红城汇智招聘	合计
2016年	890	239	930	55	—	2114
2017年	1201	190	773	85	—	2249
2018年	2202	210	561	83	—	3056
2019年	952	133	642	18	—	1745
2020年	1594	291	607	27	9	2528
合计	6839	1063	3513	268	9	11692

2. 文化扶贫成效

“十三五”期间，百色文化扶贫工作取得了重大突破，在推动发展优质旅游、推进全域旅游，加快推进旅游业转型升级和提质增效的同时，以打造乡村文化振兴样板为抓手，以繁荣文化旅游事业、发展文化旅游产业为重点，加强公共文化基础设施建设，深入开展群众性文化活动，加强文化遗产的保护利用，大力推进文化旅游产业的发展，积极探索创新举措，不断深化体制改革，文化旅游建设取得重要突破和重要成果，为百色经济社会的科学发展提供了强有力的思想文化支持，全市文化和旅游脱贫攻坚工作成效显著。

（1）发展旅游业实现富口袋。发展旅游业是百色文化扶贫的重中之重。为此，百色通过制定印发了《百色市旅游扶贫“十带”行动工作方案》，把开展旅游扶贫“十带”行动作为市文化旅游扶贫的行动纲领，动员相关企业、社会团体、个人参与贫困地区旅游开发，通过旅游产业重点帮助旅游扶贫村加快脱贫进程，进一步提高旅游脱贫质量和成效。

百色具有丰富的旅游资源，通过统筹推进“文旅+”产业大融合，借助文化旅游融合发展机遇，进一步推动了文旅与农业、林业、健康养生、城镇化建设、体育产业的融合发展，创新了研学旅游产品，打造起一系列“文旅+”产业集群，创建了一系列旅游品牌，推动了全市旅游提质升级。2020年，已成功创建世界地质公园1个、国家AAAAA级旅游景区1个、国家AAAA级景区18个、国家AAA级景区17个、广西星级乡村旅游区21处、星级农家乐53家、全国农业旅游示范点3家、全国休闲农业与乡村旅游示范点1家、全国乡村旅游重点村1个、国家级文化产业示范基地1个、自治区文化产业示范基地3个、自治区级文化创意产品开发示范基地1个。

百色旅游主打红色游、健康游与乡村游。在红色旅游方面，百色围绕百色起义纪念园（国家AAAAA级旅游景区）创建工作和百色“古城恢复、红城提升”项目建设，创新“红色旅游+”新模式，重点培育了低碳旅游、红色培训、VR体验、旅游扶贫四大新产品，加入了红色文化研学旅行联盟，用创新为百色红色基因注入新动力，成为全国首个红色旅游景区型低碳旅游示范基地。在健康旅游方面，百色市成立了大健康和文化旅游产业工程指挥部，组织申报自治区层面大健康文化旅游重大项目，多渠道争取到了政策、资金、技术、人才等支持，成功融入了巴马长寿养生国际旅游区，充分挖掘健康旅游、特色医疗、饮食保健、中医壮医等资源，有效发挥长寿养生品牌影响力，以健康旅游融合发展为突破，建设了一批与田园风情、山水生态、休闲旅游结合的养生体验和疗养基地，打造出养生养老长寿产业长廊和边关休闲旅游养生养老长廊。在乡村旅游方面，田阳区巴某村、德保县那温村、靖西市旧州村、田东县模范村已入选全国乡村旅游重点村，以及田东县和凌云县浩坤村三合屯发展乡村旅游经验入选国家发改委、文化和旅游部联合公布的全国乡村旅游发展典型案例。

以这些旅游思路，打造形成旅游精品线路，开展了“旅行社带客”行动，鼓励和引导旅行社、旅游公司组织游客到乡村旅游区（点）游览参观，实现向旅游扶贫村定向输送客源的目标。在景村共建项目中，百色完善了贫困村旅游基础设施和公共服务设施建设，培育了乡村旅游经营主体，成功吸纳当地劳动力就业，使当地群众能够脱贫致富，同时还改善了农村的基础设施、产业结构、村容村貌，促进了农村经济社会的进步。

积极主动利用好现有资源。广东省作为百色的对口帮扶省份，落实了许多粤桂扶贫项目，为感谢帮扶省份的支持，充分利用资源发展经济，百色出台了相关优惠政策并组织实施，鼓励和吸引广东游客到百色旅游，扩展了“引客入百”的旅游市场。据统计，2018年至2019年，累计接待广东游客达60多万人次，有效促进了旅游经济增长。同时，积极对外举办旅游文化宣传推介活动，吸引更多游客和投资商来进行观光旅游、养生度假、投资兴业，推动深圳、百色、河池三地旅游协会成功签订旅游扶贫战略合作框架协议，为引导和鼓励行业协会积极参与旅游扶贫工作打下坚实基础。

随着百色旅游业的兴盛，对旅游服务质量提出了更高的要求。基于此，百色主动加强与自治区相关部门的对接合作，承办了各类旅游扶贫培训班6期，组织全市旅游扶贫管理人员、旅游扶贫村干部、致富带头人参加，完成脱贫攻坚类培训3000多人次。通过理论学习加实地考察等多样化的培训方式，提高从业人员工作技能，拓宽就业渠道，充分带动贫困群众脱贫致富，为推进农村脱贫攻坚打好基础，努力实现百色乡村振兴。通过常态化组织开展旅游扶贫招聘活动，组织举办年度文化旅游扶贫招聘会，针对各县（市、区）符合精准扶贫建档立卡条件、有就业能力且有就业或创业愿望的适龄劳动者设立招聘岗位，获得区内外近百家旅游企业提供就业岗位2800余个。同时，用好用活本地旅游人才教育资源，鼓励县区和全市旅游企业与百色学院等院校签订人才培训协议，不断充实百色高素质的旅游人才队伍。

“十三五”期间，百色文化旅游业发展迈上新台阶。据统计，2016年1月至2020年7月，全市接待旅游总人数17293.11万人次，同比增长28.29%，旅游总消费1847.67亿元，同比增长35.74%。其中：国内游客人数17257.93万人次，同比增长28.65%；旅游综合消费1836.71亿元，同比增长36.22%；入境旅游人数35.09万人次，同比增长8.97%；旅游综合消费15919.24万美元，同比增长11.32%。

（2）公共文化设施建设促进富脑袋、强体魄。建设公共文化服务体系是有效富脑袋、强体魄的民生工程。在精准扶贫工作的强力推动下，百色新建、扩建村级活动场所（村级公共服务中心）782个，文化室、戏台各975个，篮球场1249个，极大丰富了群众的精神文化生活。贫困群众精神面貌发生明显变化。百色市大力实施爱心公益超市“以劳动换积分”的做法，结合开展“推动移风易俗、树立文明乡风”等活动，激发内生动力，贫困群众精神面貌焕然一新。

在广播电视事业方面，为落实广播电视事业建设各项任务，一是实现直播卫星户户通，百色共完成了43428套户户通设备的安装调试，有效解决43428户农户收听收看广播电视节目难的问题；二是实施兴边富民大会战，对离边境线0~20公里范围内的村（屯），向贫困户无偿发放广播电视设备项目，完成德保、靖西、那坡三个边境县8869户贫困户发放安装广播电视接收设备；三是实施乡镇广播电视无线覆盖工程建设，“十三五”期间全市共建成45座乡镇无线发射台站，截至2020年，全市圆满完成127座乡镇无线发射台建设任务；四是实施农村应急广播体系建设，完成隆林、靖西、那坡、凌云、乐业5个县的县（市）、乡（镇）、村（社区）三级应急广播体系建设全覆盖；五是实施“壮美广西·智慧广电”工程建设，截至2020年，我市共完成了815个行政村光纤联网，发展“广电云”用户41582户，完成68个乡镇综合服务站建设和74个乡镇机房建设。这为丰富农村人民生活，让他们更好地了解外面的世界提供了硬件支持。

（3）文化遗产得到保护与传承。百色少数民族众多，民族文化丰富多彩。百色在脱贫攻坚战中，不仅让各族人民褪去了贫困的面貌，逐步实现全民族的小康，而且做到了把民族的文化融入新时期建设当中，成为自身发展的精神财富。

从2005年开始，百色先后落实了《国务院办公厅关于加强我国非物质文化遗产保护工作的意见》和《广西壮族自治区人民政府关于加强我区非物质文化遗产保护工作的意见》，制定下发《百色市人民政府关于加强我市非物质文化遗产保护工作的意见》《百色市非物质文化遗产保护工作实施方案》《百色市市级非物质文化遗产代表作申报评定暂行办法》《百色市非物质文化遗产保护工作局际联席会议制度》等文件，成为全区第一个制定市级非物质文化遗产保护实施方案的地级市，使全市的非物质文化遗产保护工作得到顺利开展。通过努力，百色市非物质文化遗产名录体系初步建立，全市共有17035项非物质文化遗产信息录入数据信息库，有1545个项目列入国家、自治区、市、县四级人民政府的非物质文化遗产保护名录，其中国家级9项（布洛陀、那坡壮族民歌、壮族织锦技艺、壮剧、田林瑶族铜鼓舞、壮族嘹歌、田阳舞狮技艺、田东瑶族金锣舞、凌云七十二巫调音乐）、自治区级128项、市级193项、县级1402项。其中，“隆林跳坡节”“田阳壮族舞狮”入选原文化部138个历史悠久、特色鲜明的“2013年春节文化特色活动地区”，还有4个非遗传习基地进入自治区级项目库，48个被列为市级重点建设传承传习基地项目；国家级非遗传承人3人，自治区级非遗传承人39人，市级非遗传承人115人，县级非遗传承人476人。

依托地方特色文化，将文化节庆赛事活动办得有声有色，扩大了文化旅游的影响力，打造出了右江区端午龙舟文化节、歌圩会、田阳布洛陀民俗文化旅游节、田东芒果文化节、平果嘹歌欢乐节、德保红枫旅游节、靖西七夕绣球节、那坡彝族跳弓节、同歌节、凌云清明茶交易会、乐业国际山地户外挑战赛、田林“吼敢”壮剧节、隆林德峨苗族跳坡节、彝族火把节、仡佬族尝新节、西林句町文化艺术节等“一县一节”或“一县多节”活动。通过举办节会赛事，以节造势、以节聚客，形成了“以文化促旅游、以活动聚人气”的文化旅游融合发展格局，吸引了大量游客与当地群众的参与，提升了市场吸引力，成为展示百色地域风情的平台。

三、教育文化扶贫的基本经验

百色精准扶贫工作开展至今，教育文化水平得到了很大的提升，也在实践中积累出了一系列经验。

（一）国家政策支持是保障

百色教育文化扶贫的实践充分证明，只有坚持社会主义制度的制度优势与中国共产党的领导相结合才能真正做到集中力量办大事，才能优化贫困地区教育文化资源推进教育均等化发展，进一步整合优质教育资源实现教育文化扶贫目标。百色教育文化扶贫成效的取得，是以国家资金投入和惠民政策作为基础，逐步提升农村义务教育学校设施设备、补足村级文化场馆建设，为教育文化扶贫的实施提供了前提和保障，为提升贫困人口的文化素质和劳动技能提供了有力的物质基础。

（二）因地制宜发展是基础

教育文化事业的发展是根据地方发展的实际情况决定的。百色作为“老、少、边、山、穷、库”地区，教育文化发展相对滞后，对教育重视不够，对文化发展不重视，由此衍生的思想文化贫困制约了人的发展。随着精准扶贫的深入开展，百色市因地制宜发展教育文化事业，通过教育需求配套相应的软硬件资源，根据学生的学习需求引导学生尽可能接受教育，根据地方文化特色开发旅游和文创产品等，产生了良好的社会效益，为人与社会的共同发展创设了有利条件。这一系列工作的落实，都是在具体问题具体分析的基础上，因地制宜发展取得的成果。

（三）科学规划引导是前提

精准扶贫贵在精准，精准的前提条件是科学规划。百色在教育文化扶贫工作中，根据精准识别有针对性地对不同人群开展教育，根据不同地方的文化特色规划发展路径，使教育文化资源得以有效利用开发，有效地促进了人的发展。虽然在教育文化扶贫工作中仍存在一些问题，但也正是在工作深入开展的过程中，才逐渐认识到科学规划的重要性，厘清了工作逻辑体系，进而为未来教育文化扶贫工作的高质量发展提供宝贵经验。

（四）人才队伍建设是支撑

无论是教育水平的提升，还是文化旅游资源的开发，都需要强有力的专业人才队伍作支撑。百色由于自身的发展水平局限，本就存在人才结构不合理、人才数量少，且文化素质不高的问题。教育文化扶贫工作，从根本来说就是人的发展的工作，要促进人的全面发展。百色通过大量政策引导，以引进外地人才与发展本土人才服务地方发展的思路，使得地方教育文化事业发展专业人才得以满足。在数量得以满足的情况下，还通过各种形式的培训，提升人才质量，形成人与社会相互循环发展的良好开端。

（五）以提升能力素质为目标

人是生产力中最有活力的要素。在百色精准扶贫具体工作中，农村义务教育保障、教育资助、职业技能培训、推广普通话、文化惠民工程及挖掘文化资源打造文化特色产业等举措，都是以提升贫困群体的精神境界和道德素养、塑造贫困人口积极向上的精神风貌、强化贫困群体脱贫致富的信心为总体目标。在教育文化思想层面的扶志与扶智，以文化人，激发了贫困群众的内生动力和自身潜能，使个人能够充分发挥主观能动性，充分促进了贫困群体的个人成长与成才，提升了贫困群众脱贫致富的能力和素质。

总之，教育文化扶贫是“智、志”双扶的重要途径，是从根本上消除贫困代际传递的有效方式。虽然百色在教育文化扶贫方面取得了巨大成就和丰富的经验，但教育文化发展的不平衡性还客观存在，今后应对和解决相对贫困的问题日益显现，教育文化扶贫仍任重而道远，仍需我们共同努力，共同走进教育文化扶贫的新时代。

第十章

健康扶贫

“没有全民健康，就没有全面小康。”习近平总书记此语道出了健康扶贫对打赢脱贫攻坚战、实现全面建成小康社会的重要意义之所在。健康扶贫是指通过提升医疗保障水平，采取疾病分类救治、提高医疗服务能力、加强公共卫生服务等措施，让贫困人口能够看得上病、方便看病、看得起病、看得好病、防得住病，确保贫困群众健康有人管、患病有人治、治病能报销、大病有救助的扶贫方式。党的十八大以来，党中央提出“精准扶贫”工作理念并将健康扶贫作为精准扶贫的重要内容，我国相继出台了《关于实施健康扶贫工程的指导意见》《健康扶贫工程“三个一批”行动计划》《贫困地区健康促进三年攻坚行动方案》等政策文件，推动健康扶贫落地见效。强调贫困地区要聚焦贫困人口“看得起病、看得好病、看得上病、少生病”，强化责任狠抓落实，提升基本医疗卫生服务能力，搞好政策配套衔接，确保健康扶贫政策落实落地落细。同时，确保贫困群众稳定脱贫，健康扶贫工作还进一步健全统一规范的医疗救助制度，作出前瞻性的政策安排，适当扩大健康扶贫政策的覆盖面。党的十九大报告进一步把“推进健康中国建设”摆到重要地位和工作日程，将其上升到国家战略层面，提出要完善国民健康政策，为人民群众提供全方位全周期健康服务。百色各级党委政府把健康扶贫作为脱贫攻坚的重要工作来抓，先后出台了《百色健康扶贫攻坚行动计划（2017—2020年）》等一系列文件，就百色如何做好健康扶贫工作作出安排，推动健康扶贫工作的有序开展，实现了贫困人口“有能力看病、有地方看病、有医生看病、看得好病、少生病”，健康百色的新局面新格局正在形成。

一、没有全民健康就没有全面小康

关于健康的概念，《辞海》中给出的解释是："人体各器官系统发育良好、功能正常、体质健壮、精力充沛并具有良好劳动效能的状态。"而世界卫生组织给出的解释是：健康不仅指一个人身体有没有出现疾病或虚弱现象，还是指一个人生理上、心理上和社会上的完好状态。可见，健康不仅包括一个人在身体处于良好的状态，也包括在心理和在社会上的良好状态。习近平总书记提出："没有全民健康，就没有全面小康。"满足人们对于健康的新期盼，推进健康中国建设成为习近平治国理政的重大战略，也是党和国家实现全面建成小康社会目标的重大方针。实施健康扶贫，是我们党贯彻落实习近平总书记关于推进健康中国重要论述的体现，是坚持以人民为中心，防止因病致贫、因病返贫，巩固脱贫攻坚成果、全面推进乡村振兴的重要保障，是建设健康中国、提高人民群众健康水平的重要举措，为推动全球减贫事业发展贡献了中国方案、中国智慧。

（一）健康扶贫是坚持以人民为中心的发展思想的重要体现

健康是人民群众最关心、最直接、最现实的利益问题，也是人民获得感、幸福感、安全感的重要内容。确保人民群众生命安全和身体健康，是我们党治国理政的一项重大任务。中国共产党人的初心是为人民谋幸福。中国共产党作为马克思主义政党，坚持一切为了人民，带领全国人民不断创造美好生活。包括全民健康工作在内的党的一切工作，都是以最广大人民根本利益为最高标准的。

党的十八大以来，以习近平同志为核心的党中央坚持以人民为中心的发展思想，对民生事业提出了更高要求，即"幼有所育、学有所教、劳有所得、病有所医、老有所养、住有所居、弱有所扶"，关心关爱人民健康工作，在全国实施健康扶贫工程，这是回应新时代人民对美好健康生活的向往和期盼。新时代带领人民创造更加幸福美好的生活，要把增进民生福祉作为发展的根本目的，紧紧抓住人民最关心最直接最现实的健康利益问题，坚决打赢健康扶贫战役，为全面打赢脱贫攻坚、实现全面小康提供坚实的健康保证。百色市深入贯彻落实以人民为中心的发展思想和习近平总书记关于人民健康工作的重要论述精神，全力以赴抓实抓细健康扶贫工作，严格落实中央、自治区健康扶贫政策，压实责任，加快推动全市健康扶贫工作顺利有序开展，努力让百色贫困群众有地方看病、看得起病，不断提高贫困群众获得感、幸福感。

（二）健康扶贫是实现脱贫奔小康的重要保障

实施健康扶贫，提升贫困地区医疗卫生服务能力，保障贫困人口享有基本医疗卫生服务，防止因病致贫、因病返贫，是推进“健康中国2030”建设的重要举措，也是守住脱贫攻坚成果、全面推进乡村振兴的一场关键持久之战。

党的十八大以来，百色持续推进精准扶贫、精准脱贫。2020年是我国全面建成小康社会收官之年，也是脱贫攻坚决战决胜之年，在此过程中，贫困人口的健康问题越来越成为脱贫攻坚的最大变量之一，各地都把健康扶贫作为决战决胜脱贫攻坚的关键之役，务求打好打赢。经过近几年的攻坚，百色健康扶贫工作取得突破性进展，截至2020年12月28日，百色市因病致贫户、因病返贫户已实现全部脱贫，健康扶贫起到了重要的决定性保障作用。

（三）健康扶贫是建设健康中国的重要举措

开展健康扶贫，是维护人民生命健康安全、建设健康中国的重要举措。在2016年召开的全国卫生与健康大会上，习近平总书记从实现民族复兴、增进人民福祉的高度，把人民健康放在优先发展的战略地位，深刻论述推进健康中国建设的重大意义、工作方针、重点任务。这是全党全社会建设健康中国的行动指南，更是全方位全周期保障人民健康的实践号令。在党的十九大报告中，习近平总书记进一步提出“实施健康中国战略”，勾勒出健康中国的发展蓝图，强调通过采取深化体制改革、发展健康产业、健全健康政策、加大食品安全执法力度、完善健康法治体系等举措，进一步推动健康中国建设。百色作为全国重点贫困地区之一，贫困人口多，基层医疗保障能力相对滞后，健康扶贫任务较重，因此，百色开展健康扶贫工程，对全面提升全市基本医疗卫生保障条件，加快推进健康百色建设，为实现健康中国的目标也作出百色应有的贡献。

总之，百色深入开展健康扶贫工作既是贯彻落实党中央以人民为中心的发展思想的重要体现，也是造福革命老区贫困群众的重要举措，为推动实现基本公共卫生均等化，维护社会公平稳定，巩固脱贫攻坚成果、全面推进乡村振兴，完成时代赋予的重要历史使命具有十分重要的意义。

二、健康扶贫的做法和成效

（一）健康扶贫的主要做法

健康扶贫工作关系民生福祉，关系脱贫攻坚和乡村振兴工作大局，更关系党和国家的形象。党的十八大以来，特别是精准扶贫战略提出以后，百色认真贯彻落实习近平总书记关于精准扶贫的重要论述精神和党中央、自治区各项医保政策，结合百色实际，创新开展健康扶贫工作，通过加强组织领导，强化统筹协调，坚持以人为本，开通绿色通道，改善基层医疗卫生条件，提高服务水平等举措，推动百色市健康扶贫工作取得重大进展。

1. 加强组织领导，强化统筹协调

百色市委市政府坚持高政治站位，高度重视健康扶贫工作，始终把健康扶贫作为最大政治任务、最大民生工程、最大发展机遇，坚持把健康扶贫作为打赢脱贫攻坚战的战略之一，以落实“两不愁三保障”为重点，创新开展健康扶贫工程“五个一行动”，即为建档立卡贫困户建立一份健康档案、提供一份健康教育处方、落实一名家庭签约医生、建立一项医疗保障制度衔接、购买一份健康保险（医保二次报销）举措等，有效防止因病致贫、因病返贫现象。一方面，要求各县（市、区）切实担起责任，专门成立推进健康扶贫工程“五个一行动”领导机构，强化组织领导，统筹资金安排、政策衔接、人员配备等工作，明确时间表、路线图，层层落实责任，确保各项扶贫政策落地见效。另一方面，出台《百色市健康扶贫工作考核办法》，将市、

县两级健康扶贫工作作为脱贫攻坚工作领导责任制和政府目标考核重要内容，定期对各县（市、区）健康扶贫工作进行考核、检查督促，确保如期完成各项工作目标。

2. 坚持以人为本，建立贫困人口诊疗绿色通道

百色各级党委政府坚持以人民为中心的发展思想，坚持把人民生命健康安全放在最突出的位置，通过开通生命绿色通道、开展大病集中救治、慢性病防治管理等工作，守好人民群众生命健康安全防线。

一是开通生命“绿色通道”。百色各级医疗机构坚持以人为本和以病人为中心的理念，全面推行“先诊疗后付费”模式，开通生命“绿色通道”，最大限度方便贫困群众就医，确保患者得到及时、安全、规范、有效的治疗。确保贫困人口住院治疗无须缴纳押金，与定点医疗机构签订“先诊疗后付费”协议，即可入院治疗。各医院开通就诊“绿色通道”，设置“绿色病房”，最大限度解决贫困人口“看病难”的问题。同时，为了实现“数据多跑路、群众少跑腿”的目标，从2017年开始，百色各县区相继实施贫困人口住院“一站式”报销结算系统，在各级定点医院均设置“一站式”结算窗口，贫困人口在“一站式”结算平台可直接办理基本医保、大病保险、基本医疗第二次报销、医疗救助、兜底保障等项目，患者只需缴纳个人支付费用部分即可，极大地优化了建档立卡贫困人口患病住院、门诊治疗办理报销流程，提升了服务质量，减轻了贫困患者医疗负担，确保了贫困群众能够看得起病。

二是开展大病集中救治。百色坚持把人民生命健康安全放在首位，对核实核准患有国家规定的30种大病的建档立卡贫困群众开展分类救治，同步开展其他病种救治工作，明确定点医院制定30种大病诊疗方案和临床路径。对患有30种大病人员进行一人一档一方案管理，对大病患者及时介入治疗，做好接诊和转诊工作，同时开展大病人员跟踪服务，从而实现让农村贫困人口“无病预防、有病早治”的目标，有效避免了因病致贫、因病返贫情况出现，为全面打赢脱贫攻坚战打下坚实基础。

三是加强慢性病防治管理。百色加强对慢性病的防治管理工作，对患有

29种城乡居民基本医疗保险门诊特殊慢性病的建档立卡贫困人员实行“先享受后备案”制度，对已确诊的慢性患者，在定点医疗机构录入相关信息即可享受相应的医疗待遇。同时，医保部门和卫键部门不定期深入乡镇、村（屯）对建档立卡贫困群众进行慢性病筛查，由主治医生现场确诊并发放慢性病卡，专人收集备案人员名单、疾病类型和认定时间，即时对接医保部门录入系统，切实保障贫困群众的切身利益。2020年，百色特殊慢性病门诊报销比例达88.02%。

3. 增强政策保障力度，提高政策落实率

近年来，百色坚持以脱贫攻坚作为最大的政治任务来抓，紧紧围绕健康扶贫战役工作目标，通过不断深化医疗保障等政策衔接和落实机制，强化政策的宣传力度，提高政策的知晓率，形成基本医保、大病保险、健康扶贫保险、医疗救助、政府兜底保障“五条医疗保障线”，落实差异化参保政策，确保贫困人口看得起病。

一是全面落实医疗保障制度。百色全面落实差异化医疗保障政策，对未脱贫、两年继续扶持期内脱贫人口参保费个人缴费部分财政全额补助，不在两年继续扶持期内脱贫户参加城乡居民基本医疗保险个人缴费部分的财政补助比例为60%，2014年、2015年退出户参加城乡居民基本医疗保险个人缴费部分的财政补助比例为30%。2014年、2015年退出户和不在两年继续扶持期内脱贫户，在医保倾斜政策方面，享受基本医保、大病保险、基本医保二次报销、医疗救助倾斜政策，可不再享受财政补助兜底保障政策。

二是落实“198”政府兜底保障制度。“198”兜底保障政策，是指未脱贫户和两年继续扶持期内脱贫户参保个人缴费部分财政补助比例提高至100%；建档立卡贫困人口（含未脱贫贫困人口、两年继续扶持期内脱贫人口）按《广西壮族自治区人民政府办公厅关于印发进一步加强健康扶贫工作若干措施的通知》中兜底保障规定就医的，住院医疗费用实际报销比例达到90%；门诊特殊慢性病符合《通知》中兜底保障规定的门诊医疗费用实际报销比例达到80%。百色通过将全市建档立卡贫困人口信息与基本医疗保险信息系统进行比对，查遗补漏，确保符合参保条件的建档立卡贫困人口应保尽保，不漏一人；同时筛查现役军人、出国定居、判刑收监、户籍迁出、农转非、死亡、失踪等不符合参保条件的人员，移出兜底保障对象范围。通过这一举措，大幅度减轻贫困患者费用负担。

三是加大健康扶贫政策宣传。为保证贫困群众对健康扶贫政策的知晓率，百色利用多种形式和渠道，广泛开展健康扶贫、医疗保障政策宣传活动，加大宣传健康扶贫政策的重要意义，提高干部群众对健康扶贫政策的知晓率。其一，科学编印医保扶贫政策宣传材料，及时梳理参保缴费、待遇报销、医疗救助等扶贫政策并汇编成册，以及制作“村医通”流程等，下发到基层；其二，进一步压实各级各部门、帮扶联系人和家庭医生的帮扶责任，及时进村入户用通俗易懂的方式向贫困群众进行健康扶贫政策宣传；其三，在村卫生室、定点医疗机构等场所开设宣传专栏，张贴宣传板报等，增强宣传成效；其四，通过电视台、官方网站、官方微信公众号、拉挂宣传横幅等开展形式多样的政策宣传活动，确保每一个群众都能够通过不同渠道获取健康扶贫政策宣传信息，了解政策内容，提高政策的知晓率。

4. 推进基层医疗基础设施建设，改善基层医疗卫生条件

百色通过改善基层医疗基础设施，进一步推动市、县、乡、村四级医疗机构标准化建设，加快推进全市卫生健康重大项目建设。整合资源强力推进百色市人民政府办公室关于印发《百色城区公立医疗卫生机构基础设施建设实施方案（2019—2021年）》，切实解决基层卫生健康项目建设遇到的问题困难，推进基层项目工程进度，加强工程建设质量监督，确保新建医疗机构项目如期竣工，投入使用。2016—2020年，我市实施了基层医疗卫生机构能力建设五年行动计划，大力推进县、乡两级医疗机构基础设施建设。全市累计投入资金16.3051亿元用于改善县、乡两级医疗卫生机构基础设施建设，累计改扩建153个乡镇卫生院，占全市174个乡镇卫生院的87.9%。另投入1.8275亿元，为174个乡镇卫生院购置DR、彩色B超、全自动生化分析仪、全自动血球计数仪、救护车等设备384台（套）设备，设备配置完成率达100%。投入6228.09万元，累计新建、修缮777个村卫生室；投入3120万元为村卫生室购置基本设备，包括电脑、打印机、听诊器、血压计、体温计、出诊箱、身高体重计、诊查床、资料柜等，极大地改善了看病就医环境。

同时，加快开发“互联网+智慧医疗”工程，通过借助大数据、互联网技术，实现医疗信息资源共享服务人民大众。全市二级以上医疗机构全部完成与自治区全民健康信息平台实现数据互联互通，全市基层医疗单位全部上线使用广西基层医疗卫生机构管理信息系统。不断提升基层医疗卫生机构服务能力和水平，着力解决贫困群众没有地方看病的问题。

5. 加强乡村医生队伍和医疗联体等建设，提高基层医疗服务水平

提高基层医疗服务水平，关键在人才，重点是加强医联体建设和家庭医生签约服务质量，有效解决贫困群众“看病难”问题。

一是提高乡村医生待遇保障水平。保基本、强基层，关键在人才。只有加强基层医疗卫生人才队伍建设，才能提升基层医疗服务水平，让贫困群众受益。一方面，实施引进人才的“绿色通道”和“简易程序”，不断充实基层卫生人才队伍。首先是持续开展农村定单定向免费医学生培养。累计培养了本、专科定向医学生1240人，这些定向医学生毕业后直接办理入编手续，不再考录；实施村卫生室定单定向医学生（中专生），累计培养1050名村医。其次是大力招聘基层卫生人才，仅2020年，全市共聘用乡镇卫生院人才533人，通过事业单位公开招聘程序聘用248人，通过简化程序招聘285人，缓解了基层卫生人才短缺的压力。再次是实施全科医生转岗培训和住院医师规范化培训。全市实现了每个乡镇卫生院至少有1名合格全科医生或执业（助理）医师，达到每万名常住人口拥有全科医生不少于2名的要求。最后是实施基层卫生人才能力提升培训工作。不断提升基层医疗卫生服务机构技术水平。各县（市、区）积极组织开展基层卫生人才能力提升培训项目，每年组织基层卫生专业技术人员开展线上和线下培训相关业务知识，持续提高了基层卫生人员常见病、多发病的诊疗能力及实操能力。另一方面，为了破解基层卫生队伍招录难、引进难、流通难、留住难和职称低、学历低等现象。2019年，百色出台了《关于进一步提高百色市乡村医疗卫生队伍待遇保障水平的若干政策规定》（以下简称《规定》），明确提出实行卫生九条，实行“县聘县管乡用”“乡聘村用”人员管理机制，规范村医职业化管理。

《规定》中村医由乡镇卫生院聘用，工资由财政保障，补助从0元~300元提高到1300元~3000元不等，与村委会副主任享受同等待遇，如平果市、西林县达3000元，右江区达2600元。《规定》出台后，2020年累计有2069名村医享受了村委会副主任待遇。通过采取直接面试、直接考察162人，“县聘乡用”1382人，享受不受岗位结构比例限制的188人，乡镇卫生院聘用编外人员工资由财政支付的1954人。有力筑牢了基层网底，为健康扶贫工作奠定了人才队伍基础，解决贫困群众有医生看病问题。

二是高标准推进医联体建设。一方面，加强医疗联合体建设。分别由百色市人民医院和右江民族医学院附属医院牵头与12个县（市、区）人民医院建立12个城市“三二”医联体，市人民医院分别与凌云县、隆林县人民政府和隆林县人民医院签订托管型紧密“三二一”医联体，市人民医院院长担任凌云县、隆林县人民医院法人代表，并派出副院长担任凌云县、隆林县人民医院执行副院长；广西瑞康医院全权托管田阳县中医院。另一方面，由各县级医院牵头分别与169个基层医疗卫生机构建设县域医共体，乡镇卫生院（社区卫生服务中心）参与率达94.41%，达到自治区90%以上的任务要求。西林县整合县乡医疗机构建成独立法人的医疗集团。目前，田阳、平果、那坡、凌云、隆林、西林等6个县（市、区）被列为国家、广西县域医疗卫生共同体紧密型医共体试点县。通过这些措施，全市县、乡、村三级医疗机构服务能力明显提升，让贫困群众“有好医生看病，看得好病”。

三是完善家庭医生签约服务。全市各基层医疗机构以群众健康需求为导向，立足基本公共卫生服务和基本医疗服务相结合，通过完善家庭医生签约服务，不断增加家庭医生签约覆盖面，逐步扩大签约服务内容，让贫困群众有了“健康守护神”。为全面提高家庭医生签约服务质量，百色市出台家庭医生服务管理办法，引入脱贫攻坚第一书记责任、激励、考核等管理模式，规范家庭医生管理，为每个贫困户家庭成员的健康状况建档立卡，做到送医送药上门，服务到人，精准到病。全市整合县、乡、村三级医护人员共2568名，组建1550个家庭医生签约服务团队，深入乡村开展家庭医生签约服务，确保建档立卡贫困人口（含未脱贫人口、已脱贫人口、退出户）签约全覆盖，2020年，全市贫困人口签约103.1799万人，签约服务率达100%，做到应签尽签。家庭医生对患有大病、慢性病等重点人群，每年至少安排进行一次随访，对高血压、糖尿病、重性精神病、结核患者每年至少四次随访，确保贫困群众全面高质量地享受家庭医生服务。家庭医生签约团队通过与贫困患者签约服务，按照规范要求提供各类签约随访服务、健康教育服务和健康体检服务，及时发现患者重大疾病，做到早发现、早治疗，避免患者因病拖延错过最佳治疗时机和因病返贫等问题。

综上所述，百色紧紧围绕市委市政府工作部署，以贯彻“两不愁三保障”目标任务，聚焦“基本医疗有保障”工作要求，实施健康扶贫工程，全力推进健康扶贫各项政策平稳有效衔接落地，扎实推进健康扶贫各项工作，为全市建档立卡贫困人口和“因病致贫”“因病返贫”患者提供基本医疗服务，切实提高巩固脱贫成果。

（二）健康扶贫的成效

百色高度重视健康扶贫工作，各县（市、区）因地制宜、因地施策，严格落实各项医疗保障政策，高标准推进医疗基础设施和人才队伍建设，使贫困群众“看得起病”“看得上病”“看得好病”“少生病”。

1. 加强医疗保障制度执行力度，使贫困人口“看得起病”

全面落实“198”兜底保障政策。各县（市、区）积极落实健康扶贫政策，扩大医疗保障覆盖面，扎实做好建档立卡贫困人口医疗费用兜底保障工作，稳定脱贫基础，努力防止群众因病致贫、因病返贫，提高农村贫困人口“健康指数”。截至2020年12月25日，百色在国家扶贫开发系统有建档立卡贫困人口1035222人，符合条件的建档立卡贫困人口应参保1034833人，已参加城乡居民基本医疗保险的有1034833人，参保率达100%。截至2020年11月底，百色市建档立卡贫困人口住院医疗综合保障受益215756人次，住院医疗总费用109783.22万元，基本医保统筹报销72844.28万元，大病报销10476.25万元，基本医保二次报销5539.13万元，医疗救助877.71万元，政府兜底1739.1万元，住院实际报销比例达90.61%。百色建档立卡贫困人口（未脱贫户、两年继续扶持期内的脱贫户）门诊特殊慢性病医疗综合医疗保障受益187592

人次，门诊特殊慢性病医疗总费用6593.79万元，基本医保统筹报销4343.73万元，大病报销672.72万元，基本医保二次报销150.62万元，医疗救助298.08万元，政府兜底338.58万元，门诊特殊慢性病报销比例达88.02%。贫困人口参加城乡居民基本医疗保险比例、住院医疗费用实际报销比例；门诊特殊慢性病符合桂政办发〔2018〕133号兜底保障规定的门诊医疗费用实际报销比例均达到或超过自治区下达的指标任务。

医疗保障服务更加便民。百色市积极探索，简化工作程序，不断优化医疗保障工作流程，使建档立卡贫困人口更加方便看病就医。为此，百色各医保定点机构实施建档立卡贫困患者住院享受“先诊疗后付费”“一站式”结算，实施建档立卡贫困患者慢病患者“先享受、后备案”等便民措施。同时，大力推进贫困人口大病、慢性病分类救治，对全市建档立卡贫困人口患30种大病共18014人实施大病专项救治，对29种门诊特殊慢性病患者共136448人实施慢性病签约服务管理，实现贫困人口应签尽签，简化程序发放慢性病卡。截至2020年11月底，百色新办建档立卡贫困人口门诊特殊慢性病卡44157张，2018年以来累计办理136448张；推进“村医通”设备使用，共发放1729个，实现村卫生室医保报销即时结算；乡镇卫生院基本配齐29种门诊特殊慢性病基本用药和常用药，进一步减轻贫困群众到上级医疗卫生机构购药的经济负担。在家庭医生签约服务方面，2019年，百色贫困人口家庭医生签约人数为1031843人，签约率为100%，家庭医生签约服务范围持续加大。

2. 加强医疗基础设施建设，使贫困人口“看得上病”

为实现贫困人口“有地方看病”，百色市出台了《百色市人民政府办公室关于印发百色城区公立医疗卫生机构基础设施建设（2019—2021年）实施方案》，加大基层医疗基础设施建设力度。2016年以来，百色市按照《广西基层医疗卫生机构能力建设行动计划（2016—2020年）》要求，加快推进各项目的建设。按照建设目标，县级医院建设方面，德保县、靖西市、那坡县、凌云县、乐业县、田林县、隆林各族自治县共7个县（市）人民医院和田阳区、田东县、德保县、靖西市、那坡县、凌云县、乐业县、田林县、隆林各族自治县、西林县共10个县（市、区）中医医院有县级医疗服务能力提升项目，其中田林县人民医院和隆林各族自治县中医医院有新建项目；乡镇卫生院建设方面，全市有10个乡镇需要建设业务用房，60个乡镇需购置诊疗设备，994个行政村需购置诊疗设备。

截至2020年底，县、乡、村三级医疗卫生机构基础设施建设按照既定计划有序进行。12个县（市、区）已全部达到至少有一家二级以上医院标准要求；全市133个乡镇全部达到有一个标准化的卫生院建设要求，乡镇卫生院均配齐DR、B（彩）超、全自动生化分析仪、全自动血球分析仪和救护车等基础设备，设备配备达标；全市1696个行政村（不含乡镇卫生院和县级以上医疗机构所在地的行政村）均有一个政府办的标准化的村卫生室，达标率为100%。特别值得一提的是，2020年，自治区下达的36个挂牌督战贫困村，村卫生室建设均已全部达到标准化建设要求，全市易地搬迁扶贫安置点医疗服务也均得到保障；诊疗设备采购工作也在有序进行。总之，经过这三年多的努力，全市县、乡、村三级医疗卫生基础设施建设逐步完善，不断满足老百姓的看病需求，使贫困人口“看得上病”。

3. 加强医疗服务能力建设，使贫困人口“看得好病”

一是强化医疗人才队伍建设，提高医护人员医疗水平。人才是基层医疗机构服务能力的关键。为此，百色通过多种举措，引入人才、留住人才和培养人才。截至2020年底，12个县（市、区）174家乡镇卫生院，5家社区卫生服务中心，共有执业医师825人、助理执业医师823人，每个乡镇卫生院已达到至少有1名合格的执业（助理）医师或全科医师的标准。随着百色《关于进一步提高百色市乡村医生待遇保障水平的若干政策规定》和《百色市乡村医生乡聘村用指导意见》落地实施，各县（市、区）已落实乡村医生的“乡聘村用”招聘工作。截至2020年底，全市享受“乡聘村用”村委会副主任待遇的有2069人，全部达到至少有1名合格的乡村医生标准，消除了村医服务空白村。全市贫困人口县域内就诊率达91.20%，完成自治区下达的指标任务。

二是强化医疗体制改革，提升医疗机构服务水平。为提升县、乡、村三级医疗机构医疗服务水平，百色市加大医疗体制改革，建立医疗联合体、医共体，成立医疗集团，使县级医院享有三甲医院的管理和医疗服务水平，乡

（镇）卫生院享有县级医院的管理和医疗服务水平，而村级医疗站享有乡（镇）卫生院医疗服务水平，全市县、乡、村三级医疗机构服务水平明显提升，让贫困群众“有好医生看病，看得好病”。

4. 加强疾病源头预防控制，使贫困人口“少生病”

实践证明，从源头上预防和控制疾病，可有效降低疾病发生率。为此，百色通过多种举措，加强疾病源头预防控制。

一是实施妇幼健康服务。面向12个县（市、区）目标人群，实施免费孕前优生健康检查，加大孕后地贫儿筛查等产检项目的实施力度，减少出生缺陷发生率，确保了重度地贫儿零出生，降低因缺陷患儿出生而导致的家庭贫困。进一步改善贫困儿童营养，减少贫困儿童因营养不良而导致疾病的情况发生。

二是做好基本公卫和重大公卫服务。强化基本公共卫生和重大公共卫生工作，新型冠状病毒肺炎等重大传染性疾病患病率得到有效控制。通过实施贫困地区健康促进三年行动计划，“健康教育进家庭活动”已经覆盖全部贫困患者家庭，从源头上预防和控制疾病发生。

三、健康扶贫的基本经验

自2016年实施健康扶贫工程以来，百色各级党委政府认真贯彻落实中央和自治区的各项工作部署，结合百色实际，制定具体实施方案并大力实施，取得良好成效，也积累了丰富的经验。

（一）加强组织领导是首要前提

“凡事预则立，不预则废。”加强组织领导是健康扶贫工作得以顺利实施的首要条件。为此，百色成立由市领导担任组长的公共服务专责小组，负责统筹全市的健康扶贫工作。市扶贫开发领导小组也成立医疗保障专责小组，具体抓好健康扶贫的各项工作。2019年7月，百色印发《百色市基本医疗保障战役工作方案》，具体由基本医疗保障战役指挥部抓落实，指挥部作战指挥长由市领导担任，常务副指挥长由市卫健委、医保局主要领导担任，副指挥长和组员由市人民政府副秘书长、市卫健委、市扶贫办、市委组织部等副职领导担任。指挥部负责统筹指挥，定期调度，研究解决重大问题，推动基本医疗保障战役各项措施和目标任务的落实。全市各县（市、区）均成立了由县（市、区）领导为组长，卫健、医保、税务主要领导为副组长，卫健、医保、税务分管领导为成员的医疗保障专责组，统筹本地健康扶贫相关工作。作为健康扶贫工作的牵头单位，各县（市、区）卫健局也成立了由局长为组长、副局长为副组长、相关股室及医疗机构主要负责人为成员的领导小组，将健康扶贫各项工作任务具体落实到相关股室、医疗机构；抽调骨干人员成立健康扶贫办公室，具体负责健康扶贫工作的综合协调管理、督导政策落实、材料收集汇总等工作。市、县两级医疗保障工作组的成立，确保工作的同步推进，解决工作中的突出问题，从而推动百色市健康扶贫工作的顺利开展。

（二）加快医疗卫生体制改革是关键

医疗卫生体制改革是惠及全体老百姓的系统工程。百色抓住深入开展健康扶贫的契机，大力推进全市县、乡、村三级医疗卫生体制改革。一是加强市、县两级“医疗联合体”建设，市级医院选派骨干医务人员进驻县级医院进行管理和开展医务工作。二是加强县、乡两级“医共体”建设，实现技术共享、人才共享、管理共享、设备共享、资源共享。三是成立医院集团，如在西林县将县人民医院、县中医医院、县妇幼保健院和8个乡（镇）的11家卫生院与所有由政府办的村卫生室基础上成立西林县公立医院集团，实行“三统一”，即统一管理、统一提高村医待遇、统一调配派驻村医生。四是突破政策框架出台“卫生九条”，破解基层特别是村级医疗人才难题。百色通过一系列的改革措施，提高了县、乡、村三级医疗机构医疗服务水平，确保老百姓能“有好医生看病，能看得好病”。

（三）提高健康扶贫工作精准度是前提

为深入推进健康扶贫工作，切实解决农村群众“小病不看、慢病拖延、大病返贫”的实际问题，百色在全市范围内开展“农村慢病筛查和健康档案管理”专项行动。各县（市、区）通过组织当地医疗系统力量，按照“村不漏户、户不漏人、人不漏项”的原则，对全市范围内对农村贫困人口开展慢病筛查及健康体检。筛查体检医生及时对筛查体检结果进行健康评估，建立健康档案，并提供个性化健康干预和指导，尤其对慢病患者通过签约服务等方式进行常态化跟踪管理，对大病患者及时介入治疗，做好接诊和转诊服务，提高精准度，从而让农村人口实现“无病预防、有病早治”的目的，有效避免了因病致贫、因病返贫情况发生。

（四）落实健康扶贫政策是保障

百色不断深化医保政策衔接和落实机制，形成基本医保、大病保险、健康扶贫保险、医疗救助、政府兜底保障“五条医疗保障线”。一是实施“198”兜底保障政策，建立健康扶贫长效机制，确保所有建档立卡贫困户参加城乡居民基本医疗保险比例达100%，在继续扶持期内脱贫户、未脱贫户的贫困患者住院费用实际报销比例达到90%，门诊特殊慢性病患者按照基本医保规定，门诊治疗费用实际报销比例达到80%。二是实施差异化医疗保障政策，对未脱贫人口和两年继续扶持期内脱贫人口参保费个人缴费部分财政全额补助，其他类人员相应减少补助比例或没有补助，减轻未脱贫人口和两年继续扶持期内脱贫人口的负担，确保其100%参加城乡居民基本医疗保险，保证其有医疗保障。三是实施家庭医生签约服务，使贫困群众掌握疾病预防知识，或者有疾病时做到早发现、早治疗，确保其有健康保障。

（五）动员全社会力量参与是保证

健康扶贫工程是个系统工程，需要全社会的共同参与。人才培养、人才引进、医疗条件改善、医疗服务水平提高、贫困人口医疗服务保障等都需要大量的人力、物力和财力，仅仅依靠政府投入还不够，需要全社会力量的共同参与。百色充分利用“深百协作”的有利条件，鼓励深圳等区内外地区企业、社会组织、公民个人参与健康扶贫工程，贡献突出的企业和个人，在尊重其意愿前提下也给予项目冠名。积极支持各类企业进行社会捐赠健康扶贫工程，及时按规定落实扶贫捐赠税前扣除、税收减免等优惠政策。充分发挥协会、学会等社会组织作用，整合社会资本、人才技术等资源，为贫困地区送医、送药、送温暖。搭建政府救助资源、社会组织救助项目与农村贫困人口救治需求对接的信息平台，引导支持慈善组织、企事业单位和爱心人士等为患大病的贫困人口提供慈善救助等。有了社会力量的参与，保证了健康扶贫的顺利实施，为全面打赢脱贫攻坚战打下坚实基础。

总而言之，百色各级党委政府坚持提高政治站位，认真贯彻落实中央和自治区的工作部署，坚持问题导向，聚焦“两不愁三保障”，严格按照“真扶贫、扶真贫、真脱贫”的工作要求，抓准抓实健康扶贫各项工作，为贫困人口提供了基本医疗保障，为巩固健康脱贫成果、全面推进乡村振兴提供了坚实的健康农民基础。

第十一章

低保兜底扶贫

脱贫攻坚是我国贫困地区全面脱贫和实现全面小康的关键一步，而低保兜底扶贫是中国消灭贫困的重要手段之一，是脱贫攻坚战要突破的“最后一道防线”。习近平总书记提出精准扶贫，到2020年实现全民脱贫奔小康。百色低保兜底扶贫工作在脱贫攻坚中全面实施，使享受低保兜底的贫困农民最先享受到党和政府的扶贫政策的阳光，加强兜底性建设既助推脱贫，又能有效衔接乡村振兴。

一、守住贫困人口的生存底线

低保制度是消除贫困的重要手段是贫困人口的生存底线。最低生活保障制度符合我国经济社会发展和民生需求实际，保障了极度贫困人群能达到最低生活水平，增加了极度贫困人群的收入，提高了低收入、无收入人群的生活水平。我国实施最低生活保障政策以来，中国贫困人口的生活得到了有效的保障，民生得到了改善。

（一）脱贫攻坚的必然要求

2018年，财政部、国务院扶贫办联合发布《关于在脱贫攻坚三年行动中切实做好社会救助兜底保障工作的实施意见》，以文件的形式提出低保兜底，要求在脱贫攻坚过程中把低保兜底与扶贫开发相结合。2019年4月，民政部发布《关于进一步规范完善最低生活保障行政文书使用工作的通知》规范了工作程序，厘清扶贫相关职能部门的权责，加强信息共享，确保电子行政文书的规范，方便人民群众。2019年9月，民政部发布《关于做好当前困难群众基本生活保障工作的通知》，要求地方政府完善最低生活保障制度，因地制宜，分类施保和应保尽保。由此看出，随着脱贫攻坚工作的向前推进，低保制度的内涵也变得愈发丰富，并成为扶贫工作的最后一环。

（二）"底线思维"发展的具体体现

最低生活保障制度的建立具有长远的效益，体现了党在脱贫攻坚过程中坚持底线思维。农村最低生活保障的对象是农村中少数最贫困的家庭，经济地位也是在生存线附近，只能得到有限的吃穿。教育医疗水平有限，以至于有时连最基本的生存权利都得不到保证。中国共产党的性质和先进性绝对不会放弃发展农村中最薄弱的环节。精准扶贫就是最大限度解决农村中这部分最薄弱的环节。那么，低保制度尤其是农村低保制度就必然要与扶贫开发相联系并进行有效衔接，使之成为脱贫攻坚的重要一环。"底线思维"也是中国共产党取得脱贫攻坚胜利的重要法宝。

（三）经济社会发展的客观要求

20世纪90年代，中国开始新一轮更大规模的经济改革，出现大批结构性失业人口，他们成为城市的贫困群体，而传统的社会救济水平不高且缺乏连续性，这必然要求政府出台新政策来保证贫困群体的生活。由此，1999年在城市地区建立最低生活保障制度。至2007年，农村地区最低生活保障制度也逐步建立起来。随着社会经济发展进入新常态，城乡最低生活保障标准也随之"水涨船高"，并与教育、医疗相结合。精准扶贫要求"两不愁三保障"，这使得最低生活保障制度增加了兜底的功能。这是百色乃至中国经济社会发展的趋势和必然结果，也必将在与乡村振兴战略有效衔接中增加更为丰富的内涵。

二、低保兜底扶贫的做法和成效

低保兜底作为扶贫的手段和形式，在精准脱贫的过程中具有重要地位，是重要组成部分。在全市各级党组织的坚强领导下，不断进行低保兜底扶贫的机制体制创新，不断激发低保兜底的活力，不断提升最低生活保障制度的影响力，广大扶贫干部发扬艰苦奋斗精神，严明政治纪律和规矩，全面加强对低保兜底扶贫的监督，完善最低生活保障“进退机制”，为广西以及全国扶贫攻坚做出突出贡献，也为后续乡村振兴奠定坚实基础。

（一）党委挂帅，兜底有序

全市各级党委充分发挥党委、党组在扶贫中的核心作用，强化广大党员和扶贫一线干部的责任担当意识。同时，各县（市、区）根据兜底情况不同，因地制宜，制定不同的兜底工作方案，扎实推进低保兜底工作，最终形成各县（市、区）自身的“兜底经验”，有序推动了低保兜底扶贫不断创新。

1. 加强党的领导

各级党委党组坚持以习近平新时代中国特色社会主义思想为引领，根据党中央、国务院及自治区党委政府和百色市委市政府的相关扶贫文件精神，制定符合本县（市、区）的兜底政策的实施方案。如德保县根据实际情况出台《德保县2020年社会救助兜底脱贫行动实施方案》；隆林各族自治县出台《关于开展民政社会救助业务指导工作的函》；平果市制定《平果市脱贫攻坚工作各级职责、任务清单》；田林县委、县政府印发《田林县2016年农村低保制度与扶贫开发政策有效衔接工作实施方案》及2019年5月县脱贫攻坚战指挥部印发《田林县社会救助兜底脱贫攻坚三年行动计划（2018—2020年）实施方案》；西林县出台《西林县加快推进农村低保制度与扶贫开发政策有效衔接实施方案》及《西林县社会救助兜底脱贫攻坚三年行动实施方案（2018—2020年）》，并制定《西林县2020年社会救助兜底脱贫行动实施方案》等。这些政策和实施方案针对各类因素致贫和返贫的情况给出应对措施。同时，各级党委、政府还多渠道多形式加大低保兜底政策的宣传力度，各贫困村的村“两委”成员、第一书记、扶贫工作队队员、帮扶联系人深入每家每户进行政策宣讲和解读。平果市通过开展“周五固定学习日”活动来组织全市扶贫干部学习脱贫攻坚相关政策文件和讲话精神，确保脱贫攻坚政策理论知识知晓全覆盖。此外，大数据信息技术手段也在低保政策理论传达方面起到至关重要作用。如“广西扶贫”App的投入使用大大提高宣传的效率；田东县通过与中国移动云MAS业务平台的有效交互，定期把贫困户享受民政救助及民政政策等编制成短信发送到全县帮扶干部手机中，使帮扶干部真实掌握政策，确保对照贫困户落实政策。“八仙过海，各显神通。”各县（市、区）这些具体文件的制定、出台、实施及宣传使得广大贫困群众更加了解低保兜底扶贫的具体形势，更加突显开展低保兜底扶贫工作的指向性，也让广大党员扶贫干部更加有理、有据、有序地开展低保兜底扶贫工作，保障贫困户顺利脱贫，为实施乡村振兴战略奠定基础，也为探索建立百色市城乡长效发展机制和创新发展提供宝贵参考和借鉴。

2. 强化责任担当

中国共产党的领导是中国特色社会主义的显著特征，也是中国消除贫困的力量之源。在以习近平同志为核心的党中央正确领导下实施精准扶贫，实现了“大水漫灌”输血式扶贫向“精准滴灌”造血式扶贫转变，建立了党的领导、国家帮扶与贫困户的良性互动的机制。在党的号召和鼓励下，以黄文秀为代表的数以百万计的党员干部积极响应，披上红马甲下基层、下贫困县、下贫困村（屯）、下贫困户，摸底统计贫困户基本情况，精准了解各家各户贫困情况，精准宣传扶贫脱贫各项政策、精准制定各家各户的脱贫方案。

在市委、市政府的正确领导下，在第一书记和工作队员的努力下，百色市脱贫攻坚取得重大成果。全市各县（市、区）在低保兜底方面强化政治责任，提升低保兜底扶贫的使命担当。如德保县召开民政系统脱贫攻坚兜底保障动员部署暨业务培训会，对政策及要求进行宣讲传达，明确任务，突出重点，形成上下联动、同频共振、合力攻坚的良好氛围，为全县打赢脱贫攻坚战奠定坚实基础。靖西市强化低保兜底的政策落实，通过各种政策进一步加强筑牢低保兜底最后一道防线。乐业县建立完善了“党委领导、政府主导、民政主管、部门协调、基层落实”的城乡低保工作机制，通过“八个更加”，即“体制机制更加健全、规范管理更加完善、动态管理更加有力、低保救助更加公平、信息核对更加精准、资金发放更加规范、信访渠道更加顺畅、扶贫兜底更加到位”全面强化低保兜底工作。隆林各族自治县、田林县通过购买第三方服务最大限度保证低保兜底扶贫工作顺利进行。平果市坚持“四个强化保障”：一是强化扶贫队伍保障，保证低保兜底扶贫人员及储备干部的配备和培养；二是强化资金投入保障，保证低保兜底扶贫资金使用；三是强化各项纪律保障，避免产生腐败现象；四是强化工作机制保障，避免扶贫干部产生干多干少一个样的“大锅饭”思想。同时，实行“战区司令负责制”，进一步强化政治责任与担当。田林县为确保低保兜底制度与扶贫政策“两项制度衔接”工作有序推进，县人民政府成立工作领导小组，由政府分管副县长任组长、县政府府办副主任、民政局局长、扶贫办主任副组长，各乡镇长和相关责任部门领导为成员，明确工作职责，细化工作措施，压实责任，确保衔接工作件件有部署，件件有落实。

3. 创新体制机制

在低保兜底扶贫的过程中，各县（市、区）结合本地区的情况做到因地制宜，创新机制，走出了适合本县（市、区）低保扶贫之路，形成了低保兜底扶贫的本地经验。如平果市，构建了全方位式帮扶机制，成立了脱贫攻坚战指挥部，市委市政府主要领导担任总指挥长，指挥部下设15个专责小组，统筹推进脱贫攻坚各项工作。实行“战区司令负责制”，将全市12个乡镇划分为12个战区，每个战区由一名市领导担任“司令员”，分战区作战。同时，首创“第一家长”帮扶机制。平果全市共派出9683名“第一家长”，与贫困户结成亲家，深入开展帮扶工作。择优派选干部担任贫困村第一书记、驻村工作队员，指导贫困村开展脱贫攻坚工作，首创向非贫困村选派“第一书记”，实现所有行政村全覆盖、无死角。明确市处级领导、战区司令员、乡镇领导、后援单位、村“两委”干部、第一书记、“第一家长”等七级工作职责，制定《平果市脱贫攻坚工作各级职责、任务清单》。层层签订《脱贫攻坚责任状》，进一步明确市、乡、村、后援单位、专责小组及专职扶贫副书记、驻村第一书记、帮扶联系人等各级主体责任。每个月由市委书记组织召开一次分析会，及时传达上级脱贫攻坚精神，通报各项工作进展情况，研究讨论存在问题，明确目标方向，狠抓工作落实。

田东、田林县探索改革优化社会救助程序，全面推行低保审批权限下放乡镇工作。在改革过程中，首先投入经费解决设备短板、经费短缺问题，及时选派业务精干下沉乡镇基层，通过业务培训与指导解决乡镇工作人员业务能力短板问题。为有效提高工作效率、规范审批程序、节省时间、促进低保兜底工作有序进行提供物质保障和业务能力保障。同时，田东县针对乡镇行使低保审批权过程中出现的问题实行快速整改。针对上级部门所反馈的问题，集中、及时召开专项整治会议，做到条条梳理，通过要素与系统相结合的办法进一步对兜底扶贫工作进行改进，优化改革内容。通过“系统抓、抓系统”工作，努力做好精准施策，确保贫困户、困难群众“应保尽保、应退尽退、应救尽救、应补尽补”，有力地促进社会救助工作和脱贫攻坚成果巩固，整治一批不符合条件的低保人员、排查纳入一批“漏补”人员。通过信息技术手段解决了帮扶干部“四不知”现状，即不知救助政策、不知宣传政策、不知救助标准、不知如何施救问题。2019年，田东社会救助工作得到自治区民政厅领导的肯定，批示学习“田东经验”。截至2020年底，田东县未出现一例越级上访，无一人因申请低保问题而上访闹访现象，极大地提高了群众的满意度。田东县的做法让贫困户深刻感受到党和国家救助政策给贫困家庭带来实实在在的帮扶，极大地增强群众的获得感和幸福感，提高了社会满意度，更得到广大干部群众的极大赞誉。田林县实施“县人民政府授权+乡（镇）人民政府实施+县民政局监管”的模式，创新推行低保审批权下放乡（镇）改革，打通低保兜底的“最后一公里”。2017年以来，田林县低保审批改革取得重大进展。一是在2017年田林召开“全市最低生活保障审批权限下放乡（镇）现场会暨培训会”，参会领导及与会人员认为此项改革工作经验可复制，成果可推广。2018年10月10日，自治区人民政府李彬副主席率区直部门前来调研审批改革工作，对田林县的低保审批改革工作给予了肯定性指示。2018年11月7日《中国民政》杂志社、民政部政策研究中心等调研组到田林县开展调研，并在《中国民政》杂志上刊发《广西田林：低保审批权限下放乡（镇）改革取得实效》，对田林县低保审批改革工作进行宣传推广。2019年11月和12月自治区民政厅领导和百色市政府主要领导分别对田林县低保审批权限下放改革工作给予肯定性批示，要求将田林的经验在全区、全市推广。2017年以来，先后有宁夏回族自治区、内蒙古自治区、南宁市、柳州市、玉林市、贵港市、崇左市、大化县、灵山县等9个省、自治区、地级市、县（市、区）单位200余人次到田林考察学习。自治区民政部门也明确指示，将此项改革工作向区外推广，进一步巩固改革成效。此外，乐业县、隆林各族自治县也在低保审批权改革方面取得一定成果。其中，乐业县实行乡镇“一门受理、协同办理”机制建设。隆林各族自治县实行“权责一体”，要求各乡镇人民政府认真履行低保审核审批主体责任，加强核实排查，做到低保该进则进、该退必退，做到不漏一户、不漏一人。

引入第三方机构进行低保核查是对低保兜底扶贫工作的重要补充。隆林各族自治县和田林县率先在百色引入第三方机构开展低保户核查工作。隆林各族自治县以购买社会救助服务方式开展入户核查工作，委托第三方核查机构对全县未享受低保的未脱贫建档立卡贫困户、重度残疾人户以及三级、四级精神残疾户的家庭逐一入户核查，做到主动发现、主动救助，确保各项救助政策落实到位，防止出现漏保问题。田林县切实做到“应保尽保、应退尽退”，通过引入第三方机构进行核查。第三方机构通过实行基本情况摸底，展现低保户的真实情况，而后通过技术手段制作低保对象分布定位情况一览，同时做到定期动态音像检查。在此期间，第三方机构还可以兼顾政策宣传和帮助无能力对象进行申请以及协助乡镇开展民主评议家庭情况调查等。通过一系列完整的调查、实地核查，最大限度防止“骗保”“错保”“漏保”“人情保”“关系保”等违规现象发生。引入第三方机构作为低保兜底扶贫工作的重要补充，增强了低保兜底扶贫数据的可信性。

（二）提高标准，兜底有力

2020年是脱贫攻坚决胜年。百色各县（市、区）加大力度，进一步提高低保标准，有力推动低保兜底扶贫工作进一步开展。

一是档位调整。各县（市、区）党委政府根据实际情况进行低保的档位调整，提高低保保障水平。如德保县从2020年1月起将城市低保保障线标准从690元提高到800元，月人均补助水平从370元提高到390元，其中A档低保480元、B档低保420元、C档低保370元；农村低保保障线从4500元提高到5200元，月人均补助水平从原来的210元提高到245元，其中A类低保360元、B类低保270元、C类低保220元。凌云县针对家庭人均收入低于4400元以下的113户贫困户，经研判后采取提高低保档次提高收入的46户206人，采取转为特困户提高其收入的3户3人（含在113户里的成员），新增申请C类低保2户、A类低保1户。2020年开始，隆林各族自治县农村低保标准由原来每年4500元提高到每年5200元，增幅15.56%，城市低保标准由原来的每月690元提高到800元，增幅15.94%。同时，农村低保对象平均补助水平每人每月提高60元。截至目前，全县农村低保对象A类350元、B类310元、C类270元，月人均补助276元。极度贫困户在此基础上每月再增加20元。城市低保对象平均补助水平每人每月提高20元。全县城市低保对象A类490元、B类440元、C类390元，月人均补助水平达到415元。城乡低保水平均超过自治区要求（月人均补助235元）。田东县农村低保标准从2016年的每人每年3146元提高到目前的每人每年5110元，稳步超过国家和自治区扶贫标准。农村低保月人均补助水平从2016年初的125元提高到2020年的235元。田林县自2016年以来，城市低保标准由2016年的480元提高到2019年的690元，农村低保标准由2016年的2580元/年提高到2019年的4400元/年。农村低保平均补助水平从2016年人均140元提高到230元，城市低保平均补助水平从2016年人均300元提高到420元。2020年，右江区将农村低保标准由2019年的4400元提高到了5200元。农村低保对象A档360元、B档260元、C档220元，城市低保对象A档480元、B档420元、C档360元，低保标准的提高增加了最低生活保障制度的兜底能力。

二是特困供养。各县（市、区）除了进行档位调整以外，着重提高对特困户救助补助标准及进行供养。如田林县根据特困人员是否具备自主吃饭、穿衣、上下床、如厕、室内行走、洗澡能力等6项指标评估特困人员生活自理能力，部分丧失生活自理能力（半自理）按照435元的标准进行发放补助，完全丧失生活自理能力（全护理）按照870元的标准进行发放补助。田阳区全区累计发放低保金11.12万人次3168.94万元，发放特困供养金0.81万人次559.82

万元。西林县2020年1～5月发放385名特困供养人员资金121.99万元，特困户供养水平和护理标准得到落实。

三是其他救助补助。全市12个县（市、区）对因其他不可抗因素导致无法脱贫的进行救助和补助。如德保县把无法通过产业、就业扶持实现脱贫在享受低保C类、B类的未脱贫户调整提高为B类或A类。对于2019年度家庭人均纯收入低于4000元的，经预判评估2020年家庭人均纯收入仍低于4000元的在享受低保C类、B类未脱贫户以及2019年家庭人均纯收入高于4000元但因受新冠性肺炎疫情等因素影响导致2020年家庭人均纯收入低于4000元的在享受低保B类、C类未脱贫户，及时调整提高低保档次。田阳区对无法通过产业扶持和就业帮助、无劳动能力脱贫的“两无”贫困人口和返贫人口及时纳入保障范围，实施低保性兜底扶贫。同时，主动发现和开展临时救助。疫情防控期间，西林县乡镇审批权限由2000元提高到4000元，通过无纸化申请，审批通过后最快2个工作日就能落实。靖西市将符合条件残疾人纳入补贴范围，确保“应补尽补”。截至2020年5月，全市持证残疾人享受困难残疾人生活补贴8047人，享受重度残疾人护理补贴8117人，累计发放临时救助金69.55万元，累计救助401人次。凌云县将完全丧失劳动力或半劳动力、弱劳动力且无法通过产业发展脱贫的贫困户纳入低保救助，因病致贫困家庭、因残致困家庭纳入低保救助。

（三）全面监督，兜底有矩

在低保兜底扶贫过程中，百色市委、市政府及各县（市、区）党委政府对低保工作进行严格监督，保证低保工作有规有矩，坚决杜绝腐败现象发生。

一是加强督导。各县（市、区）党委政府对低保兜底扶贫工作全过程进行严格监督，利用督导的形式加强对相关责任人进行监督。例如，乐业县制定加强和规范城乡低保监督检查、民主评议、档案管理、备案登记、投诉举报、公示公开等低保规范管理制度，严格执行最低生活保障审核审批办法，接受社会监督。同时，完善低保资金管理使用备案制度、联审制度、督查通报制度、监督举报制度、责任追究制度。建立健全投诉举报核查制度，公开低保咨询监督电话，畅通投诉举报渠道，健全投诉举报核查制度。认真做好低保来信来访工作，建立信访投诉登记和举报核查制度，明确信访办结时限，及时向信访举报人反馈办理结果。凌云县民政局成立4个督查组，每个督查组由一个局领导担任组长，低保中心及其他股室人员为成员，分别到8个乡镇进行督导、检查，从而有效地推进这项工作的开展。隆林各族自治县按照《隆林各族自治县2019年农村低保专项治理工作要点和漠视侵害群众利益问题专项整治工作实施方案》持续深入开展农村低保专项治理和漠视侵害群众利益问题专项整治工作。平果市强化各项纪律保障。深入开展扶贫领域执纪监督问责、治理懒政怠政专项活动和查处发生在群众身边的“四风”和腐败问题，严明驻村帮扶工作纪律，严肃查处扶贫过程中出现的违纪违法行为，始终保持执纪反腐高压态势，确保以一流高效的工作作风推动脱贫攻坚。同时，强化工作机制保障，建立督查通报制度。每月以随机暗访的方式，不打招呼，直接进村入户督查暗访，通过“红黑榜”通报典型，层层传导压力，确保扶贫攻坚各项工作落到实处。健全完善干部帮扶考核制度和奖惩机制，将干部年度工作情况同年度绩效考核挂钩，打破“干部干多干少一个样”的局面，确保脱贫攻坚高效推进。田林县积极配合各级残联开展好残疾人“两项补贴”发放工作。首先是规范受理程序。加强对乡（镇）民政办的业务指导，根据《田林县社会救助兜底脱贫攻坚三年行动计划（2018—2020年）实施方案》（以下简称《方案》）精神，切实规范受理程序，指导乡（镇）民政办严格按照第九条和第十条的要求，认真做好残疾人两项补贴申请材料的受理、初审、报送（辖区残联组织）工作。其次是严把审批关口。严格按照《方案》第十二条的要求，及时审核县残联组织转送的材料，对符合条件且资料齐全、合规的，纳入补贴对象范围，自申请人提交申请的当月起计发补贴。对资料不齐全或不合规的，一律退回县残联组织重新审核，待资料齐全、合规后再及时进行审核认定并按程序发放补贴。最后是强化统计和信息比对工作。加强对残疾人两项补贴的财务统计、信息录入和监督工作，如发现数据有误，要及时反馈，提出整改意见。要主动配合做好整改工作，确保报送给统计人员的数据真实、准确、齐全。同时严格执行定期复核机制。

加强残疾人两项补贴发放工作的监督管理，认真落实定期复核机制，确保实现应补尽补、应退尽退的动态管理。对在复核中发现的违规问题及时清理整改，并追回相应补贴资金。田阳区实行低保督导制度，组织低保督导小组，定期或不定期采取重点检查、定向抽查、明察暗访、邻里走访相结合的办法，深入了解社会救助兜底保障工作开展情况，发现存在问题；实行低保工作通报制度，通过会议、低保信息系统数据反馈等形式，通报工作开展和落实情况，通报低保资金管理使用和发放情况，积极确保兜底保障工作取得实效，“应保尽保，一人不漏”。

二是严明纪律。各县（市、区）党委、政府严明政治纪律，严守政治规矩，加强工作作风建设。隆林各族自治县要求扶贫干部加强作风建设，坚决纠正低保工作中不作为、乱作为、敷衍塞责、搞形式、走过场等现象。百色市纪委加强对下级党委（组）纪律监督，纪委监委派驻纪检组对已出现扶贫领域腐败问题实施精准打击，纠治了扶贫领域出现的作风问题。2020年，百色市委针对扶贫领域不正作风问题，建立问题清单、责任清单、整改清单，由市、县两级党委、政府“一把手”担任整治组长，集中整治扶贫领域“了之作风”突出问题，通过正向教育、积极引导、激励与鞭策相结合等措施，要求各级党委（组）对标准、实整改，认真对照“了之作风”问题自查自纠，形成一级带一级、一级抓一级的“领头雁效应”。在此过程中，立案查处扶贫领域形式主义、官僚主义问题189件。对典型案件问题提级查办，坚决“一案双查”，做到警示他人，清风正气。

三是进退有据。各县（市、区）党委、政府严格按照自治区要求，统一标准、统一步骤、统一流程，推进贫困人口精准识别、精准帮扶、精准退出。如平果市严把动态调整，确保进退精准，做好低保人口动态调整工作。坚持“应进必进、应出必出、应纠必纠”的原则，每年对全市贫困人口进行数据清洗、贫困人口动态调整等工作，进一步夯实精准扶贫精准脱贫基础，做到应纳尽纳，应退尽退。隆林各族自治县全面建立对象精准、进出有序、规范有效的低保工作格局，全面提升低保规范化、动态管理水平。截至2020年上半年，西林县清退或注销农村低保对象669人，新增低保对象3570人，真正做到“应保尽保、应退尽退”，做到进要有理，退则有据。

（四）低保兜底，衔接有力

在党中央坚强领导下，在自治区党委、政府和百色市委、市政府的具体领导下，百色12个县（市、区）积极推进低保兜底工作与脱贫攻坚及与乡村振兴的衔接工作。

1. 因地制宜制定衔接政策

百色革命老区在低保兜底衔接上贯彻落实国务院办公厅转发的民政部等部门《关于做好农村最低生活保障制度与扶贫开发政策有效衔接指导意见的通知》《民政部　财政部　国务院扶贫办关于在脱贫攻坚三年行动中切实做好社会救助兜底保障工作的实施意见》，以及自治区党委、自治区人民政府《关于打赢脱贫攻坚战三年行动的实施意见》《广西壮族自治区社会救助兜底脱贫攻坚三年行动计划（2018—2020年）》《关于加快推进农村低保制度与扶贫开发政策有效衔接的实施意见》《自治区进一步做好农村低保制度与脱贫攻坚有效衔接工作》等文件精神，百色市委市政府以及各县（市、区）在低保兜底这方面也制定了相应的政策，确保全面落实低保、特困、残疾人等社会救助政策，确保兜底保障到位。如靖西市制定《靖西市民政局2020年脱贫攻坚挂牌作战实施方案》、隆林县《关于开展民政社会救助业务指导工作的函》、西林县《中共西林县委员会　西林县人民政府关于坚决打赢“十三五”脱贫攻坚战的决定》《右江区发展壮大村级集体经济三年行动计划（2018—2020年）》等，从政策、对象、标准等方面加强政策衔接，对于2020年全面脱贫攻坚中保障低保兜底。衔接政策的制定对脱贫攻坚的胜利、巩固脱贫攻坚的成果具有重要意义，同时也对未来乡村振兴战略的实施推进具有重要战略意义。

2. 保障特困人员的基本生活

百色市12个县（市、区）因病致贫的对象，在低保对象和建档立卡的贫困人口中占的比重比较大，家庭成员中有长年患病人员的，支出相对比较高，生活比其他低保户更加困难。因此百色市把建档立卡贫困人口中因病致贫的家庭，在救助上单独列出专项救助政策，联合财政、人社、卫健等部门专门制定专项救助政策。同时制定医疗救助与城乡医疗保险有效衔接、城乡困难群众参加城镇居民医疗保险和新型农村合作医疗工作等方面的政策。将建档立卡贫困人口纳入农村合作医疗和重特大疾病救助范围，缓解了建档立卡贫困人口在医疗费上面的负担。适时制定一些临时性救助政策，细化临时救助对象范围和类别，在行政审批上进行简化，加快形成及时救助、科学标准、方式多样的临时救助工作局面。

全市农村特困人员1.52万人，每人每月基本生活费标准由2015年的360元提高到2020年的560元；全护理、半护理照料护理费由2017年的每人每月726元、363元分别提高到2020年的948元、474元。2016年至2020年11月累计发放农村特困救助供养金3.91亿元。作为低保兜底扶贫的重要措施手段，保证特困人员的基本生活也是实现脱贫攻坚与实施乡村振兴的重要内容。

3. 提高标准，加快衔接

百色12个县（市、区）为保证农村低保标准不低于扶贫标准，根据实际不断调整低保标准。2017年、2018年、2019年全市各县（市、区）逐年提高农村最低生活保障标准和补助水平，并且进行分级分类指导、从保障标准衔接、对象衔接、信息数据衔接、社会力量衔接，努力实现扶贫与低保政策有效衔接。如田阳区从2016年到2020年，先后6次调整提高农村低保保障标准，由2016年初确定的年人均纯收入2260元提高到2020年的年人均纯收入5200元。

百色在提高农村低保标准、农村特困人员生活费标准、护理费等费用上，都取得了实质性进展，全面提高保障标准，具体情况如下：全市农村低保标准由2015年的每人每年2232元提高到2020年的5110元，超过脱贫标准线1110元；农村低保对象月人均补助水平由2015年的110元提高到2020年的235元，其中，A类对象月人均补助水平在350元以上。截至2020年11月底，全市农村低保对象37.81万人，其中，建档立卡贫困人口纳入低保兜底保障范围29.19万人，占全市建档立卡贫困人口总数28.6%；2016年至2020年11月累计发放农村低保金47亿元。提高兜底标准有利于实现脱贫攻坚目标，减少了未来推进乡村振兴战略过程中的“后顾之忧”。

三、低保兜底扶贫的基本经验

为深入贯彻落实习近平总书记关于扶贫工作的重要论述精神和党中央、国务院以及自治区党委、政府关于脱贫攻坚战的相关决策部署，在百色市委、市政府的指导下，百色各级民政部门以充分发挥好低保兜底保障作用为目标，以建立健全有效衔接低保兜底扶贫政策为重点，百色12个县（市、区）的低保兜底扶贫工作取得了很大的成就，这是结合百色低保兜底扶贫中实际问题，因地制地的开展政策的创新和实际中的探索。百色市在低保兜底扶贫上面有一些成功的原创性、独特性的经验做法值得借鉴，主要有以下几个方面。

1. 完善机制，精准识别

立足实际，对照“两不愁三保障”，完善精准识别机制。对于精准识别低保线人口的实施过程中，是否精准识别对象是前提和关键，整体推进低保兜底扶贫是否科学、合理、有效的关键所在。要建立科学的、多维度的、网格式的识别指标体系和模式，在宏观和微观上相结合进行评估，注重微观评估，在认定指标上细化与量化，确保做到对贫困对象的评估是科学准确的。精准识别有利于后面有针对性、有效地进行社会救助，根据评估所得结果，进行科学分析、查找致贫原因所在，对于后续扶贫能够因户施策。因此，要在识别的过程中坚持精准识别这一核心原则，结合百色12个县（市、区）的具体情况，实事求是地制定出相对合理的量化指标，构建一套科学、合理又合乎实际需求的评估体系很有必要，方便操作又确保识别高效有序。在精准识别的实际操作过程中，根据实际情况采取不同而有效的措施很有必要。靖西市在完善识别机制的时候，建立健全定期研判机制，严格执行清单管理，把符合条件的对象全部按程序纳入低保范围，对不再符合享受条件的全部清退，建立健全对象精准、进出有序、规范有效的低保兜底工作格局，全面提升低保规范化、动态化管理。无独有偶，乐业县结合实际情况，在识别模式的构建上也有新的做法，采取“输血”与“造血”相结合，来健全低保工作机制和协调机制。进一步完善“党委领导、政府主导、民政主管、部门协调、基层落实”的低保工作机制，按照国务院和自治区关于做好农村低保制度与扶贫开发政策有效衔接的精神，加强与扶贫部门对接，完善低保兜底助力精准脱贫具体措施，对建档立卡贫困户家庭主要成员完全或部分丧失劳动能力对象，通过精准识别，按程序及时纳入低保重点保障类（A）和基本保障类（B）给予兜底保障，实现家庭成员低保兜底全覆盖。对低保家庭中有一定劳动能力的对象纳入一般保障类（C），通过统筹扶贫政策，采取“输血”与“造血”相结合，实现低保助力脱贫。对符合低保与扶贫政策的对象及时按程序纳入低保或建档立卡，确保如期实现脱贫。对已经实现脱贫的低保家庭，采取渐退的方式逐步退出低保。有一套完善的精准识别机制，对于低保兜底识别起到事半功倍的效果，错误率也相应降低，对于后期分类保障有着推动作用。

2. 强化管理与监督相结合，精准帮扶

推行动态管理与监督相结合机制，有效识别和精准帮扶。低保兜底识别的方式从以前的自上而下的办法进行，到从下往上的更改，再到后来的动态管理。自上而下的办法存在一种弊端，上面的给一定数量的名额，基层再根据名额选定对象，这种方式容易存在错漏，容易存在需要救助的贫困人员得不到保障，存在分配指标不一致等情况。采取自下而上的方式一方面是补充自上而下的不足，做到双向了解，贫困户方面能够及时了解政策和贫困标准，另一方面就是提高了帮扶政策的透明度，突显流程的公平公开性。在动态管理上狠下功夫，指导各乡镇履行好低保申请审核审批的主体责任，加强与民政、扶贫部门的沟通联系，及时掌握扶贫低保户家庭人口、收入、财产变化情况，做好适时纳入低保、提高、降低标准及退出低保工作。同时继续充分发挥好乡镇各农事村办服务点、村级民政专干、帮扶联系干部等贴近群众、熟悉民情的特点，主动发现和开展民政各项专项社会救助，切实保障困难对象基本权益，继续落实好困难残疾人生活补贴和重度残疾人护理补贴制度。对符合条件的持证残疾人继续动员申请办理补贴，及时将符合条件提出申请的对象纳入享受补贴范围，确保对象及时享受补贴。

靖西市在动态管理方面有很好的做法，值得推广学习。加强部门间的沟通协调，建立健全定期研判机制，严格执行清单管理，把符合条件的对象全部按程序纳入低保范围，对不再符合享受条件的全部清退，建立健全对象简准，进出有序，规范有效的低保工作格局，全面提升低保规范化，动态化管理的基础在于贫困户的建档立卡，从中通过数据变化进行查看扶贫效果、发现问题、纠正错误等一套完善的监督管理机制。乐业县注重完善城乡低保申报制度，一要强化乡镇低保管理主体责任，规范审核程序，明确受理权限，加强公示监督，切实把好低保“第一关口”。二要完善低保制度，探索建立低保对象识别量化测评标准，将刚性支出型贫困家庭纳入低保识别范围，依托信息核对机制，科学认定低保对象，以家庭实际经济状况作为认定是否继续享受低保的主要依据，确保低保政策公平。三要坚持乡镇统一受理，村（居）委会接受委托入户核查，村（居）委会民主评议，乡镇评审公示、审批发放的申办程序，有效防止“人情保”“漏保”“错保”问题发生，确保符合条件的救助对象能够及时得到救助。四要严格落实低保定期审核制度，按照分类施保层级，加强低保对象的日常管理，全面开展动态核查，对已重新就业、已领取养老金或死亡的低保对象应及时清退，及时停发低保金，并在档案上进行停止、变更登记。对新增贫困家庭，根据保障条件及时纳入保障范围，做到低保对象有进有出，补助水平有升有降，符合条件应保尽保，超出标准应退尽退。在精准识别机制方面，根据掌握的第一手资料，靖西市和乐业县的做法和模式，对建立多维度的识别指标体系有指导意义，做到实时检测和动态管理相结合，从而有利于识别好兜底贫困户，确保精准扶贫。

3. 加大资金投入，提高低保标准

根据经济社会发展的现状，逐步提高低保标准，要做到扶贫标准与农村低保标准的统一，在经济下行压力大的情况下考虑的不仅仅是精准扶贫，还要考虑缩小城乡差距。建立低保标准的量化机制，逐步提高低保标准，加大政府资金的投入力度，做到农村低保兜底制度与扶贫开发政策相衔接很有必要。田东县全面落实低保兜底保障工作，重点排查未脱贫户、边缘户、监测户等对象落实政策情况，将符合条件的全部纳入社会救助范围。田林县也是采取这个做法，提高城乡低保标准和补助水平。城乡低保标准在2019年基础上，再提高10%～15%。城乡低保补助水平在2019年基础上，再提高到每人每月20元以上，达到自治区、市规定的标准以上。对因病、因残、因学或因家庭遭遇突发情况等特殊原因造成生活困难的家庭加大关注力度，及时按规定给予临时救助，注重分类同时结合实际进行相应调整，对于特殊情况有对应的措施。

要逐步提高低保标准，不断提高社会救助水平，就要抓好相关部门主体责任的落实，如强化民政、财政、物价、发改委等相关职能部门的主体责任，做好扶贫标准与农村低保标准的衔接和统一，提高标准提高低保户的实际购买力，让低保户在编织牢固的社会救助保障中，提升安全感和幸福感。百色12个县（市、区）中，每个县的财政经济都存在不同的差异，各个县份对于低保的增加投入力度也不一致。要保证低保兜底发挥最大的作用，就要从中央到地方，加大投入，整合政府、社会各方面资源，真正做到应保尽保的保障目的。12个县份根据自身的实际情况，建立兜底保障制度，因地因人施策实施不同的兜底政策，早日实现农村低保制度与扶贫开发相结合。如田林县实施的应保尽保措施，为使城乡低保工作更精准，做到“应保尽保、应退尽退”。通过引入第三方机构进行核查及一系列完整的调查、实地核查，解决救助工作中出现“骗保”“错保”“漏保”“人情保”“关系保”等违规现象发生，充分发挥第三方的核验作用，全面推动兜底扶贫工作。因地制宜，结合实际逐步提升低保标准，健全社会保障兜底制度，形成常态化机制，低保与扶贫开发相结合方是长久之策。

4. 多方协作，形成合力

创建多方协作机制，注重组织队伍建设。脱贫攻坚不是一方人努力就能够完成的，其中，党委、政府牵头各职能部门的协作配合发挥关键作用。低保兜底扶贫，需要各个企事业单位、部门、社会组织等广泛参与，并形成协同的工作机制，通过纳入绩效考核方式压实各个职能部门的主体责任。同时，加强基层社会保障和社会救助队伍建设，团结社会公益力量，壮大低保兜底救助的力量，比如推行职业化党组织书记、乡贤、致富能人等进入村“两委”充实救助队伍。政府、各职能部门、社会组织、公众等共同协作，创建联合救助机制，加大社会保障兜底的力度。乐业县的做法值得学习。加强低保经办机构队伍建设。健全完善县、乡（镇）两级社会救助管理机构，理顺工作职能，政府通过设置公益性岗位、社会化招聘等多种方式，有效解决低保经办机构工作力量不足问题，加强业务培训，提高管理服务水平。进一步落实低保工作经费预算制度，改善办公条件和工作待遇，为低保兜底助力脱贫攻坚和规范化管理提供坚强的基础保障。

注重形成各方共建共享机制。各职能部门之间搭建平台，有利于数据互通、信息共享、扶贫资源共享，明确工作方向，确保对低保兜底户识别更加准确、因户施策更加有效。同时共建平台，共享信息，从横向方面来看，各职能部门的工作协调与衔接更加顺畅，政策更加有指向性和针对性。还是从纵向方面来看，市、县、乡各级部门做到上下信息互通共享。如乐业县的社会救助信息共享机制，积极推进社会救助信息化建设，有效发挥社会救助家庭经济状况核对协调机制作用，进一步健全民政、教育、公安、人社、国土、住房公积金、农业农村、林业、市场监督、税务、卫生计生、金融、保险等部门救助信息共享，全面建立分层级信息核对资源数据库，整合信息资源，依托社会救助信息核对系统平台，实现核对信息网上即时交换。积极加强与其他社会救助管理部门协调对接，及时为开展教育、住房、就业、司法、疾病应急等社会救助部门提供最低生活保障对象、特困供养人员、孤儿及其他低收入家庭经济状况基本信息，实现资源统筹，责任分担，信息共享。

抓好宣传与引导工作。政策宣传不到位，会影响低保兜底扶贫工作的实际的效果大打折扣，影响脱贫攻坚的整体推进。因此，宣传到位、信息畅通，对于低保户识别工作、低保政策宣传及监督考核等方面有着重要的助推作用。田林县在向救助对象和帮扶干部的政策宣传上有值得借鉴的做法，继续把宣传手册发放到广大干部群众手中，采用手机短信服务将发放的资金及时向救助对象和帮扶干部职工进行告知，通过政府政务网站对低保金、特困供养金、临时救助金等进行长期公示，提高广大干部群众的知情权和满意度。除此之外，还通过微信微博、公众号、广播电视、报纸杂志、宣传栏、小册子、抖音和快手等线上线下相结合的方式，加大对社会兜底保障政策的宣传力度，有利于大众对社会保障兜底政策形成更加全面、更加直观、更加正确的认识。政策宣传到位，有利于推进公众参与和监督，凝聚众人力量，提高政策知名度、落实效、公平公正。田阳区宣传与引导相结合，深入加强政策宣传，努力营造积极参与、支持农村低保和扶贫开发工作的浓厚氛围。坚持正确舆论导向，积极弘扬正能量，增强贫困群众脱贫信心，鼓励贫困群众自立自强，在政府扶持下依靠自我努力实现脱贫致富。同时，坚持抓好救助过程公开，把各项救助审查、评议、审核、审批过程向当地群众公开，让群众了解申请相关民政救助办理的全过程，防止虚报假报、隐瞒不报现象的发生，坚决杜绝和防止采取小范围内讨论确定救助对象的做法，既可以最大限度保证民政救助资金有效利用，又可以减少群众由于知情权的缺失而导致出现的上访或过激行为。

5. 健全的监督反馈机制与奖惩机制

社会救助兜底脱贫攻坚工作，取得成效的一个重要内容就是有监督反馈机制与奖惩机制。监督与奖惩使得社会保障兜底政策的顺利实施、精准有效，为了更好地做好兜底扶贫工作，要建立健全这两种机制，两种机制严格执行，方可确保政策的取得成效。引进第三方机构，充分发挥第三方核验作用。田林县为使城乡低保工作更精准，做到“应保尽保、应退尽退”。通过引入第三方机构进行核查，一系列完整的调查、实地核查，解决救助工作中出现“骗保”“错保”“漏保”“人情保”“关系保”等违规现象发生。引入第三方评估机构，基于一个独立的身份，评估过程中注重客观、公正、合理，这种考核结果有利于提高各级政府和各个职能部门对于低保兜底工作的重视度。乐业县推行监督长效机制，依照《社会救助暂行办法》的有关规定，进一步建立和完善低保监督管理、责任追究、绩效评价的具体办法。加大低保信息披露力度，严格执行低保对象公示制度，在申请人居住的村民委员会或社区居民委员会，对低保家庭获得救助前进行审核公示和审批公示，获得救助后进行长期公示，广泛接受社会和群众监督。建立社会救助投诉举报受理机制，完善部门间投诉举报处理转办流程，及时调查处理并回应社会关切。除了要健全监督反馈机制外，还要搭配奖惩机制，才能对政策的执行者起到一种约束和激化的作用，奖惩也在惩罚分明、公平公正、有理有据的基础上进行，在低保兜底的过程中注重各项机制的严格落实。

低保户的态度对低保兜底扶贫的进展和成效具有重要影响，提高低保兜底户的参与度，将低保兜底人员的需求纳入低保兜底救助保障考虑范围内，同时结合百色市的实际情况，逐步满足低保户的正当需求。通过固定日期的座谈会和交流日，扶贫办、工作队、第三方评估机构、各个职能部门和低保户等座谈交流、走访，了解低保兜底扶贫工作的开展情况及低保兜底人员的正当诉求，做好低保兜底扶贫工作，提高贫困户参与扶贫工作的自主性和积极性。

低保兜底扶贫工作在百色，经过层层推进协作及全市的共同努力，虽然受到新冠疫情等因素影响，但仍取得了重大成效。在未来巩固脱贫攻坚成果、积极推动乡村振兴的过程中，低保兜底工作依然是党和政府的重要工作内容。因此，在今后的工作中要因地制宜地做好兜底工作，以现有的兜底制度、政策、社会保障体系为依托，兜住民生底线，提高弱劳动力、半劳动力、无劳动能力等家庭的基本生活水平，提高这些群众的幸福感而努力。一是加快提升优化扶贫方式，定好低保准则，用制度来保障低保兜底工作，用实效来说明制度优势；二是最大化优化扶贫资源，提高扶贫专项资金的使用率，同时鼓励更多的社会力量参与到扶贫工作中来，参与主体多元化、扶贫资金渠道多样化、扶贫方式灵活多样，最大限度推进扶贫工作并取得实效；三是做好顶层设计、健全体系，完善运行机制、监督机制、评估机制、容错纠错机制、激励机制、识别机制等，逐项落实，切实抓好，确保取得脱贫攻坚的全面胜利。百年党史，中国共产党用实践证明中国的贫困是可以消除的，让中国人民过上美好幸福生活的目标是可以实现的。人类历史上规模最大、力度最强的脱贫攻坚战取得胜利，百色市同全国人民一起如期完成新时代脱贫攻坚目标任务。低保兜底扶贫促使享受低保的特困农民生活有了保障，大大提高了其生活的信心，增强了他们的安全感。

第十二章

金融扶贫

金融是国民经济的命脉，是经济运行中的核心要素。金融扶贫是指利用金融产品对贫困对象进行扶持和帮助，使金融产品在扶贫中起到推动的作用。金融扶贫在瞄准脱贫攻坚的重点人群及重点任务、精准对接金融需求、支持脱贫攻坚和服务乡村振兴方面具有无可替代的作用。在推进脱贫攻坚过程中如何更好地运用金融为脱贫攻坚服务是百色探索实践的一个重要工作，其中田东县作为全国农村金融改革试点县和百色市金融扶贫试验区，探索形成的“田东金融扶贫模式”得到充分肯定、广泛借鉴、采纳和推广，为金融扶贫做出了重大贡献。同时，今后在巩固脱贫攻坚成果和全面实施乡村振兴战略中，如何完善金融服务机制体系，创造出既有自身特点、符合本地实际，又满足发展需要，充分发挥杠杆作用的金融机制，仍有重要的意义。

一、扶贫济困，金融同行

近年来，伴随着中央对农村支持力度的不断加强，金融扶贫工作成效显著，越来越多的农民通过金融途径来发展产业，提高收入，摆脱贫困，脱贫致富，金融扶贫发挥越来越大的作用，其意义重大而深远。金融扶贫在支持百色市打赢脱贫攻坚战中起了极其重要的作用，对于即将全面实施乡村振兴战略也将会起着极其重要的作用。在扶贫的道路上，在打赢脱贫攻坚战的关键时刻，贫困与金融形影不离，有贫困的地方就需要金融予以扶持，最终努力实现脱贫致富，金融是脱贫致富路上不能替代的手段之一。

（一）金融扶贫是解决贫困户产业发展资金短缺的有效途径

资金是贫困农户主要进行社会生产发展的资金支持和动力来源，在自身资金难以得到保证的前提下，向银行进行贷款是贫困户进行社会生产发展的主要且唯一选择。金融作为现代经济社会发展的重要核心，对改进农村经济发展现状，提高贫困老百姓的生活水平起着越来越重要的作用。当前，在我国农村贷款难、难贷款成为困扰贫困户的主要难题，贷款资金得不到充分满足是贫困进行社会生产和脱贫致富的“拦路虎”。

为此，针对贫困户资金发展困难，右江区坚持金融扶贫的“造血”功能定位积极引导右江农村合作银行充分挖掘放贷潜力，做好新增贷款计划，结合产业周期和贫困户自身条件等因素及时给予贷款支持。力争在2020年9月底前加大对信用良好，有贷款意愿，有就业创业潜质、技能素质和一定还款能力的建档立卡贫困户支持力度，尤其是积极发放给未曾贷款又符合贷款条件且有发展产业的贫困户，确保不漏一户、不落一人，提升贫困户可持续发展能力，让贷款真正发挥作用。

自2016年以来，田林县为了推进小额信贷发放和回收工作，县委、县政府一是召开小额信贷发放、清收工作专题会议，精准发力落实扶贫小额信贷政策，撬动金融扶贫，动员全县各级各部门要认真落实好全区的扶贫小额信贷工作会议精神，严格做到“贷得准、管得严、用得好、收得回”；二是成立金融联席会议制度，要求强化部门协作，形成工作合力，促进扶贫小额信贷健康有序开展；三是开展贷款到期回收指导工作，成立扶贫小额信贷到期回收专题指导工作组，赴全县14个乡镇指导扶贫小额信贷到期回收工作；四是印发《田林县人民政府关于扶贫小额信贷到期还款的通告》，通过政府门户网站、电视台播放、宣传单等方式进行宣传，营造良好还款氛围；五是统筹协调各乡镇、第一工作队、村“两委”及帮扶干部将《致全县建档立卡贫困户的扶贫小额信贷告知书》发放到贫困户手中，切实了解扶贫小额信贷政策，落实“应贷尽贷”。

不难看出在脱贫攻坚过程中，各类金融机构在政府的主导之下真正积极参与到脱贫攻坚中来，是解决贫困户发展资金短缺问题的重要途径。

（二）金融扶贫是推动贫困地区农村集体经济发展壮大的重要引擎

在全面建成小康社会的过程中，尽管各地区域背景各不相同、扶贫标准也略有差异，但是壮大经济薄弱村集体经济发展始终是一个主旋律和一块硬骨头。金融机构在脱贫攻坚过程中，不仅为贫困户提供发展的资金支持，还为有基础、有能力的村集体经济的不断壮大做出自己应有的贡献。

百色市各县（市、区）金融机构不断加大服务力度，结合不同区域的特色，实施多样化金融支持模式。德保县在粤桂扶贫协作过程中，全力推进27个深圳扶贫协作项目建设进度，2019年，深圳财政帮扶协作资金到位5534万元。全县55个未脱贫村与南山区各街道单位全覆盖结对，社会帮扶物资和资金到位达1608万元，“镇镇、村村、村企”帮扶更深入。壮大后的德保县村集体经济，促成芳山蛤力酒、芳山金蛤酒、德保红茶、德保脐橙等产品达成意向性销售项目9个，农产品预售900万余斤，总金额达6437.8万元。扩大德保脐橙等优质农产品在深圳的销售市场，通过深圳点筹互联网农业控股有限公司线上线下销售德保县农特产品505万元。这样做才能真正实现了村集体经济不断壮大，贫困老百姓的收入得到增加，让老百姓真正享受到了脱贫攻坚过程中金融扶贫的作用和其所带来的福利。

（三）金融扶贫是激发贫困农民内生动力的重要举措

信用是市场经济最重要的基石，建立良好的信用体系可以有效降低市场交易成本，促进市场经济的持续健康发展。贫困户农民的产业发展大多规模小、分布散、实力弱、用款少、用款频、用款急，但却缺少有价值的抵押、缺少可靠的担保，这决定了金融机构为贫困户服务的成本高、风险高，总体收益偏低，因此贫困户往往难以从金融机构中拿到可用于发展的资金，这直接阻碍了自身的发展，使整个脱贫攻坚难以向前推进。因此只有在政府的主导和监督下，建立健全贫困户的金融信用体制，才能使金融扶贫在百色市广大农村地区得到开展，让绝大部分的贫困户真正享受到金融扶贫的福利。

凌云县积极开展“四级联创”工作，助力金融扶贫。加快推动信用户、信用村、信用乡（镇）、信用县等农村信用“四级联创”工作，改善贫困农村金融生态环境。截至2020年底，凌云县完成贫困户评级授信10580户，授信金额53950万元，完成除低保户外百分百评级授信。已评定镇洪村、腰马村、金保村等42个信用村、信用乡（镇）6个（泗城镇、下甲镇、朝里乡、逻楼镇、加尤镇、玉洪乡），凌云县“信用户”“信用村”“信用乡（镇）”创建面分别达到56.85%、40%、50%。同时积极推进凌云县二代农村信用信息系统升级及六合一App工作，并将农村金融服务与供销社的供销体制改革结合推进，共同打造新型农村“三农服务室+N”，共同打造“信用+信贷+支付”联动振兴发展模式，在农村全方位为政府、企业、银行、贫困户、农户、电商、产业发展等提供新型化综合服务，力求农村产业发展升级，打造一个农村优质金融生态圈，让贫困群众激发生活热情，树立发展信心，实现了“输血式”扶贫向“造血式”扶贫的转变。

截至2020年6月4日，凌云县已发放扶贫小额信贷4905户23599.42万元，其中自主经营1221户5238.22万元，委托经营3684户18361.2万元。现有贷款余额595户2705.92万元（其中自主经营贷款377户1615.92万元，委托经营贷款218户1090万元）；到期贷款20758.85万元，回收现金19640.33万元，现金回收率达94.61%；续贷993.86万元，展期105.5万元，贷款累计到期处置率99.91%；逾期金额19.16万元，逾期率达0.71%，低于自治区逾期率3%的要求；截至2020年6月4日，全县9家扶贫小额信贷委托经营企业按照8%的分红，共兑现了4131.7万元，使贫困户真正享受到了金融扶贫的福利。

二、金融扶贫的做法和成效

百色市的扶贫工作得到国家的大力支持，先后获得国家批准实施的田东县农村金融改革试点县、百色市金融扶贫试验区，为扶贫开发、精准扶贫注入了金融“活水”。2008年12月，在时任全国人大常委会委员长吴邦国的关怀下，中国人民银行、银保监会将田东县作为全国农村金融改革试点县，2011年12月，田东县又获批为国家农村金融改革试验区。田东县以此为契机，大力推动农村金融改革，通过机构创新、产品创新和服务创新，逐步构建起农村金融组织、信用、支付结算、保证保险、抵押担保、村级服务等“六大体系”，全县拥有银行业金融机构10家、非银行业金融机构19家、银行网点49个，覆盖全县10个乡镇和部分村（屯），机构种类齐全度居广西县域首位，形成农村金融市场横向联动、有序竞争的农村金融格局，有效破解“农民贷款难、银行放贷难、农村支付结算难”等问题。田东县的金融改革成功经验逐步向全市、全区推广，并得到习近平总书记的肯定。

2015年12月30日，百色市自获批全国首个政策性金融扶贫试验示范区以来，在国务院扶贫办和中国农业开发银行总行牵头、各商业银行的支持下，多举措全力推进示范区建设，一是创新扶贫信贷产品供给；二是整合财政资金集中发力；三是成立多级扶贫融资主体；四是推动银行机构加大信贷投放力度；五是引入多方资金缓释贷款风险；六是打造扶贫基金示范平台；七是推行扶贫资金股权量化等。市、县两级已成立涉农和扶贫投融资平台公司26家，设立市级农村产权交易中心，启动建设村镇银行体系，实现村镇银行在12个县（市、区）全覆盖，还成立了百色市扶贫开发基金。积极探索和推出适合易地搬迁扶贫、基础设施扶贫、生态保护扶贫、特色产业扶贫、教育扶贫、光伏扶贫、旅游扶贫等领域的金融产品，形成项目清单，申请政策性贷款，用活小额信贷扶贫政策等，有力地推动全市扶贫工作的开展。

（一）金融扶贫的做法

百色市在努力打赢脱贫攻坚战这一重大历史使命面前，从百色市的自身实际出发，结合了自身的不足与自然禀赋的资源优势，在既保证贫困地区的人民得到脱贫致富的同时，又积极向乡村振兴瞄准，做好脱贫攻坚的巩固，为乡村振兴做好准备，在金融扶贫方面主要采用了以下几种方式。

1. 构建完善农村金融信用体系

2009年起，田东县开始开发和建立农村信用信息系统，对全县7.9万农户的信息数据进行采集、入库、评级、授信。针对贫困户的信用信息采集，采取更加科学合理的方式，注重农户信用信息的可得性，除了农户的家庭基本信息外，降低“家庭收入”在信用评级中的影响，综合考虑道德品质、社邻关系、遵纪守法等信息，采集包括林权、土地承包所有权、资产、违纪违法情况等具体指标，全面识别贫困户信用状况。评定信用户和信用村镇，开展“贫困村转信用村”活动，初步建立了包含全县79902户农户在内的信用档案。

2015年开始，为了配合“精准扶贫”的工作，田东县将农户信用信息系统进行了升级，将农户信用信息与全国扶贫管理系统相结合，再次对贫困户进行评级授信。贫困农户凭借信用等级，免抵押、免担保。同年8月已完成全县9万农户的扶贫信息采集、录入农户系统工作，新系统将更全面地反映贫困户的基本信息、信用评级、帮扶责任人帮扶需求和规划、帮扶措施和成效，更加具体地实现了扶贫对象精准查询、扶贫措施精准实施的工作目标。为贫困户信用评级开辟了“绿色通道”。

凌云县按照“网点到乡、站点到村”的思路，大力开展金融网点下农村、进农户活动，以银行金融机构、准金融机构、扶贫互助社等为依托，广泛增设乡村金融物理网点，持续加大金融机具投放，全面实施农村金融服务“最后一公里”，制定出台《凌云县农村支付机具补贴管理办法（试行）》，支持银行机构在乡村布放POS机、转账电话等各类机具，积极建设发展助农取款服务点、惠农支付服务点和金融综合服务站等服务网点，改善农村支付服务环境。已建立农村金融综合服务站11个、助农取款（支付）服务点114个，安装ATM机、POS机、转账电话等服务机具599台，让农户足不出户享受高效、便捷的金融服务。

靖西市在金融扶贫过程严把贷款发放审核关，树立贫困户诚信意识。把好贫困户贷款申请审核关，确保扶贫小额信贷资金使用安全、财政贴息精准，做到还得上、不逾期，向贫困户讲清扶贫小额信贷目的意义、政策要求、贷款用途和有偿属性，树立诚信意识、信用意识，对不符合银行征信要求的，一律不予发放贷款。

2. 扩大金融供给，为百姓提供便捷的金融服务

田东县自开展金融扶贫模式的探索实践以来，在仅有中国人民银行田东县支行、银监局田东办事处，以及4家商业银行的基础之上，积极推动农村信用社重组改制为农村商业银行，并成立了田东北部湾村镇银行，丰富了银行类金融机构的构成，这两家银行在随后的金融扶贫工作中发挥了不可忽视的重要作用。通过扩大金融服务供给主体，田东县非金融机构中，保险公司由原先的3家扩大到9家，引进1家证券公司。针对农村金融机构网点覆盖面窄的问题，田东县非正规金融机构数量也在不断增长，先后成立了2家农村资金互助社、2家小额贷款公司、1家融资担保公司，2013年，引进广西金融投资集团并在田东成立金融综合服务中心。结合近几年的脱贫攻坚田东县采用“引金入县”，壮大金融服务主体力量，随着“引金入县”工程的大力推进，田东的金融机构组织建设日益完善。村镇银行、中国银行、柳州银行相继落户田东，桂林银行也将在年内开张营业。信用社—农合行—农商行的改制，使田东农商行具有更多的自主性，金融服务更为便捷高效。金投集团、担保公司、小贷公司、资金互助社为企业和农户缓解了发展生产资金需要难题，国海证券为广大群众提供金融知识宣传和理财渠道，北部湾保险、太平洋保险壮大了为田东县政策性农业保险保驾护航的力量。覆盖全县10个乡镇和村（屯）的金融网点，有效解决了农村金融机构网点覆盖率低的问题。此外，对一些极度贫困、信用等级太低、有贷款需求而又无法通过银行贷款审查的贫困户，财政投入435万元建立29个“扶贫资金互助协会”或“贫困农户发展生产资金互助协会”，解决银行不能满足贫困户短期资金周转的难题，从供给上不断丰富和充实田东县的金融机构结构，扩大了对农民金融服务的业务范围，丰富了农民的金融选择，增强了农民选择金融服务的渠道范围。

凌云县按照“网点到乡、站点到村”的思路，大力开展金融网点下农村、进农户活动，以银行金融机构、准金融机构、扶贫互助社等为依托，广泛增设乡村物理网点，持续加大金融机具投放，全面打通农村金融服务“最后一公里”，制定出台《凌云县农村支付机具补贴管理办法（试行）》，支持银行机构在乡村布放POS机、转账电话等各类机具，积极建设发展助农取款服务点、惠农支付服务点和金融综合服务站等服务网点，改善农村支付服务环境。已建立农村金融综合服务站11个、助农取款（支付）服务点114个，安装ATM机、POS机、转账电话等服务机具599台，让农户足不出户享受高效、便捷的现代金融服务。

乐业县推进政策性金融扶贫建设，深入开展金融扶贫制度创新、产品创新、管理创新。加强扶贫投融资平台监管，提高融资能力和风险防控能力。加强扶贫再贷款使用管理，引导金融机构积极创新扶贫再贷款运用模式，确保全县扶贫再贷款限额循环使用。引导金融机构增加对带动贫困户就业的企业和贫困户生产经营的信贷投放。积极争取国家政策性银行、商业银行加大对贫困村和贫困人口政策性贷款投放力度，加强产业扶贫、基础设施建设和技术培训等。推动商业银行优化我县网点布局，实现村镇银行区域全覆盖。引导各银行机构向贫困地区延伸业务，大力发展普惠金融。在风险可控前提下，合理下放审批权限、简化业务流程，提高服务效率。引导金融机构支持吸收贫困人口就业、带动贫困人口增收的特色产业发展，有效对接特色农业基地、现代特色农业示范点、农业产业园区的金融需求。规范扶贫小额信贷发放和管理，在风险可控前提下可办理无还本续贷和有条件续贷，对确因非主观因素不能到期偿还贷款的贫困户可协助其办理贷款展期业务，继续推进信用体系建设，稳步推进政策性农业保险工作发展，扩大扶贫产业保险覆盖率，实现贫困户政策性农业保险“愿保尽保”。

隆林各族自治县抓住中国农发行总行定点帮扶隆林的机遇，加强与农发行的对接，助力隆林脱贫攻坚和乡村振兴发展。截至2020年底，隆林百矿扶贫产业园项目8亿元，已投放7.6亿元；义务教育均衡发展中小学建设项目6亿元，已投放1亿元；隆林乡村振兴项目8亿元，已投放2亿元；其中乡村振兴项目采用土地增减挂+模式，投入2.5亿元用于土地整治、5.5亿元用于支持4条通乡农村公路建设，截至2020年底，土地整治项目已实施完成，4条农村公路已完成招标，正在陆续开展施工建设。

3. 积极开拓农村金融市场，扩大金融扶贫覆盖面

百色在金融扶贫过程中，虽然创造了“田东模式”，其经验得到推广应用，效果良好，但还存在一些不可忽视的问题。长期以来，百色贫困地区存在思想观念落后、脱贫内生动力不强以及对金融扶贫认知不足的问题。尽管百色市人民政府开展金融扶贫模式从金融环境、金融服务供给上大大提高了农户对金融服务的可得性，但许多贫困户对贫困问题认识不清，脱贫主动性差，甚至存在不愿意脱贫的观念，习惯于被动等待政府援助，由此，对金融扶贫的有效需求仍然不足。

与此同时，百色许多农户缺乏科技知识和市场经济意识，难以使金融扶贫实现最大化的效果。现代农业生产经营需要依靠知识和技术作为支撑，但在百色市的广大农村当中，有知识有技能的农村青年人口大量外流，留守贫困村的农户往往是年纪偏大、生产能力弱、文化素质较低的人群，严重缺乏市场经济意识和金融知识。在学习和了解金融服务和产品上存在一定的困难，对金融扶贫政策缺乏关注，金融扶贫工作参与度不高；甚至对金融机构缺乏信任，习惯于从非正规金融渠道寻求帮助，导致金融扶贫效果无法实现最大化。因此各个县（市、区）针对自身存在的不同问题纷纷制定出台了相关的金融扶贫政策。

右江农合行的工作人员一是通过电话、微信、短信等渠道，将疫情期间贷款申请、延期、续贷、展期等相关政策传达到村级扶贫工作人员、贫困户。二是驻村工作队员，结对帮扶干部等下村入户，向贫困户宣传扶贫小额信贷政策，对符合条件的贷款申请，开通绿色通道，简化贷款手续，及时给予贷款支持。对贫困户无法到网点办理贷款手续的，管户信贷员通过“移动信贷”为贫困户上门办理贷款。积极借助驻村干部、第一书记、村“两委”干部力量，切实抓好村“两委”、建档立卡贫困户培训和政策宣传，用入户扶贫的机会深入村（屯）、深入贫困户，把宣传页送到每一户建档立卡贫困户家中，面对面开展宣传，使贫困户进一步熟悉扶贫小额信贷政策，并及时收集贫困户金融服务需求。

那坡县在金融扶贫工作中，一是通过手机向全县建档立卡贫困户发送扶贫小额信贷政策短信1.1万多条。二是电视滚动宣传。不间断在那坡县电视台电视屏幕下方滚动播放小额信贷政策。三是发放张贴宣传资料。在全县乡、村、屯张贴2000多份扶贫小额信贷政策宣传海报。四是村级广播宣传。通过录制音频宣传内容，在各村每天早晚广播播放。五是点对点入户宣传。通过驻村第一书记、工作队员、村“两委”干部、帮扶干部入户宣传等方式，提高了贫困户的政策知晓率。

凌云县实施“扶贫再贷款+个人精准扶贫贷款”“扶贫再贷款+产业带动贷款”等信贷服务模式，瞄准贫困人口脱贫和奔康产业园发展，坚持把建档立卡贫困户、新型农业经营主体等作为重点支持对象。积极引导农发行等金融机构千方百计争取信贷资源，精准对接易地搬迁扶贫和农村基础设施、“四好村”建设等项目，加大扶贫开发、新型城镇化、农村路网建设等各种扶贫贷款投放，助力全县脱贫攻坚有力有序推进。

德保县成功创建11个广西农村金融服务进村专项活动示范点，很大程度上缓解了农村留守老人、五保户等取款难的问题，让村民在家门口享受到足不出村办理金融业务，享受到便捷、个性化、均等化的金融服务。

靖西市实施“三个强化”，确保工作进度。自2016年以来，靖西市把金融扶贫作为加快扶贫产业发展、促进贫困人口增收脱贫的重要举措，扎实推进扶贫小额信贷工作。一是强化领导，明确责任。出台《靖西市推进扶贫小额信贷工作实施方案》，成立市扶贫小额信贷工作领导小组，以政府推动、银行主动、部门参与、市场运作为扶贫小额信贷持续健康发展的基本思路，明确部门职责。二是强化调度，加快进度。将扶贫小额信贷工作作为靖西市重点工作之一，开设扶贫小额信贷办理绿色通道，组织召开专题会、部署会，加强督查调度，梳理汇总并及时解决工作中存在的矛盾和问题；定期监测扶贫小额信贷投放进度，做到“周报告、月小结”，确保了工作进度。三是强化宣传。深入开展扶贫小额信贷政策宣讲，发放宣传单、张贴宣传海报，开展专题培训，让乡（镇）村扶贫干部和贫困户充分了解扶贫小额信贷政策。

乐业县积极开展政策性金融扶贫建设，深入开展金融扶贫制度创新、产品创新、管理创新。加强扶贫投融资平台监管，提高融资能力和风险防控能力。加强扶贫再贷款使用管理，引导金融机构积极创新扶贫再贷款运用模式，确保全县扶贫再贷款限额循环使用。引导金融机构增加对带动贫困户就业的企业和贫困户生产经营的信贷投放。积极争取国家政策性银行、商业银行加大对贫困村和贫困人口政策性贷款投放力度，加强产业扶贫、基础设施建设和技术培训等。推动商业银行优化我县网点布局，实现村镇银行区域全覆盖。引导各银行机构向贫困地区延伸业务，大力发展普惠金融。在风险可控前提下，合理下放审批权限、简化业务流程，提高服务效率。引导金融机构支持吸收贫困人口就业、带动贫困人口增收的特色产业发展，有效对接特色农业基地、现代特色农业示范点、农业产业园区的金融需求。规范扶贫小额信贷发放和管理，在风险可控前提下可办理无还本续贷和有条件续贷，对确因非主观因素不能到期偿还贷款的贫困户可协助其办理贷款展期业务。继续推进信用体系建设。稳步推进政策性农业保险工作发展，扩大扶贫产业保险覆盖率，实现贫困户政策性农业保险"愿保尽保"。

在国家不断出台新的融资政策的情况下，隆林各族自治县积极寻求新融资方式。自治县人民政府与企业共同出资建立农业产业扶贫贷款风险补偿基金，拟通过政府对金融机构支持扶贫项目的风险补偿，充分发挥财政性资金杠杆作用，撬动金融机构信贷资金投入。隆林各族自治县已有23家企业进入农业风险补偿基金储备项目库。农发行隆林县支行推动隆林县首个"风险保证金模式"贷款的投放，向三冲茶业投放产业扶贫贷款，实现对小微民营企业的支持。

（二）金融扶贫的成效

百色12个县（市、区）通过金融扶贫这一市场经济手段，给各县（市、区）带来的资金上的帮助，解决了脱贫攻坚战中最为紧缺的资金来源，这是任何手段都无法替代的。党的十八大以来，百色举全市之力，经过艰苦卓绝的精准脱贫攻坚，在市委、市政府的统一领导下，积极挖掘国内外各方经济资源为我市打赢脱贫攻坚战。2016年，百色市银行业金融机构扶贫贷款余额为118.06亿元，比年初新增58.7亿元，增长98.87%，增量和增速在广西全区均排名第一，扶贫金融工作成效显著。截至2016年12月末，百色市扶贫贷款余额为118.06亿元（含已脱贫人口贷款），增长98.87%，金融扶贫贷款增速高于全市增速达84.34个百分点，增量和增速在广西全区均排前列。[①]

百色12个县（市、区）不断加大金融扶贫力度，2016—2019年财政专项

① 黄滨：《构建贫困地区扶贫金融工作思路框架研究——以百色为视角》，《区域金融研究》2017年第9期，第62页。

扶贫资金共411.75亿元；2019年全市共统筹落实扶贫资金51.66亿元投入7个深度贫困县，占全市扶贫资金的73.52%。全市评级授信贫困户16.16万户、授信金额80.75亿元，累计向8.4万贫困户发放扶贫小额信贷39.55亿元，金融扶贫“田东模式”得到习近平总书记的肯定。

三、金融扶贫的基本经验

在打脱贫攻坚战过程中金融扶贫是一股不可忽视的力量，金融从另外一个角度来说就是发放资金扶贫的一种最简单、最直接的方式。所以，金融扶贫给百色绝大多数县（市、区）的扶贫工作带来了极大的资金服务。在金融扶贫过程中各个县（市、区）的做法基本上大同小异，小额信贷扶贫是主线，各个县（市、区）结合自然资源、地理环境、人口总量等的不同分别采取了不同的手段开展金融扶贫，为打赢脱贫攻坚战各个县（市、区）的金融工作人员和扶贫工作人员使出浑身解数，这些都值得我们钦佩、敬仰。

百色在精准扶贫、打赢脱贫攻坚战的过程中，实施的金融扶贫措施和手段，主要有以下三方面的基本经验。

（一）采取以小额信贷为主的金融扶贫手段

百色12个县（市、区），在力主打赢脱贫攻坚这一艰巨任务面前，金融扶贫无一例外地都采用了扶贫小额信贷这一手段作为金融扶贫的主要切入点。百色是左右江革命老区核心区，同时又是全国14个集中连片的贫困地区之一，集“老、少、边、穷、库、矿”于一体的典型特困地区，建档立卡贫困户自身发展能力有限，资金极度匮乏，借助小额信贷用于自身发展是解决资金困难最实在、最直接的方式。比如，百色妇联决定与农行百色分行联合实施的“产业回家　留住妈妈”扶贫工程，按照百色市委“稳健增长、推进改革、优化结构、创新驱动、保障民生”的工作要求，充分发挥妇联群团组织的纽带作用，以“巾帼科技示范基地”创建为抓手，发放小额信贷，依托基地带动家庭农场、专业合作社、妇女种养大户的发展，扶持全市一批妇女创业就业示范基地，推动女大学生实现就业创业实践基地，鼓励妇女投身经济建设，带动妇女就业创业发展，实现“留住妈妈，关爱留守老人儿童”，促进社会和谐稳定，推进经济社会发展。“产业回家 留住妈妈”金融扶贫不仅覆盖全市所有贫困户，还探索出普惠金融扶贫路子，这个路子的核心是“政府引导、妇女参与、农行跟进、部门协作、整体推进”。

（二）推出多样化的金融扶贫方式和金融产品

在金融扶贫过程中，百色市各县（市、区）结合自身自然资源、建档立卡人数、地理环境、产业特色等，采取了多样化的金融扶贫方式。金融部门在不断扩大林权抵押贷款、政府增信、农担担保等贷款应用范围的同时，结合百色市实际情况，积极研发推广小额信贷扶贫产品，推出了“甜蜜贷”“油茶贷”“烟农贷”“芒果贷”“砂糖橘贷”“金猪贷”等多样化的金融产品，满足各类产业发展对金融的需求，如西林县在脱贫攻坚过程中西林农村商业银行结合西林县经济作物以砂糖橘为老百姓提供了“砂糖橘贷”，为老百姓特别是大多数贫困户提供了种植砂糖橘的资金来源，绝大多数贫困户因“砂糖橘贷”实现了脱贫增收；同时还适时提供了“金猪贷”，为养殖户提供了养殖资金支持，使得养殖产业持续发展，满足全市大多数贫困户有足够的资金发展需求。

（三）实现金融部门和贫困农户双赢

在经济活动中参与各方都追求效益甚至获取更大的利益，对大多数贫困农民来说，由于缺乏发展资金而贫困，对金融机构来说，是担心放贷出去收不回来。在实施金融扶贫工作中，必须兼顾双方的利益，让农民获得贷款做产业有收益有盈利能发展，让信贷资金“放得出、收得回”，实现金融部门和贫困农户双赢。这样一来既保证了贫困群众能够及时脱贫致富，又能保证金融部门有足够的资金参与进来投资建设。

在今后巩固脱贫成果和全面实施乡村振兴战略中，要进一步完善金融扶持体制机制，不断提高脱贫地区人民和金融部门参与建设的积极性，让金融杠杆为百色革命老区振兴发展贡献出智慧和力量。

第十三章

社会扶贫

社会扶贫是指社会力量为帮助贫困地区和贫困户开发经济、发展生产、摆脱贫困的一种社会工作，旨在扶助贫困户或贫困地区发展生产，改变穷困面貌，是政府、市场、社会“三位一体”大扶贫格局中的重要一级。经过多年脱贫攻坚的艰苦奋斗，百色市终于实现了全面脱贫的伟大胜利。这一胜利来之不易，是各级党委政府领导全市人民同心协力，共同奋斗的结果。其中离不开各级政府职能部门的协同推进和持续努力，更离不开定点帮扶、对口帮扶和社会各界的积极参与。在百色脱贫攻坚的战场上，社会扶贫发挥着重要的作用，助推社会扶贫大格局的形成，奏响了社会大扶贫的凯歌。

一、众人拾柴火焰高

决战贫困是一场需要举国参与的伟大战斗。在这场战斗中，社会力量是扶贫工作中一支不可或缺的力量。为此，2014年，国务院办公厅印发了进一步动员社会力量参与扶贫开发的文件，2017年6月，国务院扶贫办和民政部、财政部又联合印发支持社会工作专业力量参与脱贫攻坚的指导意见，鼓励支持各类企业、社会组织、个人参与脱贫攻坚。

社会扶贫把各界力量、社会爱心集合起来，在政府部门的引导下，投身于扶贫工作，需要智慧，也需要毅力。秉承着众人拾柴火焰高的观念，汇聚社会力量，实施爱心工程，引进爱心企业，做实“一村一品一主体”，走出了一条独具特色的社会扶贫路子，发挥了不可或缺的作用。

（一）社会扶贫是精准脱贫战略的重要力量

脱贫工作是一项系统工程，需要各级党委政府、各部门、各行业、各方面的力量统筹配合、协同推进，才能实现全面脱贫的效果。经过几十年的扶贫实践证明，积极动员社会力量广泛加入扶贫工作，可以补齐专职部门扶贫的短板，盘活各类资源向贫困地区靠拢，让扶贫成效更持久。因此，社会力量已经成为扶贫工作的重要力量。党的十八大以来，习近平总书记多次强调，要坚持专项扶贫、行业扶贫、社会扶贫等多方力量、多种举措有机结合和互为支撑的“三位一体”大扶贫格局，健全东西部协作、党政机关定点扶贫机制，广泛调动社会各界参与扶贫开发积极性。这就要求我们必须坚持“三位一体”的扶贫开发工作，即需要充分发挥政府、市场和社会各方力量的优势，以补短板为突破口，相互补充，发挥扶贫工作的整体合力。百色作为广西脱贫攻坚的主战场之一，所面临的困难和挑战也是严峻和前所未有的，更需要搞好社会扶贫，充分发挥全社会的力量，把扶贫工作抓好做好。

（二）社会扶贫是我国制度优势的显著体现

开展社会扶贫，实现小康社会和共同富裕，是中国特色社会主义制度优势展现的客观要求。十九届四中全会指出我国国家制度和国家治理体系具有多方面的显著优势，坚持全国一盘棋，调动各方面积极性，集中力量办大事的显著优势便是其中的优势之一。而实现全面脱贫不仅仅是政府、贫困地区的事情，也是全社会的事情，因此，需要动员和调动全社会的力量积极而广泛地参与到扶贫事业中，鼓励和支持各类企业、社会团体组织及个人参与，使更多的资源更具有指向性和针对性地流向贫困地区，流向贫困户，实现脱贫需求与资源配置精准而有效的对接，优化扶贫资源配置，从而实现优势扶贫，确保扶贫措施的连续性和有效性。百色之所以被称为“老、少、边、山、穷、库”的特殊区域，除了历史因素外，自然条件恶劣，生态环境脆弱，生产发展受到很大的限制，社会经济发展缓慢，而且贫困人口多，贫困面积大，在扶贫工作中，仅仅依靠党政机关部门，很难解决脱贫的“瓶颈”和短板，因此必须挖掘更多社会扶贫的力量，“集中力量办大事”，让社会经济发展成果更多、更公平地惠及贫困人口，进而加快实现脱贫致富的发展目标。

（三）社会扶贫是社会治理体系和能力完善及提升的内在需求

扶贫工作是我国社会治理的重要内容之一，社会扶贫是扶贫行为的手段和途径之一，开展社会扶贫，充分调动各方力量，致力于消除绝对贫困，维护社会的稳定和安宁，是加强和完善社会治理的题中之义。在社会治理的开放体系中，为了弥补政府治理和市场调节之不足，就需要社会、各种组织及个人的参与。只有包容了多方合作、参与的社会治理，才能更好地实现社会治理的效能。在扶贫工作中，单靠政府扶贫的单一作战模式，已不能符合贫困个体脱贫多样化的需求，因此，需要依靠社会多元主体的参与和合作，满足不同贫困主体的多元需求，形成“三位一体”社会扶贫的大格局，让脱贫成效更显著，这正是社会治理体系和能力完善及提升的内在需求。对于百色来说，本级财政薄弱，而贫困基数大，仅仅靠财政的投入不能按照既定的计划完成脱贫目标，因此，需要引进更多的社会力量，开展社会扶贫，推进脱贫攻坚任务的实现。

二、社会扶贫的做法和成效

社会扶贫是百色市委市政府引导下的重要扶贫行为、手段和途径之一。百色市秉持“动员社会力量参与扶贫开发”的扶贫理念，通过一系列工作举措，社会扶贫工作取得了显著的成效，为下一步乡村振兴发展奠定了良好的基础。

（一）社会扶贫的做法

在脱贫攻坚战中，百色市广泛动员、积极组织和主动对接社会各界力量参与到扶贫工作中来，采取多种工作举措，确保社会扶贫工作顺利开展。

1. 发挥党政机关的引导作用，吸纳更多社会力量参与社会扶贫

在党委、政府的积极引导下，百色市为社会力量参与扶贫搭建平台、广布织网。

（1）坚持筑巢引凤，为社会力量参与扶贫工作提供制度保障。1986年起

百色开启了开发式扶贫，这也是百色进入了严格意义上的扶贫开发工作。扶贫开发的30多年来，百色市除了认真贯彻上级的政策外，还根据自己的实际情况，制定出台符合本地发展的政策，1992年出台了《关于加快对外开放步伐大力吸引外资的若干规定》，对外商投资企业、投资者给予税收优惠及用地、用工和使用基础设施的优惠，创新实行《关于推进“万企帮万村”精准扶贫行动的实施意见》，近期又出台了《百色市工业区管理委员会关于贯彻落实自治区着力发展壮大民营经济的意见的实施方案》《百色市关于优化营商环境的实施方案》《关于对广东入园企业实施厂房租金“五免五减半”优惠政策的通知》《广西百色重点开发开放试验区招商引资若干措施》等文件和政策措施。成立了对口帮扶协作局、社会扶贫管理中心，营造社会力量参与扶贫的良好环境，为更多社会力量参与扶贫工作提供制度保障。

（2）主动“走出去”，吸引更多的帮扶“潜力”和资源。由于自然条件和历史原因，百色对外开放工作开始于20世纪90年代初期，虽然有了对外开放的政策和准备，但是却因资金困难，地处偏僻，交通不便，没能吸引更多的眼球，因此，百色采取主动“走出去”的办法，把自己的优势和特色向外进行推广。1993年，组团赴香港参加广西投资介绍会和广西出口商品展销暨投资项目洽谈会，组团参加首届广西国际民族节商品交易会，把百色的商品推销出去，并吸引外资。自此，百色市各县（市、区）也都采用主动“走出去”的办法，对外进行宣传，如百色实行“一村一品”特色产业，通过到全国各地进行巡展，组织参加各类展销会、推介会对贫困村及特色产品进行推广宣传，吸引和寻找特色产业的投资及销售合作。从2015年在北京举办推介会开始，历时5年的时间，把百色芒果从南到北推荐到了全国各地，增加了芒果的知名度，也引进了与芒果产业相关的企业，延伸了芒果的产业链。西林县组织本土企业参加广东、深圳等区域性农产品展销会、商品贸易博览会。除此，根据“一县一特”的方案，各县（市、区）都开展与“特”有关的特色农产品节日或扩大民族特有节日的举办规模，如田东的“芒果节”，西林的“砂糖橘节”，隆林的“跳坡节”“篝火节”“尝新节”，德保的“红枫节”，等等；在“互联网+”时代，各县县长变身“主播”，利用抖音、快手等平台通过网络直播“带货”，为本地特产代言。这个“走出去”的方式，为百色吸引到了更多的帮扶“潜力”和资源。

（3）积极传播和树立典型，激励社会各界参与扶贫。通过媒体报道和宣传，百色对于在扶贫领域作出贡献的企业、集体、组织和个人进行宣传和报道，并如期对开展扶贫工作的成效进行宣传和报道，激励参与其中的社会力量甚至是贫困主体能继续坚持参与扶贫工作，从而鼓舞和吸引更多的人参与其中。如在村村通广播电视工程建设大会战期间，通过利用各种形式大张旗鼓宣传村村通广播电视工程建设大会战的目的、意义、任务和目标，大造声势，使其深入人心，激发和调动全社会力量积极关心和投入村村通广播电视工程建设大会战，在全地区范围内迅速掀起了人人关注、个个支持和参与村村通广播电视大会战的热潮；从市本级到县（市、区）都表彰为扶贫工作作出突出贡献的企业、个人及组织，并向上一级推选，参与上一级别的评选：田东县扶贫开发办荣获全国“人民满意的公务员集体”称号；百色市获“荣誉市”称号；广州市政协原主席陈开枝和田阳县那坡镇尚兴村党支部书记莫文珍被评为全国“扶贫状元”；平果县扶贫开发办原主任黄久汉、凌云县东和乡陇雅村党支部书记吴天来荣获全国“扶贫贡献奖”；2018年，莫文珍获得全国脱贫攻坚“奋进奖”；隆林县每年都评选一批“脱贫攻坚十家民营企”；结合“千企扶千村”活动，通过广西非公经济服务平台、网站、微信平台等媒体宣传一批转型发展、守法诚信、积极回馈社会的非公有制经济人士先进典型。除此，还通过积极参与第一书记节目和各种扶贫公益广告的录制，打造脱贫攻坚的示范点、现场教学点、创作与扶贫相关的文艺作品等形式进行宣传和传播。

2. 发挥各类主体作用，搭建社会扶贫的多元参与平台

多元主体参与是社会扶贫的优势所在。在百色既有中央单位（企业）、区直中直单位定点帮扶，也有粤桂协作帮扶，还有百色本级的企事业单位、群团组织和其他社会团体及个人等帮扶主体，只有搭建好相对应的联络和沟通交流平台，做好联结机制，才能发挥好各类主体的作用，更精准地为脱贫攻坚发力。

（1）建立定期联络制度，推进定点扶贫。定点扶贫是我国开展扶贫的重要举措，是党中央、国务院为加快扶贫攻坚进程、构建社会主义和谐社会作出的一项重大战略决策。百色市的贫困县基本都有三级定点帮扶单位，分别为中央单位（企业）、区直中直单位、百色市本级企事业单位、各县（市、区）行政事业单位。如表13-1：

表13-1　百色市2016—2020年“十三五”时期三级定点帮扶安排情况

单位：（个）

序号	县（市、区）	中央	区直中直	市本级
1	右江区	0	3	24
2	田阳区	0	8	18
3	田东县	1	7	11
4	平果市	0	4	10
5	德保县	1	4	19
6	靖西市	1	7	20
7	那坡县		4	17
8	凌云县	1	5	12
9	乐业县		4	20
10	田林县	1	5	17
11	隆林各族自治县	1	6	13
12	西林县	1	4	10
合计		7	61	191

注：表中田阳区实际有9个区直中直单位进行帮扶，其中有一个单位也帮扶了凌云县。

首先，百色市各级政府及脱贫攻坚指挥部利用定点扶贫单位（企业）对百色市各县（市、区）、村定点扶贫的工作平台，建立起百色市与定点扶贫单位（企业）定期沟通和联络的机制，加强多方密切沟通联系，统一目标，集中资源，形成脱贫攻坚合力。其次，根据定点扶贫单位（企业）行业特点和资源优势，结合12个贫困县（市、区）的实际，编制了全市和县（市、区）“十一五”“十二五”扶贫、“十三五”脱贫攻坚规划及扶贫年度工作计划等扶贫政策体系。国家发改委先后指导或配合田东县完成了《广西田东现代物流发展规划研究》《田东县易地搬迁扶贫“十三五”规划》《百色市田东县农村产业融合发展示范园创建方案》等多个规划性文件。2019年4月，免费帮助完成了《田东县乡村振兴战略规划（2018—2022年）》编制工作。此外，各定点扶贫县（市、区）也加大对信息、技术、智力、人才等其他要素的引进力度，不断推动与定点帮扶单位（企业）的交流合作，为定点帮扶单位（企业）下派的干部提供挂职交流的渠道，推进定点帮扶单位（企业）在定点各县（市、区）开展各项帮扶活动。各定点单位（企业）通过联络机制，能更准确地了解定点帮扶地脱贫面临的问题、困难及帮扶需求，并作出因地制宜的帮扶措施。

（2）完善交流合作机制，强化帮扶协作。1996年，党中央和国务院作出决定，由东部经济较发达的省市对口帮扶西部贫困省区市。10月，广东省委、省政府决定解除广州市在省内4个贫困县的对口帮扶任务，转而集中力量帮扶百色地区，并签订了《“十一五”时期广州百色扶贫协作计划协议书》，自此到2015年，百色与广东省、广州市结成对口帮扶。这一阶段，广州主要通过经贸协作、劳务协作、技术帮扶、教育扶贫、基础设施建设等方面对百色进行帮扶。2016年，中央部署新一轮东西部协作帮扶，深圳接过广州的接力棒，继续对百色开展帮扶。深圳有6个区与百色市10个深度贫困县（市、区）建立了结对帮扶的关系，如表13-2所示：

表13-2　深圳6个区与百色市10个深度贫困县（市、区）建立结对帮扶一览表

深圳市协作帮扶区	对应帮扶地
坪山区	田东县
南山区	田阳县、德保县
龙岗区	靖西市、那坡县
光明区	田林县
罗湖区	隆林县、西林县
盐田区	凌云县、乐业县

这一阶段，深圳各区发挥自身优势，凝聚各方力量，因地制宜，根据贫困地的特点，以整村推进、劳务协作、人才培训、经贸协作、部门协作为主

要抓手，从资金、项目、人才、技术、培训、消费等方面入手，聚焦“两不愁三保障”，集中对百色深度贫困县（市、区）的产业、教育、医疗、基础设施、人才等进行有针对性的帮扶。

在这二十几年的帮扶中，百色市也逐步改变观念，主动对接。一是深化与深圳市6个区的工作联络机制，完善帮扶期间的交流互访、恳谈、协调、联席会议及对口帮扶结对县（市、区）工作联络机制，为两地扶贫协作指明了方向。2016年以来，深圳市各级领导到百色市考察调研和互访对接2448人次，百色市各级领导到深圳市互访对接955人次，召开高层联席会议51次，加强沟通协调，共同研究推动工作，在组织领导、人才支援、资金支持、产业合作、劳务协作、社会帮扶、携手奔小康等领域全方位多层次展开对口帮扶[①]。二是在已有工作基础上，抓紧制定扶贫协作工作清单、计划和具体措施，明确时间表和路线图，进一步聚焦深度贫困地区，抓住重点项目、重点产业和重点领域，补齐突出短板，充分发挥协作帮扶资金示范性和引领性作用，用于支持推进百色市实施精准扶贫各项措施有效地实行。三是主动借鉴周边省市的经验和做法，通过制定优越政策、营造良好营商环境等，激发深圳企业到百色投资办企业的积极性。四是积极为广东省、深圳市及社会各界参与对口帮扶搭建平台，鼓励开展爱心助贫、义务支教、志愿服务等多种形式的社会帮扶活动。

（3）开展“千企扶千村”“百企帮百村”精准扶贫行动。注重发挥企业的优势，坚持开展“千企扶千村”“百企帮百村”扶贫工作。一是广泛动员和引导民营企业结对帮扶贫困村，根据百色市各贫困县的具体情况，为企业帮扶贫困村牵线搭桥，如重点动员和协调15家市直属商会分组联系帮扶那坡县城厢镇弄力村、达腊村和百省乡那翁村3个贫困村。二是加大招商引资力度，明确招商重点，改进方式方法，强化招商举措，制定优惠政策并落实，持续优化营商环境，确保更多项目能够在百色落地生根，从而实现企业

① 百色市扶贫办：《“深百”携手齐攻坚　扶贫协作谱新篇——深圳对口百色扶贫协作工作综述》，广西百色市人民政府网，http://www.baise.gov.cn/zwgk/zdlyxxgk/zxgzlsxc/sdgjz/t5620911.shtml，2020-06-23。

辐射带动贫困县（市、区）的经济社会发展。如凌云县宏鑫茶业有限公司定点帮扶那力村，通过双方签订茶园承包合同，本着“优势互补、资源共享、互惠互赢、共同发展”的原则，开设扶贫基地，以“党支部+公司+合作社+贫困户”的模式建立长期、紧密的合作关系，通过产业帮扶带动发展。三是注重“扶智”的重要抓手，强化企业技术的支持，特别是企业在致富带头人及技术能人的培育的作用。凌云县宏鑫茶业有限公司免费将50亩新兴茶场承包给贫困户，公司负责技术培训、指导，让茶农真正掌握技术。四是鼓励企业采取灵活多样的形式开展帮扶。如爱心捐赠、援建学校或公共设施、帮助自立等。德保县深入开展“万企帮万村”活动，鼓励民营企业在就业安置、项目开发、定点采购等方面，优先采购或推销贫困村农产品和服务，并在各大超市、车站、景区景点、宾馆饭店开设扶贫产品销售专区（专柜），组织动员爱心企业、爱心团体、爱心人士等社会力量，通过“以购代捐”“以买代帮”等形式采购贫困村农产品。此外，还借助统一战线的力量，充分利用好统一战线捐赠的“同心水柜”捐助款，好钢用在刀刃上，在最需要的村（屯）建设同心水柜。

（4）打造扶贫公益品牌，动员公众参与扶贫。打造“爱心公益超市”品牌，动员企业、社会组织、个人捐赠物资或资金。如田阳县2018年全县完成15个“爱心超市”和12家扶贫车间建设，发起了“产业到家·牵手（留住）妈妈”工程，在铁塔公司、移动公司、联通公司、电信公司和供电等方面大力参与支持下，实行了宽带网络入户工程、手机通信网络全覆盖工程和电力供应提级工程。田东县在全县7个易地扶贫安置点和部分村（屯）建成12个“爱心公益超市”，引导非公有制企业通过捐款捐物等形式支持扶贫爱心公益事业。隆林县建成并投入使用“爱心公益超市”18家；由中国扶贫基金会发起和组织社会各界向季节性灾区的中小学校和学生捐赠“爱心包裹”的主题活动；德保县全县已建设12个乡镇级、3个村级“爱心超市”。按照“一乡一业、一村一品”的理念，认证特色农产品，打造“可追溯”、安全放心农产品品牌，并通过阿里巴巴、淘宝、京东、拼多多等网络消费平台，以及“社会扶贫网”“学习强国”等App的公益宣传及力推，形成扶贫特色农产品网上销售链。

此外，还利用军地优势，联合驻边部队开展扶贫开发工作。

3. 创新社会参与方式，整合社会帮扶资源

社会帮扶具有面广人多而且杂的特点，为了适应新时代社会帮扶参与脱贫和发展的需求，需要创新社会扶贫参与的方式，拓展社会扶贫进入通道，整合社会帮扶资源，让社会帮扶力量形成化“小”为“大”，以“点”带“面”的帮扶成效。

（1）发挥驻村扶贫干部的桥梁作用。百色市与全国同步，建立有中央、自治区、市、县、乡（镇）五级驻村扶贫工作机制，148个市直单位分别定点扶贫贫困村，实现向贫困村派驻扶贫干部全覆盖，实行牵头单位挂钩制、领导挂钩联系制度、定期情况通报制度、宣传联动制度，并建立扶贫资金投入经费保障和动力激励机制。在这些制度的执行或者发挥定点帮扶单位的作用中，扶贫干部是贫困村对接派驻单位及各级政府的桥梁。发挥驻村扶贫干部的桥梁作用一是实行了定期情况汇报制度，驻村干部需要逐层逐级对扶贫工作情况进行汇报，特别是向派出单位和后援单位进行定期汇报。二是给予第一书记2万元的脱贫启动资金和牵头单位5万元的扶贫经费，用于解决贫困村没有发展启动经费的问题。三是各级政府、部门专设有反映扶贫领域及发展等问题的绿色通道，特事可以特办。四是制定了《百色市贫困村党组织第一书记“1234”管理办法（试行）》，对驻村扶贫干部进行管理和考核，并把驻村干部的管理作为部门考核、干部评先选优、提拔任用的重要依据。通过这些措施，发挥党政引领、产业带动、部门联动、干群互动的作用，让后援单位、派出单位、定点单位组建成扶贫团队，资源形成最大的合力，实现整村脱贫。

（2）落实“一对一”帮扶政策。百色市很好地落实“一户一策”的工作要求，真正做到“一户一干部”。百色有11个自治区领导、34个市领导分别重点挂点联系百色11个县（市、区）和68个贫困村，实地指导村“两委”干部发展村级特色产业、劳动力培训、转移就业等工作；党员干部结对帮扶贫困户，帮助协调解决资金、技术等发展中的难题，实现脱贫致富；农村党员致富能手“联一扶二帮三”，即联系一户示范户、扶持两户积极户、帮助三户贫困户，提高群众增收能力。在结对帮扶中本着以强扶弱、就地就近、产业互补、互利共赢原则，确定结对帮扶关系，帮助贫困户找准致贫原因，量身定制帮扶措施和脱贫计划，确保各项政策及工作落到实处。

（3）借力网络平台，对接帮扶信息。百色市按照“扶贫济困、信息公开、供需互动、精准帮扶”的原则，在扶贫开发信息网开设扶贫济困“直通车”专栏，搭建社会扶贫援助方和求助方信息发布与互动救助网络平台。将建档立卡贫困村、贫困户的需求信息和对口帮扶、定点扶贫、电商扶贫等不同层次、不同类别的社会扶贫项目规划在网上公布，让有扶贫意愿单位、企业、组织和扶贫对象信息对称、渠道畅通，推动社会扶贫资源供给与扶贫需求有效对接，实现扶贫济困供需见面，援助人与求助人点对点精准帮扶，推动社会扶贫与精准扶贫有效结合，提高社会扶贫资源配置与使用效率。

（4）创新扶贫日活动开展模式，弘扬扶贫济困精神。百色市通过开展丰富多彩、形式多样的“扶贫日”系列活动，弘扬助人为乐、崇德敬善、扶贫济困精神，践行社会主义核心价值观，为社会各界参与扶贫、奉献爱心搭建有效的工作平台，使“扶贫日”成为百色市各县（市、区）具有较大影响力和较强号召力的公益活动。通过每年一度的“10・17”扶贫日活动，鼓励和支持社会各界人士参与扶贫行动，通过有组织的展销会、技术推广、紧急援助、现场传授、示范演示、消费扶贫等方式，为贫困地区提供特色农产品消费、基础教育、医疗卫生、科技推广、文化下乡和农业技术等方面的服务。如德保县以“国家扶贫日”“德保农土特产行销全国”“壮族三月三”“红枫旅游暨脐橙节”“壮美广西・三月三暖心生活节”为契机，举办德保名特优农产品交易及开展直播带货助销售活动，通过“本地销”“社会销”“直播销”“区外销”“兜底销”等途径，集中推介、展示、销售贫困村特色农产品；鼓励引导各乡镇、县直各单位，以及后援单位的领导干部在同等条件下优先采购贫困村农产品；广大帮扶干部不仅积极主动购买贫困村、贫困户的农产品，还充分利用朋友圈、微信群、QQ群等平台大力推介，极大地帮助了贫困群众解决销路难题；开展贫困村农产品进学校、进企业、进机关、进园区、进社区、进商超、进电商、进电视、进深加工“九进”行动，组织各类批发市场、电商企业、大型超市等农产品流通主体到贫困村对接考察、签订协议，建立稳定的产销关系。支持邮政系统、供销社系统发挥其农村网点布局广泛的优势，与贫困村农产品加工、流通企业建立长期稳定的产销联系。

百色市在社会扶贫中，主要通过政府部门的引导，搭建多元的参与平台，创新社会扶贫的参与方式，引入和对接来自各方社会力量参与到扶贫事业中来。

（二）社会扶贫取得的成效

百色市在兄弟城市、区内外各帮扶单位、企业、慈善机构、爱心人士及广大贫困群众等社会主体的参与和不懈努力下，促进深度贫困县（市、区）社会经济的快速发展，完成了全面脱贫的历史性任务。

1. 基础设施更加完善，山区人民生存条件显著提升

百色是典型的石山地区，山区面积占95.4%，平地台地只占4.6%，这里山高林密，人群居住分散，耕地资源贫乏，交通极为不便，大部分县区由于自然条件恶劣，严重限制了当地群众的生产活动和生存发展，在这样“一方水土养不活一方人”的恶劣环境下，部分群众没能摆脱自然环境影响，成为贫困户。

解决基础设施问题是偏远地区群众能够摆脱贫困的第一步，是山区群众能够发展产业和提高经济收入的基本条件。为了改善当地恶劣的自然环境，为百色山区群众提供生产生活基本条件，自20世纪80年代中期开展扶贫开发工作以来，百色市不断加大对基础设施的投入。特别是“十三五”期间，百色市联合社会各界多方力量，统筹各方扶贫资源，采取多种举措有机结合，进一步加大对基础设施的投入力度。通过组织开展住房改造、村级道路建设、屯级道路建设、房前屋后巷道硬化、砌墙保土、人畜饮水工程、农田水利维修、绿化亮化工程，通过农村改厕改厨、排水排污、垃圾处理“三大革命”，建设村级公共服务中心、异地安置点等，重点实施水、电、路、网、房的建设，有效地解决了山区农村“饮水安全、住房安全、有路

通、有电用、有电视看”等基础设施问题，极大改善了贫困山区的基本生产生活条件。

“十三五”期间，中国电信集团累计投入9731万元，加强田林县农村“宽带+4G”网络建设，165个行政村光网通达率和4G覆盖率分别从32%和45%提升至100%，自然村（屯）光网通达率达65%以上，4G网络覆盖率达到90%以上，提前并超额完成国家对贫困县网络通信的指标要求，补齐农村互联网短板，缩小城乡数字鸿沟，切实提升群众满意度和获得感。其中投入了205万元，用于推进电子政务、教育云和益农信息社等平台及网络建设，为田林县党政机关及事业单位共100多个单位提供“互联网+政务”日常办公应用。为贫困户及帮扶干部定制半价优惠专项电信资费套餐政策，办理专项资费套餐6591户，推进信息扶贫。

中国中车集团有限公司（以下简称“中车集团”）定点帮扶靖西市。2016年，中车集团投入帮扶资金223.74万元建设85户用光伏发电项目，每户3千瓦光伏发电站，项目计划收益25年。光伏发电受益户龙邦镇大莫村外屯33户，其中贫困户20户98人，魁圩乡康和村布凌屯52户，其中贫困户13户47人。

深圳市立足于百色市部分贫困山区“一方水土养不起一方人”的实际情况，以建设功能完善、配套齐全、环境优美、绿色宜居的易地搬迁扶贫安置示范社区为基本要求，结合百色市城镇化建设在百东新区核心区域进行高标准规划和高起点定位，在百东新区建设易地搬迁扶贫重点项目——“深圳小镇”项目。“深圳小镇”项目总体规划用地面积836亩，总建筑面积91.37万平方米，其中规划建设安置住房65栋7288套约70.43万平方米，同时配套建设科教文卫体、农贸市场、污水处理、垃圾转运站、社区管理服务中心等公共服务设施，配套建设约5.57公里市政道路，总投资约32.54亿元。项目一期规划安置易地搬迁扶贫贫困人口1万人，总用地面积为340亩，总建筑面积31.07万平方米，总投资约11.07亿元，主要建设22栋2316套安置住房约22.26万平方米，同时配套建设九年一贯制中小学、幼儿园、社区医院、文化体育、社区综合服务中心、物业服务中心、地上地下停车场、污水处理站及配套管网和4

条总长3.88公里市政道路等公共服务设施。项目一期工程于2017年11月开工建设，至2020年6月已安置易地搬迁扶贫贫困对象2315户9831人，移民分别来自百色市凌云县、乐业县，田林县、西林县、隆林县、德保县、那坡县，平果市、靖西市等9个县（市）57个乡（镇）304个村，其中壮族、瑶族、苗族、彝族、仡佬族等少数民族占搬迁总人数的70%。项目二期规划安置易地搬迁扶贫贫困人口1万人，总用地面积为225亩，规划建设安置住房30栋2757套约24.50万平方米，总建筑面积31.30万平方米，总投资约11.17亿元，规划配建农贸市场1座，幼儿园1所，居委会1所，4000吨/天规模地埋式污水处理站1座，200吨/天规模集中式垃圾转运站1座等，配套建设5条总长约1.69公里市政道路。项目二期于2018年11月开工，目前，安置易地搬迁扶贫贫困对象2002户8749人。

2. 特色产业不断壮大，贫困地区“造血”功能持续增强

习近平总书记指出：“产业扶贫是最直接、最有效的办法，也是增强贫困地区造血功能、帮助群众就地就业的长远之计。”产业是经济来源的主要渠道，只有依托产业支持，才能长久告别贫穷，使群众生活富裕起来。自1996年起，广东省和广州市对口帮扶百色市贫困地区，在资金、技术、信息、设备、人才培训、产品开发、营销合作等方面对百色进行多方位的帮扶。2016年，中央部署新一轮东西部协作帮扶，深圳接过广州的接力棒，继续对百色开展帮扶。百色市各级各部门依托当地特色优势资源，积极做好与深圳市对口扶贫协作地区的产业对接，着力加快推进深百产业园等各级产业园区的投资建设，大力推动产业合作并取得丰硕成果。协作双方累计共建产业园49个，引进116家广东等东部企业到百色投资合作发展扶贫产业，实际投资额80.74亿元，惠及贫困人口5.94万人。深圳市累计援建百色市扶贫车间103个，吸纳就业人数7902人，其中建档立卡贫困劳动力4492人，对解决百色贫困人口就业问题、增强贫困户的“造血”功能、实现可持续稳定增收高质量脱贫发挥了关键性的作用。

南山区在田阳区引进企业投资建成田阳20万亩芒果基地和华润五丰供港养殖基地；在德保县开展粤桂桑蚕示范园项目、粤桂柑橘示范基地、粤桂高山油茶基地、粤桂桑蚕产业园等产业项目，促成南山区15家企业与德保县傅氏庄园产业合作项目。龙岗区围绕“两不愁三保障”和“安边固民、兴边富民”主题，实施边境“五个工程”共244个扶贫项目，如推进建设深圳龙岗——百色靖西协作共建产业园及龙邦跨境合作产业园，对接引进东部企业30多家；截至2019年，罗湖区共计援助隆林财政资金1.84亿元，实施项目数63个，其中涉及西贡蕉种植、沃柑种植、黑猪养殖、茶叶种植、种桑养蚕等产业项目。

中国广东核电集团有限公司（以下简称“中广核集团”）定点帮扶同属于滇桂黔石漠化地区的乐业县和凌云县。中广核集团在帮扶乐业县产业发展中，以科技产业扶贫项目为依托，投入帮扶资金2245万元，在乐业县逻沙乡和甘田镇建起了2245亩的中广核乐业猕猴桃精准扶贫产业园，规划投资15亿元、容量20万千瓦、生产经营期限为20年的风电场项目。“十三五”期间，中广核集团共投入帮扶资金2880万元，以帮助凌云县发展桑蚕产业。共帮助建设标准化大蚕房28091平方米468间，建设小蚕共育室2000平方米，补助群众种植桑园11350亩，项目共带动19个贫困村村集体经济发展，使1463户6729名贫困人口受益。

国家民委作为德保县定点帮扶单位，先后为德保农业技术推广应用、农村实用技术培训、产业扶持等投入资金400多万元，覆盖八角低产林改造、烤烟种植、水果种植、蔬菜种植等。同时积极协调推动“德保脐橙”“德保山楂”“德保矮马”地理标志认证工作。2016年“德保脐橙”获国家地理标志保护产品称号。2017年“德保山楂”获国家地理标志产品认证。2018年“德保矮马”获农业部农产品地理标志认证，推动德保农业发展现代化进程。2019年，国家民委作为后援单位，引领都安乡凌雷村以脐橙、桑蚕和特色养殖为主导产业，不断扩大产业规模，提升产业品牌知名度，带动凌雷村建设柑橘类水果种植基地2个，种桑养蚕共450亩，建设规模肉猪养殖场2个，年出栏万羽鸡棚6个，引进健茂生态水果种植基地，占地3000亩，现已种植2000余亩，凌雷村通过政府注资健茂公司，企业捆绑89户贫困户实现固定分红。

“十三五”期间，东西部扶贫协作财政援助产业发展资金7.94亿元，引进80.74亿元产业合作资金，到百色各县（市、区）开展产业合作的扶贫企业116个，带动贫困人口59499人，其中吸纳贫困人口就业5062人，通过利益联结机制带动贫困人口数54438人；共建产业园区49个，援建扶贫车间103个；认定扶贫产品2609款，扶贫协作地区采购、销售扶贫产品金额20.42亿元，开展消费扶贫带动贫困人口77068人。

其他帮扶单位，尤其是区直中直各帮扶单位，从百色实际出发，利用当地农业资源优势，统筹规划，采用“公司+基地+合作社+农户”的经营模式，盘活农村土地资源，建立火龙果、芒果、猕猴桃、砂糖橘等示范基地，发展了竹鼠养殖等特色产业，带动了贫困地区的产业发展。在各帮扶单位和爱心企业的支持下，百色市农业得到大力发展，当地农户，尤其是建档立卡贫困户，因为加入了合作社，依靠产业的发展，经济收入大幅度提高，实现了持续增收。

3. 教育事业持续发展，阻断偏远地区贫困代际传递

教育事业是“功在当代、利在千秋”的百年大计，也是社会扶贫中受到最广泛关注、社会力量参与最积极的领域，在社会多方力量的齐力推动下，百色市教育事业得到蓬勃发展，惠及贫困地区学龄儿童和青少年学生。

首先，教育硬件设施不断完善，教育质量不断提高。在社会各界的大力支持下，建起了一栋栋教学楼、宿舍楼、图书馆，学校里图书更加丰富，文具和电子设备不断补充，偏远地区多所学校的教育硬件设施经历了“从无到有”“从有到优”，百色市整体办学条件得以改善，社会扶贫为百色贫困家庭子女创造受教育的良好环境和条件。

“十三五”期间，国家民委为德保县积极协调争取到国家新闻出版署图书司、中央民族大学出版社、民族出版社等12家单位，共捐赠近13万册图书和一批总价值达293万元的投影机、调频发射机、电脑语音学习机等教学设备，中央民族大学捐赠价值40万元的200台电脑，有力改善德保县部分县直机关、中小学校的办公、教学条件，进一步推动贫困县教育事业快速发展。

“十三五”深圳对口百色扶贫协作工作开展以来，协作双方共同制订教育对口帮扶工作计划，深圳市110所学校结对帮扶百色市109所学校。双方签订了《深圳·百色“十三五”教育对口帮扶框架协议》《深圳—百色教育专业技术人才扶贫协作补充协议》和《深圳市教育局与百色市教育局优质教育信息资源共享框架协议》等，启动了信息化助力百色教育发展项目。通过深圳引进发达地区的先进教育理念和教育手段，百色市教育水平有所提高。职业教育帮扶同步推进，深圳职业信息技术学院与百色职业学院签订了“十三五”教育对口帮扶协议，深圳第二高级技工学校与田东职业技术学校签订了帮扶协议，职业教育学科建设和教学教改等方面帮扶成效十分显著。2017—2020年，深圳第二高级技工学校面向百色招收“两后生”452名，2017级来自百色靖西市的贫困学生黄承志，通过在深圳第二高级技工学校木工专业的学习和老师精心培养，成了第45届世界技能大赛备选选手，荣获广西壮族自治区脱贫攻坚“奋进奖”“深圳市优秀共青团员”，树立了技能改变命运的典范。

其次，师资能力得到增强，水平得到提高。为了提高贫困地区的教师素质、提升教育质量，对口帮扶城市与单位联合百色市，多次组织百色贫困地区教师外出学习培训，学习发达地区的先进教学方法，以增强教师业务能力和提高教学水平。深圳市通过开展“年度教师”巡回报告送教活动，实施“琢文君·同一堂课”乡村教师培训计划，促进百色市教师拓展知识视野，更新知识结构，改变教育观念，创新教学方式，提高创新教育的本领，为百色打赢脱贫攻坚战奠定了良好基础。

最后，为减轻贫困生的家庭负担，增强通过学习改变自己的命运的信心和决心，各帮扶单位、慈善机构、爱心企业和爱心人士通过捐资助学，资助贫困生学费、生活费，举办“夏令营”交流活动等，培养学生学习兴趣，鼓励他们通过学习文化知识和专业技能，从而能够依靠知识改变贫困的命运，阻断贫困的代际传播。

2017年，中广核集团以“志心立学、爱心助学、真心引学、筑梦未来”为方针，投入资金约800万元，在凌云县开设“中广核凌云县特少数民族白鹭班”（以下简称“白鹭班”）。“白鹭班”坚持扶志扶智扶技相结合，通过组织集团优秀员工如“最强大脑”中国队长李威和“大国工匠”乔素凯，到学校开设大讲堂；开办夏令营，带领孩子外出游学。组织外籍员工支教，培养学生学外语的兴趣。在扶技方面，组织开展暑期技能培训，261名学生通过考试并取得国家电工职业技能鉴定证书。受资助学生综合素质全面提升，视野、信心得到增强，讲规矩、守纪律，学习成绩提升明显。

“十三五”期间，东西部扶贫协作投入教育扶贫资金4.66亿元，建设乡镇级和村级学校（幼儿园除外）42所，建设幼儿园21所，资助贫困生10846人。

4. 医疗条件极大提高，贫困农民医疗得到保障

在一些贫困地区，由于贫穷，人们看不起病而受病痛的折磨，同时又因为健康问题，限制了谋生和发展，形成恶性循环。为了解决百色贫困地区的卫生健康困境，兄弟城市和帮扶单位投入大量资金购买或者捐赠先进医疗设备，还在贫困地区修建医院，极大改善了百色市医疗条件，从而减轻贫困地区群众“看病难”的问题。此外，组织百色贫困地区医护人员到发达地区学习培训，学习先进知识和经验。组织医护人员到百色贫困地区医院传经送宝，开展专家“送诊下乡”活动，请专家通过“远程诊断”等办法，为百色贫困地区人民看病治病。一些以治疗某种疾病为主题的慈善基金，也是社会力量的一部分，免费帮助治疗困扰贫困群众的疾病，让他们过上正常人的生活，阻断了因病致贫的风险。

深圳对百色贫困地区的帮扶还深化到医疗领域。百色8个市直医疗单位和10个县（市、区）全部与深圳市对应帮扶的单位签订了帮扶协议，开展了大量的专题培训、手术示教、学科建设、义诊等系列活动。深圳38家医院结对帮扶百色38家医院，深圳医疗专家到百色开展手术示教台数396台，新增适宜技术58项，援建远程诊疗项目5个，制订学科建设计划16个，重点学科建设12个，开展义诊活动58场次，无偿捐赠医疗设备、物资价值1000万元。

在2020年新冠肺炎疫情暴发后，为帮助解决德保县中小学复学后口罩等防疫物资严重紧缺问题，国家民委积极响应，委属6所高校累计向德保县教育部门捐赠口罩8.75万个、体温枪40支、免洗洗手液888瓶，捐赠各类防疫物资总价值25.739万元。国家民委汇聚各方力量应援服务，全面助力辖区学校复学复课，为广大学生群体筑牢校园抗疫防线。

5. 劳务帮扶显著加强，贫困地区就业情况得到改善

百色10个县（市、区）分别与深圳市6个结对区签订劳务合作协议，百色市级层面成立了服务广东企业用工保障工作专班，田林县首推劳务协作“县企共建”模式，隆林县成立了全国首个粤桂扶贫劳务协作服务中心。协作双方精准对接主动服务，劳务协作效果好。2016年以来，协作双方联合举办劳务协作培训班696期，培训贫困人口2.59万人次，帮助贫困劳动力实现就业5.93万人，其中转移到广东省就业3.14万人；联合举办技能人才校企对接交流会，签订校企合作协议13份，达成合作意向83份。

2020年上半年，面对新冠肺炎疫情影响，协作双方“点对点”组织和运送百色农民工赴粤返岗复工，累计开往广东的专列、专车共1089次，其中赴粤返岗直达免费专列5趟、省际直达包车1084车次，输送外出务工人员3.03万人，其中贫困劳动力1.22万人；市本级及10个协作县（市、区）在疫情期间对贫困户外出务工、稳岗补贴、技能培训等方面，已使用专项粤桂帮扶资金3815.81万元，其中稳岗补贴2089.65万元；共帮助2.6万名贫困劳动力返岗务工和转移就业。

2020年，盐田区在凌云县政府办事大厅开设“劳务协作窗口”，派出人员常驻，负责发布盐田辖区企业招聘信息、办理招聘事宜，积极组织动员辖区企业定向开发一批针对贫困人口的就业岗位，帮助贫困劳动力外出务工。

百色市还广泛动员和引导民营企业结对帮扶贫困村，开展“千企扶千村”“万企帮万村”精准扶贫行动。据全国工商联“万企帮万村”精准扶贫行动台账管理系统显示，截至2020年9月9日，全市累计共有952家民营企业（商会、合作社）参与帮扶1103个行政村，累计帮扶10.66万户52万多人，累计投入产业帮扶资金21755.52万元、就业帮扶资金23985.46万元、公益帮扶资金4580.05万元、技能帮扶资金2943.47万元。这些企业的引入，为贫苦地区人员提供了就业岗位，让农民实现在家门口就能打工挣钱的愿望。

在对口帮扶城市和帮扶单位、百色市政府和各爱心企业的共同努力下，百色地区贫困人民就业渠道不断拓展、就业机会逐步增多、就业环境得到改善，大量工作岗位和便利的就业条件，使贫困人口可以通过自己的努力实现脱贫致富，走上小康之路。

三、社会扶贫的基本经验

百色市作为全国脱贫攻坚的主战场之一，贫困面积大，贫困人口数量多，经过政府、市场和社会的努力，2020年如期实现全面脱贫。其中，社会扶贫起到了很关键的作用，而社会力量也将会是乡村振兴的重要组成部分，因此，总结和提炼百色市社会扶贫的经验对之后开展乡村振兴将会有实践性的指导作用和意义。

（一）主动落实工作责任

政府重视是开展好社会扶贫的前提。百色市委市政府高度重视扶贫开发工作，将扶贫事业作为第一民生工程来抓。各级扶贫部门领导也高度重视，把社会扶贫工作纳入重要工作议程，有具体的工作计划和措施，有承办的部门和人员；各级扶贫部门主动为本级党政领导提供工作方案，最大限度争取党政主要领导的认可和支持。加强组织动员，落实工作责任。逐步形成市、县（市、区）抓落实的扶贫开发工作机制，做到分工明确、责任清晰、任务到人、考核到位。建立工作机制，落实工作责任，动员社会力量参与扶贫开发工作是百色市委市政府的重要任务。扶贫工作责任到部门，任务到个人，财政、税务、金融部门负责落实财税和金融支持政策措施。人力资源社会保障部门负责落实挂职扶贫干部、驻村帮扶干部和专业技术人员相关待遇。民政部门负责将扶贫济困作为促进慈善事业发展的重点领域，支持社会组织加强自身能力建设。政协、工会、共青团、妇联、残联、工商联及各民主党派发挥各自优势积极参与扶贫工作。

（二）做有为政府

有为政府、健全机制是开展好社会扶贫的基础。百色市通过建立长效机制，确保政令畅通，克服和杜绝社会扶贫工作不作为、资金项目不动单、办事拖延、对于上级部门的工作安排不落实的现象，不断提高业务能力水平，增强紧迫感和主动性；加强统计监测工作，认真细致做好社会扶贫数据统计工作，切实做好项目绩效评估。按照国家有关规定，全面落实扶贫捐赠税前扣除、税收减免等扶贫公益事业税收优惠政策，落实各类市场主体到各县（市、区）投资兴业，带动增收等相关支持政策。对于积极参与扶贫、带动贫困人口脱贫的企业给予信贷支持或者按照有关规定给予财政贴息。定期开展社会扶贫表彰，使得积极参与社会扶贫的各类主体在政治上获得荣誉，在事业上能有发展，在社会上受到尊重，对于有突出贡献的单位、企业、个人、集体还可以在双方达成协议下给予项目冠名等激励措施。

（三）强化服务意识

强化服务、管理完善是开展好社会扶贫的条件。在扶贫的过程中，百色市不断加强与帮扶部门、企业、社团的联系、交流与沟通，以优质服务为平台，主动将扶贫工作情况向帮扶部门汇报，定期或不定期召开下派帮扶干部座谈会，做好沟通协商，达成共识，用热情的服务赢得各帮扶部门及社会各界的信任，力争帮扶部门的最大扶持。百色市各级有关部门不断强化服务意识，搭建社会参与平台，提高社会扶贫工作的管理服务能力。加强对社会扶贫资源筹集、配置和使用的规范管理，建立科学、透明的社会扶贫监测评估机制，有必要时委托第三方机构来管理和评估，以此增强社会扶贫公信力和影响力。加强贫困地区基层组织建设，开发贫困地区人力资源，提高农村致富带头人和贫困群众的创业就业能力。充分尊重贫困群众的主体地位和首创精神，把贫困地区的内生动力和外部帮助有机结合，不断提高贫困地区和贫困群众的自我发展能力。

（四）加大宣传力度

创新宣传形式，加大宣传是开展好社会扶贫的催化剂。宣传工作是形成良好帮扶济困氛围的重要手段，充分利用政府及各部门网站、电视、报刊、App、内刊、简报、微信公众号等作为宣传手段和载体，开展全方位的宣传，扩大社会扶贫的声势和影响。百色市以“扶贫日”系列活动为主线，开展扶贫宣传活动，大力弘扬中华民族扶贫济困、助人为乐、崇德敬善、乐善好施的传统美德。创新宣传形式，注重利用传统媒体与新兴媒体加强舆论引导，统筹推进社会扶贫先进事迹宣传报道工作，宣传最美扶贫人物，推出扶贫公益广告，倡导参与社会扶贫理念，营造扶贫济困的浓厚社会氛围。

中国决胜贫困的实践，是一条具有中国特色的扶贫开发道路。百色作为广西乃至全国脱贫攻坚的主战场之一，近年来，以定点帮扶、对口帮扶、协作帮扶为重点的社会扶贫，在百色市的扶贫工作中起到了重要的作用，促进了贫困地区社会经济的长效发展，为减贫事业做出了突出的贡献。可以说，社会扶贫作为“三位一体”的大扶贫开发格局之一，发挥着政府扶贫不可替代的作用，这个作用也将在以后的乡村振兴中继续发挥它的潜力和活力。

第十四章

党建扶贫

习近平总书记指出："农村基层党组织是党在农村全部工作和战斗力的基础，是贯彻落实党的扶贫开发工作部署的战斗堡垒。""要把扶贫开发同基层组织建设有机结合起来，抓好以村党组织为核心的村级组织配套建设，把基层党组织建设成为带领乡亲们脱贫致富、维护农村稳定的坚强领导核心，发展经济、改善民生，建设服务型党支部，寓管理于服务之中，真正发挥战斗堡垒作用。"[①] 深入推进精准扶贫、精准脱贫工作，困难不能低估，问题不能回避。"越是进行脱贫攻坚战，越是要加强和改善党的领导。"[②] 坚持党的领导是打赢脱贫攻坚战的重要保证。要充分发挥党的政治优势和组织优势，调动一切可以调动的力量，带领广大人民群众破解困难与问题。要加强思想引领，凝聚脱贫共识，增强基层党组织的凝聚力、号召力和战斗力。这就是党建扶贫的题中应有之义。自开展扶贫开发工作以来，百色作为深度连片的贫困地区，各级党组织在扶贫工作中始终以抓党建促脱贫攻坚为着力点，切实抓好贫困村服务型党组织建设，加大脱贫开发与基层党建"双推进"力度，培养壮大党员致富带头人队伍，帮助整顿软弱涣散基层党组织，加大乡村综合服务平台建设，打通联系服务群众"最后一公里"，把贫困地区基层党组织建设成为带领群众脱贫致富的坚强战斗堡垒。同时，在"党建引领""党员带领"上出实招硬招，积极推动各项工作向脱贫攻坚集

① 中共中央党史和文献研究院：《习近平扶贫论述摘编》，中央文献出版社2018年版，第32−33页。

② 同①，第39页。

聚、各种资源向脱贫攻坚汇聚、各方力量向脱贫攻坚凝聚，为打赢脱贫攻坚战和协同推进乡村振兴奠定了坚实的组织基础。

一、让党旗在扶贫高地迎风飘扬

党的十八大以来，习近平总书记就抓党建促脱贫攻坚作出一系列重要指示，多次对脱贫攻坚进行部署，强调基层党组织要通过深入开展服务型党组织创建活动，通过加强自身建设，把管理寓于服务之中，增强村党组织联系群众、服务群众、凝聚群众、造福群众的功能。基层党组织要真正成为带领乡亲们脱贫致富奔小康的主心骨、领路人。为了深入贯彻落实党中央关于坚决打赢脱贫攻坚战一系列的新要求、新部署和习近平总书记关于抓党建促脱贫攻坚的一系列重要指示精神，百色市各级党组织采取扎实有效的措施，以党建为抓手，进一步明确责任，突出脱贫攻坚的政治领导力；进一步夯实基础，提升脱贫攻坚的主体能力；强化作风建设，凝聚干部群众脱贫攻坚的强大动力；进一步完善制度机制，有效提升脱贫攻坚的工作活力。目的就是要营造全市上下形成上下联动、相互促进的党建责任体系，推动基层党建和脱贫攻坚责任落实、任务落地；广大党员干部为扶贫事业比学赶超、倾情奉献，呈现出“哪里有急难险重，哪里就有党组织攻坚克难、就有党员冲锋在前；哪里有贫困群众，哪里就有党的工作、就有党员的模范作用、就有党旗迎风飘扬”的良好氛围。

（一）通过抓党建进一步明确责任，突出脱贫攻坚的政治领导力

消除贫困不仅是我们党的一项政治承诺，更是一项政治使命。使命在肩必然要有责任担当。在推进党的建设新的伟大工程中，百色各级党组织始终围绕脱贫攻坚这一最大的政治任务，把党建工作融入脱贫攻坚战的全过程，做到党建工作与脱贫攻坚工作紧密结合、相互促进，脱贫攻坚主体责任更加突出。首先，制定出台相关文件，进一步明确责任，使抓党建促脱贫攻坚工作有章可循、更加规范。党的十九大以来，百色市委以及市委组织部从完善制度规定着手，相继出台了抓党建促决战决胜脱贫攻坚相关的政策文件30多

个，内容涵盖压实工作责任、建强战斗堡垒、凝聚干部人才力量、激励干部担当作为、推动村集体经济提质增效等方面内容，为抓党建促脱贫攻坚取得实实在在的成效提供了具体的可操作性指导和依据。其次，全面压实责任，增强脱贫攻坚主体的使命感和责任感。一是凝聚思想共识，坚持用脱贫攻坚统揽全市经济社会发展全局。市委要求各级领导干部以高度的政治责任感和强烈的历史使命感，牢记习近平总书记在2015年3月9日全国“两会”上参加广西代表团审议时提出的“希望下一个5年，整个百色地区能够同全国一起实现全面小康”的嘱托，2017年4月19日至21日习近平总书记视察广西时关于“脱贫攻坚形势依然严峻，牢记必须倒排工期，落实精准扶贫精准脱贫方略”的指示精神。贯彻落实好党的十九大会议精神，坚持把强化理论学习摆在突出位置，通过召开中心组学习会、动员部署会、集中学习培训会等形式，深入学习上级系列脱贫攻坚会议及系列政策文件精神，把握精准扶贫思想实质和政策内涵，为全面、准确地贯彻落实中央、自治区脱贫攻坚战部署精神提供了强大理论支撑，为坚决夺取决战贫困决胜小康的最终胜利打下坚实的思想基础。二是强化组织领导，坚持层层动员部署脱贫攻坚战。严格按照“中央统筹、省负总责、市县抓落实”工作机制，全面强化党对脱贫攻坚工作组织领导，调整扶贫领导小组，党政一把手担任双指挥长，将精准扶贫作为一把手工程，发挥党委统揽全局、协调各方的作用；严格落实市领导联系责任、市直部门帮扶责任、驻村工作队指导责任和第一书记驻村帮扶责任。通过召开脱贫攻坚推进会、脱贫摘帽对接会、精准扶贫系列培训会，强力推进脱贫攻坚各项工作。

（二）通过抓党建进一步夯实基础，提升脱贫攻坚的主体能力

习近平总书记多次强调：“要把夯实农村基层党组织同脱贫攻坚有机结合起来，选好一把手、配强领导班子，特别是要下决心解决软弱涣散基层班子的问题，发挥好村党组织在脱贫攻坚中的战斗堡垒作用。”[①] 同时还明确指出：“在乡镇层面，要着力选好贫困乡镇一把手、配强领导班子，使整个

① 中共中央党史和文献研究院：《习近平扶贫论述摘编》，中央文献出版社2018年版，第47页。

班子和干部队伍具有较强的带领群众脱贫致富能力。在村级层面，要注重选派一批思想好、作风正、能力强的优秀年轻干部和高校毕业生到贫困村工作，根据贫困村的实际需求精准选配第一书记、精准选派驻村工作队。”[①]作为深度连片的贫困地区，百色的扶贫任务异常艰巨，为了打好打赢这场跨世纪的战役，20世纪80年代初中央部署开展扶贫工作的时候，当时的百色地委行署立即着手制定商品经济发展规划、鼓励广大群众发家致富的政策措施。从那时开始，党的建设和扶贫开发工作就紧密结合在一起了，从地委领导到乡村干部，不论大会小会，都把扶贫工作当作最大的政治任务去强调、去督促、去落实。1986年6月，时任地委书记黄保尧在全地区脱贫致富研讨会上的讲话就强调：“关心不关心群众的脱贫致富问题，对作为一级党组织、作为一个党员、一个人民干部来说，是一个党性问题。因为这些群众，解放三十多年了，十一届三中全会以来，也有七八年了，他们的温饱还没有得到解决，你看了感觉怎么样？同情不同情？有没有责任？”1989年6月16日，时任百色地区行署专员李兆焯在“石山区商品生产基地建设经验交流会”的讲话就指出：“首先是石山区的各级党委、政府，主要是我们县、乡镇各级的领导，要把更多的精力放到石山区的开发研究、部署、检查、落实上，真正是列入重要议事日程，常议常抓。过去大家也不是说不重视，这里强调的是要用更多的精力，要真正使各项工作落到实处，尤其要注意加强基层的工作。”针对村“两委”班子的建设，也是以带动能力强弱、发展村集体经济水平高低作为评判的标准的。1986年以后，按照党中央、国务院关于开展有计划、有组织、大规模扶贫开发工作的决定，百色从地委行署到县一级就建立健全了扶贫工作领导体系和工作机构，建立了挂钩扶贫联系工作机制，派遣工作队进村入户扶贫。由此，广大基层干部成了扶贫开发一线的主力军。

党的十八大以来，扶贫开发工作进入精准扶贫精准脱贫新的历史阶段，精准扶贫已经到了攻城拔寨、攻坚克难和啃“硬骨头”的关键时期。按照习近平总书记所强调的“这是一场硬仗，越到最后越要紧绷这根弦，不能停顿、不能大意、不能放松。各级党委和政府要不忘初心、牢记使命，坚定信

① 中共中央党史和文献研究院：《习近平扶贫论述摘编》，中央文献出版社2018年版，第42页。

心、顽强奋斗，以更大决心、更强力度推进脱贫攻坚，坚决克服新冠肺炎疫情影响，坚决夺取脱贫攻坚战全面胜利，坚决完成这项对中华民族、对人类都具有重大意义的伟业”[①]的指示精神和自治区党委的部署要求，百色市委出台一系列制度措施，统筹考虑行政村“短板”和第一书记“特长”，采取组织安排、干部意愿、驻村需求“三结合”方式，提高人岗相适度，推动第一书记选派激励管理工作全面升级。

（三）通过抓党建强化作风建设，凝聚干部群众脱贫攻坚的强大动力

纪律作风是团队凝聚力和战斗力的保障，脱贫攻坚事关贫困群众的切身利益，更需要工作在扶贫第一线的广大党员干部切实做到忠诚、干净、担当。习近平总书记反复强调：“脱贫攻坚工作要实打实干，一切工作都要落实到为贫困群众解决实际问题上，切实防止形式主义，不能搞花拳绣腿，不能搞繁文缛节，不能做表面文章。”[②]百色历来重视抓好扶贫领域腐败和作风问题专项治理工作。一是以高压态势层层压实责任。根据国务院和自治区扶贫开发领导小组下发《关于开展扶贫领域作风问题专项治理的通知》，百色市委市政府以及各县（市、区）在开展扶贫领域腐败和作风问题专项治理工作的基础上，针对扶贫领域存在的“四个意识”不强、工作作风不扎实等问题，出台了《百色市开展扶贫领域作风问题专项治理工作实施方案》。同时，成立了扶贫领域作风问题专项治理领导小组，定期召开会议专题研究部署全市治理工作。二是坚持问题导向，深入自查自纠。围绕国务院和自治区扶贫领导小组关于作风专项治理明确的6大类25个问题和省际交叉考核、第三方评估、媒体暗访调查、扶贫审计、“四合一”核验及群众反映的扶贫领域腐败问题、作风问题和责任落实问题，多措并举排查问题线索。最大限度用好举报箱、明察暗访，拓展问题来源渠道，紧盯扶贫资金、危房改造、民政救助等关键点，主动出击，深入村（屯），对扶贫领域作风问题进行大排查。对查摆出的问题逐一建立问题台账，制定整改措施，明确完成时限，落

---

① 《习近平：作出的郑重承诺，必须如期实现》，人民网，https://baijiahao.baidu.com/s?id=1660476613071441142&wfr=spider&for=pc，2020-03-07。

② 中共中央党史和文献研究院：《习近平扶贫论述摘编》，中央文献出版社2018年版，第122页。

实到具体责任人，确保整改工作落到实处。三是加强警示教育，铁面执纪出实招。着力排查和严肃处理扶贫领域腐败问题、作风问题及弄虚作假等严重作风问题，坚持严查快办，严惩不贷。同时，加大公开通报曝光扶贫领域腐败和作风问题的工作力度，集中曝光被各级纪检监察机关查处的典型案例，对专项治理后仍然不收敛不收手的突出问题，一律公开通报曝光。通过扶贫领域的正风肃纪，营造了全市良好的政治生态。

（四）通过抓党建进一步完善制度机制，有效提升脱贫攻坚的工作活力

党建和脱贫攻坚工作是否深度融合，在于党建是否有效提升脱贫攻坚的工作活力。百色市各县（市、区）在实践探索中结合自身实际不断总结创新，通过加强阵地建设增强脱贫工作动力、完善制度机制建设激发脱贫工作活力。一是完善制度机制，激发工作活力。针对驻村第一书记选派和管理中存在的人员素质参差不齐、管理考核不科学和保障激励措施不到位、缺乏工作活力等问题，市委从建立完善制度机制着手，出台《关于进一步加强村级党组织第一书记队伍建设的意见》《百色市村级党组织第一书记选派办法（试行）》《百色市贫困村党组织第一书记保障激励办法（试行）》《百色市贫困村党组织第一书记考核办法（试行）》等文件规定。通过强化激励保障、严格管理考核等方式，有效促进驻村工作队员担当作为、履职尽责，激发了工作活力。二是开展创优活动，激发内生动力。百色市各县（市、区）按照脱贫攻坚同乡村振兴有效衔接的总要求，每年开展一次“红旗村”集中评选活动，每个县（市、区）分别评选出“产业兴旺、生态宜居、乡风文明、治理有效、生活富裕”等5大类“红旗村”。三是创新工作载体，助推发展活力。在抓党建促发展促脱贫致富的实践中，百色各县（市、区）不仅在发展产业、发展方式、发展模式等方面集中发力，而且在发展手段、工作载体等方面大胆创新，以激发和助推发展活力。比如德保县，就是以“党群致富共同体”夯实党建促脱贫的新“高地”，将党组织建在产业园上、党员聚在产业园上、群众富在产业园上，助推基层党组织和村级集体经济产业发展深度融合，形成“建一个共同体，兴一项产业，活一村经济，富一方群众”的发展格局。事实证明，“党群致富共同体”这种助推发展的模式能够释放发展的活力，解决发展的问题。

二、党建扶贫的做法和成效

20世纪80年代中后期，国家实施有计划有组织的大规模扶贫开发，百色地区进入了严格意义上的扶贫开发工作阶段，扶贫方式发生了重大转变，各县（市）采取扎实有效的措施，扶贫工作取得明显成效。实施《国家八七扶贫攻坚计划》之后，全地区各级党委政府集中人力、物力、财力，全面展开“扶贫攻坚”，出台了《关于尽快解决农村贫困人口温饱问题的决定》和《关于进一步加强扶贫开发工作的决定》，通过与广州市、深圳市等发达地区联系对口挂钩协作帮扶，学习借鉴发达地区的好经验、好做法，全地区基本实现了解决农村贫困人口温饱的目标，基本消除了绝对贫困。按照党中央、国务院的《中国农村扶贫开发纲要（2011—2020）》，百色市制定和落实了“十二五”农村扶贫开发规划、506个贫困村“整村推进”扶贫规划和滇黔桂石漠化片区产业扶贫规划，在加快推进产业扶贫、金融扶贫等各领域的扶贫的同时，在党建扶贫方面也进行了有益的探索并取得了明显的成效。

（一）党建扶贫的工作举措

在探索抓党建促脱贫攻坚的实践中，全市各级党组织紧紧围绕夯实组织基础、狠抓队伍建设、明确主体责任等方面，创新党建的形式，有效推进了脱贫攻坚的顺利开展。

1. 提高政治站位，压紧压实脱贫攻坚责任

全市各级党委真正扛起主体责任，坚决响应党中央和习近平总书记决战贫困决胜小康的号召，强化措施，大力推进脱贫攻坚工作。一是全面加强党的领导。全面强化党对脱贫攻坚工作的组织领导，及时调整充实扶贫领导小组，党政一把手担任双指挥长，同时落实“五级书记”抓扶贫的要求，层层压实责任。二是加强理论武装。全市各级党组织坚持把强化理论武装摆在突出位置，通过学习会、培训会等形式，加强理论武装，统一思想，提高认识，更坚定了打赢脱贫攻坚战的信心和决心。三是压实主体责任。百色市始

终把压实脱贫攻坚一线各级主体责任放在首位，以开展大兴学习之风、大兴解放思想之风、大兴调查研究之风、大兴求真务实之风等“四个大兴”活动为抓手，通过深化开展领导班子建设年活动，推动各级领导班子转变思想作风，激发脱贫攻坚工作热情，把精气神凝聚到打赢脱贫攻坚的具体实践中。规定要求贫困县（市、区）党政正职每月至少有5个工作日、非贫困县（市、区）党政正职每月至少有3个工作日用于扶贫工作，并遍访贫困村、走访贫困户；各乡镇党委书记、村党组织书记、第一书记按要求遍访贫困户，逐层逐级压实主体责任。四是周密部署动员。通过密集召开扶贫领导小组会议、脱贫攻坚战指挥部会议、精准扶贫系列培训会等形式和按照“挂图作战、清单管理、滚动集成、精准摘帽”的总体要求，实施市、县、乡、村四级挂图作战和清单管理等超常规的举措，压紧压实各级党组织脱贫攻坚责任，从而推动脱贫攻坚周密部署、全面实施。

2. 打造坚强堡垒，夯实脱贫攻坚的组织基础

习近平总书记说过：“农村要发展，农民要致富，关键看支部。”[①] 农村基层党组织就是脱贫攻坚的战斗堡垒。百色市各县（市、区）从基层组织建设入手，通过配强班子、人才保障、激励机制及严格管理等措施，抓好基层党组织建设，为打赢脱贫攻坚战提供人才和组织保障。如田阳区，在全县152个行政村“两委”班子人选配备上就侧重“年轻化”标准，着重提升干部队伍的活力。同时，严格实施农村基层党组织评星定级和农村党员积分管理，创新推进基层党支部和党员积分常态化管理，有效破解基层党组织基础薄弱、党员管理难、作用发挥难等问题；创新打造“农事城办”“党旗映山红”“先锋守望”“三方联动·精准监督”“五个一”和党群抱团等一批党建促脱贫品牌，助推精准扶贫、精准脱贫扎实深入开展。平果市实施组织力提升行动，强化基层党组织对决战决胜脱贫攻坚的领导。建立“一委（部）两会三中心”乡村治理组织体系，深入实施基层党组织标准化、规范化建设三年计划，对村（屯）党组织规范设置开展集中排查，符合条件的村、屯党

① 中共中央党史和文献研究院：《习近平扶贫论述摘编》，中央文献出版社2018年版，第31页。

支部采取独立组建、联合组建、划片组建或依托平安建设“网格”组织等方式实现党组织全覆盖。通过完善党组织领导下的村级组织议事规则，推行村级各类组织向村党组织述职和报告制度，健全完善县处级党员领导班子成员包村排查和整顿销号机制，夯实基层党组织。

注重党建引领，党支部坚强有力，基层党建有声有色，群众就跟得紧，脱贫攻坚就有了“主心骨”。德保县以提升组织力为重点，坚持各项党建工作创优达标，着力夯实党建促脱贫基础。一是实行“五共五促”结对共建，强化基层党支部建设。全县机关、企事业单位党组织根据结对帮扶定点联系村安排，机关、企事业单位党组织与村（社区）党组织结对长期开展共建活动，确保每个结对村都有3～5名以上双带能力强的年轻后备干部，构建“资源共享、优势互补、互相促进、共同提高”的党建工作新格局。二是采取“三亮模式”，打造农村新名片。在“一办三中心”“党员中心户”等品牌基础上，采取亮出支部形象、党员形象、支部制度机制的“三亮”模式，建设“党建文化小广场”，成立“党小组之家”，开展“四个一”党员活动，打造“贴心党建·壮美德保”农村党建品牌，整体提升基层党建水平。三是整顿软散基层党组织。结合领导班子建设、扫黑除恶专项斗争等工作，及时调整、撤换、补选违纪违法、长期不在岗或工作不在状态的班子成员，全县186个村（社区）党组织凝聚力号召力进一步增强。四是健全督导调研机制，保障工作实效。严格落实基层党建“两随机”调研指导机制，实施全县党支部每月“对标定级·整体提升”网上联评活动，规范“三会一课”、党费收缴、主题党日等党内组织活动及阵地建设。开展全覆盖排查梳理，构建“三方”指导、“三评”找差距、“三联”共创机制，沉入基层一线，全面开展基层党建弱化虚化边缘化问题排查整治，对基层党建存在的突出问题立行立改，当场未完成整改的督导组坚决不撤退，以提醒预警、督办催办、通报机制等“三步督查工作法”追责问责、销号整改各类问题，推动基层党建全面发展、全面过硬，助推脱贫攻坚更加有力、更加扎实。靖西市坚持抓基层、打基础，不断提升基层党组织组织力。一是规范党内政治生活。配套出台《关于规范党内组织生活的实施意见》《靖西市“三会一课”制度等9个实施细则》“1+9”配套制度，不断完善党内组织生活工作机制。二是持续整顿软弱涣散基层党组织。按照“县处级领导挂点、机关单位联村帮促、工作组综合指导、乡镇干部包村整顿、第一书记驻村协助”工作法，经过走访排查、部门联审、乡镇自查等办法，确定软弱涣散村党组织并狠抓整顿。三是抓好易地搬迁安置点党建工作。在易地搬迁扶贫安置点设立党组织，实现了扶贫项目到哪里党旗就插到哪里，切实为搬迁群众提供组织保障。那坡县以创建“边关丝路”党建示范带为抓手，按照“抓点示范、串点成线、连线成带”的工作思路，围绕组织示范、队伍示范、活动示范、制度示范、载体示范、保障示范“六个示范”标准，分期分批推进基层党组织标准化规范化建设，大幅提高村干部基本报酬待遇，激励村“两委”干部安心边境农村地区开展扶贫攻坚工作。

3. 创新党建形式，多措并举助推脱贫有实效

百色在抓党建促脱贫攻坚方面创新了党建的形式，在助推脱贫攻坚方面搭建了平台，延伸了横向到边、纵向到底的抓手，打造了独具特色的党建品牌。一是创新基层工作机制，突出党组织服务功能。为了认真贯彻落实习近平总书记关于“易地搬迁扶贫不仅要改善人居条件，更要实现可持续发展”的重要指示精神以及自治区党委鹿心社书记提出“易地搬迁扶贫点的社会管理要适应转变，想办法特色管理”的要求，切实解决从山区搬迁到县城易地搬迁扶贫点农村贫困人口的后续管理与服务问题。田阳县积极探索主动为群众提供服务便利的工作机制，设立了老乡家园社区党委和“农事城办”管理服务办公室，创新探索“农事城办”服务机制，统筹推进安置点后续管理服务工作。以“群众到哪里，党组织服务到哪里”为服务主旨，建立一站式服务大厅，配齐社区党委、居委会等功能室，为搬迁群众提供“一站式”服务，实现了“组织服务跟进城，群众办事不回乡”的目标。德保县实行县处级领导“一对一”项目工作联系制度，制定《2020年发展壮大村级集体经济重点项目现场督导工作方案》，倒逼抓村级集体经济发展责任落实。田东县注重发挥制度优势推动脱贫攻坚，按“管全面、总指导”原则，围绕实现稳定可持续高质量脱贫目标，出台“党建引领、产业扶贫、就业创业、分类救助、基础建设、资金投入、社会帮扶、脱贫监管、统筹城乡、推进村集体经济发展”脱贫攻坚“十大长效机制”及10个配套方案，形成“1+10”的政策体系和制度措施，对脱贫工作作出系统周密安排。二是强化组织引领作用，提升党建促脱贫攻坚实效。强化组织对脱贫攻坚的引领作用，就是要发挥基层党组织的凝聚功能，动员影响基层社会各方面力量、积极推动各种资源、各方面工作向贫困地区、贫困群众集聚，从而形成强大的脱贫攻坚合力。如西林县，始终坚持问题导向，注重在工作中发现和解决问题，积极发挥基层组织战斗堡垒作用，切实把党的组织优势转化为脱贫攻坚优势。（1）加强组织规范化标准化建设，助推基层党建与脱贫攻坚有机融合。研究制定《西林县创建“红、富、美”（党旗红、群众富、环境美）基层党建示范带工作规划（2018—2020年）》。按照“一江一线一片”（“一江”即那劳镇—普合苗族乡—八达镇—西林县城驮娘江流域，“一线”古障镇—马蚌镇321省道沿线，“一片”即西平乡—那佐苗族乡—足别瑶族苗族乡南部片区）进行布带设点，以“六个示范”（组织示范、队伍示范、活动示范、制度示范、载体示范、保障示范）为创建抓手，实施“红、富、美”党建示范带建设，扎实开展“乡村振兴·争创五旗”活动，深入推行农村基层党组织“星级化”管理和农村党员积分管理，在全县基层组织中兴起了“向红旗村看齐”“争创五星级”的创先争优、比学赶超氛围，实现基层党建与脱贫攻坚有机融合，推动全县基层党组织全面进步、全面过硬，为全面打赢脱贫攻坚战，实现乡村振兴提供强有力的保障。全县“党旗红、群众富、乡村美”的美好蓝图初步形成。（2）强化队伍建设，全面提升党组织战斗力。深化“脱贫攻坚先锋行”活动、实施“头雁”工程，对不胜任、不合格、不尽职的村党组织书记及时调整撤换；设岗定责培育村级后备力量和致富带头人600余人，示范带动贫困户1562户。（3）提高村级组织运转经费保障标准，激发基层组织和党员活力。研究制定《关于调整村级组织办公经费和离任村（社区）干部补助标准的通知》，将每村办公经费提高到3万元以上，离任村干部补贴标准也提高到任期每满一年50元/月。为进一步加强农村党员产业发展带头人队伍建设，巩固农村基层党组织战斗堡垒作用，提高农村党员带头致富和带领群众致富的能力。（4）守正创新，巩固完善传统的党建品牌，推动区域协同发展。充分发挥已建立的50个跨省区联合党组织作用，加强与接边县（市）联系协商，创建桂滇黔富民水产养殖合作社、跨区域旅游产业联盟、跨区域产业扶贫示范园区，建立起“目标同向、作用互补、互相监督、共同发展”的跨省区经济社会发展关系，促进了接边地区水产养殖、水果种植、区域旅游等产业发展。目前，已建成跨省区产业园1个、跨省区水果种植示范园1个，带动5000多农户实现脱贫致富。

4. 狠抓队伍建设，促精准扶贫保障有力

加强对村“两委”干部、驻村扶贫工作队和结对帮扶责任人的管理，切实把党建活力转化为脱贫动力。右江区党委政府为了确保脱贫攻坚动力不减，一是强化驻村队伍管理。建立督查暗访制度，强化对驻村工作队员的日常监督管理，对履职不力的驻村工作队员进行通报批评，对违反纪律的第一书记进行召回撤换。建立健全关爱机制，组织工作队员进行健康体检，开展对留任工作队员谈心谈话和走访慰问活动，帮助工作队员解决难题，确保工作队员安心在岗在位，保持昂扬斗志。二是持续强化干部帮扶力量。安排干部结对帮扶建档立卡贫困户，村“两委”干部跟踪联系退出户，形成帮扶干部、驻村干部、村干部三方面同心协力攻坚拔寨的强大合力。三是注重在脱贫一线考察识别干部。从脱贫攻坚一线提拔优秀干部，优先晋升职级，还将持续加大这方面的工作力度，大胆重用脱贫一线优秀干部，以强有力措施激发党员干部敢打硬仗、能打胜仗的热情干劲。乐业县注重强化“头雁”队伍建设，在创新队伍管理中育强脱贫主力。针对村干部普遍存在的“半工半农，人难找、才难留”等问题，在保持身份不变的前提下，对全县村“两委”定工和半定工干部全部参照公职人员进行管理，着力打造一支不走的扶贫工作队。首先，报酬有保障，激发热情。将全县定工、半定工村（社区）干部纳入职业化管理范围，村（社区）党组织书记、村（居）委会主任基本报酬参照公务员副科工资标准发放，将每月基本报酬从1800元提高到3967元。其他定工、半定工村（社区）干部基本报酬从每月900元提高到每月2400元。并建立报酬与考核结果挂钩模式，每月先发放月基本报酬的70%，剩下的30%待年度考核合格后才予以发放，切实解决村“两委”干部干好干坏一个样的弊端。同时，增加集体经济发展创收奖励和“乡村振兴·争创五旗”成效奖，每年拿出当年村级集体经济经营性新增收入部分的15%对村干部进行奖励，对在“乡村振兴·争创五旗”活动中按照获得市级红旗村称号的个数×500元/月，分别对村干部进行奖励。目前，村干部最高工资可达5967元/月，极大鼓舞了村干部干事创业热情。其次，管理有制度，规范履职。制定了《职业化管理办法》，签订职业化履职承诺书，推行全天候服务群众工作制，并制定平时考核管理记录簿和工作去向报告牌，严格履行请销假制度和考核评价制度，让村干部自觉全程接受广大人民群众的监督，切实将以往的“半脱产”“村官”完全转变为“全日制”的专职化村干部，做到村部门常开、人常在，畅通脱贫攻坚工作“最后一公里”。最后，工作有考核，增强干劲。针对以往村干部考核定性不准、指标不明、考核工作流于形式、考核结果说服力不强等问题。制定职业化考核办法等系列配套制度，采取“县乡+群众”“平时+年度”相结合考核模式，对考评得分低于60分的村干部进行约谈问责，对排位靠后的，取消30%奖励性绩效报酬，切实用好考核“指挥棒”、把好业绩“标尺杆”，让村干部聚力主责主业，全力助推脱贫攻坚和乡村振兴工作。最后，进退有标准，优化队伍。实行职业化管理村干部县级备案管理，定期对村干部队伍情况进行综合分析研判，对不合格、不胜任、不尽职的坚决进行淘汰撤换。对本村暂无合适人选的村党组织书记岗位，通过面向社会公开选拔思想政治素质好、带动发展能力强、服务群众能力强、工作作风过硬、廉洁自律过硬的优秀党员进行补齐配强。在村党组织书记选任上打破地域限制、户籍限制、无人可选情况下“矮子中选将军”等现象，进一步拓宽了村干部队伍选任渠道，村党组织书记年龄结构、学历构成得到进一步优化。

习近平总书记指出：“贫困地区最缺的是人才。近年来，我们向贫困地区选派了大批干部和人才，但从长远看，无论怎么加强外部人才支持，派去的人总是有限的，关键还是靠本地干部队伍和人才。”[①] 人才资源是第一资

① 中共中央党史和文献研究院：《习近平扶贫论述摘编》，中央文献出版社2018年版，第52页。

源，人才的培养事关脱贫攻坚与后续发展，事关脱贫攻坚与乡村振兴的有效衔接。百色市各县（市、区）在抓村“两委”干部、驻村扶贫工作队和结对帮扶责任人队伍建设的同时还加大人才政策落实力度，推动人才队伍建设。积极开展以“有乡土人才进‘两委’班子或后备干部队伍，有返乡人才回归创业，有本土乡贤人才队伍，有各级各类人才发挥作用平台载体，有人才服务乡村振兴”等“五有”为主要内容的人才振兴示范乡镇创建活动。田东县采取有力措施推动乡村教师队伍建设和提高乡村医生待遇保障政策真正落地，开展定点、定向、订单式培训等多种形式加强本地人才培养。同时依托田东特色产业发展平台优势，打造人才振兴示范基地，探索建立人才培养基地联盟平台、新型产业人才培养工作站等，不断提升人才的创新创业能力。德保县近年来大胆探索，奏响人才与“政策、项目、技术”联建联创“三部曲”，推动形成各类人才争先恐后、充分展示聪明才智的良好氛围。人才成为决战决胜脱贫攻坚的生力军。一是“政策+人才”，着力提升人才服务保障。创新柔性引才试行办法，给予人才的家属就业、子女入学、就医等方面享受优惠政策，定期赴区内外开展高层次人才招聘。二是“项目+人才”，着力搭建作用发挥平台。加大招商引资“引智”力度，推行“项目引才”“项目聚才”，实施粤桂扶贫协作项目，招商引资项目，带动新能源电动车项目、德保县万亩高山油茶生态扶贫等特色项目，吸纳企业人才支援。三是“技术+人才”，着力加强人才智力引擎。采取“上挂、下派、外引”等方法，每年组织一批潜力优秀人才到乡镇和县直单位交叉挂职锻炼，将扶贫一线作为人才培养和成长的基地，建立有助于贫困地区人才脱颖而出和持续增长的长效机制，创新“党组织+经营主体+乡土人才+基地+贫困户”的“党群致富共同体”载体，组建“三农人才专家服务团”进基层开展技术指导，发挥人才智力优势助力脱贫攻坚。

（二）党建扶贫的成效

百色是革命老区，各族人民在继承和发扬光荣革命传统的同时，在基层党建方面具备很多传统优势，推出不少的创新亮点。抓党建促脱贫攻坚特别是2016年创新开展“脱贫攻坚先锋行”活动以来，党建促脱贫取得了明显成效，得到了中组部的充分肯定。

1. 党建扶贫彰显了共产党的执政宗旨、政治优势和制度优势

中国共产党自成立之日起，就把为人民谋幸福写在了旗帜上，在革命、建设和改革开放任何时期，始终初心不改，砥砺前行，孜孜以求，为广大人民群众过上美好生活而努力奋斗。党的十八大以来，百色的扶贫开发工作和全国一样进入脱贫攻坚新阶段，为了攻克贫困的“最后一公里”，不落下一个贫困群众，确保与全国同步全面建成小康，百色市委制定出台了“关于开展领导班子建设年、能力提升年、工作创新（落实）年”等“三个年”方案以及“三个年”的深化、提升、巩固活动年方案，把脱贫攻坚作为活动方案的一项主要内容一起谋划、一起部署。比如，要求党员干部特别是领导干部要定期深入基层“换位沉底”、到帮扶联系村驻村两个周，并在帮扶联系村党组织领导下，配合协助驻村第一书记开展入户帮扶活动、协助抓好产业发展、完善台账资料、开展调研和主题宣讲、开展“十破除十提倡”整治陈规陋习树立文明新风等活动，助推脱贫攻坚同乡村振兴取得了实实在在的效果，彰显了党的领导根本制度优势、全心全意为人民服务的根本宗旨和密切联系群众的政治优势。

2. 党建扶贫极大改善了贫困农村的落后面貌

百色以党建为引领，实施“头雁引领”工程、“先锋示范”工程，推进精准扶贫工作落地见效。一是打好易地搬迁扶贫攻坚仗，全市易地搬迁扶贫工程建设取得决定性进展。自2016年以来，全市易地扶贫搬迁融资资金100.89亿元，全市建档立卡贫困人口完成搬迁入住18.1829万人，占“十三五”时期规划建档立卡搬迁人口100%。二是打好产业扶贫和就业扶贫攻坚仗，重点实施特色产业“百万亩工程”。截至2020年底，全市累计建设脱贫奔康产业园557个，种植规模170.78万亩，养殖规模16.63亿（头、只、羽），参与龙头企业277家，参与合作社1516家，产业园覆盖贫困户218016户，实现贫困村100%全覆盖。全市12个县（市、区）特色产业覆盖贫困户率均超过自治区80%以上任务指标要求，全市贫困村共建立新型经营主体900多个，联结带动贫困户近4万余户，实现每个贫困村均有1个以上新型经营主体或产业基地（园）覆盖。同时，相继出台就业扶贫、技能大培训、“百千万”结对帮扶、易地搬迁后续就业扶持、就业扶贫车间、村民合作社开展劳务服务等政策措施，促进上级扶贫政策落地见效。三是打好基础设施建设攻坚仗，全市贫困农村的落后面貌发生了根本性的改变。村（屯）道路建设、贫困户住房改造、贫困户电网升级改造工程、农村安全饮水建设等关系贫困地区民生福祉的扶贫项目增强了贫困群众的获得感和幸福感。四是打好发展贫困村集体经济攻坚仗，紧紧围绕提质增效和全面清零的目标，以落实政策引导、发展产业为重点，统筹推进全市村级集体经济发展。截至2018年底，全市1854个行政村（含农村社区）集体经济收入均达到2万元以上，全面实现清零目标。五是打好教育扶贫和健康扶贫攻坚仗。实施从学前教育到高等教育各学段学生资助项目，实现各学段全覆盖。切实把解决贫困人口看病就医费用负担过重的问题作为打赢脱贫攻坚战的一项重要内容，着力打造惠民健康扶贫，让贫困群众“看得起病”“看得好病”。

3. 党建扶贫激发了贫困地区广大贫困群众的内生动力

百色实施“以奖代补”新机制，主动对接和策应各方帮扶，着力提升内生动力，增强造血功能，带动和帮助低收入人口尽快脱贫致富。坚持扶贫与扶志、扶智、扶技、扶德、扶能相结合，大力弘扬“百折不挠、实事求是、依靠群众、团结奋斗”的百色起义精神，加强教育宣传，丰富各族群众精神文化生活，推动“要我脱贫”向“我要脱贫”转变，克服“等、靠、要”等思想，切实尊重贫困群众主体地位，充分调动贫困群众依靠辛勤劳动实现增收脱贫的积极性。全面实施精神扶贫策略，通过思想引领、技能培训、产业帮扶、党建帮扶、典型示范引领等多种途径，引导贫困群众通过自身努力实现脱贫，“人人重实干，户户争脱贫”的良好社会氛围更加浓厚。

4. 党建扶贫培养锻造了一大批忠诚履职敢于担当的党员干部

自脱贫攻坚战打响以来，百色强化以党建引领“三个好”为抓手，培养锻造了一大批忠诚履职敢于担当的党员干部。一是依靠一个好班子带领脱贫攻坚的同时锻炼了干部的担当实干。各县（市、区）坚持以党建统领脱贫攻坚大局，强化组织建设，把建设一支强有力的领导班子作为打赢脱贫攻坚战的制胜关键，形成干部帮扶贫困户全覆盖的局面，压实了工作责任，培养出一批勇于作为、敢于担当的好干部。二是依靠一支好队伍持续脱贫攻坚的同时提升了党员干部素质。基层党员干部的能力素质直接决定着抓党建促脱贫的成效。百色各级党委政府围绕建设一支思想政治素质好、道德品行好，带富能力强、协调能力强，公道正派、廉洁自律，热心为群众服务的脱贫攻坚工作队伍，确保各项工作落实到位。三是依靠一个好作风奋力脱贫攻坚的同时促使党员干部自我加压、履职尽责。坚持“四选四不派”选人。按照“后备干部必须选、党员干部优先选、业务骨干重点选、年轻干部或选调生择优选，临时聘用、作风不实、干劲不足、身体欠佳的坚决不派”的标准，择优选派了4759名工作队员，其中，大专以上学历占93.08%，后备干部占20.74%，党员占69.17%，平均年龄38.6岁，整体结构更加适应脱贫攻坚需要。坚持“两审一确认”定人。按照单位初审推荐、组织部门复查审核、选派人选签字确认的程序，层层筛选，严把人选政治关、品行关、廉洁关、能力关。约谈了选派人选不合格的81个单位主要领导，并责成重新选派。坚持“双向三结合”派人。统筹考虑行政村“短板”和第一书记“特长”，采取组织安排、干部意愿、驻村需求“三结合”方式，提高人岗相适度。通过一系列的有力举措，让广大基层干部、第一书记、驻村干部与贫困群众想在一起干在一起，形成了“哪里有困难群众，哪里就有党员、就有党旗高高飘扬”的生动画面，党群干群关系进一步密切，党的执政基础和群众基础更加巩固。

5. 党建扶贫营造了良好的社会氛围，提升了贫困农村的文明程度

一是结合社会事业扶贫到村到户行动，加强乡风文明建设。把弘扬社会主义核心价值观融入贫困村的党建工作，推进农村道德讲堂、脱贫攻坚讲习所建设，努力塑造文明乡风、良好家风、淳朴民风。各县（市、区）注重对民族文化、历史文化和传统技艺及非物质文化遗产的挖掘传承，将百色丰富的民族文化、红色文化、边关风情等融入乡村建设，推动扶贫取得新成效。二是全面实现素质提升工程。探索建立健全致富带头人评级管理体系，培养有致富带头人或技能型乡土人才，让更多有致富能力的人深入基层带领农民发家致富，把致富带头人作为助推脱贫攻坚及振兴乡村的重要内生动力源泉。三是以生态文明建设为抓手，实施乡村环境治理，全面改善群众居住环境。严格保护耕地，建立市场化、多元化生态补偿机制，推动建成人与自然和谐发展的美丽宜居新乡村。四是以推进乡村治理为基础，打造治理有序脱贫新乡村。结合脱贫攻坚探索创新村民自治实践，完善村规民约、村务公开、财务管理等系列管理制度。依托“一办三中心”提高便民服务水平，让群众办事不出村、解决矛盾不出村。积极开展群众性精神文明创建活动，倡导文明新风，不大操大办，带头移风易俗，过去的贫困村呈现一派“一心一意要脱贫，全心全意谋发展，坚决同步建小康”的良好社会氛围。

三、党建扶贫的基本经验

习近平总书记指出，抓好党建促脱贫攻坚，是贫困地区脱贫致富的重要经验。抓好党建促脱贫攻坚，必须切实把握党建工作与脱贫攻坚的内在联系，坚持问题导向、抓住关键、聚焦重点，真正把党建资源转化为扶贫资源、把党建优势转化为脱贫优势、把党建活力转化为攻坚动力。百色市各级党组织在抓党建促脱贫攻坚的实践中，严格按照党中央和自治区党委的统一部署要求抓落实，既善于学习借鉴外地的好经验、好做法，又结合市情、县（市、区）情实际，大胆探索，勇于创新。通过实施“五大工程”（头雁引领、堡垒筑强、素质提升、先锋示范、基础保障）进一步筑牢了脱贫攻坚坚实的政治基础；通过创建“六好”（有好支书、好班子、好队伍、好思路、好机制、好阵地）村党组织为高质量脱贫提供了平台和制度保障；通过培树“六大”先锋（产业带富先锋、移民搬迁先锋、创业就业先锋、结对帮扶先锋、关爱守望先锋、岗位服务先锋），切实解决了脱贫摘帽与后续发展、精准扶贫同乡村振兴有效衔接问题。由于抓党建促脱贫攻坚成效显著，2017年8月，中组部决定在百色召开全国深度贫困地区抓党建促脱贫攻坚工作经验交流座谈会，中央电视台《焦点访谈》栏目对百色抓党建促脱贫攻坚工作经验做了专题报道。

（一）抓激励严管理，育优配强脱贫攻坚队伍

着力抓好县（市、区）、乡、村三级党员干部队伍建设，为推进贫困农村脱贫攻坚和经济社会各项事业发展提供强有力的组织保障和人才支持。一是健全基层干部奖励机制。进一步提高基层待遇保障，对村和社区“一肩挑”支书主任的工资报酬有所倾斜；对村“两委”班子加强管理的同时，加大对村“两委”干部年终奖励的力度；为全市村“两委”干部和乡（镇）干部购买人身意外保险，基本实现脱贫攻坚一线干部人身意外保险全覆盖。二是稳定乡镇领导班子。注重从基层一线选拔培养干部，选优配强乡镇党委班子，并保持队伍稳定，乡镇党政正职凡是还没有完成脱贫摘帽任务的坚决不予调整。三是选优配强村“两委”班子。深化村“两委”换届选举“回头看”工作，各县（市、区）组织相关单位对在职村“两委”干部进行联审、排查，对涉嫌违纪违法问题村“两委”干部采取警示教育、清理撤换等措施进行整顿，确保村“两委”干部清正廉洁、取信于民、担当实干。四是完善体制机制，管理好驻村工作队。2018年初，百色市委以选派新一轮脱贫攻坚工作队员为契机，坚持以问题为导向，市委主要领导亲自研究部署，出台一系列相关的政策文件，推动第一书记选派激励管理工作全面升级。各县（市、区）还立足实际，全面加强对下派工作队伍日常管理。如靖西市，对驻村工作队员执行常态化的“月考勤登记”“月实绩公示”“召回调整”等管理规定，落实工作队员驻村承诺、挂牌上岗、请销假、App打卡等制度，印制“口袋书”，每年对工作队员进行全覆盖培训，落实公休、带薪休假等制度，每年组织开展工作队员慰问活动、体检活动和表彰活动等，全面管好用好工作队员。

（二）抓标准促规范，提升基层党组织的组织力

近两年来，百色全市上下认真贯彻落实习近平总书记关于“要把夯实农村基层党组织同脱贫攻坚有机结合起来，选好一把手、配强领导班子，特别是要下决心解决软弱涣散基层班子的问题，发挥好村党组织在脱贫攻坚中的战斗堡垒作用”[①] 的指示精神，坚持抓基层、打基础，把支部建设得更加坚

---

① 中共中央党史和文献研究院：《习近平扶贫论述摘编》，中央文献出版社2018年版，第42页。

强有力，不断提升基层党组织力。一是规范党内政治生活。配套出台相关制度，不断完善党内组织生活工作机制；深入开展星级创建，持续开展村级党组织“星级化”管理。二是持续整顿软弱涣散基层党组织。如靖西市，按照“县处级领导挂点、机关单位联村帮促、工作组综合指导、乡镇干部包村整顿、第一书记驻村协助”工作法，经走访排查、部门联审、乡镇自查、市委常委会研究，按照“一村一策、一村一案”的办法，狠抓软弱涣散村党组织的整顿，并同步跟踪管理，逐村制定巩固提升细案，防止问题反弹。三是抓好易地搬迁安置点党建工作。在易地搬迁扶贫安置点设立党组织，实现了扶贫项目到哪里，党旗就插到哪里，切实为搬迁群众提供组织保障。

（三）抓创新谋发展，不断壮大村集体经济的实力

为了补齐村集体经济这块短板，各县（市、区）把发展村级集体经济摆在突出位置，紧紧围绕提质增效和全面清零的目标，以落实政策引导、发展产业为重点，统筹推进全市村级集体经济发展；着力解决好管理主体、运转载体、发展路径、运营保障、长效机制等关键问题，探索出一条村集体经济与产业发展、群众增收、村级组织战斗力提升紧密结合的发展模式。一是突出因村施策，着力解决“发展路径狭窄”问题。创新推行村级集体“一抓手三结合”发展模式，即以产业发展为抓手，推动村级集体经济发展与村集体收入增加、与村干部待遇提高、与群众增收脱贫相结合。二是坚持抱团发展，着力解决“运营保障薄弱”问题。强化龙头企业引领作用，按照“龙头公司+村集体+种养能手+贫困户（农户）”经营模式，由政府和公司共同出资扶持建设标准化种养示范基地，引进种养能人采取“种养分离”整村连片发展种养殖产业，贫困户通过入股、务工等实现多种多样收入。

（四）抓责任促落实，持续提高党建工作的执行力

全市各级党组织积极探索创新党建工作方法，通过清单管理、督查指导、追责问责等形式，推动党建工作责任落实、任务落地。一是狠抓党建责任落实。制定出台《百色市抓党建促决战决胜脱贫攻坚重点任务清单》《百色市委常委班子成员带头落实党支部工作联系点制度工作方案》《百色市脱贫攻坚挂牌作战方案》《关于抓党建促兴边富民的实施意见》等文件规定，

明确抓党建促脱贫攻坚的工作职责和重点任务。二是高度重视问题整改。落实好中央第二巡视组脱贫攻坚专项巡视反馈意见整改工作，成立落实巡视整改工作领导小组，召开了专题民主生活会，制定专门整改方案，对整改内容进行清单化管理，并将清单上墙，挂账销号推进整改，全面完成问题整改。三是以高压态势严格执行党纪政纪，持续提高干部的执行力。对扶贫一线的干部既厚爱又严管，实施“干部召回管理”制度，对存在“庸、懒、散、浮、拖”现象及脱贫攻坚工作推进不力的“了之”干部给予严肃处理。

（五）学典型当先锋，锻造过硬作风克难攻坚

“政治路线确定之后，干部就是决定因素”，要打赢脱贫攻坚这场硬仗，关键在广大干部要时刻保持一股敢拼敢闯、不畏艰难的精气神。为此，全市上下认真贯彻落实习近平总书记对黄文秀同志先进事迹作出的重要指示精神，掀起向黄文秀同志学习的热潮。市委专门下发文件，号召全市党员干部特别是青年同志要以黄文秀为榜样，不忘初心、牢记使命，勇于担当、甘于奉献，积极投身百色脱贫攻坚的伟大实践。如田东县，就相继出台《田东县深入推进激励干部新时代新担当新作为工作实施方案》《关于开展“黄文秀式好干部”选树工作的通知》等激励干部担当作为的政策和制度文件，加强对干部的关心关爱力度，并选树、宣传一批“黄文秀式好干部”，让奋斗在脱贫攻坚一线的干部学有榜样，赶有目标。为了强化担当实干，各县（市、区）坚持选拔任用和选树典型相结合，注重在扶贫一线大力选树和宣传“黄文秀式好干部”。与此同时，坚持以“作风锤炼行动”锻造“四个铁一般”的干部队伍，大力开展干部作风专项整治，为决战决胜脱贫攻坚的最后冲刺提供了坚强的组织保障，为有效衔接乡村振兴做好了干部人才的准备。

总之，党建扶贫体现了党对脱贫攻坚战的全面领导，体现了党组织和党员在农村的先锋模范作用，保证了脱贫攻坚取得了全面脱贫、实现小康的胜利，同时，也必将对后扶贫时代解决相对贫困、实现乡村振兴提供坚强的组织保证。

第十五章

百色精准脱贫的重大成就及基本经验

消除贫困实现共同富裕，是社会主义的本质要求，是中国共产党人的伟大使命。贫困是制约百色加快发展的最大难题。从某种意义上说，百色发展史就是一部摆脱贫困的历史。百色是集“老、少、边、山、穷、库”于一体的特殊地区，是全国脱贫攻坚的主战场之一。2012年，全市贫困人口169.5万人，贫困发生率达48.95%。2015年精准识别时，全市贫困人口68.2万人，贫困发生率20.25%，全市12个县（市、区）中有10个国家扶贫开发重点县（含石漠化片区县被纳入国家扶贫开发重点县管理的田阳区），1个滇桂黔石漠化片区县（右江区），1个滇桂黔石漠化片区天窗县（平果市）。党的十八大以来，特别是2015年精准脱贫攻坚战打响以来，百色市坚持以脱贫攻坚统揽经济社会发展全局，切实把脱贫攻坚作为最大政治责任、最大民生工程、最大发展机遇，全力决战贫困并取得历史性决定性重大胜利。2016年至2020年五年时间共实现12个县（市、区）、899个贫困村摘帽，全市现行标准下68.2万贫困人口全部脱贫，消除了绝对贫困。脱贫攻坚促进了全市经济社会全面发展，贫困地区内生发展活力和动力明显增强，贫困地区基层治理能力和管理水平、农村基层党组织凝聚力和战斗力明显提升，形成了全社会合力攻坚的局面，贫困人口自我发展能力不断提高。百色脱贫攻坚战，在取得历史性解决了绝对贫困问题重大成就的同时，也积累了反贫困斗争的丰富而宝贵的经验。

一、重大成就

党的十八大以来，特别是2015年精准脱贫攻坚战打响以来，百色市委、市政府深入学习贯彻习近平总书记关于扶贫工作的重要论述，全面贯彻落实中央和自治区决策部署要求，聚焦“两不愁三保障”脱贫摘帽目标，全面落实“六个精准”和“五个一批”方略，按照“核心是精准、关键在落实、确保可持续”的要求，围绕“为何扶、扶持谁、谁来扶、怎么扶、如何退、如何稳”这六个问题，精准施策，尽锐出战，脱贫攻坚战取得了决定性胜利，如期兑现了“到2020年现行标准下的农村贫困人口全部脱贫”的庄严承诺，如期实现脱贫摘帽出列目标，人民生活水平显著提高，基本生产生活条件明显改善，教育、文化、科技、卫生等社会事业得到全面发展，经济社会发展明显加快，走出了一条符合百色发展的脱贫攻坚新路子。

（一）脱贫攻坚目标任务全面完成

为了消除绝对贫困，百色各族人民进行了一场艰苦卓绝的脱贫攻坚战，彻底改变了贫困地区发展落后的面貌，谱写了感天动地的扶贫诗篇。从1985年起，百色开始了有计划、有组织的一系列扶贫攻坚。1994年至2000年“八七”扶贫攻坚时期开展了“十大基础设施建设大会战”，2000年后，按照《国家十年扶贫开发纲要》又组织实施了两轮扶贫开发，为全市全面完成脱贫攻坚目标任务打下了坚实的基础。党的十八大以来，党中央全面深化扶贫领域改革，创新扶贫思路举措和体制机制，确立精准扶贫、精准脱贫的基本方略。2015年底中央全面打响脱贫攻坚战以来，百色市委、市政府深入学习贯彻习近平总书记关于扶贫工作的重要论述，紧扣决战贫困决胜小康主题，全面贯彻落实中央和自治区决策部署，始终把脱贫攻坚作为头等大事，坚持以脱贫攻坚统揽经济社会发展全局，坚决扛起脱贫攻坚主体责任，落实精准方略，举全市之力推进脱贫攻坚战并取得了重大胜利。经过5年艰苦卓绝的奋斗，我们如期完成决战贫困伟大使命，现行标准下全市68.2万贫困人口全部脱贫，899个贫困村全部出列，12个贫困县全部摘帽，消除了绝对贫困和区域性整体贫困。全市各级党委和政府以及社会协同发力，各族干部群众团结务实、埋头苦干、不怕牺牲，以实施精准扶贫“十大行动”和“十个到村到户”为主抓手，推进左右江革命老区振兴规划建设和边境地区脱贫攻坚，发起了“3+1”四大战役，打响了“六场硬仗”，开展了百日攻坚“八大行动”等行动，“两不愁三保障”全面实现，人民群众获得感明显增强，贫困地区经济社会发展发生重大转变，生态宜居环境明显改观，贫困群众精神面貌焕然一新，干部作风明显改善，实现从减贫治理到乡村振兴的重大跨越。

（二）贫困群众收入水平大幅提升

百色市坚持开发式扶贫方针，引导和支持所有有劳动能力的贫困人口依靠自己的双手创造美好生活。一是以产业发展稳增收。坚持把产业扶贫作为高质量脱贫治本之策，选准优势产业、定准产业政策、找准发展模式，着力培育特色种植、特色养殖、乡村旅游等重点特色产业，着力打造多产业覆盖、多环节受益、中长短期受益的产业扶贫模式，全力推动产业扶贫到村到户，确保每个建档立卡贫困户切实增强贫困地区的“造血”功能。全市“5+2”特色产业覆盖率达97.27%，覆盖贫困户20.06万户，有效解决农户增收问题。短期的如生猪家禽养殖、种桑养蚕、优质稻种植、糖料蔗、杂粮杂豆、水果等产业，覆盖181998户；中长期的如杉木、核桃、油茶、板栗等产业，覆盖贫困户100698户。建成脱贫奔康产业园566个，带动17.32万户贫困户。产业扶贫工作得到了农业农村部、国务院扶贫办的肯定，全国产业扶贫现场会在百色召开。二是以稳定就业促增收。坚持把就业扶贫作为脱贫致富重要途径，拓展就业渠道，着力抓好劳务协作、就近就业、技能培训、完善就业服务体系等工作，全力促进贫困劳动力转移就业。建档立卡贫困人口中，工资性收入和生产经营性收入占比上升，转移性收入占比逐年下降，自主脱贫能力稳步提高。在帮助贫困劳动力转移就业的同时，通过扶贫车间、公益性岗位等就近就业，实现每个有劳动力贫困家庭至少1人就业，确保每个建档立卡贫困家庭都有稳定收入。农村贫困劳动力实现转移就业45.73万人，创新开发“定岗不定人”公益性岗位9.26万个，安置贫困劳动力8.96万人。认定就业扶贫车间404家，吸纳2.98万人就业，其中贫困劳动力0.7万人。三是以政策兜底保脱贫。抓好强农惠农政策落实，重点把涉农部门的政策宣传到村到户，并抓好政策落实。按照应保尽保要求落实兜底扶贫政策，着力打造多重政策、多样服务叠加的政策兜底扶贫模式。严格落实摘帽不摘责任、摘帽不摘政策、摘帽不摘帮扶、摘帽不摘监管“四个不摘”的要求，进一步织密扶贫兜底网络，发放困难学生资助资金51.63亿元，发放农村低保金补贴47亿元，发放农村特困救助供养金3.91亿元，切实减轻群众生活负担。四是多措并举加大贫困群众财产性等方面收入。加快推进农村土地“三权分置”、林权、住宅基地权等改革，加快实施农村“三变”改革，通过入股分红、租赁土地、公共资源收益等模式，多方式提高贫困群众收入。贫困群众“两不愁”质量水平明显提升，“三保障”突出问题总体解决。

（三）生产生活条件明显改善

群众生产生活条件显著提升，生产生活方式随之发生深刻巨变。现代产业取代了刀耕火种，通行便利、物流电商进村更替了过去的“晴通雨阻”、人背马驮。全市建制村全部实现通硬化路、通邮、动力电、光纤宽带，教育、医疗等基础公共服务短板不断补齐，易地搬迁扶贫摆脱了“一方水土养不起一方人”的困境。群众出行难、用电难、上学难、看病难、通信难等长期没有解决的老大难问题普遍解决，义务教育、基本医疗、住房安全有了保障。一是基础设施条件大幅度改善。道路通村通屯。累计投入133.78亿元，实施农村道路建设或硬化项目14342个，涉及总里程1.53万公里，全市县、乡、村级公路通达率达100%；网络通信全覆盖。2018年已实现贫困地区行政村、边境地区行政村0～3公里范围内20户以上自然村（屯）基本覆盖4G网络，实现全部行政村光纤网络全覆盖。截至2020年，共投入7.59亿元，为412个行政村接通了宽带，建设了2281个4G基站等，实现村村通宽带，通信信号覆盖深度和广度不断提升；电网电力设施全覆盖。先后投入146.9亿元，实施左右江革命老区电力扶贫项目兴义至百色输变电工程（一期）、左右江革命老区电力扶贫项目兴义至百色输变电工程（二期）、左右江革命老区电力扶贫项目兴义至百色输变电工程（三期）、左右江革命老区电力扶贫项目兴义至百色输变电工程（四期）、百色市右江区农村电网改造升级工程（一期）、百色市右江区农村电网改造升级工程（二期）等6个项目，解决农村用电难问题。饮水安全全面达标。重点实施大石山区饮水安全大会战、实施农村饮水安全巩固提升工程。截至2020年，共建设饮水安全工程6109处，家庭水柜6746座，投资22.5亿元，总受益农村人口199.4万人，提高农村贫困人口供水保障水平和群众满意度显著提升。二是住房安全有保障。实施危房改造工程，实现贫困户住房安全有保障。累计投入29.3亿元，实施危房改造9.5万多户，解决了近18.7万人的基本住房安全问题。建档立卡贫困户住房安全保障达标率达100%；实施易地搬迁扶贫，全程确保群众搬得出、稳得住、能致富。完成建档立卡贫困人口搬迁入住18.4万人，易地扶贫搬户实现稳定就业7.2894万人，户均就业1.94人，基本实现“一户一人一就业”的目标。同时，创新“一核三元”社会服务综合管理新模式，破解安置点后续管理难题，全市竣工入住的114个易地搬迁扶贫安置点，已建立党组织64个，就近纳入管理50个，做到应建尽建，安置点实现基层组织全覆盖，管理全覆盖。实施危房改造工程，实现贫困户住房安全有保障。三是教育扶贫阻止贫困代际传递。坚持把教育扶贫作为切断贫困代际传递最根本的途径，深入推进“智力扶贫六大行动”（控辍保学关爱帮扶、学生精准资助惠民、职业教育脱贫富民、办学条件扩容改善、乡村教师队伍提质增量、农村和贫困地区招生专项），落实教育扶贫各项政策措施，切实让贫困孩子有学上、上得起、上得好。全市建档立卡贫困学生11.76万人实现了干部结对帮扶全覆盖，九年义务教育巩固率达95.8%。2015年以来，新建学校共204所（其中义务教务教育阶段73所），补充乡村教师10349人，发放困难学生资助资金51.63亿元。通过“双线四包”“三线六包”工作法，开展劝返劝学活动，全市义务教育阶段无因贫失学辍学学生。四是健康扶贫不让“病根”变“穷根”。坚持把健康扶贫作为精准扶贫重要举措，创新实施健康扶贫工程“五个一行动”（为建档立卡贫困群众建立一份健康档案、提供一份健康教育处方、落实一名家庭签约医生、建立一项医疗保障制度衔接、购买一份健康扶贫保险）和“三个一批”（大病集中救治、慢病签约服务管理、重病兜底保障各一批），实行贫困患者住院“一卡通”和出院报销“一站式”结算，全力克难攻坚因病返贫、因病致贫扶贫硬骨头。累计新建、改扩建市级、县级医院29个，乡镇卫生院153

个，村卫生室777个，乡村医生在岗2308人。建档立卡贫困人口住院实际报销比例达90.61%，门诊特殊慢性病报销比例达88.02%。五是农村社会保障全面落实。全市低保对象、五保户、孤儿、残疾人等实现了应保尽保、补助标准逐步提高，80岁以上老人、边境线0 ~3公里范围内农村居民全部享受生活补助，实现城乡居民最低生活保障、医疗保险、养老保险、医疗救助等制度全覆盖。农村低保标准提高到每人每年5110元，全市纳入农村低保对象37.7万人，其中建档立卡贫困人口29.26万人。创新推进低保审批权下放乡镇改革，被评为全国社会救助十佳案例。

（四）脱贫攻坚质量明显提高

坚持以脱贫攻坚统揽贫困地区经济社会发展全局，特色产业不断壮大，产业扶贫、电商扶贫、金融扶贫、旅游扶贫、消费扶贫等较快发展，经济活力和发展后劲明显增强，贫困户就业增收渠道明显增多，基本公共服务日益完善，呈现出新的发展局面。一是产业扶贫成效显著。大力发展扶贫优势特色产业，重点实施特色产业"百万亩工程"，形成了以粮食、蔬菜、水果、甘蔗、茶叶、桑蚕、林下经济、特色养殖、现代渔业等传统特色优势产业为主，农产品精深加工、乡村健康养生旅游、电子商务等新产业为辅的产业扶贫格局，全市"5+2"特色产业覆盖率为97.27%，覆盖贫困户20.06万户；累计建设脱贫奔康产业园557个，现代特色农业示范区（园、点）1710个，种植规模170.78万亩，养殖规模16.63亿（头、只、羽），参与龙头企业277家，参与合作社1516家，产业园覆盖贫困户218016户，实现贫困村100%全覆盖。二是就业扶贫拓宽增收渠道。"一人就业，全家脱贫。"百色市坚持把就业扶贫作为脱贫致富重要途径，拓展就业渠道，着力抓好劳务协作、就近就业、技能培训、完善就业服务体系等工作，全力促进贫困劳动力转移就业。全市累计实现转移就业的农村贫困劳动力45.73万人，创新开发"定岗不定人"公益性岗位9.26万个，安置贫困劳动力8.96万人。认定就业扶贫车间404个，吸纳2.98万人就业，其中贫困劳动力0.7万人。三是深圳百色协作帮扶助推脱贫成效。2016年以来，深圳累计投入19.117亿元，实施帮扶项目690个，共建产业园49个，引进116家广东企业到百色投资发展扶贫产业，惠及805个贫困村

64.9万建档立卡贫困人口。夯实就业劳务协作平台，共建扶贫车间103个，吸纳就业人数7902人；联合举办劳务协作培训班696期，培训贫困人口2.60万人次，帮助贫困劳动力实现就业5.94万人。深化拓展消费扶贫，组织举办百色芒果推介会、百色名特优农村产品交易会等，扩大百色特色农产品影响力；开展百色扶贫产品“圳品”认证，推动深圳线上线下采购百色扶贫产品，消费扶贫金额累计达14.99亿元。四是金融扶贫增强造血功能。坚持创新推进金融扶贫，以创建全国政策性扶贫实验示范区为抓手，推进农村金融改革，推广金融扶贫“田东模式”，推动“三农金融服务室”全市行政村全覆盖，创新推出“速贷通”“成长之路”“农房贷”“农地贷”“安居贷”“金芒果”“电商贷”等系列金融产品，走出了一条政、企、银、保“四位一体”的金融扶贫模式，以金融扶贫助推脱贫攻坚，为全市脱贫攻坚提供了强有力的金融保障。截至2020年，全市各涉农银行机构累计向13.06万贫困户发放扶贫小额信贷60.4亿元。五是村集体经济发展能力显著增强。积极探索建立村级便民服务公司、村集体经济发展有限公司、村民合作社等村集体经济组织，积极推进资产盘活、服务创收、入股分红、租赁土地、公共资源收益等村集体经济多元化发展模式，大力推动村集体经济发展，逐步形成了“一村一项目、一村一产业”的良性发展格局，不断提升贫困村自我发展能力。全市累计投入村级活动场所建设资金5.12亿元，新建、扩建活动场所782个。落实每个贫困村有50万元以上集体经济发展资金，非贫困村30万元以上的发展资金。2016年以来，全市共筹措18.22亿元投入村级发展集体经济。创建10个市级集体经济产业示范园区，建设100个县级集体经济产业园区，带动1000个村集体经济提质增效。全市1854个行政村（含农村社区）全部设立了村民合作社，集体经济收入均达到5万元以上，其中有456个村集体经济收入达到10万元以上，占比24.60%，全市村级集体经济累计收入15500.15万元，同比上年增长98.28%，实现了集体经济空壳村“清零”的目标。六是创新消费扶贫助力脱贫攻坚。把消费扶贫纳入了打赢脱贫攻坚战三年行动和巩固脱贫成果长效机制的重要内容来规划、来安排，出台了《百色市创新消费扶贫助力脱贫攻坚战工作方案》，紧紧围绕生产、流通、消费各环节的痛点、难点和堵点，从产品认定、基地建设、机制保障、基础设施、消费模式等方面突破创新，力求成效。建成一批扶贫产品生产基地，建成以蔬菜、水果、油茶等为主导产业的脱贫奔康产业园566个，现代特色农业示范区（园、点）1710个、畜禽规模养殖场166个；认定一批扶贫产品，有两批16个产品通过“圳品”认证。413家供应商通过国家审核，产品数量2211种，认定产品价值总量达150亿元，认定数量、种类均排全区第一。全市“三品一标”认证产品达245个，名列全区第一；培育一批参与消费扶贫市场主体，开拓、培育内外两个市场，建成消费扶贫专馆16个，其中市级建成全区第一个扶贫产品展示馆，12个县（市、区）每个县均建成1个以上。在南宁、深圳、广东等地设立了百色农产品交易市场、农产品展示体验中心、广西百色馆，形成完善市内市外销售终端网络；形成一批相对固定销售渠道，建设“深圳—百色农产品供应链”项目，采用“百色+深圳+企业+农户（贫困户）+基地+集散中心+冷链物流+配送中心+销售终端”的方式，将百色建设成为深圳的常年蔬菜等农副产品生产供应基地。推进扶贫产品“六进”行动，扶贫产品销售金额达22.4亿元；带动一批贫困群众增收脱贫，出台激励政策，落实贷款贴息，支持扶贫产品认定，建设田头分拣加工车间、仓储冷库和流通冷链等，助推滞销农产品销售，带动贫困群众近20万人。

（五）防返贫治理能力明显提升

坚持把脱贫攻坚作为系统工程，整合资源，全方位强化工作机制，各级干部能力素质大幅提升，锤炼出了一支过硬的脱贫攻坚干部队伍；贫困治理机制不断完善，精准识别机制、帮扶和管理机制不断完善，投入增长保障机制、社会参与合力攻坚机制、深百协作机制以及考核评估、贫困退出等机制不断健全。一是建好基层组织。全面开展组织体系优化提升行动，对符合条件的村党支部升格为村党总支部或村党委。全市1854个行政村中，设置党委53个、党总支部461个、党支部1340个，114个易地搬迁扶贫安置点，已建立党组织63个，就近纳入管理51个，做到应建尽建，全面实现党的组织和党的工作全覆盖。全市获得自治区星级党组织有779个，其中五星级145个，四星级277个，三星级357个。二是派好精锐力量。坚持因村派人、尽锐出战原则，全市889个贫困村、25.4万户贫困户均落实“领导挂点、单位包村、干部结对”的工作机制。出台“1+3”系列文件，贫困村党组织第一书记由县级以上单位选派，非贫困村党组织第一书记由市、县、乡三级联动选派，135个乡镇（社区）各选派1名工作分队长，899个贫困村各选派3名县级以上单位选派的工作队员，955个非贫困村各选派1名第一书记和2名以上工作队员，全市1854个行政村“一村一名第一书记”目标，实现了所有行政村扶贫工作队全覆盖，解决了驻村帮扶工作整体推进不平衡问题，驻村帮扶干部勇挑脱贫攻坚重担，成为打赢脱贫攻坚战的中坚力量和决定因素。三是加强激励关爱。出台关爱脱贫攻坚一线干部身心健康的十项措施，将驻村伙食补助标准由40元提高到每人每天100元，每年为每个分队安排2万元工作经费、贫困村党组织第一书记安排每人5万元驻村帮扶经费和1.5万元专项工作经费。出台《关于进一步加强村级党组织第一书记队伍建设的意见》等“1+3”文件，要求每年按各职务层级第一书记总数20%左右，其他驻村工作队员5%左右的比例，进行择优提拔任用；出台《关于进一步激励广大干部在脱贫攻坚一线担当实干的意见》等“1+5”文件，明确2019—2021年全市提拔、转任重要岗位、职级晋升、招录重用脱贫一线人数不低于本地、本单位使用干部数的50%，全市每年考察识别一批“黄文秀式好干部”，列入专项优秀年轻干部库。2019年以来，市、县两级共提拔重用在脱贫攻坚中表现优秀干部1010名（处级56名、科级954名）；对在脱贫攻坚一线表现优秀的1229名干部予以晋升职级（处级84名、科级1145名）。四是培育典型标杆。以争创“五旗”为载体，引导农村基层党组织通过争创“产业兴旺、生态宜居、乡风文明、治理有效、生活富裕”五面红旗，评选一批“红旗村”，共有355个村获得514面“红旗”，并落实爱心公益超市专项经费补助、干部待遇上调等激励措施。激发党员红色动能，共有570多名农村党员获得“红色创贷”项目贷款，培育农村党员创业带富先锋5000多名。五是党建促脱贫攻坚。充分发挥党的政治优势、组织优势、密切联系群众的优势，坚持党建促脱贫攻坚，推动基层党建与精准脱贫深度融合，真正把党建资源转化为脱贫资源，把党建优势转化为脱贫优势，把党建成果转化为脱贫成果，实现党建工作与脱贫攻坚齐步发力、同频共振、双赢发展。六是健全防贫预警监测机制。针对解决“如何稳”的问题，创新建立“两网报贫、分类干预、解除预警”三步工作法，对脱贫不稳定户、边缘易致贫户以及因疫情影响等引发的刚性支出明显超过上年度收入和收入大幅缩减的家庭加强监测，形成防止返贫监测预警和帮扶机制，确保脱贫人口不返贫、边缘人口不致贫。全面落实帮扶措施，排查脱贫不稳户3824户15025人、边缘易致贫户5979户21071人，已全部落实帮扶。

（六）创新扶贫成效显著

近年来，百色广大干部群众在历届党委、政府的领导下开展了艰苦卓绝、战天斗地的工作，探索创新出有效办法、有效模式、有效举措，有效提高了脱贫成色，得到了中央领导的充分肯定。一是习近平总书记对黄文秀同志先进事迹作出重要指示。2019年，习近平总书记对黄文秀同志先进事迹作出重要批示，号召广大党员干部和青年同志以黄文秀同志为榜样，不忘初心、牢记使命，勇于担当、甘于奉献，在新时代的长征路上做出新的更大贡献。中共中央追授黄文秀同志“全国优秀共产党员”称号、中宣部追授黄文秀同志“时代楷模”称号、人力资源和社会保障部及国务院扶贫办追授黄文秀“全国脱贫攻坚模范”称号、中华全国总工会追授黄文秀同志“全国五一劳动奖章”，共青团中央、全国青联追授黄文秀同志“中国青年五四奖章”、全国妇联追授黄文秀同志“全国三八红旗手”称号。二是习近平总书记对百坭村顺利脱贫作出重要批示。2020年，习近平总书记对百色市百坭村顺利脱贫作出重要批示：“为百坭村顺利脱贫感到高兴，并希望大家苦干实干，把日子过得更加红火。”三是金融扶贫得到习近平总书记的肯定。在2015年11月27日中央扶贫工作会议上，习近平总书记高度肯定田东县的金融扶贫工作，指出：广西田东县通过建设机构、信用、支付、保险、担保、村级服务组织等六大金融服务体系，有效缓解了贫困户资金缺、贷款难问题；中央、自治区对田东的金融扶贫工作也给予高度肯定，田东金融扶贫改革经验成果转化为《中共中央　国务院关于打赢脱贫攻坚战的决定》，农村金融改革“田东模式”在全国推广。2015年12月30日，百色市被中国农业发展银行、国务院扶贫办列为政策性金融扶贫试验示范区，是全国获此殊荣的4

个市之一。四是产业扶贫得到国家有关部门充分肯定。2016年，农业部在百色召开全国产业扶贫观摩现场会，百色芒果产业扶贫经验在2017年全国产业扶贫精准脱贫经验交流会上作典型发言。百色现有芒果、柑橘等优势特色产业“百万亩工程”，形成了以水果、甘蔗、茶叶、油茶、桑蚕、林下经济、特色养殖、现代渔业等传统特色优势产业为主，农产品精深加工、乡村康养旅游、电子商务等新产业为辅的扶贫产业体系。五是抓党建促脱贫攻坚工作得到中组部高度肯定。2017年8月，中组部在百色召开深度贫困地区抓党建促脱贫攻坚工作经验交流座谈会。中央电视台《焦点访谈》栏目对百色抓党建促脱贫攻坚工作经验做了专题报道。全市1854个村（社区）都有了稳定收入来源。市级、县级选树了125名“黄文秀式好干部”，提拔重用脱贫攻坚一线干部2762名。六是扶贫“三双”工作机制得到自治区充分肯定。“双承诺、双认定、双确认”简称“三双”工作机制。“双承诺”即帮扶干部与建档立卡贫困户双方共同签署承诺书。一方面明确结对帮扶干部的责任，另一方面转变贫困群众发展信心不足、“等、靠、要”的思想。“双认定”即对贫困户脱贫指标进行认定，建立规范的收支台账，从根本上解决了帮什么、怎么帮的问题。“双确认”即承诺双方共同确认帮扶内容、措施，并由帮扶干部与贫困户双方签字确认。“三双”工作法推行后，进一步解决了脱贫攻坚工作中“谁要脱贫、怎么脱贫、谁来帮、帮什么”的问题，杜绝了“被脱贫”“假脱贫”“数字脱贫”等现象发生，确保了脱贫摘帽工作经得起检验，得到了自治区党委政府的充分肯定并在全区推广。七是健康扶贫“五个一行动”得到自治区肯定。健康扶贫“五个一行动”即建立一份健康档案、提供一份健康教育处方、落实一名家庭签约医生、建立一项医疗保障制度衔接、购买一份健康扶贫保险。扶贫成效明显，先后三次在全区健康扶贫工作现场会、推进会上做典型发言。八是积极探索高质量脱贫途径。2018年，“深度贫困地区高质量脱贫”研讨会在我市成功举办，人民讨论坛刊发了《深度贫困地区如何实现高质量脱贫》，推广了“百色十条”经验。九是百色市扶贫领域作风建设和反腐败工作经验分别获中纪委、国务院扶贫办和自治区领导充分肯定。2018年12月，在百色召开的“扶贫领域作风问题专项治理”专题调研座谈会，时任国务院扶贫办副主任陈志刚对百色市扶贫领域作风问题专项治理工作经验给予了高度肯定。十是百色市易地搬迁扶贫经验在全区推广。百色市紧紧围绕“精准扶贫、精准脱贫”方略和“高质量脱贫”要求，创新推行“585104”工作机制，走出一条具有百色特色的深度贫困地区易地搬迁扶贫工作路子。2018年5月14日，全区易地搬迁扶贫工作现场会在百色市召开。百色“深圳小镇”已成为粤桂扶贫协作的样板工程、深百扶贫协作的标志性工程，得到了汪洋主席、胡春华副总理的充分肯定。十一是百色健康扶贫“一站式服务”经验获全区推广。在健康扶贫“五个一行动”中，百色积极整合各项医疗保障政策，推广“一站式”结算服务。2018年11月9日，广西壮族自治区在百色召开全区健康扶贫工作现场推进会，全面推广“一站式服务”的“百色模式”健康扶贫经验。十二是百色市残疾人扶贫工作得到国家部委充分肯定。2019年4月26日至27日，全国残疾人扶贫基地现场会暨东西部残疾人扶贫协作工作推进会在百色召开，会上充分肯定了百色残疾人扶贫工作。十三是脱贫攻坚载体和抓手富有实践特色。创新提出精准扶贫“十大行动”“十个到村到户”，有效推动了精准扶贫精准脱贫；开展“脱贫攻坚先锋行”活动，在脱贫攻坚中充分发挥了党组织和党员作用；创建扶贫“爱心公益超市”，搭建帮扶平台，有效激发了贫困群众内生动力；开展“千企扶千村”活动，有效动员全社会力量参与脱贫攻坚；开展查处发生在群众身边的“四风”和腐败问题专项治理、扶贫领域腐败和作风问题专项治理，确保了扶贫领域风清气正。十四是率先在全国、全区开展低保审批权下放乡镇改革。实现低保申请“最多跑一次”，得到民政部、自治区民政厅充分肯定，并荣获2018年度全国社会救助十佳创新案例。十五是提出了“1+10+N”精准扶贫工作思路，“1”即制定1个扶贫工作总体规划；“10”即实施精准扶贫“十个到村到户”（政策宣传、金融、产业、基础设施、危房改造、教育、健康、劳动力培训就业、低保兜底、结对帮扶等）；“N”即出台脱贫攻坚N个配套政策文件。十六是创新“五个一”工作机制在全区推广。即一封公开信、一份承诺书、一张联系卡、一本帮扶手册和一本脱贫台账。推行“五个一”工作机制，在帮扶人与贫困户之间建立起有权利、义务等条款的“契约关系”，实现了脱贫摘帽工作“三变”：变“单向输血”为“双向互动”、变“打小算盘”为“一本台账”、变“大水漫灌”为“精准滴灌”。

二、基本经验

脱贫攻坚战以来，百色市广大干部群众用汗水浇灌收获，以实干笃定前行，精准绣花，苦干实干，全面完成脱贫攻坚的光荣历史使命。红城百色在脱贫攻坚的大考中交上合格答卷，在这一伟大实践中，形成了一些基本经验。

（一）坚持党的领导，强化组织保证

脱贫攻坚，加强领导是根本。百色作为扶贫开发工作主战场之一，取得决战脱贫攻坚的全面胜利，首要的一条经验，就是坚持党对脱贫攻坚工作的领导。脱贫攻坚号角吹响以来，百色市坚持发挥各级党委总揽全局、协调各方的作用，坚持“五级书记”抓扶贫和党政“一把手”脱贫责任制，把脱贫攻坚作为全市经济社会发展的第一民生工程和头等大事来抓，充分发挥社会主义强大的政治动员能力和优势，以踏石留印、抓铁有痕的劲头，集中力量打好脱贫攻坚战，全面完成脱贫攻坚目标任务。一是始终坚持中国特色社会主义的制度优势。脱贫攻坚取得前所未有的决定性成就，充分彰显中国特色社会主义制度的优越性。立足市情，百色市充分发挥社会主义制度集中力量办大事的优势，迸发出巨大的攻坚合力，坚持把脱贫攻坚作为系统工程，运用“党委领导、政府主导、社会参与”的工作机制，整合资源，全力构建党、政、军、民、社会、企业“六位一体”的扶贫大格局，全方位强化工作机制、投入、纪律、思想作风等方面保障，确保脱贫攻坚工作扎实有效推进。在扶贫动员、资源整合和精准配置的强大组织能力上，在社会各方力量汇聚、“挂包帮”结对帮扶、定点帮扶以及跨省（市）东西部扶贫协作上，在精准管理、督导检查、挂牌督战等环节上都充分体现了制度优势。没有集中力量办大事的显著制度优势，绝对不会有如此“硬核”的脱贫攻坚成就。二是始终坚持党对扶贫工作的全面领导。习近平总书记指出，消除贫困、

改善民生、实现共同富裕，是社会主义的本质要求，是我党的重要使命。强调“打赢脱贫攻坚战，组织领导是保证”，“要强化扶贫开发工作领导责任制，把中央统筹、省负总责、市县抓落实的管理体制，片为重点、工作到村、扶贫到户的工作机制，党政一把手负总责的扶贫工作责任制，真正落到实处”。在实践中，百色始终坚持党对扶贫工作的全面领导。坚持以组织制度确保党在脱贫攻坚中的领导核心地位，在市、县两级成立由党政主要领导和各职能部门负责人组成的脱贫攻坚战指挥部，明确党政主要领导“第一责任人”的身份定位，亲自指挥，一线作战；明确县（市、区）作为脱贫攻坚工作主体、责任主体、实施主体、管理主体的职能定位，全面落实责任、权利、资金、任务“四到县”制度；明确市协调、县主体、乡镇落实、部门配合的工作机制，因地制宜、因类施策，将帮扶内容精准化、精细化；实行实体化办公充实扶贫一线力量，配强扶贫专管专干力量，每个县（市、区）配备1名专职副县（市、区）长分管扶贫工作，每个乡镇配备1名专管扶贫副乡镇长或专职副书记，每个行政村配备扶贫专干或扶贫信息员。三是始终坚持以加强党的建设引领脱贫攻坚。越是贫中之贫、困中之困的深度贫困地区，越需要以党组织的强大政治功能为贫困群众脱贫致富提供强有力的保障。在具体实践中，百色坚持党建促脱贫攻坚，推动基层党建与精准脱贫深度融合，真正把党建资源转化为脱贫资源，把党建优势转化为脱贫优势，把党建成果转化为脱贫成果，实现党建工作与脱贫攻坚齐步发力、同频共振、双赢发展。深入开展“脱贫攻坚先锋行”活动，重点实施“头雁引领”“堡垒筑强”“素质提升”“先锋示范”“基础保障”等“五大工程”。创新“党建+”模式，积极创新党建促脱贫攻坚实现途径，采取党组织建在产业链上、新兴经济组织上等办法，通过“党支部+公司+基地+合作社+贫困户”“党支部+互联网+贫困户”“党员规模种养户+贫困户”等模式，有效帮助贫困村、贫困户提升自我发展能力。通过教育、引导、培训，把农村党员骨干培养成扶贫脱贫能人，加强农村能人队伍建设；创新开展“乡村振兴·争创五旗”活动。坚持把脱贫攻坚与乡村振兴紧密结合起来，围绕乡村振兴战略“产业兴旺、生态宜居、乡村文明、治理有效、生活富裕”目标要求，在全市各村开展

“五面红旗”评比活动，树立标杆和榜样，发挥示范引领作用，全面加强基层党组织建设。四是始终坚持以红色基因凝聚脱贫攻坚的最大合力。百色充分发挥红色资源优势，依托红色教育基地等载体，针对各级党员干部广泛开展以爱国主义教育、弘扬百色起义精神、发扬优良传统为重点的宣传教育活动，使各级党员干部时刻不忘初心，切实增强使命感、责任感和紧迫感，把思想统一到当前脱贫攻坚的中心任务上来；发挥红色精神凝聚人心的作用，充分利用各类媒体和宣传阵地，采取灵活多样的形式传承和弘扬百色起义精神、扶贫攻坚精神、戍边爱国精神，提振广大干部群众打赢脱贫攻坚战的决心与信心。

（二）坚持精准方略，提高脱贫实效

脱贫攻坚，精准是要义。百色作为深度连片贫困地区，集“老、少、边、山、穷、库”于一身，脱贫攻坚任务极其繁重艰巨，之所以能够夺取全面胜利，根本方法就是坚持了“六个精准”的基本方略。坚持精准方略，建立精准脱贫攻坚工作体系，打好精准政策“组合拳”，解决了扶持谁、谁来扶、怎么扶、如何退的问题。同时，下绣花的功夫，不搞大水漫灌，不搞“手榴弹炸跳蚤”，因村因户因人施策，对症下药、精准滴灌、靶向治疗，扶贫扶到点上扶到根上。一是始终坚持因时因地制宜，加强扶贫工作的顶层设计。百色市按照中央、自治区一系列脱贫攻坚文件的部署安排，结合自身实际，制定并出台了“1+2+10+N”系列文件。其中，“1”是制定一个扶贫工作总体规划；“2”是推进决战贫困、决胜小康两个行动计划；“10”是实施精准脱贫“十个到村到户”；“N”是出台脱贫攻坚N个配套政策文件。同时，百色还建立“挂图作战、清单管理、滚动集成、精准摘帽”的工作机制，梳理工作流程，明确工作任务、政策措施、脱贫指标和时间表，引领全市脱贫攻坚工作有章可循。二是始终坚持发挥产业助力脱贫攻坚的关键作用。面对贫困户收入来源少、脱贫任务重和时间紧的现实，百色通过土地租金减免、倾斜性政策扶持等方式，打造和推广“贫困户+合作社（基地）+龙头企业”的农业产业化路径。同时，以政策性金融扶贫助推产业扶贫，围绕贫困户资金分散、抗风险能力弱和企业融资难等问题，创新打造平台助推、

金融扶持、带资入股、固定分红的金融扶贫模式，使产业发展的效益真正惠及贫困户。三是始终坚持以高质量脱贫推动高质量发展，在脱贫攻坚战中加快补齐乡村振兴的短板。百色统筹推进精准扶贫脱贫与乡村振兴战略，深化精准帮扶和对口帮扶，促进扶贫同扶志扶智相结合、产业帮扶与就业创业扶持相结合、扶贫开发与乡村公共文化服务相结合的大扶贫格局，多渠道增加贫困户收入，多途径改善贫困村生产生活条件，多举措丰富乡村精神文化，全面建立健全乡村治理体系，以脱贫攻坚的有益实践加快补齐农业农村现代化、城乡融合发展、“三农”工作队伍培养滞后的短板。

（三）坚持加大投入，强化资金支持

脱贫攻坚，资金投入是保障。百色脱贫攻坚战之所以能够取得全面胜利，与坚持加大投入和强化资金支持的做法分不开。百色坚持发挥政府投入主体和主导作用，增加金融资金对脱贫攻坚的投放，发挥资本市场支持贫困发展的作用，吸引社会资金广泛参与脱贫攻坚，整合专项扶贫、行业扶贫、金融扶贫、援滇扶贫、社会扶贫等扶贫资源，形成有机结合和互为支撑的大扶贫格局，为打赢脱贫攻坚战提供条件支撑。在实践中，百色着力理顺体制机制，采取多种渠道，搭建多个平台，整合各级政府、社会、金融等方方面面资金资源，全面加大扶贫资金投入。深入创建全国政策性金融扶贫试验示范区，在产业扶贫、易地搬迁扶贫、小额信贷等方面提供金融信贷支持。设立农民工创业担保贷款专项基金，为农民工创业提供贷款担保资金注入、创业补贴、创业奖励、创业培训等，充分发挥资金带动效应，促进农民工创业。

（四）坚持社会动员，凝聚各方力量

脱贫攻坚，各方参与是合力。打赢脱贫攻坚战是全党全社会的共同责任。百色打赢脱贫攻坚战，与长期坚持借外力、强内力、形成脱贫攻坚合力的做法分不开，与长期坚持帮扶协作的实践分不开。百色充分发挥政府和社会两方面力量作用，构建专项扶贫、行业扶贫、社会扶贫互为补充的大扶贫格局，调动各方面积极性，引领市场、社会协同发力，形成全社会广泛参与脱贫攻坚格局。一是深化东西部扶贫协作和中央单位定点扶贫，深化区域合作，推进东部产业向西部梯度转移，实现产业互补、人员互动、技术互学、

观念互通、作风互鉴，共同发展。二是深化深圳与百色扶贫协作。专门成立了工作领导小组和对口扶贫协作局，推进产业对接、易地搬迁、劳务协作等各项工作。三是深化定点帮扶工作。中直单位定点帮扶百色9个国定贫困县。四是深入开展消费扶贫行动，积极推进百色—深圳农产品供应链项目建设，利用深圳提供的"扶贫产品展示馆"、海吉星市场，加强"圳产品"认定工作，把扶贫产品向深圳销售，让更多扶贫产品进入深圳市场。五是号召社会力量帮扶。鼓励非公有制经济主体（民营企业、商会、专业合作社）参与"万企帮万村"精准扶贫行动。

（五）坚持从严要求，促进真抓实干

脱贫攻坚，从严从实是要领。"脱贫攻坚任务能否完成，关键在人，关键在干部队伍作风。"百色的实践表明，打赢脱贫攻坚战，真抓实干的精神作风是最大的法宝。必须坚持把全面从严治党要求贯穿脱贫攻坚工作全过程和各环节，实施经常性的督查巡查和最严格的考核评估，确保脱贫过程扎实、脱贫结果真实，使脱贫攻坚成效经得起实践和历史检验。一是坚持强化各项纪律保障。坚持把纪律挺在前面，严明政治纪律、组织纪律、廉洁纪律、群众纪律、工作纪律、生活纪律，推动各级各部门和党员干部坚决服务脱贫攻坚大局，确保脱贫攻坚战步调统一、高效推进。开展扶贫领域腐败和作风问题专项治理，坚决查处扶贫领域腐败案件，突出查处决策执行不力、监管责任缺失、扶贫资金管理、监督执纪"宽松软"等问题，坚决遏制腐败，坚决整治扶贫领域不正之风，确保扶贫领域风清气正。二是坚持强化制度建设保障。坚持反腐问责与容错纠错机制有机统一、合力并举，在全市上下实行最严格的考核评估、督查制度和"红黑榜"制度，严查扶贫领域腐败和作风问题，对于领导干部不重视、工作不得力、措施不落实和不严不实、弄虚作假等问题进行严肃问责、严肃处理。与此同时，百色也十分重视对扶贫攻坚氛围的营造，建立扶贫工作容错纠错机制，特别是对于工作中出现失误，造成一定损失和不利影响，本应追究责任的，但主观上出于为公为民、改革创新、干事创业等目的，客观上达到尽职尽责要求，并无谋取私利的行为，予以容错免责。三是坚持强化思想作风保障。百色坚持以人民为中心的

发展思想，坚持人民主体地位，尊重人民的首创精神，在史无前例的轰轰烈烈反贫困大战中，践行了“百折不挠、实事求是、依靠群众、团结奋斗”的百色起义精神、“八七”扶贫攻坚精神和连续作战、背水一战、冲锋冲刺、决战决胜的拼搏精神，切实为打赢脱贫攻坚战提供了强大思想保障。全方位开展大宣传，深入宣传脱贫攻坚战的重大意义、目标任务、政策措施，把握主旋律，打好主动仗，切实为打赢打好脱贫攻坚战营造了浓厚氛围。坚持从严从实作风，发扬敢于啃硬骨头的顽强精神，久久为功、驰而不息，切实为打赢脱贫攻坚战提供了强大的作风保障。

（六）坚持群众主体，激发内生动力

脱贫攻坚，群众动力是基础。百色坚持依靠人民群众，充分调动贫困群众积极性、主动性、创造性，坚持扶贫和扶志、扶智相结合，正确处理外部帮扶和贫困群众自身努力关系，培育贫困群众依靠自力更生实现脱贫致富意识，培养贫困群众发展生产和务工经商技能，组织、引导、支持贫困群众用自己辛勤劳动实现脱贫致富，用人民群众的内生动力支撑脱贫攻坚。一是实现高质量脱贫，必须从源头上解决深度贫困地区长期存在的“思想贫困”问题。在当前的这场脱贫攻坚战中，“不认为自己处于贫困”“不愿接受扶贫”的思想在部分贫困群众中不同程度地存在，特别是在深度贫困地区，这种思想更为普遍。因地理位置偏远、交通不便、教育落后等原因，一些深度贫困乡镇、乡村群众接触外界新鲜事物的机会十分有限，其对外部环境、国家政策等方面的了解，仍停留在十年前甚至更为久远。长时间形成的路径依赖效应，使得这些地区的贫困群众非常适应和习惯当前的生活环境和生存状态，不想也不愿了解“外面的世界”，导致党和政府的脱贫攻坚举措落实不下去，即便落实下去，也很难产生实质性的效果。百色脱贫攻坚实践表明，要想真正在这些地区落实脱贫攻坚的诸项政策，关键要从源头上解决当地贫困群众的“思想贫困”问题，要对当地贫困群众进行思想观念的洗礼，教育引导他们用自己的辛勤劳动实现脱贫致富。一方面，贫困地区应通过加大公共文化服务投入力度、创新开展公共文化服务活动等方式，引导贫困群众逐步摆脱传统、落后的思想观念束缚，跳出传统农村农业发展的思维定式；另

一方面，综合发挥各级党政职能部门、挂点干部、包户干部、驻村干部、村“两委”干部和脱贫摘帽群众的教育引导示范作用，通过创新开展群众工作的方式方法，促使当地贫困群众在认知、理念等层面加快思想转变。二是实现高质量脱贫，必须着力增强贫困地区干部群众的内生动力。党的十八大以来，各地扶贫开发的投入力度不断加大，相关保障性政策与机制不断完善，因病返贫、因学致贫的现象越来越少。当前，随着我国扶贫开发工作进入攻坚拔寨的冲刺期，一些地区出现了脱贫攻坚内生动力不足的问题，主要表现在两个方面：首先，有的扶贫干部在巨大的工作压力下逐渐丧失了工作热情，出现了消极执行上级政策和一味等待任务摊派的情况；其次，一部分贫困群众在兜底性政策和困难资金补助标准提高的情况下滋生了“等、靠、要”的思想，而且在部分贫困村与非贫困村之间、贫困户与非贫困户之间，还出现了“逆向”攀比的心理。这两种情况，在百色一些地区早期的脱贫攻坚实践中也曾出现过。百色脱贫攻坚实践表明，彻底摆脱内生动力不足的问题，必须从脱贫攻坚的供给侧和需求侧同时发力。具体而言，一方面，要从扶贫一侧出发，针对扶贫干部，尤其是扶贫一线干部建立更为明确具体的激励和容错纠错机制，营造“能者上、庸者下”和鼓励创新、宽容失败的良好氛围，以此激发扶贫干部积极主动作为和创新开展工作的热情；另一方面，从脱贫一侧出发，要积极践行习近平总书记关于“坚持扶贫同扶智扶志相结合”的重要论述，针对农村贫困人口这一群体持续进行就业指导和培训，进行系统的理论和文化教育，使其在行动层面有更多通过自身努力改变境况的机会与能力，对摆脱贫困有更为准确深刻的理解与感受，以此提高其追求上进、谋求发展的自觉意识。

总之，百色在脱贫攻坚领域取得了前所未有的成就，这个成就凝聚了壮乡儿女的智慧和心血，是广大干部群众扎扎实实干出来的。脱贫摘帽不是终点，而是新生活、新奋斗的起点。脱贫攻坚战收官之后，“三农”工作的重心将转向乡村振兴。要结合百色实际，接续推进巩固拓展脱贫攻坚成果同乡村振兴有效衔接，推动减贫战略和工作体系平稳转型，全面实施乡村振兴战略，加快新型城镇化步伐，促进城乡融合发展，逐步实现共同富裕。

第十六章

百色巩固脱贫与乡村振兴面临的机遇和挑战

消除贫困是人类梦寐以求的梦想。为完成这个人类历史伟业，百色各级党委政府率领全市各族干部群众弘扬百色起义精神和脱贫攻坚精神，举全市之力，与天斗、与地斗，全力决战贫困并取得决定性胜利，如期打赢脱贫攻坚战，与全国全区一道历史性地解决绝对贫困问题，如期全面建成小康社会。这意味着长期以来困扰和制约百色发展的贫困问题终将画上历史性句号，标志着百色也和全国全区一样，从解决绝对贫困阶段进入解决相对贫困的历史新阶段，共同成就了千年伟业、创造了人间奇迹，创造性完成了具有里程碑式历史意义的百色减贫伟业。“十四五”时期乃至更长时期，百色将和全国全区一道进入以高质量发展为主要任务的新阶段，贫困治理的重点难点将从解决绝对贫困转向解决相对贫困问题转移，解决相对贫困将是百色脱贫攻坚与乡村振兴交汇和过渡时期的一项重大战略任务。“三农”工作重心将实现向全面推进乡村振兴的历史性转移，巩固脱贫与乡村振兴既面临重大的历史机遇，同时也面临严峻的现实挑战。

一、新任务新要求

习近平总书记指出，打赢脱贫攻坚战，只是消除了绝对贫困，缓解相对贫困将是长期任务。打赢脱贫攻坚战、全面建成小康社会后，百色将面临进一步巩固拓展脱贫成果，接续推动贫困地区发展和乡村全面振兴的新任务新要求。

党的十九届五中全会对实现巩固拓展脱贫成果同乡村振兴有效衔接工作任务提出新要求。党的十九届五中全会明确提出，坚持把解决好“三农”问题作为全党工作重中之重，走中国特色社会主义乡村振兴道路，全面实施乡村振兴战略，强化以工补农、以城带乡，推动形成工农互促、城乡互补、协调发展、共同繁荣的新型工农城乡关系，加快农业农村现代化。《中共中央关于制定国民经济和社会发展“十四五”规划和二〇三五年远景目标的建议》提出，要实施乡村建设行动，把乡村建设摆在社会主义现代化建设的重要位置，强化县城综合服务能力，把乡镇建成服务农民的区域中心。统筹县域城镇和村庄规划建设，保护传统村落和乡村风貌。完善乡村水、电、路、气、通信、广播电视、物流等基础设施，提升农房建设质量。因地制宜推进农村改厕、生活垃圾处理和污水治理，实施河湖水系综合整治，改善农村人居环境。提高农民科技文化素质，推动乡村人才振兴。要实现巩固拓展脱贫攻坚成果同乡村振兴有效衔接，建立农村低收入人口和欠发达地区帮扶机制，保持财政投入力度总体稳定，接续推进脱贫地区发展。健全防止返贫监测和帮扶机制，做好易地搬迁扶贫后续帮扶工作，加强扶贫项目资金资产管理和监督，推动特色产业可持续发展。要健全农村社会保障和救助制度，在西部地区脱贫县中集中支持一批乡村振兴重点帮扶县，增强其巩固脱贫成果及内生发展能力。坚持和完善东西部协作和对口支援、社会力量参与帮扶等机制。

中央农村工作会议对实现巩固拓展脱贫成果同乡村振兴有效衔接工作任务提出新要求。2020年12月29日，在中央农村工作会议上，习近平总书记发表重要讲话强调，在向第二个百年奋斗目标迈进的历史关口，巩固和拓展脱贫攻坚成果，全面推进乡村振兴，加快农业农村现代化，是需要全党高度重视的一个关系大局的重大问题。习近平总书记在讲话中指出，党的十八大以来，党中央坚持把解决好“三农”问题作为全党工作的重中之重，把脱贫攻坚作为全面建成小康社会的标志性工程，组织推进人类历史上规模空前、力度最大、惠及人口最多的脱贫攻坚战，启动实施乡村振兴战略，推动农业农村取得历史性成就、发生历史性变革。习近平总书记强调，脱贫攻坚取得胜利后，要全面推进乡村振兴，这是“三农”工作重心的历史性转移。要坚决守住脱贫攻坚成果，做好巩固拓展脱贫攻坚成果同乡村振兴有效衔接，工作不留空当，政策不留空白。要健全防止返贫动态监测和帮扶机制，对易返贫致贫人口实施常态化监测，重点监测收入水平变化和“两不愁三保障”巩固情况，继续精准施策。对脱贫地区产业帮扶还要继续，补上技术、设施、营销等短板，促进产业提档升级。要强化易地搬迁后续扶持，多渠道促进就业，加强配套基础设施和公共服务，搞好社会管理，确保搬迁群众稳得住、有就业、逐步能致富。党中央决定，脱贫攻坚目标任务完成后，对摆脱贫困的县，从脱贫之日起设立5年过渡期。过渡期内要保持主要帮扶政策总体稳定。对现有帮扶政策逐项分类优化调整，合理把握调整节奏、力度、时限，逐步实现由集中资源支持脱贫攻坚向全面推进乡村振兴平稳过渡。

2020年12月30日，全国巩固拓展脱贫攻坚成果同乡村振兴有效衔接工作会议在京召开。会议对巩固脱贫与乡村振兴工作任务作了全面的部署。中共中央政治局委员、国务院副总理胡春华在会上强调，顺应“三农”工作重心历史性转移的新形势新要求，做好巩固拓展脱贫攻坚成果同乡村振兴有效衔接，接续支持脱贫地区发展和群众生活改善。胡春华指出，做好有效衔接是当前和今后一个时期农村工作第一位的任务，务必抓紧抓好。对“有效衔接”，胡春华副总理讲了四个方面：一是要巩固拓展脱贫攻坚成果，二是要扎实推进工作衔接，三是要扎实推进政策衔接，四是要扎实推进机构队伍衔接。保持机构队伍总体稳定，调整优化机构职能，更好发挥一线帮扶队伍作用。胡春华还强调，统筹做好巩固拓展脱贫攻坚成果和全面推进乡村振兴，确保工作机制和政策体系平稳过渡、有序衔接。要推动脱贫攻坚工作体系全面转向乡村振兴。脱贫攻坚工作体系全面转向乡村振兴后的工作，用乡村振兴统揽新发展阶段“三农”各项工作，接续支持发展产业、建设基础设施、改善公共服务等；要健全农村低收入人口常态化帮扶机制，分层分类做好帮扶救助，切实保障好基本生活，确保不出现规模性返贫。

中共中央、国务院出台文件对实现巩固拓展脱贫成果同乡村振兴有效衔接工作任务提出新要求。中共中央、国务院《关于实现巩固拓展脱贫攻坚成果同乡村振兴有效衔接的意见》指出，做好巩固拓展脱贫攻坚成果同乡村振兴有效衔接，关系到构建国内大循环为主体、国内国际双循环相互促进的新发展格局，关系到全面建设社会主义现代化国家全局和实现第二个百年奋斗目标。要坚持共同富裕方向，将巩固拓展脱贫攻坚成果放在突出位置，建立农村低收入人口和欠发达地区帮扶机制，健全乡村振兴领导体制和工作体系，加快推进贫困地区乡村产业、人才、文化、生态、组织的全面振兴，为全面建设社会主义现代化国家开好局、起好步奠定基础。[①]

同时，中央已将乡村振兴战略摆到现代化强国建设战略高度，出台了《关于实施乡村振兴战略的意见》，还制定了国家乡村振兴战略规划、法规和系列配套政策，全方位推动乡村振兴战略实施。广西壮族自治区人民政府已开始明确实施乡村振兴三年行动计划，重点支持农村基础设施、公共服务建设和产业发展。

这为百色巩固脱贫与乡村振兴指明了方向，提供了遵循。当前，百色正处在脱贫攻坚与乡村振兴两大战略的历史交汇期，需要立足脱贫攻坚实际和乡村振兴发展要求，统筹谋划，加快建立解决相对贫困的长效机制，做好脱贫攻坚与乡村振兴有序衔接。2020年12月30日，召开的中国共产党百色市第四届委员会第十一次全体（扩大）会议指出，“十四五”期间，百色与全国、全区一样将进入新发展阶段，百色发展仍然处于重要战略机遇期。全会审议通过的《建议》明确提出“一市一区”战略目标，即建成左右江革命老区核心城市、打造重点开发开放试验区升级版，这是百色市委坚持目标导向和问题导向相结合，根据百色市发展基础、环境、条件的深刻变化，立足当前，着眼长远，充分吸纳各方面意见作出的决策部署。要统筹城乡一体化发展，加快建成左右江革命老区核心城市，以建设“三中心两区一市”为重要抓手，着力打造活力老区、美丽老区、幸福老区、文化老区。要深入实施创

① 中共中央、国务院《关于实现巩固拓展脱贫攻坚成果同乡村振兴有效衔接的意见》（中发〔2020〕30号）。

新驱动战略，着力建设现代产业体系，以科技创新驱动农业变革、工业转型和服务业升级，推进产业链与创新链深度融合。要坚持生态优先绿色发展，创建生态文明示范区，落实可持续发展战略，构建生态文明体系，促进经济社会发展绿色转型。统筹好发展和安全，着力推进边疆治理现代化。要加快新型城镇化建设，优化国土空间布局，推进以人为核心的新型城镇化，促进区域协调发展。全面实施乡村振兴战略，推动农业高质量发展，实施乡村建设行动，深化农业农村体制改革，实施巩固拓展脱贫攻坚同乡村振兴有效衔接，加快推进农业农村现代化。① 百色市各级党委政府要统筹中华民族伟大复兴战略全局和世界百年未有之大变局，深刻认识我国社会主要矛盾变化带来的新特征新要求，深刻认识错综复杂的国际环境带来的新矛盾、新挑战，科学把握新常态下百色巩固脱贫与乡村振兴的新特征、新特点和新变化，增强机遇意识和风险意识，立足基本市情，认识和把握乡村振兴发展规律，全面实施乡村振兴战略，建设美丽乡村，加快农业农村现代化。

二、重大机遇

（一）宏观经济大局稳中向好有利于百色巩固脱贫与乡村振兴

一是世界经济总体复苏。当今世界正经历百年未有之大变局，新一轮科技革命和产业变革深入发展，国际力量对比深刻调整，和平与发展的时代主题没有变，人类命运共同体理念深入人心。虽然受到百年之大变局特别是全球新冠肺炎疫情的影响，不稳定性、不确定性明显增加，新冠肺炎疫情影响广泛深远，经济全球化遭遇逆流，世界进入动荡变革期，但是各国人民求发展、求和平、求团结、求进步的期待更加强烈。经济全球化是社会生产力发展的客观要求和科技进步的必然结果，是不可逆转的历史大势，经济全球化符合经济规律，符合各国利益，全球经济必将延续温和复苏的势头。二是全国经济大局稳定。当前和今后一个时期，我国发展仍然处于重要战略机遇

① 2020年12月31日，中国共产党百色市第四届委员会第十一次全体（扩大）会议公报。

期，但机遇和挑战都有新的发展变化。我国经济总体运行平稳、稳中有进，长期向好的基础更加牢固。国家深入实施“一带一路”倡议、创新驱动发展战略、区域协调发展战略、可持续发展战略，作出建设制造强国、贸易强国、科技强国等重大决策部署，全国加快发展态势明显。特别是改革开放40周年，中央推出系列重大改革措施，深入推进简政放权和政府职能转变，有利于百色进一步优化营商环境、大力发展实体经济；国家大力实施乡村振兴战略，对百色这样一个生态和农业生产条件好，农业资源丰富、农业占比高的地级市是重大利好，有利于百色市发展现代特色优势农业、改善提升农业农村基础设施和生产生活条件；自治区成立60周年，党中央、国务院高度重视，明确将给予广西更大支持，有利于百色争取更多资金、项目和政策。三是广西经济稳中有好之势。广西经济运行总体平稳，稳中有进、稳中有好，正按照习近平总书记赋予广西的“三大定位”新使命和“五个扎实”新要求，全力开创富民兴桂新局面。特别是自治区加快构建“南向、北联、东融、西合”全方位开放发展新格局，加速提升开放型经济水平，并先后召开全区工业高质量发展大会、深化改革优化营商环境大会、生态环境保护大会等会议，出台一系列改革力度大、含金量高的政策文件，这些改革红利和政策红利将会持续释放，有利于经济加快发展。四是百色经济态势稳中向好。就百色形势看，总体平稳、稳中向好的发展基本面没有改变，经济加快发展的态势比较强劲，一方面，百色市铝产业“二次创业”全速推进，带动工业增长作用明显；农业保持较快增长态势不变，三产支撑发展强劲，进入加速增长周期，加快发展的总体态势完全具备。另一方面，支撑提速发展的要素条件有利，正面临国家多重战略、多重规划、多重政策叠加集成的大好时机。特别是2020年3月30日，国务院正式批复设立广西百色重点开发开放试验区，这是全国首个地级市全域开发开放的试验区，叠加《左右江革命老区振兴规划》实施进入中后期阶段，百色又迎来一个加快发展、跨越发展的战略机遇期，为百色引进企业、项目，吸引资金、技术、人才等要素，培育发展新动能创造了极为有利的条件，百色高位推进试验区各项建设工作，制定了系列政策文件，编制形成试验区重大项目建设三年行动计划，截至目前签约项目86个，总投资836亿元。这些对于今后百色经济实现高质量发展都是极大的利好因素。

（二）多年经济高速发展有利于百色巩固脱贫与乡村振兴

多年来，特别是党的十八大以来，百色紧紧抓住脱贫攻坚这个最大发展机遇，推动经济社会发展迈上新台阶，为巩固脱贫与乡村振兴发展奠定扎实的基础。一是经济基础稳固。经过“十三五”时期的快速发展，决胜全面建成小康社会取得决定性成就，地区生产总值、居民人均可支配收入提前一年实现比2010年翻一番目标，主要指标总体如期实现，地区生产总值突破千亿元大关，经济实力跃上新台阶，全面建成小康社会目标体系的53项指标综合实现程度预计达95%以上，达到国家要求标准，千年小康梦即将实现，实现了从传统农业地区向工业城市、从交通末梢向区域交通枢纽、从西南边陲向开放合作前沿的重大历史性转变。二是特色农业经济持续做大。种植业形成新格局。百色种植业已形成“三区两带”[①]产业格局，发展形成了13个国家级、7个自治区级、56个市级“一村一品示范村镇”。现代特色农业核心示范区建设稳步推进。特色优势农产品品质不断提升。目前，百色市粮、果、菜、桑、蔗、茶六大主导产业良种覆盖率已超过90%；共有百色芒果、百色番茄、百色红茶、靖西大香糯、凌云牛心李、隆林板栗等11个农产品获得农业部农产品地理标志登记；有机农产品基地认证面积达14.52万亩，已连续多年居自治区第一位；蔬菜、水果等食用农产品例行检测合格率均达99%以上。新创建各类现代特色农业（核心）示范区206个、特色养殖产业示范区（园）10个；随着产业融合不断深入，全市发展了94家农产品加工规模以上企业，以及乡村休闲旅游产业，建成休闲农业观光园、农业旅游示范点等75处（个）。三是工业高质量发展基础强。“十三五”时期，百色坚持以铝“二次创业”为主要抓手，全力抓工业并保持较快发展速度，2020年，规模以上工业增加值完成391亿元，增长11%以上；精准实施铝“二次创业”，具

① “三区”即右江河谷以发展果（芒果）、蔬、蔗、粮业为主的农业产区；南部山区以发展烟、桑、果（柑橘）、药材为主的农业产区；北部山区以发展茶、桑、果（特色水果）为主的农业产区；“两带”即两翼山区水果带与沿江沿河沿路秋冬蔬菜产业带。

备年产2100万吨铝土矿、920万吨氧化铝、187万吨电解铝、320万吨铝加工能力，氧化铝就地转化率提升到42.7%，铝配套的区域电网装机9台容量232万千瓦、在线运行负荷170万千瓦；新旧动能转换得到有效推进，传统产业转型升级有效推进，石油化工产业技改、锰产业链延伸、糖业智能化改造、建材绿色化取得实质性进展，布局发展大健康、新材料、新能源、大数据、节能环保等战略新兴产业项目79个，2020年，投产技术改造投资项目43项、新增产值23.7亿元。四是第三产业发展强劲。旅游业保持较快发展，百色巴马国际旅游区基础设施建设等24个重大文化旅游项目建设全面推进，实施“壮美红城、文化百色”六大工程，百色起义纪念园获评国家5A级景区，2020年，接待旅游总人数5307.93万人次，增长29.31%，旅游总消费595.61亿元人民币，增长31.04%；数字产业加快布局发展，推动中农联百色农产品电商产业项目、银江股份城市大脑项目等知名企业和重点项目签订合作协议；扎实推动现代服务业集群发展，百煤物流园区、中国龙邦—越南茶岭跨境商贸物流集聚区、百色新山铝综合性服务集聚区等3个自治区级现代服务业集聚区加快建设；电子商务加快发展，建成百色市电商运营服务中心，淘宝、京东、1号店、微商百色馆入驻商家277家、上线产品200多个，带动农产品全网销售额达16.2亿元。打造百色芒果、猕猴桃、圣女果等“网红”产品，电商进农村示范工程实现全覆盖；推动农产品产销精准对接，与区内外多家大型批发市场、商超建立长期的产销流通一体化合作体系。新型城镇化建设加快推进。百东新区提速建设，统筹推进大县城发展战略、特色小镇培育和精品示范型村庄建设，常住人口城镇化率达到39%。

（三）重大利好政策有利于百色巩固脱贫与乡村振兴

一是国家新一轮高质量改革开放，为百色巩固脱贫与乡村振兴拓展新空间。“一带一路”倡议是中国进入新一轮高质量改革开放的重要标志。百色位于以成渝为核心的大西南地区进入东南亚最直接的通道上，是对越前沿，联通越南—重庆大通道最为直接的中转站，也是沟通“一带”与“一路”的重要节点之一。2020年3月30日，国务院批复设立广西百色重点开发开放试验区，4月15日，国家发展改革委印发《广西百色重点开发开放试验区建设实施方案》，百色成为全国首个地级市全域覆盖的沿边重点开发开放试验区，标志着百色全方位开发开放迎来重大机遇。这是全国首个地级市全域覆盖的沿边重点开发开放试验区，定位高，要把试验区各项工作做好，抓好市域社会治理是必不可少的前提和保障。随着国家新一轮高质量改革开放，百色作为全国沿边开发开放试验区，将迎来国际优势产能、加工贸易、仓储物流、旅游开发、健康养生、金融商贸等领域的开放合作新空间和新机遇。二是国家战略规划实施和多重政策叠加，为百色巩固脱贫与乡村振兴注入新动力。国家实施《左右江革命老区振兴规划》《珠江—西江经济带发展规划》《滇桂黔石漠化片区区域发展与扶贫攻坚规划》《广西百色重点开发开放试验区建设实施方案》等一系列战略规划，多点多级支撑形成区域协同发展新局面；同时随着国家进一步加大对西部地区、民族地区、革命老区、贫困地区、边疆地区的政策扶持力度，在脱贫奔康和新型工业化、信息化、城镇化、农业现代化以及沿边开放、现代服务业、改善民生等方面出台一系列改革利好政策，为百色巩固脱贫与乡村振兴全面发展创造了良好条件。三是自治区重大战略实施，为百色巩固脱贫与乡村振兴提供新支撑。广西“十四五”规划将紧扣国家重大战略决策部署和广西高质量发展重点任务和需要解决的重大问题，实施六大战略，百色巩固脱贫与乡村振兴带来难得的重大机遇。实施创新驱动发展战略，坚持走“前端聚焦、中间协同、后端转化”的科技创新之路，大力推动以科技创新为核心的全面创新，聚集高新技术、高端装备、高级人才和高水平服务等方面攻坚发力，到2025年初步建成面向东盟的区域性创新中心。实施高水平开放带动战略，把高水平对外开放作为广西高质量发展的重大举措，以南向为引领，以东融为重点，以北联和西合为协同，主动全面对接粤港澳大湾区建设，加快推进广西自贸试验区、西部陆海新通道、北部湾经济区、广西百色重点开发开放试验区建设，深度参与“一带一路”建设，加快构建“南向、北联、东融、西合”的全方位高水平开放发展新格局，加快完成“三大定位”新使命。深入实施协调发展战略，坚持把协调发展作为高质量发展的根本举措，以北部湾经济区为龙头，协调推动西江经济带、左右江革命老区加快发展，统筹推进城乡融合发展，不断提高全社会基本公共服务均等化水平，加快解决区域间、城乡间、群体间发展不平衡不充分问题。实施绿色发展战略。坚持生态优先理念，持续巩固拓展蓝天、碧水、净土保卫战成果，重点发展生态工业、生态农业、生态服务业，推动绿色经济、有机经济、循环经济一体发展，统筹生态人居、生态环境、生态文化同步建设，到2025年全区构建形成生态经济发达、资源高效利用、环境舒适宜居、制度健全完善的生态文明体系。实施海洋兴桂战略，坚持把发展向海经济作为新的增长极加以培育，以服务海洋强国战略、“一带一路”倡议、海洋综合管理以及促进广西社会发展为中心，立足北部湾、辐射东盟、覆盖南海及周边海域，大力开发海洋资源、发展海洋经济，重点发展海洋交通运输业、滨海旅游业、现代海洋渔业、海洋油气业、海洋矿业、海洋生物医药和海洋科学研究、教育、社会服务等产业，到2025年海洋经济发展实现重大突破。实施人才强桂战略，坚持把人才作为推动广西高质量发展的第一引擎，坚持培养本土人才和引才入桂相结合，到2025年全区人才资源总量和素质有较大提升，人才结构更加适应高质量发展需求，在重点项目、主导产业、优势学科、新兴业态中形成若干优秀人才群，人才市场体系和公共服务体系日趋完善，广西将成为机制灵活、环境宽松、保障有力、人尽其才的人才聚集区。广西这些利好政策将带动百色巩固脱贫与乡村振兴全面发展。四是右江河谷地区城乡一体化建设，为百色巩固脱贫与乡村振兴发展积累新经验。推动城乡发展一体化是实现新型城镇化的必由之路。百色出台了《百色市右江河谷地区城乡一体化规划（2014—2030年）》，按照自治区“两个建成”战略决策，紧扣脱贫奔康总目标，右江河谷地区城乡一体化建设立足城乡一体，以老区人民就近城镇化为核心，加快转变城镇化发展方式，提高城镇化发展质量，推进农业现代化建设，扎实建设美丽乡村。经过近15年的发展，右江河谷地区城乡一体化建设成效显著，左右江革命老区振兴得到了全面发展，走出一条“以人为本、绿色低碳、经济高效、资源节约、环境友好的具有老区特色”的城乡一体发展道路，为百色巩固脱贫与乡村振兴发展积累宝贵的新经验。

（四）脱贫攻坚巨大成就为百色巩固脱贫与乡村振兴奠定坚实基础

一是贫困人口全面脱贫。经过35年的不懈努力，特别是党的十八大以来，在各级党委政府的正确领导下，百色市干部群众紧跟中央脱贫攻坚的战略部署，团结奋斗，举全市之力，攻坚克难，脱贫攻坚有序有效推进。尤其是在2020年决战决胜脱贫攻坚之时，面对突如其来的新冠肺炎疫情，百色市有力、有序、有效克服疫情给脱贫攻坚带来的四大影响，即农产品销售难、外出务工难、扶贫车间复工难、扶贫项目建设难等，守住了来之不易的脱贫成果。经过努力，“控辍保学、医疗保障、危房改造、饮水安全四大战役”全面胜利，“两不愁三保障”问题全面解决，全市实现脱贫摘帽，脱贫攻坚取得决定性胜利，历史性消除了贫困群众的绝对贫困状况，贫困地区面貌发生根本性变化，脱贫群众生活水平明显提高，正向致富迈进。二是基础设施条件提升明显。贫困地区群众行路难、吃水难、用电难、通信难等问题得到历史性解决，具备条件的乡镇和建制村全部通硬化路、通客车、通邮路，新改建一批旅游路、生产路，农村大电网覆盖范围内全部通动力电，千百年来饮用苦咸水的历史彻底结束。以前贫困群众房子破破烂烂，有的家徒四壁，如今普遍建起了富有特色的民居，等等。目前，贫困乡村的路好走了，乡亲们喝水不发愁了，住得更安心了，不用担心停电了，再偏远的地方也有信号上网打电话了，百色贫困乡村的基础设施条件发生了翻天覆地的变化。三是民生保障水平提高明显。在义务教育保障方面，2015年以来，累计新建学校共204所，补充乡村教师10349人，发放困难学生资助资金51.63亿元。通过“双线四包”工作法，开展劝返劝学活动，目前全市义务教育阶段无因贫失学辍学学生。在基本医疗保障方面，累计新建、改扩建市级、县级医院29个，乡镇卫生院153个，村卫生室1703个。创新开展健康扶贫工程“五个一行动”“一卡通”服务、“一站式”结算等工作，建档立卡贫困人口住院实际报销比例达92.75%，门诊特殊慢性病报销比例达90.77%，实现了“有地方看病、看得起病”，贫困群众再也不用为“看病难、看病贵”问题而发愁。在社会保障方面，低保对象、五保户、残疾人等特殊困难群体实现了应保尽保、补助标准逐步提高，实现了最低生活保障、医疗保险、养老保险、医疗救助等制度全覆盖。此外，新建、扩建村级活动场所（村级公共服务中心）782个，文化室、戏台各975个，篮球场1249个，极大丰富了群众的精神文化生活，夯实了党的基层活动阵地，巩固了党的基层执政基础。四是贫困群众生活水平显著提高。贫困人口全部实现不愁吃、不愁穿，全面实现义务教育、基本医疗、住房安全和饮水安全有保障，获得感、幸福感、安全感显著增强。建档立卡贫困人口年人均纯收入从2015年的2982元增加到2020年的10740元，工资性收入和生产经营性收入占比逐年上升，转移性收入占比逐年下降，生活质量明显提高。五是贫困群众精神面貌明显变化。通过开发式扶贫，帮助有劳动能力的贫困群众增强技能、发展产业、稳定就业，贫困群众自主脱贫能力稳步提高。过去一些贫困群众“揣着手等”“背着手看”，现在“甩开手干”、比学赶超。贫困群众生活好了，信心更足了，笑脸更多了，精神面貌焕然一新。六是贫困村人居环境得到明显改观。统筹打好污染防治攻坚战，开展农村人居环境三年整治行动，持续推进美丽乡村建设，打造幸福宜居乡村。开展脱贫攻坚“五净一规范”行动，引领贫困群众做到“院内净、卧室净、厨房净、厕所净、个人卫生净、院内摆放规范”。目前，百色市森林覆盖率达78.24%，排广西第一位，空气质量优良率达95.6%，地表水质排全国水质最好城市前30位。现在，百色的天更蓝了，山更绿了，水更清了，农村人居环境更美了。

（五）乡村振兴发展有基础有潜力

一是乡村振兴战略得到有效实施。近年来，百色市深入实施乡村振兴战略，推进农业供给侧结构性改革，农业农村经济保持较快发展，农林牧渔业等产业增速排在广西前列；持续做大做强特色农业“百万亩工程”，水果、蔬菜、油茶、种桑养蚕等产业得到较快发展；抓好现代特色农业示范区创建增点扩面提质升级，新建成自治区级核心示范区6个、县级示范区12个、乡级示范园105个，新增认证“三品一标”农产品39个，建立富硒试验示范基地15个；加快培育壮大新型农业经营主体，市级以上农业产业化重点龙头企业累计达130家，新增家庭农场93个，新增合作社529个。二是农村人居环境得到有效改善。“三改六提三增”[①]工程建设取得明显成效，“生态乡村”活动不断深化拓展。根据自治区生态乡村活动的验收标准，百色市圆满通过自治区的抽查验收。“清洁乡村”工作得到稳固提升。建立健全保洁队伍、清运车辆、收运转运站管理等一系列相关工作机制，保洁员覆盖行政村100%，覆盖到自然屯80.1%。“服务惠民”工程让农民得实惠。所有行政村按“六有”标准建成村级综合服务中心1798个，在自治区名列第一。三是农村发展活力持续增强。加快农村土地确权登记颁证工作，农村土地承包经营权确权登记颁证工作可颁证农户数746020户，可发证率达96.4%。积极培育新型农业经营主体，市级重点龙头企业发展到116家，新增农业专业合作社803家、家庭农场205家，初步形成了以农民专业合作社为骨干，以种养大户、新型职业农民和家庭农场为纽带，以农业龙头企业为支撑的新型农业经营体系。推动农村土地经营权规范流转，承包耕地流转达63万亩，占承包耕地总面积的22%；50亩以上连片流转的规模达43.2万亩，占总流转68.6%。土地流转方式已逐步从农户之间的转包、互换、代耕代种和转让向龙头企业、合作社等新型经营主体集中连片规模经营转变。四是乡村生态环境优势明显。目前，百色市林地保有量达3992万亩，生态公益林面积达1510万亩，生态公益林面积占全区五分之一。林地面积达4245万亩，森林覆盖率达68.47%，排广西第二位。建成区水岸绿化率达90%以上，道路绿化率达到90%以上，城区绿化覆盖率达到38.54%。地表水水质优良率达87.5%，市级饮用水水源地水质达标率保持100%。百色市成功创建“国家森林城市”和气候适应型城市建设试点。五是农业体制机制不断创新。新模式推动现代特色农业示范区建设。通过打造“示范区+企业+合作组织+农户”等多种形式的利益共同体，引导农民通过出资、出地、出力参与示范区建设，分享发展红利，园区内农村居民年人均可支配收入达到1.38万元，助推10万多户贫困户精准脱贫。林业改革激活林业发展潜力。完成农村“两权”抵押贷款试点改革，林权抵押贷款余额

---

① “三改”：实施农村改厕、改厨和改圈工程；“六提”：统筹推进农村垃圾治理、道路通行、饮水安全、村（屯）特色、住房安全和能源利用水平提升工程；“三增”：增强农村供电能力、通信能力、公共照明能力。

累计12.26亿元；全面完成国有林场主体改革任务，优化整合成为自治区改革亮点。

（六）乡村治理初见成效有利于百色巩固脱贫与乡村振兴

经过多年的治理建设，对照中央、自治区乡村治理部署要求，当前百色乡村治理在党建引领、“三治”融合上取得一定成效，为巩固脱贫与乡村振兴打下坚实基础。一是乡村治理组织体系构架逐步完善。在治理组织体系架构上，形成了以基层党组织为领导、村民委员会和村务监督委员会为基础，集体经济组织和农民专业合作组织为纽带，其他经济社会组织为补充的村级治理组织体系。过去注重抓扶贫、抓发展，现在大部分的村（屯）经济条件和群众生活条件都有了较大改善，推进乡村振兴必须抓乡村治理，目前既有了基础条件，也是到了该抓的时候，应该投入更多精力。二是党建引领作用明显增强。农村基层党组织坚持和加强党对乡村治理工作的全面领导，强化基层基础建设，以党建引领“三治”融合，确保了乡村治理朝着正确方向扎实推进。通过“脱贫攻坚先锋行”“乡村振兴·争创五旗”“对标定级、整体提升”等活动载体抓手，百色市被评为自治区命名的星级党组织有695个（五星级124个、四星级250个、三星级321个），共有“红旗村”434个，2016年至2018年共完成整顿软弱涣散村党组织557个。近年来持续培养村级后备力量6000多名，培育农村党员致富带头人5277名。累计新建、扩建活动场所782个，并按照每年不低于9万元的标准落实村级组织运转经费，村级组织的政治功能和服务能力得到进一步提升。通过探索村干部职业化管理、实行“红旗村”评比等办法，村干部薪酬待遇稳步提升，有效激发了村干部参与乡村治理的内生动力。三是村民自治水平逐步提升。全面贯彻落实《村民委员会组织法》，积极推进以“民主选举、民主决策、民主管理、民主监督”为主要内容的村民自治并取得较大进步。目前，村级“两委”正在进行规范选举、和谐换届，还相继建立健全了调解委、治保委等办事服务机构。在村级全面推行“四议两公开”工作法，在小组则形成了党员骨干提议、群众商议、村“两委”审议的民主决策管理机制。同时，各地按照中央文明办要求普遍建立了“一约四会”，部分自然屯也成立了屯级理事会，进一步促进了民主协商、民主管理。村组政务、财务，涉及居民切身利益等村务公开事项，做到了依法按程序如实公开。百色市普遍成立了村务监督委员会，召开“两委”联席会议和村民代表会议研究、决策重大事务时，能够邀请村监委成员列席会议旁听，民主监督逐步从事后监督转变为全程监督。四是法治保障不断增强。建立平安乡村工作机制，创新设立乡镇党委政法委实体化机构，整合基层政法综治力量2.2万多人，推动政法、综治、维稳、防范工作全覆盖。建立网格化服务管理机制，将村级综治中心建成直面群众、第一时间掌握情况、第一时间到达现场的前沿工作阵地。创新推动矛盾纠纷精准排查精细化解“四个三”工作法，近年来农村矛盾纠纷调解率达100%，成功化解率达98%，实现了“小事不出村、大事不出乡镇、矛盾不上交”的目标，群众安全感稳步提升。五是德治建设日益深化。坚持以培育和践行社会主义核心价值观为根本，以社会公德、职业道德、家庭美德、个人品德建设为重点，深入实施公民道德建设工程，加强新时代精神文明实践中心建设，涵养乡村群众现代文明素质，乡村振兴软实力不断增强。深化精神文明创建，组织开展文明村镇、文明家庭等创建活动，开展道德模范和“最美”系列评选活动，全市文明村镇、星级文明数量不断提升，模范榜样引领文明建设显著增强。开展移风易俗弘扬时代新风行动，发挥“一约四会”作用，弘扬良好家风家训，教育广大群众以德治家、文明立家、平安保家、勤俭持家、和谐兴家，农村赌博、铺张浪费、大操大办、封建迷信等不文明现象得到有效遏制，加快营造了文明礼仪、孝老爱亲、崇德向善的浓厚氛围。深入开展群众性文化活动，实施农家书屋工程，开展农村数字公益电影放映活动和重大节假日主题活动、“走基层”文化文艺惠民活动，免费送图书、书法、春联、摄影下乡，乡村群众精神文化生活不断丰富，促进了社会文明风尚在广大乡村群众中扎根。

三、新问题新挑战

百色的脱贫攻坚取得了巨大成就，但距离高质量全面脱贫、实现全面小康，解决后续的相对贫困、可持续发展，任务还很艰巨，在实现巩固脱贫与乡村振兴有效衔接中，还面临不少困难和问题，也面临不少的挑战。

（一）发展不平衡不充分问题突出

百色虽然已经实现脱贫摘帽，但仍然是欠发达后发展地区，发展不平衡不充分问题在农业农村发展中显得尤为突出。一是发展不平衡问题突出。据测算，2020年百色市GDP总量为1334亿元，人均GDP为3.42万元，不仅低于7.08万元的全国平均水平，而且也低于4.29万元的广西平均水平。城乡发展差距大，城乡居民人均收入倍差为2.86，高于全国2.71、全区2.69的平均水平；农民收入水平较低，农民收入也只相当于全国水平的75.7%、全区的89.8%；农村基础设施和民生领域欠账较多，教育、科技、文化、体育、医疗卫生、社会保障、信息网络等公共服务水平较差，农村生态环境问题还比较多，村庄缺乏统一规划建设，一些地方治安形势不容乐观，乡村发展整体水平亟待提升，等等，这些远远不能满足乡村居民日益增长的美好生活的需要。二是发展不充分问题突出。目前，总体上实现全面小康的程度还比较低，全面建成小康社会的质量还比较低，尤其是作为集“老、少、边、山、穷、库”为一体的特殊贫困地区，虽然消除了绝对贫困人口，但是相对贫困人口还是比较多，解决相对贫困的任务还十分艰巨。深度贫困地区产业培育困难，贫困群众持续稳定收入保障较差，教育扶贫、健康扶贫、精神扶贫综合运用效益还不够好，脱贫难度大，贫困群众和贫困村发展内生动力不足，脱贫攻坚任务仍然十分艰巨。同时，实现决胜小康的经济发展、民主法制、文化建设、人民生活、资源环境等五大领域目标要求，需要通过加快农业农村发展提供强力支撑。三是基础条件差。接近60%国土面积为大石山区，约35%国土面积属于岩溶石漠化区域，且大多为贫困地区、限制开发重点生态功能区。这些地区不仅生产生活条件极差，自然生态环境保护压力还很大，使得巩固脱贫攻坚成果成本高、群众增收难度大。巩固脱贫攻坚成果的任务重、压力大，同时也存在着较大返贫风险。百色是喀斯特地貌发育的典型地区，岩溶土地面积1297万公顷，占全市土地总面积的35.8%，其中石漠化土地面积545万公顷，占岩溶土地面积的42%。石漠化导致山地涵养水源功能下降，绝大部分大石山岩溶地区因村（屯）附近没有长流地表溪流或稳定的湖泊塘库，仍有十个县（市、区）的大石山区近20万农村人口依靠家庭水柜或集体大水柜工程解决最基本的饮水问题。季节性缺水、水质安全仍存在隐患，必须通过寻找新的水源或兴建新的供水工程才能彻底解决问题。四是开发成本高。百色山多地少，大部分地区开发难度大、运输成本高，较难发展产业。一些边远石漠化地区地形条件复杂，原料供应成本高，导致同等建设标准下单位工程量建设投资高。如果按照国家一般补助标准，百色地方财政配套资金压力极大，交通运输项目落地实施有困难。由于通路难、运输难，招商引资十分困难，导致本地产业发展受到很大制约。受疫情影响和波及，百色贫困地区特色农产品销售渠道变窄、运输成本明显上升，扶贫产业收益出现下降。为破解大石山区"一方水土养不活一方人"的现实难题，自2015年以来百色累计完成了35.78万贫困人口易地搬迁扶贫工作，但由于产业及企业吸纳就业的能力较低，安置就业和后续发展问题变得十分突出。五是发展制约多。多年来，百色因地制宜初步形成了铝、锰等资源型特色产业，但近年来却在用能、用电、用地等方面面临着束缚和限制。比如，虽早在2011年就已被国家批准为"生态型铝产业基地"，铝产业在2017年就已成为超千亿元产业，但建设的生态型铝产业基地项目"十三五"期间新增能耗达到800多万吨标准煤，已占广西能耗增量指标的45%，在现行能耗双控"总盘"里难以再做大做强。再如，虽然红水河、右江水电资源十分丰富，但目前已经开发殆尽；大部分电力通过"西电东送"输送珠三角地区，对当地资源型、支柱型产行业发展支持相对不足，导致百色市企业电价甚至还高于贵州、云南、广东等周边省份。又如，百色铝土矿尚有探明储量3.25亿吨，但有6474万吨被永久基本农田压覆，始终无法办理探采手续。多年来，由于经济发展相对落后，公共财政可用资源十分有限。虽然《左右江革命老区振兴规划》早在2015年就同步获得批准，但在一直缺乏专项补助资金，广西壮族自治区所制订"三年行动"计划专项行动资金十分有限，难以满足诸多扶贫、振兴项目建设资金需求。近年来，百色脱贫攻坚资金投入巨大，财政收支面临巨大压力。比如，自2016年至2019年百色整合投入各类扶贫开发资金363.88亿元，其中就有

37.14亿元为金融信贷投入，还本付息压力已经开始显现。六是农村地区发展不平衡不充分明显。乡村振兴战略是新农村建设的“升级版”，涉及从生产发展到产业兴旺、从生活宽裕到生活富裕、从村容整洁到生态宜居、从管理民主到治理有效等方方面面。百色农村地区，尤其是山区发展较为不平衡不充分，大量青壮年基本上是靠外出打工获得家庭收入，农业副业化、农村空心化、农民老龄化、土地荒芜、产业衰退、生态环境差等问题比较突出，乡村衰退较为明显，改造和整治难度大、投入成本高，振兴任务艰巨。

（二）产业发展与集体经济发展滞后的问题依然突出

一是深度贫困地区脱贫产业尚未形成长远的发展规划。加之缺乏技术指导，植物病虫害、动物疫病发病率高，防控难度大，种植养殖风险和市场风险高，严重威胁农副产品生产；扶贫产业重眼前、轻长远问题依然存在，同质化现象比较严重，抵御风险能力较弱；农业产业结构与市场需求结构不尽匹配，出现低端农产品供过于求和高端农产品供给不足并存，农产品加工率低，农业供给质量和产业融合发展水平亟待提高。二是贫困区域农业产业组织化程度仍然低下。对扶持的企业而言，主要问题是龙头少且带动作用不强，加之经济下行压力加大，不少企业经营困难，也就难以下更多功夫和资金到扶贫方面；对合作社而言，各地还存在应付考评思想，对合作社发展重视不够，没有制定相应扶持办法，大多运行不规范，部分有名无实，较难发挥示范带动扶贫的作用。三是贫困地区第三产业不发达。百色的消费市场仍以传统的旅游、餐饮、住宿、零售行业为主，新兴消费尚未形成规模。服务业活力不足，营利性服务业支柱行业大类过于单一，抵御风险能力比较低。一二三产业融合发展缓慢，物流、仓储、冷链等设施设备不完善，应对产业规模逐年增大和产品数量逐年增多措施不力。边境贸易发展滞后，由于交通、通信等基础设施建设水平低，连接通往越南河内、芒街等相对发达地区的交通较差，运输成本高，连接边民所在村镇到互市点的交通设施不完善，对百色互市贸易发展及边民参与边境贸易影响较大。2019年底龙邦口岸始通高速，平孟等一些口岸至今还是低等级的二级路，一些边民互市点仅通砂石路，导致物流时间长、成本高，直接影响边境贸易发展聚集。四是农业产业基础薄弱。产业基础投入结构性短缺，产业基地（园）水、电、路等设施不完善，农业现代化水平低，突出表现在生产技术科学化、增长方式集约化和劳动者智能化等方面严重滞后。特别是边境地区的交通、区位及发展基础等条件短板突出。虽然经过四次基础设施建设大会战、兴边富民行动大会战，边境地区特别是距边境线0～20公里范围内村（屯）的基础设施有了极大改善，经济发展也有长足进步，但与国内、区内其他县市相比，不管是经济发展还是社会进步，都还有很大差距。如那坡县，2010年人均GDP为6818元，是广西人均水平的33.7%，到2017年人均GDP为16696元，仅是广西人均水平41955元的39.8%，差距没有明显缩小，仍存在巨大差距。五是生态产业发展基础薄弱。百色是一个以喀斯特岩石为主的山区，有“九山半水半分田”之称。土地分散，农户流转土地意识不强，集中连片土地规模流转不高，土地适度规模经营比重仅为38%，机械化作业少，效率低，除了右江河谷外，生态产业以“小、散”经营方式为主，生态产业科技人员少，层次低。存在生态产业规模小、生态产业科技创新能力弱、土地适度规模经营低、创业致富带头人少且能力不足、生态扶贫产业链短或缺、风险防控能力差、具有全国影响力的大型农业龙头企业少的问题。“村庄—产业—基础设施”缺少全域统筹规划；农村生活垃圾“分类—转运—资源利用—处理”没有全面展开；农村污水处理设施建设还停留在示范阶段，生态产业发展、生态乡村建设任重而道远。

（三）基础设施建设的后续巩固、维护和提升有待加强

一是农业农村基础设施建设的力度不够大。难以从根本上长期改善农业生产和农村生活条件。一些扶贫项目是在应付检查验收的情况下短期内“赶工”完成的，工程投入不足、质量不高。同时，在后期的安全防护建设和运营管理上还没有形成长效机制，贫困山区乡村公路还没有形成外通内联、通村畅乡、客车到村、安全便捷的交通运输网络。产业道路建设不均衡，只有示范产业园才建有产业道路。二是农田水利设施建设续建配套不足。水利设施建设标准不高，管理养护措施不力，贫困农村田、渠、路“三网”配套严重不足，难以提升田园排灌、农机作业和耕地生产能力，小型农田水利设施

达标提质，抗旱防洪除涝能力难以提高。三是贫困乡村的耕地保护和利用力度弱化。不少的贫困农村在耕地的保护上没能够很好坚持“农地农用”原则，仍存在占用耕地乱搭乱建现象。四是贫困群众文化素质普遍偏低。贫困农村滥用高毒农药化肥及生长激素的情况还时有发生，对耕地污染防治和土壤净化置若罔闻，农地污染严重。五是不少贫困山区的土地流转至今仍然处于停滞状态。特别是两翼山区的农田复种率低、流转困难，撂荒现象严重，粮食种植面积和产量逐年减少。六是贫困农村的能源建设和防灾减灾工程建设没有提前谋划。新一轮农村电网升级改造难度大，供气设施向农村延伸遥遥无期，大型沼气等燃料清洁化工程建设停滞不前。农村公共消防设施、消防力量和消防安全管理组织建设难以推进。七是贫困群众的住房安全保障任务还很艰巨。不少县（市、区）在道路、饮水、住房、网络等扶贫基础设施建设方面资金严重超预算，中央、自治区财政虽已加大资金、政策等投入，但仅靠财政投入远远不足，为保障脱贫攻坚资金投入，地方政府举债压力较大。

（四）贫困农民脱贫后的致富内生动力有待进一步激发

一是缺乏致富的主动性。不少的贫困群众特别一些绝对贫困群众缺乏主动融入改变自身贫困落后面貌的脱贫攻坚伟大实践的意愿，“我要脱贫”的愿望不强烈，能动性不强。不少贫困户自身发展基础和能力弱，缺乏技能专长，对自己能否永久性摆脱贫困信心不足。二是缺乏致富的自觉性。得到政府和社会各界的长期帮扶，不少贫困户在思想观念、价值理念上形成被动的依赖性，认为贫困“光荣”，“贫困”才能够源源不断得到政府和社会各界以及多方面政策的扶持，甚至认为脱了贫政府就不管了，就失去依靠了，所以产生不愿“脱贫”的思想和行动。三是缺乏致富的示范性。勤劳致富典型选树不够以及带动示范作用不强。政府尚未制定相对定型的、完整的激励政策措施，真正做到奖勤罚懒，正向激励。四是缺乏致富的能动性。一直以来脱贫攻坚重心集中在产业和资金物资等方面的帮扶，聚焦基本的保障性的层面，而忽略了中长期的“扶志”和“扶智”，贫困群众的内生动力缺乏必要的素质基础。义务教育阶段学校基础设施薄弱环节没有彻底解决，易地搬迁扶贫安置点配套学校建设跟不上，2019—2020年计划新建、改扩建义务教育学校200所，所需投入资金达13.4亿元，资金缺口约6亿元。更为严峻的是，贫困乡村学校教师数量不足、质量不高、结构性缺员问题非常突出，办学活力不足、教育质量低下，学校的管理和保障不到位等问题比较严重，直接影响了“智志双扶”。

（五）乡村振兴发展短板问题突出

百色虽然全力抓好乡村振兴战略实施，但依然存在不少问题和困难。主要表现为：一是责任落实不够到位。部分县（市、区）和部门没有准确领会中央、自治区和百色市推进乡村振兴战略的决策部署，没有落实好打好脱贫攻坚战是实施乡村振兴战略的优先任务这一要求，把乡村振兴与脱贫攻坚割裂开来对待，党政“一把手”落实乡村振兴第一责任人的责任不够到位。二是要素保障不够到位。乡村振兴资金需求缺口大，市、县两级财政困难，难以筹措投入资金。同时，资金分散监管，统筹使用难度大，社会资本投资积极性不高。农村科技人才缺乏，种植类高级职称仅占种植业专业技术人员总数的6%，养殖类高级职称仅占养殖业专业技术人员总数的2.69%，远远满足不了产业发展对技术的需求。三是“三农”短板依然突出。虽然通过脱贫攻坚战建设完善了一大批农村基础设施，但主要投向贫困村，总体标准也比较低。非贫困村近几年投入相对较少，农村人居环境、农村教育、农村医疗卫生服务、农村社会保障、乡村公共文化服务、农村生态环境等仍存在诸多短板，城乡公共服务的差距还比较明显，等等。

（六）电商、物流业发展明显滞后

一是贫困地区财政困难。用在扶贫方面资金严重不足，特别是用于龙头企业农产品上行物流补贴等电商扶贫专项资金可以说是杯水车薪。二是电商物流的平台建设和公共服务能力仍很滞后，发展很不平衡。除了右江河谷几个基础较好的县（市、区）之外北部山区几个县基本上不成气候。三是贫困农村生产生活配套设施还不完善。商贸、邮政、快递、供销、运输、网信等企业对农村地区物流设施网络布局尚未形成常态化的工作协调机制，县级农产品物流中心、乡镇农村物流服务站、村级物流服务点配套设施还比较落后。四是现代特色农业产业品种品质品牌“三品”的培育和打造仍然比较粗放，不够精细化。加之尚未产出全国范围内普遍接受的大宗农副产品，农副产品商品化率较低，且农副产品上行物流的季节性较强，缺乏常态化的市场竞争力。

（七）乡村治理能力亟须提升

一是村民自治在具体实践中仍有许多需要推进的工作。《村民委员会组织法》已颁布实施多年，但贫困农村依据这部法规来强化村民自治，推进乡村治理还没有形成常态化机制。二是通过制定《乡规民约》，促进形成全体村民认可并共同遵守的行为规范在贫困农村还没形成普遍的共识。三是作为基层群众性自治组织，村民委员会在组织村民进行自我管理、自我教育、自我服务这方面的作用还没有得到充分的发挥，甚至因为村党支部工作的替代，自治功能反而被弱化。四是基层农村党组织、村委会以及各自治组织在推进乡村治理、提升乡村文明方面的职责不清、职能交叉导致工作力度弱化，成效不显著。

（八）基层组织建设还不够给力

一是贫困农村基层党组织软弱涣散问题依然存在，抓队伍建设无力，抓集体经济无门，按部就班、没有想法、不敢创新。二是在脱贫攻坚中起到“带头”“带领”的作用不够有力，习惯依赖乡镇干部，没有主见。三是一些偏远贫困农村培养党员困难，留守人员中大多是老人小孩，这都直接影响到贫困农村基层党组织的凝聚力和战斗力，影响到脱贫成果的巩固和长效机制的构建。

总之，脱贫摘帽不是终点，而是新生活、新奋斗的起点。脱贫攻坚目标任务完成后，“三农”工作重心将实现向全面推进乡村振兴的历史性转移。百色与全国全区一样，既迎来加快发展的大好机遇，也面临严峻复杂的外部形势。在国内外形势正在发生深刻复杂变化时，要把握发展重要战略机遇期。必须坚持以习近平新时代中国特色社会主义思想为指导，统筹中华民族伟大复兴战略全局和世界百年未有之大变局，辩证认识机遇和挑战的关系，深刻认识我国社会主要矛盾变化带来的新特征、新要求，深刻认识错综复杂的国际环境带来的新矛盾、新挑战，准确把握新发展阶段的新方位、新路径，把百色的发展融入大局中去思考和谋划，不断推动百色在全面建设社会主义现代化国家新征程中破浪前行。必须在长期大势中辩证看待形势变化，立足百色优势和现实基础，抓住用好重要战略机遇新内涵，全力推进巩固拓展脱贫成果与乡村振兴有效衔接，全面实施乡村振兴战略，强化以工补农、以城带乡，推动形成工农互促、城乡互补、协调发展、共同繁荣的新型工农城乡关系，加快百色农业农村现代化建设，奋力快创百色全面建设社会主义现代化新局面。

第十七章

构建巩固拓展脱贫攻坚成果与乡村振兴有效衔接长效机制

百色的扶贫到脱贫攻坚战，经过三十五年尤其是最近五年的艰苦奋斗，终于取得了决定性的胜利，全面脱贫在百色这块革命老区的红土地上最终得以实现。在这具有伟大历史意义的时刻，总结经验固然重要，但更重要的是要重整旗鼓，继续扬鞭策马，解决尚存的诸多困难和问题，其中一个极其重要的问题就是如何巩固和拓展全面脱贫成果、应对将会出现的相对贫困的新难题，农业农村的发展走向是什么？2020年3月6日，在决战决胜脱贫攻坚座谈会上，习近平总书记作了重要讲话，明确提出了“确保高质量完成脱贫攻坚目标任务”的新要求，其中提出的第六项任务是“接续推进全面脱贫与乡村振兴有效衔接”。并强调指出：“脱贫摘帽不是终点，而是新生活、新奋斗的起点。”他要求通过推进全面脱贫与乡村振兴有效衔接，“总的要有利于激发欠发达地区和农村低收入人口发展的内生动力，有利于实施精准帮扶，促进逐步实现共同富裕”。这些论述，指明了我国实现和巩固高质量脱贫成果的新举措和推进全面脱贫与乡村振兴有效衔接的目标要求，指明了全面脱贫后解决农民致富问题和农村发展的新走向和新路径。此时，坚持以习近平总书记的一系列重要论述为指导，分析尚存的产生诸多困难、问题的原因和应采取的对策，其中很有必要建立起巩固和拓展脱贫成果和乡村振兴有效衔接的长效机制，这是最重要的和带有根本性、长远性意义的举措。这一机制必须是系统的、全面的和可操作的，可以简称为“13261”长效机制体系，并认真加以实施，方能解决尚存在的困难和问题，实现巩固和拓展全面脱贫成果，有效对接乡村振兴，解决后续会出现的一些返贫现象和相对贫困的问题，在实现全面小康的基础上促进乡村振兴、共同富裕和可持续发展。

一、承前启后的重大举措

（一）脱贫攻坚与乡村振兴的区别与联系

脱贫攻坚与乡村振兴存在差异和不同。脱贫攻坚与乡村振兴的不同点在于目标、任务、方式、表现、特征的不同：脱贫攻坚是要解决绝对贫困、“两不愁三保障”的问题，具有特殊性、局部性、紧迫性和突击性的特点；而乡村振兴则是在全面脱贫基础上解决相对贫困、农业强、农民富、农村美、城乡融合发展的问题，具有综合性、整体性、渐进性和持久性的特点。脱贫攻坚目标是确保到2020年我国现行标准下农村贫困地区人口实现脱贫，贫困县全部摘帽，解决区域性整体贫困，消灭绝对贫困；而乡村振兴战略则着眼于从根本上解决农业、农村、农民的“三农”问题，实现农村“产业兴旺、生态宜居、乡风文明、治理有效、生活富裕”的目标，让农业成为有奔头的产业，让农民成为有吸引力的职业，让农村成为安居乐业的美丽家园。

脱贫攻坚与乡村振兴又是互相联系的。巩固拓展脱贫成果是乡村振兴的基础和前提，乡村振兴是脱贫成果的巩固、深化和新走向，两者既相互独立又紧密联系。因此，有效衔接脱贫成果和乡村振兴战略，进而形成相互联系配合的良性互动格局，既能为巩固拓展脱贫成果提供强大支撑，也能从根本上解决好“三农”问题，让农民走向共同富裕，实现农业强、农民富、农村美。

（二）乡村振兴是巩固拓展脱贫攻坚成果的新走向

乡村振兴战略是党的十九大报告提出的一项重要部署，是新时代我国“三农”工作的总抓手和实现农业农村现代化的重大决策部署，是习近平新时代中国特色社会主义思想的重要组成部分。党的十九大报告提出了“产业兴旺、生态宜居、乡风文明、治理有效、生活富裕”的总要求。此后，习近平总书记多次对乡村振兴工作进行部署，明确指出“实施乡村振兴战略是一篇大文章，要统筹谋划，科学推进”，要求“着力推进乡村产业振兴、人才振兴、文化振兴、生态振兴、组织振兴”。《中共中央　国务院关于实施乡村振兴战略的意见》提出实施乡村振兴战略的目标任务，即到2020年，乡村振兴取得重要进展，制度框架和政策体系基本形成；到2035年，乡村振兴取得决定性进展，农业农村现代化基本实现；到2050年，乡村全面振兴，农业强、农村美、农民富全面实现。

党的十九大报告对乡村振兴提出了“产业兴旺、生态宜居、乡风文明、治理有效、生活富裕”的总要求，其基本内涵是：

“产业兴旺”就是要在脱贫攻坚取得产业发展的基础上进行拓展，把产业做新做大做强做旺。紧紧围绕促进产业发展，引导和推动更多的资本、技术、人才等要素向农业农村流动，调动广大农民的积极性、创造性，形成现代农业产业体系，实现一二三产业融合发展，保持农业农村经济发展的旺盛活力。

“生态宜居”就是要加强农村资源环境保护，大力改善水、电、路、气、房、讯等基础设施，统筹山水林田湖草保护建设，保护好绿水青山和清新清净的田园风光，规划好乡村建设，美化好乡村环境，让农村美起来，让农民舒适地居住在生态好、环境美的家园中。

“乡风文明”就是要坚持社会主义核心价值体系，促进农村文化教育、医疗卫生等事业全面发展，推进移风易俗、文明进步，弘扬农耕文明和优良传统，使农民综合素质整体提升、精神风貌良好，农村文明程度进一步提高。

“治理有效”就是要加强和创新农村社会治理体系建设，加强基层民主和法治建设，让社会正气得到弘扬，违法行为得到惩治，使农村更加和谐、安定有序。

“生活富裕”就是要让农民有持续稳定的收入来源，经济宽裕，衣食无忧，生活便利，共同富裕。

乡村振兴不仅是经济的振兴，也是生态的振兴，社会的振兴，文化、教育、科技的振兴，以及农民素质的提升，我们要系统认识，准确把握。

乡村产业、生态、乡风、治理、生活，“五子”登科，内在要求是统筹推进农村经济建设、政治建设、文化建设、社会建设、生态文明建设，在“五位一体”推进中，建立健全城乡融合发展的体制机制和政策体系，加快推进农业农村现代化。

（三）搞好巩固拓展脱贫攻坚成果与乡村振兴的有效衔接

总体要求：要以习近平新时代中国特色社会主义思想为指导，深入贯彻党的十九大和十九届二中、三中、四中、五中全会精神，坚定不移贯彻新发展理念，坚持稳中有进工作总基调，坚持以人民为中心，弘扬百色起义精神，坚持共同富裕方向，将巩固拓展脱贫攻坚成果放在突出位置，健全乡村振兴领导体制和工作体系，构建巩固拓展脱贫攻坚成果与乡村振兴有效衔接的长效机制，加快推进脱贫地区乡村产业、人才、文化、生态、组织等全面振兴，为实现农业农村现代化、促进全面建设社会主义现代化国家开好局、起好步奠定坚实基础。

基本思路和目标任务：2020年百色市脱贫攻坚目标任务完成之后，设立5年过渡期，与全市“十四五”规划相衔接。要从全面脱贫的新形势新情况出发，厘清工作思路，做好过渡期内领导体制、工作体系、发展规划、政策举措、考核机制等多维全面有效衔接，从解决建档立卡贫困人口“两不愁三保障”为重点转向实现乡村“产业兴旺、生态宜居、乡风文明、治理有效、生活富裕”，从集中资源支持脱贫攻坚转向巩固拓展脱贫攻坚成果和全面推进乡村振兴。到2025年，实现脱贫攻坚巩固和拓展，乡村振兴全面推进，经济活力和发展后劲明显增强，乡村产业质量效益和竞争力进一步提高，农村基础设施进一步完善，公共服务水平进一步提升，生态环境进一步改善，美丽宜居乡村建设扎实推进，乡风文明建设取得显著进展，农村基层组织建设进一步增强，脱贫农民收入增速高于全国农民平均水平。到2035年，脱贫县（市、区）经济实力显著增强，乡村振兴取得重大进展，农村低收入人口生活水平显著提高，城乡融合发展，差距明显缩小，全体人民共同富裕取得明显的实质性进展。

基本原则：实现巩固拓展脱贫攻坚成果与乡村振兴有效衔接，要坚持党的全面领导原则，坚持有序调整、平稳过渡原则，坚持群众主体、激发内生动力原则，坚持政府引导、社会协同发力原则，坚持系统观点、协同推进原则，以形成巩固拓展脱贫攻坚成果、全面推进乡村振兴的强大合力，实现既定的目标。

工作举措：实现巩固拓展脱贫攻坚成果与乡村振兴有效衔接，很有必要做好以下工作。

1. 抓好政策衔接

要适应全面脱贫的新形势，明确巩固拓展脱贫攻坚成果与乡村振兴的有效衔接的新任务、新要求、新走向，落实好中央新出台的政策文件，立足实际对本地区相关政策进行修订、优化、完善。过渡期内，要在保持财政支持政策总体稳定的前提下，根据巩固拓展脱贫攻坚成果与乡村振兴的有效衔接的需要和财力状况，合理安排财政投入规模，优化支出结构，调整支持重点。保留并调整优化原财政专项扶贫资金，适当向乡村振兴重点县、乡、村三级倾斜，着重扶持产业的发展。各地要用好城乡建设用地增减挂钩政策，统筹地方可支配财力，支持“十三五”时期易地搬迁扶贫融资资金偿还。对农村低收入人口的救助帮扶，通过现有资金支出渠道扶持。脱贫县要继续实行涉农资金统筹整合试点政策，探索建立涉农资金整合长效机制，确保以工代赈中央预算内投资落实到项目，及时足额发放劳动报酬。现有财政相关转移支付继续倾斜支持脱贫地区。继续调整优化扶持产业发展效果明显的贷款贴息、政策采购等政策。过渡期内延续脱贫攻坚相关税收优惠政策。要继续把扶持政策落到实处、落到乡村。

2. 搞好规划实施和项目建设衔接

要根据当地的实际情况，科学编制“十四五”巩固拓展脱贫攻坚成果同乡村振兴有效衔接规划，纳入各县（市、区）“十四五”总体规划之中。要规划好产业、生态、空间、国土的布局，乡村建筑布局、基础设施建设要有前瞻性，立足现实又要面向未来，有利于记住乡愁，保留民族文化元素，又与现代建筑文化融合。有条件的乡村规划，要与乡村度假休闲娱乐康养旅游业结合起来。规划搞好后，要有实施方案，有推进时间、责任落实、监测评估等工作细化的具体措施，确保规划的有效实施。

3. 做好金融服务政策衔接

要继续发挥金融扶持政策的作用，现有再贷款帮扶政策在过渡期间保持不变。加大对脱贫乡村优势特色产业信贷和保险支持力度。支持开发性金融和政策性金融在业务范围内为乡村振兴提供中长期信贷服务。鼓励乡村振兴行动开发优势特色农产品保险。继续实施为乡村振兴服务的企业产品上市“绿色通道”政策。探索农产品期货期权和农业保险联动。进一步完善针对脱贫人口的小额信贷政策。

4. 搞好土地支持政策衔接

为了巩固拓展脱贫攻坚成果，有效对接乡村振兴，必须确保粮食安全，坚持最严格的耕地保护制度，强化耕地保护主体责任，严格控制非农建设占用耕地，确保耕地面积不减。要以国土空间规划为依据，坚持应保尽保原则，新增建设用地计划指标优先保障巩固脱贫攻坚成果和乡村振兴用地需要，专项指标不得挪用；其他指标的安排要统筹兼顾，协调解决。过渡期内，参与实施城乡建设用地增减挂钩节余指标，省内交易政策以及东西部协作和对口支援框架下增减挂钩节余指标跨省域调剂。

5. 抓好产业帮扶衔接

产业扶贫政策措施由到村到户为主向到乡到村带户为主转变。一方面，要因地制宜，发展资源优势和自身动能，把原有产业做大做强，又拓展新产业的开发；另一方面，继续发挥发达地区支持脱贫地区的优势，引导带动脱贫地区产业发展壮大。要拓展产业发展的空间和路径，与电商物流对接，让产品走向市场，走向全国乃至世界。

6. 做好人才智力支持政策衔接

延续脱贫攻坚期间各项人才智力支持政策，建立健全引导各类人才服务乡村振兴长效机制。继续实施农村义务教育阶段教师特岗计划、中小学幼儿园教师国家级培训计划、银龄讲学计划、乡村教师生活补助政策，优先满足脱贫地方对高素质教师的补充需求。继续实施高校毕业生“三支一扶”计划，继续实施重点高校定向招生专项计划。鼓励支持全科医生、农业科技人员下乡村基层服务，探索“县管乡用、下沉到村”的新机制。继续支持脱贫户“两后生”接受职业教育，并按规定给予相应补助。适当放宽基层公务员和事业单位工作人员招录（招聘）条件。继续在待遇职称等方面实施特殊倾斜政策，鼓励、引导、支持各方面人才向乡村基层流动。继续抓好就业帮扶衔接。一方面，继续做好东西部劳务协作，尤其是继续与深圳搞好对接，拓展就业培训劳务输出的空间；另一方面，要积极拓宽就地就近就业渠道，促进脱贫人口稳定就业，增加收入，实现致富。通过就业帮扶衔接，促进各方面人才为乡村振兴出力。

7. 抓好基础设施建设衔接

要继续实施资金投入扶持政策，按照实施乡村振兴的统一部署，进一步加强乡村道路、水利、电力、通信等基础设施建设，改善生产生活条件，促进村容村貌的提升改造、生态宜居和美丽乡村建设。

8. 抓好公共服务提升衔接

持续改善乡村义务教育办学条件。加快医疗卫生基础条件的改造提升，提高防病治病抗疫的能力和水平。

9. 抓好重点县、乡、村三级建设衔接

实施重点扶持的策略，确定部分县、部分乡村为实施乡村振兴重点单位予以重点帮扶，统筹资源力量进行重点帮扶。以其作为先行先试样板，以点带面全面推进乡村振兴。

10. 做好领导体制衔接

巩固拓展脱贫攻坚成果与乡村振兴能否有效衔接，关键在领导。紧跟中央的部署，健全市县乡抓落实的工作机制，构建责任清晰、各负其责、执行有力、确保有效的乡村振兴领导体制，层层压实责任。充分发挥各级党委农村工作领导小组的作用，建立统一高效的巩固拓展脱贫攻坚成果与乡村振兴有效衔接的决策议事协调工作机制。

11. 抓好干部队伍、工作体系的衔接

针对巩固拓展脱贫攻坚成果与乡村振兴有效衔接的需要和要求，在工作力量、组织保障、规划实施、项目建设、要素保障诸方面做好衔接。要进一步加强脱贫村党组织建设，选好用好、管好乡村振兴的领头雁。对巩固拓展脱贫攻坚成果和乡村振兴任务重的村，要继续选派驻村第一书记和工作队，健全常态化驻村工作机制。要积极搞好驻村第一书记和工作队的换班交接工作，老队员要搞好交班工作，介绍工作经验，新队员要尽快进入角色。要进行乡村振兴工作培训，提高驻村第一书记和工作队员的业务水平和组织工作能力，以适应巩固拓展脱贫攻坚成果与乡村振兴有效衔接的需要。

12. 做好考核机制衔接

科学设置巩固拓展脱贫攻坚成果与乡村振兴有效衔接的考核标准，并纳入市县党政领导班子和领导干部推进乡村振兴战略实绩考核范围。与高质量发展综合绩效考评做好衔接，加强监督检查评估，强化考核结果运用，将考核结果作为干部选拔任用、评先奖优、问责追责的重要参考，确保乡村振兴有效推进。

以上是做好巩固脱贫攻坚成果与乡村振兴发展的有效衔接的基本举措，彼此互相联系、互相作用，共同促进农民致富、乡村振兴、城乡融合发展。

要特别注重搞好有效衔接。

首先，要做到无缝衔接。脱贫攻坚不易，守住脱贫攻坚成果更难。如果说，脱贫攻坚是精准地解决某些“三农”领域的“洼地”问题，是具有特惠性的，而乡村振兴则具有普惠性、全面性。因此，要巩固和拓展脱贫攻坚成果，就必须咬紧牙关，工作不留空当，政策不留空白，前述的十二项工作举措要全面实施全面推进。

其次，要向高位衔接。如果说脱贫攻坚是解决“三农”领域的某些短板问题，那么乡村振兴就是实现“三农”更高形态、更佳状态的现实路径。扶贫首在扶志，首在激发人的主观能动性，这是过去8年来我们用极大的付出，换来的宝贵经验。人永远是解决某一问题的核心要素，只有始终让人对生活充满更好的期待，并且不断让这种期待照进现实，用获得感激发创造力，那么社会发展的车轮才会始终滚滚向前。2012年底，习近平总书记到河北阜平革命老区考察扶贫，强调“小康不小康，关键看老乡”，拉开了脱贫攻坚的序幕。总书记的这句话，一方面指老乡的生活水平是评价是否小康的重要标准，另一方面，或许也是在说，小康这件事，关键还是要看老乡自己。脱贫的农民尝到富裕富足的滋味，定然不愿退回穷困潦倒的过往。脱贫攻坚胜利收官，我们立刻向更高的目标发起冲锋，这是凝聚力量、坚定信念的最有效方式。

最后，要长远衔接。脱贫攻坚，目标相对单一，可以单刀直入。而乡村振兴面临更加复杂、更加多元的情况，粮食安全与农民收益的平衡和保障，“城镇中国”与“乡土中国”的碰撞和融合，土地、人才、资金等要素在乡村如何聚集和实现裂变？乡村振兴虽然标注了五个方面，但任何一个方面，都会因每一个具体的乡村而又不同。习近平总书记深刻指出：“全面实施乡村振兴战略的深度、广度、难度都不亚于脱贫攻坚，必须加强顶层设计，以更有力的举措、汇聚更强大的力量来推进。”加强顶层设计就是要强化统筹布局，进行长远规划，在乡村振兴中坚决不能急功近利，必须要久久为功。要立足长远，立足可持续发展。①

二、构建长效机制的必要性

构建巩固拓展脱贫成果与乡村振兴有效衔接的长效机制，是巩固脱贫成果，应对可能出现的返贫现象和相对贫困发生的新要求；是促进百色经济社会发展，促进脱贫攻坚与乡村振兴有效衔接的重要举措；是履行中国共产党的庄严承诺和展现社会主义制度优越性所必需的；是为世界反贫困斗争做出中国的贡献，提供中国智慧和中国方案所驱动。

（一）是巩固拓展脱贫成果，应对可能出现的返贫现象和相对贫困发生的新要求

百色经过开展艰苦的脱贫攻坚战，终于实现全面脱贫，但是，即使全面脱贫的背后，仍存在诸多的问题需要解决，比如：仅仅通过几年开辟的扶贫产业，根基还不够牢靠，发展还不够稳当，抵御市场风险的能力还弱，可持续发展的后劲还不够足；习惯发展的“短、平、快”项目，如养鸡、鸭、鱼

① 中共国家乡村振兴局党组：《人类减贫史上的伟大奇迹》，求是网，http://www.qstheory.cn/dukan/qs/2021-02/15/c_1127089936.htm，2021-02-15。

和果类，在2020年冠状病毒肺炎疫情面前价格大跌，损失惨重，而刚投入的一些“长、久、远”项目，如刚种下的经济林木、果树还没有达到收获的季节；基础设施建设，如硬化了的路面和水柜等设施有的开始崩塌损坏，还没有准备金和管护人员的维修；集体经济的发展还软弱无力，有的还根本发展不起来；易地搬迁户有的名搬实不搬，后续巩固搬迁户入住和解决就业问题任务还很艰巨；脱贫的农民群众“等、靠、要”的思想依然严重，脱贫致富的内生动力有待进一步激发；电商物流有待进一步延伸入村入屯，发挥帮扶的更大作用；有的社会帮扶团体准备退出，持续帮扶力量减退趋势明显；扶持政策有待持续和更新；基层组织建设有待加强和提高，以发挥更好的引领和带动脱贫致富的作用。这些是前进中的问题，是必须解决的问题。其中很有必要构建能够巩固拓展脱贫攻坚成果与乡村振兴有效衔接的长效机制，包括领导主体责任和作用、多元要素的整合与发挥、政策的认同与完善、内引外联的配合、基层组织作用的发挥、机制系统的协同与运行，等等。构建长效机制，充分发挥协同作用，才能实现巩固拓展脱贫攻坚成果与乡村振兴有效衔接和解决相对贫困、促进致富发展的目标。

（二）是“老、少、边、山、穷、库”“六位一体”的特殊区域——百色振兴的必要条件

百色要振兴，脱贫是前提。没有百色贫困农民的脱贫致富，就无法实现百色经济的腾飞。实施脱贫攻坚之前，百色由于地处偏远的石漠化十分严重的山区，是全国14个集中连片特困区（滇黔桂石漠化片区）的地域之一，集“老、少、边、山、穷、库”为一体的特殊区域。经过五年来实施精准扶贫的脱贫攻坚战，终于实现全面脱贫，与全国人民一道走进小康社会，这是具有历史意义的伟大胜利。此时，百色各级党委政府很有必要继续承担主体责任，构建巩固拓展脱贫攻坚成果与乡村振兴有效衔接的长效机制，一方面，巩固拓展脱贫攻坚成果，有准备地解决可能出现的一些返贫农民的扶持问题以及应对解决相对贫困的问题；另一方面，已经脱贫致富的农民直接成为振兴百色经济的生力军，要继续大力发展生产，促进产业兴旺，推动百色经济的发展，促进社会的进步。这两项工作得到统筹协调和有序推进，党委政府

才能腾出更多的精力、人力、物力和财力，动员和集中社会力量，加快各产业的建设和发展，促进百色经济的腾飞。

（三）是促进巩固拓展脱贫攻坚成果与乡村振兴有效衔接的重要举措

脱贫攻坚与乡村振兴的关系表明，脱贫攻坚是实现乡村振兴的先决条件，脱贫攻坚使产业兴旺，让农民增收致富、有能力建新房，建设生态宜居、文明和谐美丽的乡村。同时，乡村振兴战略的实施，能够为脱贫群众实现长期、稳定的脱贫致富提供有效保障，走向乡村可持续发展、农民可持续致富的道路。习近平总书记指出，打好脱贫攻坚战是实施乡村振兴战略的优先任务。2020年4月，习近平总书记在考察陕西时强调：脱贫摘帽不是终点，而是新生活、新奋斗的起点。接下来要做好乡村振兴这篇大文章，推动乡村产业、人才、文化、生态、组织等全面振兴。能否如期完成脱贫攻坚目标任务，将会深刻影响着我国乡村振兴战略的实施进程。鉴于脱贫攻坚与乡村振兴的关系，我们要构建巩固拓展脱贫攻坚成果与乡村振兴有效衔接的长效机制，从主体责任、人、财、物等各运行要素行动起来，有意识有目的地把巩固拓展脱贫攻坚成果与乡村振兴有效衔接起来，只有这样，才能既巩固拓展脱贫攻坚成果，又能有序推进乡村振兴，实现共赢共享。

（四）是实现全面脱贫奔小康，履行中国共产党的庄严承诺和展现社会主义制度优越性所必须的

在中国，全面解决贫困，实现小康，是中国共产党向全国人民作出的庄严承诺，是社会主义制度优越性的展现，而构建巩固拓展脱贫攻坚成果与乡村振兴有效衔接长效机制，则是实现这一庄严承诺和展现社会主义制度优越性的重要举措。习近平总书记在2015年11月27日召开的中央扶贫开发工作会议上的讲话指出，全面建成小康社会，是我们对全国人民的庄严承诺，必须实现，而且必须全面实现，没有任何讨价还价的余地。不能到了时候我们说还实现不了，再干几年。也不能到了时候我们一边宣布全面建成了小康社会，另一边还有几千万人生活在扶贫标准线以下。如果是这样，必然会影响到人民群众对全面小康社会的满意度和国际社会对全面小康社会的认可度，也必然会影响党在人民群众中的威望和我们国家在国际上的形象。社会主义

制度的优越性集中体现在消除贫穷，实现共同富裕。党的十八大以来，以习近平同志为核心的党中央提出精准脱贫，坚持因人因地施策、因贫困原因施策、因贫困类型施策。只有找到扶贫需要真正扶持的“贫根”在哪里，才能对症下药、精准灌溉、靶向治疗，才能实现不同类型贫困乡村的共同脱贫。此时，在党的庄严承诺得到了实现、社会主义制度的优越性得到展现的情况下，如何巩固拓展脱贫攻坚成果与乡村振兴有效衔接，如何应对可能出现的一些脱贫群众返贫问题和将面临的相对贫困问题，成为后续新发展中必须面对和解决的重要课题。而构建巩固拓展脱贫攻坚成果与乡村振兴有效衔接长效机制，将是最有力地解决这一课题的重要举措，也是我们党的庄严承诺实现的延伸和社会主义制度优越性的进一步展现。

（五）全面脱贫，实现小康，是为世界反贫困斗争提供中国智慧、中国方案、中国贡献

全面脱贫是全面建成小康社会的重要标志。习近平总书记强调，全面建成小康社会、实现第一个百年奋斗目标，最艰巨的任务是脱贫攻坚，这是一个标志性指标。全面建成小康社会强调的不仅是“小康”，更重要的也更难做到的是“全面”，因为它既包含城市地区经济社会快速发展，也包括广大乡村地区摆脱贫困，实现长期、稳定、可持续的发展。改革开放以来，我国大多数城市、地区率先抓住机遇，实现经济社会快速发展，相对有条件、有能力较快实现全面小康社会；而实现全面小康社会最艰巨、最繁重的任务则是在农村地区，特别是贫困地区。党的十八大以来，以习近平同志为核心的党中央提出精准脱贫，坚持因人因地施策、因贫困原因施策、因贫困类型施策。“小康不小康，关键看老乡。”要确保实现全面小康社会的路上每一个乡村、每一户家庭、每一个人都不掉队。如今，我们如期完成脱贫攻坚，实现全面脱贫的目标任务，这就是实现了第一个百年目标和全面建成小康社会的标志性指标。现在的问题是如何巩固拓展脱贫攻坚成果，又如何解决乡村振兴，还要考虑解决一些脱贫农民返贫的问题以及后续出现的相对贫困的问题。[①] 我们要构建解决这些问题的长效机制，一方面，是为了解决上述问

① 中共中央党史和文献研究院：《习近平扶贫论述摘编》，中央文献出版社2018年版，第12页。

题，创出有效的经验；另一方面，也是为世界各国尤其是发展中国家提供反贫困斗争的经验和方案，做出一定的贡献。我们都知道消除贫困，是全人类共同面临的世界性难题。身为国际大家庭的一员，中国在奋力消除自身贫困的同时，没有忘记其他贫困的国家和人民，主动承担国际减贫责任，履行国际减贫承诺，参与和推动全球减贫合作，对世界减贫事业做出了重大贡献。试想，在百色这么集中连片的深度贫困地区尚能实现脱贫攻坚的胜利，实现全面脱贫，进一步构建长效机制，使脱贫成果得到巩固和拓展，并与乡村振兴有效衔接，以应对和解决返贫现象和相对贫困的问题，这其中的做法和经验，对世界各国尤其是发展中国家的反贫困斗争，无疑具有可借鉴的价值和深远意义。

三、构建“13261”长效机制体系

要构建巩固拓展脱贫攻坚成果与乡村振兴有效衔接长效机制，首先要明确什么叫“机制”？什么又叫“长效机制”？“巩固拓展脱贫攻坚成果与乡村振兴有效衔接长效机制”的要素和相互关系是怎样的？对这些问题需要逐一加以阐述。

（一）“机制”与“长效机制”

何为“机制”？它是指系统事物中各要素之间的结构关系和运行方式。“机制”一词最早源于希腊文，原指有机体的构造、功能及其相互关系；机器的构造和工作原理。对机制的这一本义可以从以下两方面来理解：一是机器由哪些部分组成和为什么由这些部分组成；二是机器是怎样工作和为什么要这样工作。把机制的本义引申到不同的领域，就产生了不同的机制。如引申到生物领域，就产生了生物机制；引申到社会领域，就产生了社会机制。在社会学中的“机制”可以表述为：“在正视事物各个部分的存在的前提下，协调各个部分之间关系以更好地发挥作用的具体运行方式。”理解社会学角度的“机制”这个概念，最主要的是要把握两点：一是事物各个部分的存在是机制存在的前提，因为事物有各个部分的存在，就有一个如何协调各个部分之间的关系问题。二是协调各个部分之间的关系一定是一种具

体的运行方式；机制是以一定的运作方式把事物的各个部分联系起来，使它们协调运行而发挥作用。

机制的划分：①从机制运作的形式划分，一般有三种。第一种是行政—计划式的运行机制，即以计划、行政的手段把各个部分统一起来。第二种是指导—服务式的运行机制，即以指导、服务的方式去协调各部分之间的相互关系。第三种是监督—服务式的运行机制，即以监督、服务的方式去协调各部分之间的关系。②从机制的功能来分，有激励机制、制约机制和保障机制。激励机制是调动管理活动主体积极性的一种机制；制约机制是一种保证管理活动有序化、规范化的一种机制；保障机制是为管理活动提供物质和精神条件的机制。

机制是以什么为载体的呢？或者说是通过什么形式建立，依靠什么实现的呢？机制的建立，一靠体制，二靠制度。这里所谓的体制，主要指的是组织职能和岗位责权的调整与配置；所谓制度，广义上讲包括国家和地方的法律、法规以及任何组织内部的规章制度。也可以说，通过与之相应的体制和制度的建立（或者变革），机制在实践中才能得到体现。

在机制的形成上，制度的作用更加直观。用人制度和分配制度的改革在内部竞争、激励机制的建立过程中首当其冲；监察、审计制度在监督、约束机制完善方面也发挥着不可替代的作用。

机制的构建是一项复杂的系统工程，各项体制和制度的改革与完善不是孤立的，也不能简单地以“1+1=2”来解决，不同层次、不同侧面必须互相呼应、相互补充，这样整合起来才能发挥作用。还要特别重视人的因素，体制再合理，制度再健全，执行的人不行，机制还是到不了位。

综上所述，机制在社会学中的内涵可以表述为：“在正视事物各个部分的存在的前提下，协调各个部分之间关系以更好地发挥作用的具体运行方式。”所谓“长效机制”，是指能长期保证制度正常运行并发挥预期功能的制度体系。长效机制不是一劳永逸、一成不变的，它必须随着时间、条件的变化而不断丰富、发展和完善。长效机制有两个基本条件：一是要有比较规范、稳定、配套的制度体系；二是要有推动制度正常运行的“动力源”，即要有出于自身利益而积极推动和监督制度运行的组织和个体。机制具有长期有效应的三个特点：一是规范性，各项工作之间的衔接与关联是按照一定规范运行的；二是稳定性，各项工作运行模式是相对固定的；三是长期性，即有长期的效应和作用。

（二）构建“13261”长效机制体系的内涵

从上述“机制”“长效机制”的诠释可思，要构建百色市巩固拓展脱贫攻坚成果与乡村振兴有效衔接长效机制，首先，要把脱贫攻坚当作一个由各要素组成的系统整体，它包括领导主体、贫困农民、扶贫挂钩单位、经济实体财政、金融、电商物流、社会力量、扶贫干部、基层组织等要素构成的系统整体。其次，脱贫攻坚是一个系统工程，要使系统各要素之间相互紧密地联系起来，形成优化的结构关系和良好的运行、互动、协同方式的机理机制。再次，要发挥机制的组织、协同、激励、制约、保障的功能作用，使之具有长效性和可持续性。最后，要实现巩固拓展脱贫攻坚成果与乡村振兴有效衔接的目标，促进脱贫致富、可持续发展。

既然脱贫攻坚是一个系统工程，那么巩固拓展脱贫攻坚成果与乡村振兴有效衔接的长效机制也必然是一个系统机制，它不是单靠某个机制单独作用就能实现巩固拓展脱贫攻坚成果与乡村振兴有效衔接的效益的，它必然是一个多维机制合成的机制体系。本研究认为，构建百色巩固拓展脱贫攻坚成果与乡村振兴有效衔接长效机制应该是一个“13261”的多维机制合成的机制体系，即“1责3兴2促6协1保”的长效机制体系：

（1）落实“1责”。优化五级书记负主体责任、一起抓的领导工作机制。

（2）抓好“3兴”。产业兴、集体经济兴、人才兴的创业、共享、动力机制。即产业兴旺的创业机制；集体经济合作发展的共享机制；脱贫致富与人才激励的动力机制。

（3）强化“2促”。促进基础设施与公共服务的建设与维护机制；促进贫困农民脱贫致富、“志智双扶”内生动力的激励机制。

（4）促进“6协”。财政金融、电商、物流、社会力量、动态治理、基层组织的各要素相互协调、协同推进机制。即财政金融扶持的协同机制；电商的网络、信息、价值流动协同机制；物流运行协同机制；社会力量结对帮扶协同机制；动态协调与监管治理协同机制；基层组织的保障协同机制。

（5）坚持“1保”。依法维护脱贫农民的利益，使脱贫农民及其后续致富利益得到法律上的保障。

（三）基本原则

1. 目标原则

目标是构建巩固拓展脱贫攻坚成果与乡村振兴有效衔接长效机制的指向针。为了确保巩固拓展脱贫攻坚成果与乡村振兴有效衔接长效机制走向正确的道路，必须坚持目标原则，即以巩固拓展脱贫攻坚成果与乡村振兴有效衔接、实现可持续脱贫致富为目标，构筑返贫困的“防护堤”，有效防止返贫、应对和解决相对贫困现象的发生。

2. 创新原则

创新是构建巩固拓展脱贫攻坚成果与乡村振兴有效衔接长效机制的源泉。坚持创新原则，通过解放思想，实事求是，才能克服一切不适宜的思想观念和举措，以创新精神，探索巩固拓展脱贫攻坚成果与乡村振兴有效衔接的新思想、新观念、新机制、新路子、新举措，才能构建巩固拓展脱贫攻坚成果与乡村振兴有效衔接的长效机制，引领和协同推进两者的有效衔接，实现脱贫农民致富、乡村振兴的目标。

3. 可持续原则

可持续是构建巩固拓展脱贫攻坚成果与乡村振兴有效衔接长效机制的着力点。巩固脱贫成果集中体现在脱贫致富的可持续和后续发展上，如果不可持续，就谈不上巩固拓展脱贫攻坚成果的“长效”。因此构建拓展脱贫攻坚成果与乡村振兴有效衔接长效机制，必须坚持可持续原则，要在可持续上下绣花功夫，动真格，使真劲，干细活。

4. 共享原则

“共享”是构建巩固拓展脱贫攻坚成果与乡村振兴有效衔接长效机制的要求，共同建设、共同推进又共同享有脱贫攻坚、脱贫致富的成果，实现“共赢共富共享”。要坚持共享原则，让脱贫致富的农民群众在巩固拓展脱贫攻坚成果与乡村振兴有效衔接、实现致富中有更多的获得感、享有感、幸福感、快乐感。

5. 协同原则

协同是构建巩固拓展脱贫攻坚成果与乡村振兴有效衔接长效机制的重要环节。既然巩固拓展脱贫攻坚成果与乡村振兴有效衔接的实践是一个系统工程，是由各个子系统、要素所组成，协同就是构建巩固脱贫成果与后续发展效机制必不可少的要素和环节。坚持协同原则，调动各方面的积极性，形成合力和协同力，才能最终实现既定的目标。

（四）长效机制体系的内在关系

构建百色巩固拓展脱贫攻坚成果与乡村振兴有效衔接“13261”长效机制是一个由多维机制组成的具有系统整体性的机制体系，其中各个子机制、要素之间是相互联系、互动、协同作用，共同推动脱贫成果的巩固与后续发展的可持续。揭示“13261”长效机制内在子机制、要素之间的相互关系，有利于我们把握它们在系统整体机制体系中的地位和作用，以尽其所能、尽其所为，共同推进和实现巩固拓展脱贫攻坚成果与乡村振兴有效衔接、可持续致富发展的目标。

1. 主体责任和领导地位——五级书记一起抓的主体责任机制，这是实现巩固拓展脱贫攻坚成果与乡村振兴有效衔接的根本

习近平总书记指出：“脱贫攻坚，加强领导是根本。必须坚持发挥各级党委总揽全局、协调各方的作用，落实脱贫攻坚一把手负责制，省市县乡村五级书记一起抓，为脱贫攻坚提供坚强政治保证。”习近平总书记这一重要论述，已经说清楚了加强党的领导一把手负责制、五级书记一起抓，为脱贫攻坚提供坚强政治保证的根本性作用。这种作用，集中体现在指明方向、总揽全局、全面动员、协调各方上。无论是“三兴”，还是“两促”“六协”“一保障”，都是在党中央领导、五级书记负主体责任、一起抓的根本前提下，有计划、有政策、有部署、有督促的强劲领导下推进的。没有这样的主体责任的机制，就难以总揽全局、协调各方来实现巩固拓展脱贫攻坚成果与乡村振兴有效衔接、应对解决相对贫困、可持续脱贫致富的目标。坚持五级书记一起抓的主体责任机制既是我们的做法和经验，也是我们今后必须坚持的根本的政治保证。

2. 主要抓手和重要举措——推进“三兴”的发展机制，这是实现巩固拓展脱贫攻坚成果与乡村振兴有效衔接与后续发展的重要途径

“产业兴”则使贫困农民增加收入，实现脱贫致富；贫困农民在“产业兴”的参与劳动过程中学到生产技术、提高科技应用能力，还能在产品走向市场中实现观念更新、“志智双扶”，提高素质、能力和水平。乡村振兴的总方针：“产业兴旺、生态宜居、乡风文明、治理有效、生活富裕”。它们的关系是，产业兴旺是重点，生态宜居是归宿，乡风文明是保障，治理有效是基础，生活富裕是根本，摆脱贫困是前提。可见，乡村振兴与脱贫攻坚是互相联系的，是脱贫攻坚新走向，加快推进脱贫攻坚与乡村振兴的有效衔接，是当前和今后相当长的时期的工作任务。“集体经济兴”，就是为“产业兴”“人才兴”提供经济实力、合作共赢的有力支撑。“人才兴”就是要坚持以人为中心，注重情感牵引、产业发展、制度效用、环境改善，聚人才促发展，使产业兴和集体经济兴有灵魂、有志气、有智力、有人才的支撑。促进“三兴”的发展机制，既然成为推进巩固拓展脱贫攻坚成果与乡村振兴有效衔接的重要路径，就必然成为“两促”“六协”“一保障”的着力点，吸引其他各子机制、要素围绕这个着力点出招、出人财物，以及各方面的平台、运行方式集聚与协同作用，共同推进“三兴”的实现。

3. 脉络载体与内生动力——“两促”机制的作用与发挥

“两促”之一是促进基础设施与公共服务的建设与维护机制，它不仅是解决电商、物流、农产品走上市场，解决脱贫攻坚、实现全面脱贫的脉络和载体，也是巩固拓展脱贫攻坚成果与乡村振兴有效衔接、应对和解决相对贫困的脉络和载体；“两促”之二是促进贫困农民脱贫致富、“志智双扶”内生动力的激励机制，它是要激发巩固拓展脱贫攻坚成果与乡村振兴有效衔接[①]、应对和解决相对贫困的内生动力。无论是“三兴”，还是“六

① 中共中央党史和文献研究院：《习近平扶贫论述摘编》，中央文献出版社2018年版，第50页。

协”“一保障”，都要以基础设施与公共服务的建设与维护作为为脉络和载体，都需要贫困农民自身脱贫致富的内生动力的激发和行动。

4. 协同作用与组织行为——“六协”机制的作用发挥，是巩固拓展脱贫攻坚成果与乡村振兴有效衔接的坚强保证

“六协”包括财政金融、电商、物流、社会力量、动态治理、基层组织的各要素相互协调、保障脱贫成果的巩固和后续发展的协同机制的发挥，才能使“三兴”“两促”在资金上得到财政金融支持，得到电商、物流载体的传输与运行，得到社会力量的支持，得到动态治理的监控与督查，尤其是得到基层组织的引领。重视“六协”机制的作用发挥，才能让巩固拓展脱贫攻坚成果与乡村振兴有效衔接长效机制活起来、动起来，确保目标的实现。

5. 依法治贫与法律维护——“一保障”机制的作用，是巩固拓展脱贫攻坚成果与乡村振兴有效衔接的必要保障

巩固拓展脱贫攻坚成果与乡村振兴有效衔接的进程与脱贫农民和其他农民、公众的利益密切相关，难免会涉及诸如维护相关权益的问题，因此，要注重法律问题，要依法治贫，完善扶贫和脱贫领域的立法，建立健全和完善土地权益、房地产、征拆房屋、医疗救助、养老保险、基本教育、最低生活保障、社会公益救助等方面的法律制度，以周密完善法律体系，发挥法律效力作用，巩固脱贫成果，为维护农民利益，促进乡村振兴提供法律保障。

总之，构建巩固拓展脱贫攻坚成果与乡村振兴有效衔接“13261”长效机制是一项系统工程，它具有必要性、整体性、互动性和协同性，只要五级书记一起抓，真正发挥主体责任的作用，把这项系统工程抓紧抓实抓好，就一定能够实现巩固拓展脱贫攻坚成果与乡村振兴有效衔接，应对和解决相对贫困，促进城乡融合发展，实现农业兴、农村美、农民富、农业农村现代化的既定目标。

第十八章

实行"主体责任"不撤担

2019年，习近平总书记在重庆主持召开解决"两不愁三保障"突出问题座谈会，提出了"四不摘"的新要求，即"摘帽不摘责任、摘帽不摘政策、摘帽不摘帮扶、摘帽不摘监管"，其中就把"摘帽不摘责任"放在首位。这就为实现巩固拓展脱贫攻坚成果与乡村振兴有效衔接提出了领导保障的新要求。百色之所以取得全面脱贫的胜利，首先靠的就是狠抓落实领导的主体责任，五级书记统一抓，一级抓一级，构建形成齐抓共管的脱贫攻坚大格局，为精准脱贫攻坚战的胜利提供坚强的组织保障和严实的作风保障。打赢脱贫攻坚战后，百色将面临进一步巩固拓展脱贫攻坚成果，接续乡村全面振兴的新任务新要求。为此，必须继续五级书记统一抓，坚持"主体责任"不撤担，才能巩固拓展脱贫攻坚成果，为乡村振兴各项工作提供坚强的组织保障和严实的作风保障。

一、继续落实"主体责任"的意义重大

习近平总书记多次强调，打赢脱贫攻坚这一仗，各级党委（党组）要在脱贫攻坚中落实主体责任，党委（党组）书记是第一责任人，必须直接抓研究谋划、抓安排部署、抓组织推动、抓督促落实。各级党委组织要发挥牵头抓总作用，加强顶层设计，调动各方力量，确保扶贫任务落实到位。这是脱贫攻坚的成功经验，也是巩固拓展脱贫攻坚成果与乡村振兴有效衔接的现实需要，这一经验具有长期应用的价值和意义。如今百色虽然实现全面脱贫

了，但很有必要继续坚持把“摘帽不摘责任”放在首位，落实政治责任、分内责任、全面责任、终身责任，方可巩固脱贫成果，推进乡村振兴，应对可能出现的返贫现象，解决相对贫困的问题。

（一）落实主体责任是实现巩固拓展脱贫攻坚成果与乡村振兴有效衔接的政治保障

习近平总书记明确指出，党委主体责任就是加强领导，选好用好干部，管好班子，带好队伍，管好自己，当好表率。巩固拓展脱贫攻坚成果与乡村振兴有效衔接的主体责任的“主体”，既包括各级党委，也包括班子中的全体成员，“责任”既包括党委领导班子的集体责任，也包括班子主要负责人的第一责任，最主要的还是党组织第一责任人，也就是各级书记。巩固拓展脱贫攻坚成果与乡村振兴有效衔接的主体责任，主要体现在四个方面。一，主体责任是政治责任，必须胸怀全局、勇于担当。党章明确指出：“党政军民学，东西南北中，党是领导一切的。”各级党委领导巩固拓展脱贫攻坚成果与乡村振兴有效衔接的工作，首先是政治责任。各级党委书记一定要从事关党的执政地位巩固，事关两个一百年奋斗目标，事关全面建设社会主义现代化强国能否顺利实现的高度，来认识主体责任的政治属性，不断强化使命感、责任感，做政治上的“明白人”，发挥党组织“领头雁”的作用，带动队伍，发挥行业的优势和力量，在巩固拓展脱贫攻坚成果与乡村振兴有效衔接伟大实践中做出各自的奉献。二，主体责任是分内责任，必须主动作为、勇于拓展。巩固拓展脱贫攻坚成果与乡村振兴有效衔接是一场硬仗，成败系于责任、成效连于责任。全面实现乡村振兴也不是轻轻松松就可以实现的，各级党委班子成员尤其是书记，必须强化有权必有责、有责必担当的意识，始终把巩固拓展脱贫攻坚成果与乡村振兴有效衔接作为当前时期最大的政治责任、最大的民生工程和最大的发展机遇。三，主体责任是全面责任，必须覆盖全域、勇于任事。各级党委要树牢主体责任的全域观、全时观、全员观，全面推进党的政治建设、思想建设、组织建设、作风建设、纪律建设和制度建设在扶贫领域和乡村振兴的发展，管住管好全体党组织和全体党员，确保人员、时间、内容、领域的全覆盖。四，主体责任是终身责任，必须经受考验、勇于负责。有权就有责，失责必问责。不追责问责，再好的制度也会成为纸老虎、稻草人。各级党委要用好“问责”这个“紧箍咒”和“安全锁”，确保巩固拓展脱贫攻坚成果与乡村振兴有效衔接各项决策和工作落实，经得起历史和实践的检验。

（二）坚持实行主体责任制，才能确保“合力”有效发挥作用

党委政府必须始终站在政治和战略全局高度，扛起精准脱贫与推进乡村振兴重大政治责任，把好关定好向。强化主体责任意识，发挥主体责任的优势，确保党中央重大决策部署落地生根，组织干部群众，同心共济，形成合力。深入贯彻落实《中国共产党农村工作条例》，严格落实“市县乡抓落实”的工作机制，构建责任清晰、各负其责、执行有力的乡村振兴领导体制。坚持五级书记一起抓的责任落实到位，把原来的“脱贫攻坚战指挥部”更名为“乡村振兴指挥部”，领导小组定期专门研究乡村振兴工作，研究部署巩固拓展脱贫攻坚成果与乡村振兴有效衔接工作，针对阶段性重点工作还通过召开专项协调会、推进会、现场会等进行部署推进，确保工作责任落实到位、组织领导到位、部署推进到位。严格落实党政一把手责任制，党政主要领导严格履行第一责任人责任，把主要精力放在调查研究、统筹谋划、推进落实，充分发挥组织、动员、指导、协调、推进作用。要严格落实“一岗双责”，齐抓共管，调整后的机构职能只能加强、不能减弱，推动形成了强大的乡村振兴发展合力。

（三）坚持实行主体责任制才能确保“长效机制”健全完善并有效发挥作用

在精准扶贫、精准脱贫攻坚战中形成的“六大制度体系”，最为关键的是责任制度体系，对其他制度体系起着引领的作用。而在责任制度体系中，主体责任制度最为关键，是其他责任制度得以发挥作用的保障。要使这些制度体系发挥长效作用，必须继续实行主体责任制。通过严格落实主体责任，坚持书记抓、抓书记，发挥各级党组织书记“领头雁”作用，一级抓一级，一级带一级，形成巩固脱贫成效、推进乡村振兴的责任带动效应。必须紧盯“关键少数”压实主体责任，确保“长效机制”发挥作用，把“严”的主基

调长期坚持下去，一以贯之、坚定不移。必须促进各级书记责任主体立足职能职责，既分工又协同，做到同向发力、协调发力，在上级书记督促下级书记履行主体责任的同时，纪委监委也要协助同级党委加强对下级书记的监督，推动实现巩固拓展脱贫攻坚成果与乡村振兴有效衔接的工作责任层层传导、层层落实。

二、坚持五级书记一起抓的工作机制

五级书记一起抓，是我们党领导脱贫攻坚战取得胜利的一条攻坚克难的宝贵经验。实现巩固拓展脱贫攻坚成果与乡村振兴有效衔接是全面脱贫后的一项重大而且艰巨的任务，必须坚持五级书记一起抓，充分发挥引领的作用。

（一）发挥五级书记的优势，为实现巩固拓展脱贫攻坚成果与乡村振兴有效衔接提供根本保障

党的十八大以来，以习近平同志为核心的党中央把脱贫攻坚摆到治国理政突出位置，落实“省市县乡村五级书记一起抓”，为全面打赢脱贫攻坚战提供了坚强的组织保障。“五级书记一起抓”的优势体现为党的集中统一领导的显著优势、集中力量办大事的显著优势。这个优势要在巩固拓展脱贫成果和乡村振兴有效衔接中发挥作用。要落实党政一把手的政治责任。层层落实主体责任，“省市县乡村五级书记一起抓”。要坚持实行“四项工作创新”，即创新运作方式、创新清单管理、创新工作机制、创新对接服务，确保实现巩固拓展脱贫攻坚成果与乡村振兴有效衔接工作落到实处。

（二）五级书记齐抓共管，建立实现巩固拓展脱贫攻坚成果与乡村振兴有效衔接的制度体系

“五级书记一起抓”的模式是指坚持中央统筹、省（自治区、直辖市）负总责、市县抓落实的工作机制，坚持片区为重点、精准到村到户的工作方式：省级党委和政府对扶贫开发工作负总责，抓好目标确定、项目下达、资金投放、组织动员、监督考核等工作；市级党委和政府要做好上下衔接、域

内协调、督促检查工作，集中精力做好贫困县如期摘帽；县级党委和政府承担主体责任，书记和县长是第一责任人，做好进度安排、项目落地、资金使用、人力调配、推进实施等工作；乡镇党委、政府是实施主体；贫困村党组织是具体工作的落实主体。这一模式还要坚持施行，并建立责任、政策、投入、动员、监督、考核等六大体系，为实现巩固拓展脱贫攻坚成果与乡村振兴有效衔接提供制度体系的保障。

1. 落实责任体系

整合资源，全力构建党、政、军、民、社会、企业“六位一体”的格局，全方位强化工作机制、政策、投入、精神作风等方面保障，确保实现巩固拓展脱贫攻坚成果与乡村振兴有效衔接的工作扎实推进。要强化组织机制保障，构建市、县、乡、村四级乡村振兴指挥部，乡镇建立乡村振兴指挥所，村建立乡村振兴室，确保有领导、有人员、有财物。要完善市、县、乡、村四级乡村振兴信息管理网络，落实管理人员和职责，为乡村振兴提供管理平台。继续选优配强乡村振兴工作队，继续实行驻村第一书记和驻村工作队员制度，配齐非贫困村和社区第一书记，实现所有行政村（社区）第一书记全覆盖，开展县、乡、村三级党组织书记乡村振兴轮训，确保实现巩固拓展脱贫攻坚成果与乡村振兴有效衔接工作扎实推进。

2. 制定政策体系

围绕落实乡村振兴决策部署，着力制定相应的政策体系。要结合本地实际制定实施方案、总体规划和配套政策文件，明确目标、任务。建立健全乡村振兴工作制度，并将工作情况作为评优、评先、晋升、绩效管理的重要条件。各项政策、制度要相互衔接，各项工作要相互联动、相互促进、规范运作、高效运行，有效促进乡村振兴工作的开展。

3. 建立投入体系

坚持政府投入的主体和主导作用，继续实施财政、金融对后续扶持的政策。要采取多种渠道，搭建多个平台，整合各级政府、社会、金融等方方面面的资金资源，加大资金扶持力度。继续发挥全国政策性金融扶贫试验示范区的作用，各金融部门为乡村振兴提供金融信贷支持。调整优化规划实施和项目建设，将实现巩固拓展脱贫攻坚成果同乡村振兴有效衔接的重大举措、重大工程项目纳入百色市“十四五”规划及相关专项规划，在项目、资金安排上对乡村振兴重点帮扶县进行倾斜支持。精心研究谋划能够承接帮扶政策的乡村振兴项目载体和支持抓手，切实把政策落实到项目上。

4. 建立强化作风机制体系

注重大力弘扬百色起义的精神，传承红色基因，凝心聚力，切实为实现巩固拓展脱贫攻坚成果与乡村振兴有效衔接提供强大的精神动力。要借鉴和延伸原有作风建设制度的作用，加强干部队伍作风建设，鼓励下村干部深入群众，联系群众，身体力行，与村干一起带领农民群众乘脱贫胜利之风，再决胜乡村振兴之战，加快推进新乡村建设，全面建设社会主义新农村。

5. 完善监督体系

整合好监督资源，完善监督体系，理顺好社会监督、群众监督、职能部门监督等机制，增强监督实效；建立督查通报制度，加强随机暗访，实行通报制度，完善奖惩机制，通过提拔、重用干部有效调动积极性，通过追责问责严肃工作纪律。同时加大监督执纪问责力度，深入开展反腐败专项治理，为打赢乡村振兴战提供了坚强的纪律保障。设立乡村振兴监督举报电话，畅通群众反映问题渠道，接受全社会监督。

6. 建立考核体系

要建立乡村振兴的考核体系，严查形式主义、官僚主义等突出问题，紧盯资金项目监管、资产管理、考核评估等重点领域和关键环节，坚决反对搞“面子工程”“形象工程”“政绩工程”，最大限度遏制违纪违法问题的发生。要常态化督查暗访，开展差异化督查问效，落实考核评估工作。要开展督查巡查、考核评估、退出抽查、监督暗访，以及新闻媒体开展脱贫攻坚舆论监督和暗访等工作。强化常态化提醒约谈，保持工作压力。

实行上述“六大体系”，目的是在体制机制上确保“摘帽不摘责任”落到实处，实现巩固拓展脱贫成果，有效衔接乡村振兴，促进农村发展。

三、切实做到“主体责任”不撤担

2020年12月29日，中央农村工作会议上，习近平总书记强调，在向第二个百年奋斗目标迈进的历史关口，巩固和拓展脱贫攻坚成果，全面推进乡村振兴，加快农业农村现代化，是需要全党高度重视的一个关系大局的重大问题。要坚决守住脱贫攻坚成果，做好巩固拓展脱贫攻坚成果同乡村振兴有效衔接，工作不留空当，政策不留空白。“十四五”时期是巩固拓展脱贫攻坚成果同乡村振兴有效衔接的关键时期，百色是巩固拓展脱贫成果的主战场，乡村振兴基础薄弱，任务艰巨。各级党委政府必须严格落实“摘帽不摘责任、摘帽不摘政策、摘帽不摘帮扶、摘帽不摘监管”的要求，强化体制机制、政策延续、目标任务的衔接，主要政策措施不能急刹车，驻村工作队不能撤，落实主体责任，确保巩固拓展脱贫攻坚成果，全面夯实乡村振兴基础。

（一）建立健全责任机制，全面落实责任

一是加强组织领导，形成推动合力。百色市委、市政府高度重视巩固拓展脱贫攻坚成果同乡村振兴有效衔接的顶层谋划工作，精心组织编制了《百色市“十四五”农业农村现代化发展规划》，为推进巩固拓展脱贫攻坚成果同乡村振兴有效衔接，实现农业农村现代化发挥战略导向作用。方向任务明确后，落实是关键。必须加强组织领导，构建组织架构，配齐配强队伍，建立健全体制机制，形成实施乡村振兴的强大工作合力。落实好中央统筹、省负总责、市县抓落实的工作机制，充分发挥各级党委总揽全局、协调各方的领导作用，坚持五级书记一起抓巩固拓展脱贫攻坚成果同乡村振兴有效衔接。充分发挥党委农村工作领导小组、乡村振兴领导小组的作用，完善议事规则，正常开展议事决策，不能以党委会、农村工作组会等其他会议代替领导小组会议，建立统一高效的实现巩固拓展脱贫攻坚成果同乡村振兴有效衔接的决策议事协调工作机制。中央决定，不再保留国务院扶贫开发领导小组，其职能并入中央农村工作领导小组，国务院扶贫办重组为国家乡村振兴局，主要负责巩固拓展脱贫攻坚成果、统筹推进实施乡村振兴战略有关具体

工作，省、市、县要根据党中央改革精神来做相应调整。百色要制定扶贫办重组方案，尽快构建市、县乡村振兴局，乡镇建立乡村振兴所，村建立乡村振兴室，配齐配强“三农”工作队伍，确保有领导、有人员、有财物。要坚持领导分片包干、干部驻村帮扶、单位结对支援、社会全面参与等工作机制。

二是要建立责任机制，压实主体责任。研究出台重大政策文件和相关配套文件，解决“三农”及乡村振兴具体问题。明确责任分工，制定乡村振兴年度工作要点和重大任务分解表，层层细化责任，每季度开展督查督导，以目标导向、问题导向推进工作落实。建立巩固拓展脱贫攻坚成果同乡村振兴有效衔接的议事协调工作机制，做好巩固拓展脱贫攻坚成果同全面推进乡村振兴在工作力量、项目建设、要素保障等方面的有机结合，建立长短结合、标本兼治、统筹衔接的工作机制，在政策制定、工作部署、财力安排和干部配备等方面向农业农村工作倾斜。建立资源要素投入稳步增长机制，加大资金支持力度，保持财政投入力度总体稳定，建立健全政府投入、金融支持、社会资本等多元投入体系。加大土地政策支持力度，优先保障乡村振兴重大基础设施、重大产业项目、公共服务设施建设项目用地。

（二）加强基层组织建设，全面推进乡村振兴

一是要加强基层组织建设。以村“两委”换届为契机，全面加强村“两委”班子建设，突出抓好软弱涣散村党组织的整顿工作，深化村党组织“星级化”管理，提高党组织创造力、凝聚力、战斗力，切实发挥基层党组织在实现巩固拓展脱贫攻坚成果与乡村振兴有效衔接中的战斗堡垒作用。可率先在全区开展乡村治理示范村镇创建工作，每个县（市、区）每年创建1个乡村振兴示范乡镇、10个乡村振兴示范村，以示范村建设引领乡村振兴行动的全面展开。要下大力气建强村党支部书记队伍，尤其要着眼于村“两委”换届，注重从产业领办人、协会负责人、企业经营者、专业合作社理事长以及致富能手、种养大户、科普示范户等党员中，推选思想政治素质强、脱贫致富能力强的人选担任党支部书记，培育出更多农村优秀党支部书记，充分发挥带头人在推动脱贫攻坚中的领头雁、顶梁柱和主心骨作用。下大力气加强农村党员队伍建设，用好“讲习所”“农家课堂”“农事学校”等阵地，实

行全员培训、分批轮训，加强农村党员教育培训和实用技术培训，使他们有带富的“硬本领”；要壮大党员骨干队伍，着力把党员培养成专业能人大户、致富能手，着力把致富能手发展成党员；要加大扶持力度，鼓励和引导农村党员带头发展产业，带动群众致富，使党员成为带动群众脱贫致富的带头人；要注重把返乡知识青年、退伍军人、乡村企业负责人、科技能手和致富能人、优秀经纪人作为入党积极分子进行重点培养，及时把思想品德好、致富业绩好的优秀分子吸收到党内来，增强基层党组织推动扶贫开发的活力。要延伸党组织“触角”，强化党组织整体功能，将基层党组织的活动拓展到实现巩固拓展脱贫攻坚成果与乡村振兴有效衔接的各环节和全过程，使基层党组织始终站在脱贫攻坚与乡村振兴的最前沿。要全面推进村级组织活动场所规范化建设，提高建设标准，健全功能设施，配齐办公设备，实现村级组织活动场所规范化目标。要发展壮大村级集体经济，探索建立资产盘活、服务创收、入股分红、租赁土地、公共资源收益等村集体经济多元化发展模式，因地制宜增强村级组织自我保障能力。要落实经费待遇保障，健全村级组织运转经费财政保障机制，逐年加大基层党建经费投入，建立村干部报酬待遇最低保障标准，充分调动基层党员干部工作积极性。

二是创新党建引领。科学合理的模式和载体抓手是实现党建与脱贫攻坚精准深度融合的重要途径。要实行“党建+”模式助推乡村振兴的提升。要创新“党建+”模式，采取党组织建在产业链上、新兴经济组织上等办法，通过“党支部+公司+基地+合作社+贫困户”“党支部+互联网+贫困户”“党员规模种养户+贫困户”等模式，帮助贫困村、贫困户提升自我发展能力。实行“党建+阵地建设”，夯实基层党建根基，利用党员活动室、村级公共文化服务中心、远程教育、“榕树下讲习所”和村级云山夜校等思想道德建设“五个教育阵地”，凝聚社会组织、新乡贤和志愿者“三股力量”，围绕文化阵地和文化服务“两个重点”，打造党建引领下的四治融合试点，打造共建共治共享的社会治理新格局。要创新区域党建工作，在巩固提升“三大区域”党建基础上，以强带弱、以强帮弱，探索推进跨行业、跨区域、跨省、跨国党建工作，实现区域党建与脱贫攻坚整体推进、联动建设、抱团发展。

三是加强队伍建设，充实“三农”力量。要围绕巩固拓展脱贫攻坚成果同乡村振兴有效衔接人才发展需求，推进农业农村人才发展体制机制改革，全面实施农村专业人才队伍建设工程、新型职业农民培育工程、科技惠农工程和“归雁”工程，建设一支政治过硬、本领过硬、作风过硬的乡村振兴干部队伍。当前各级党委农办工作力量薄弱，要抓紧配齐配强专职人员，更好履行决策参谋、统筹协调、政策指导、推动落实、督导检查等职能。县级现有的乡村振兴发展中心要尽快转变职能，可以归属党委农办、农业农村局管理。要继续选派驻村第一书记和工作队，因村选准配强第一书记，选派思想好、作风正、能力强、愿意为群众服务的优秀年轻干部，充分发挥第一书记在扶贫前线的“尖兵”作用。要结合乡镇、村“两委”换届，着力选优配强乡镇领导班子、村“两委”成员，选好用好管好乡村振兴带头人。要用活用好乡村振兴人才政策，培育和引进一批乡村振兴领军人才、专业精英、乡村创客、能人乡贤、工匠能手。要结合乡村振兴的需求，加大工作队员的培训力度，以适应乡村振兴工作。落实乡镇行政、事业编制岗位定向招录村“两委”干部，培养和壮大农村干部队伍。要注重提拔使用实绩优秀的干部，吸引各类人才在乡村振兴中建功立业，形成人才向农村基层一线流动的用人导向。

（三）加大激励力度，营造勇于担当的良好氛围

坚决贯彻落实中央、自治区关于巩固脱贫成效、推进乡村振兴的部署，着眼于解决相对贫困问题，进一步加强基层党组织建设，强化关心激励机制，营造风清气正干事创业良好氛围。

一是要激发干事动力。要通过开展形式多样的宣传和评比活动，广泛动员社会力量参与乡村振兴行动，营造浓厚的社会参与氛围。要通过健全党建引领乡村治理机制，深化农村党组织“星级化”管理，持续开展“乡村振兴·争创五旗”活动，培树“十佳红旗村”，进一步激发农村党员群众主动参与乡村振兴的内生动力；继续深入开展学习黄文秀同志先进事迹活动，大力选树宣传一批“黄文秀式好干部”，激励引导全市党员干部和青年同志积极投身乡村振兴一线。要开展村党组织书记优化提升行动，持续开展“乡村

振兴·争创五旗”活动，以感恩教育，整治陈规陋习，评选典型模范人物、挖掘家规家训上墙等为具体抓手，建强基层组织，健全治理体系，丰富基层实践，增强服务能力。同时结合百色实际，全力构建“一委（部）两会三中心”为主体的乡村治理组织体系，走“党建引领、‘四治’融合”具有百色特色的乡村治理新路子。

二是健全激励机制。在巩固脱贫攻坚成果和乡村振兴有效衔接中，要出台关爱一线干部身心健康的十项政策措施，建立健全激励机制。要健全村干部职业化管理制度，建立“四个有”：（1）报酬有保障，消除后顾之忧。（2）管理有制度，提升服务水平。制定职业化管理办法，推行全天候服务群众工作制。（3）工作有考核，激发干事激情。制定职业化考核办法等系列配套制度。（4）进退有标准，拓宽选任渠道。要创新人才培养机制，提高人才素质。通过创新人才保障机制、创新人才培育政策、创新人才引进方式，创建科学有效的帮扶机制和强有力的技能扶持，加强农业农村干部配备，加强乡村振兴人才培育，打造懂农业、爱农村、爱农民的干部队伍、人才队伍，为乡村振兴提供坚实组织保障和发展活力。

三是加大扶持力度。按照“产业兴旺、生态宜居、乡风文明、治理有效、生活富裕”总要求，巩固“两不愁三保障”成果，推动工作向“五大振兴”（产业振兴、人才振兴、生态振兴、文化振兴、组织振兴）迈进。要做好工作目标任务的衔接。明确巩固拓展脱贫成果与乡村振兴有效衔接的必要性、可行性，相辅相成、同频共振。要做好产业后续发展的扶持。加强项目资金资产管理和监督，推动特色产业可持续发展，推动资产收益分配向低收入群体倾斜。拓展产品销售渠道，创新流通方式，促进稳定销售。要继续做好脱贫人口就业帮扶工作，更好支撑稳定脱贫。推动财政扶持，资金折股量化为村级集体经济股金，发展壮大村级集体经济。要做好补短板强弱项工作。持续加大脱贫县基础设施、公共服务、社会保障投入，全面夯实巩固脱贫成果基础。要持续抓好教育、文化、健康、生态等扶持工作。强化脱贫的后续扶持工作，加快配套基础设施建设，推进大规模移民搬迁基层组织重构优化和社区治理，确保搬迁群众真正“搬得出、住得下、能致富”。

四是加强作风建设。优良党风政风是巩固拓展脱贫攻坚成果同乡村振兴有效衔接的重要保障。要大力弘扬百色起义精神，大力发扬“八七”扶贫攻坚精神，大力弘扬连续作战、背水一战、冲锋冲刺、决战决胜的拼搏精神，凝聚正能量，切实为巩固拓展脱贫攻坚成果同乡村振兴有效衔接提供强大精神动力。要强化作风建设，鼓励广大党员敢于担当、精益求精，切实以良好的工作作风全面推进巩固拓展脱贫攻坚成果同乡村振兴有效衔接。要坚持围绕巩固拓展脱贫攻坚成果，推进乡村振兴工作大局，全面加强基层党组织建设，深入学习宣传黄文秀、张华同志等先进事迹，切实转变干部作风、强化担当实干，激励广大党员干部积极投身乡村振兴主战场，为乡村振兴提供坚强作风保障。要抓好扶贫领域监督执纪问责，推动查处发生在群众身边的“四风”和腐败问题专项工作向纵深发展，推动党风廉政建设落实到基层，为全市巩固拓展脱贫攻坚成果同乡村振兴有效衔接提供坚强纪律保障。

五是要加强督查考核。脱贫攻坚完成后，各级各部门要转变工作思路，认真研究中央、自治区和百色市下发的深化农村改革激发乡村振兴新动能的实施意见和党政领导班子和领导干部推进乡村振兴战略实绩考核意见，主动对标对表，逐项抓好工作落实。要建立实绩考核制度，对党政领导班子和领导干部推进乡村振兴战略进行考核，将考核结果作为选拔任用领导干部的重要依据。要用好乡村振兴实绩考核、新动能考核等考核“指挥棒”，将考核结果作为干部选拔任用、评先奖优、追责问责的重要依据，推动乡村振兴落细落实。督查部门要联合各牵头部门，围绕年度工作重点，加大对乡村振兴重大决策部署、重大工程、重大项目推进情况专项督查，全面推进巩固拓展脱贫攻坚成果同乡村振兴有效衔接。

总之，巩固拓展脱贫攻坚成果同乡村振兴有效衔接是各级党委政府的第一责任，责任重于泰山。要坚持以习近平新时代中国特色社会主义思想为指导，提高政治站位，深化责任落实，以更大的决心、更有力的举措，敢于担当，善于作为，全面深入实施乡村振兴战略，加快农业农村现代化步伐，打开百色全面建设社会主义现代化的新局面。

第十九章

实施“三兴”不放松

百色实现全面脱贫后，要巩固拓展脱贫攻坚成果，接续推进乡村振兴，必须实施产业兴、集体经济兴、人才兴这“三兴”不放松。因为这“三兴”是支撑巩固拓展脱贫攻坚成果与乡村振兴有效衔接的前提基础和必要条件，没有“三兴”，巩固拓展脱贫攻坚成果与乡村振兴有效衔接就没有物质基础、经济条件和人才支撑。因此，必须实施“三兴”不放松，夯实农村经济社会发展基础，为拓展脱贫攻坚成果与乡村振兴有效衔接，实现农业强、农民富、农村美的农业农村现代化提供有力支撑。

一、接续推进乡村“产业兴”

产业兴则经济兴，则农民收入增；产业强则经济强，则农民致富稳。百色实现全面脱贫，主要靠的是产业的发展，而后要巩固全面脱贫成果乃至实现乡村振兴，农民致富，主要还是靠“产业兴”来支撑。因此，仍然要以增加农民收入为基点，以农民致富为目标，抓住发展产业，促进“产业兴”不放松，支撑脱贫攻坚成果的巩固与乡村振兴衔接，确保脱贫攻坚成果的巩固和乡村振兴基础牢靠，致富前景好。

（一）推进“产业兴”具有重大意义

实施“产业兴”，可保持脱贫农民收入的持续增长，可使农民在发展产业中增长新的知识和生产技能，可为乡村振兴和乡村振兴奠定坚实的基础，其意义重大而深远。

1. 推进“产业兴”，是促使脱贫群众持续增收、促进乡村振兴的根本之策

产业是经济发展的基础和支撑，无论贫困地区的脱贫还是巩固全面脱贫攻坚的成果和乡村振兴，离开了产业就会成为无源之水、无本之木。在实现全面脱贫之后，继续大力发展产业，就是要使产业在巩固脱贫攻坚成果和乡村振兴中发挥积极作用。一是固基。继续大力发展产业，建设现代化农业，才能夯实脱贫农民致富的基础，也才能为乡村振兴创造物质条件。二是增值。继续大力发展产业，通过发展新经济、新模式、新业态提升农业的附加值，进而大大增加农民收入，促进脱贫农民致富，为乡村振兴提供资金支持。三是赋能。继续大力发展产业，使农村、农业、农民增加发展能力、发展手段和致富门路，用现代科技手段改造落后的农业生产方式，使农村经济融入现代经济体系中，也为乡村振兴赋予科技创新发展的新内涵。四是可持续。只有继续大力发展产业，采取产业带动和政策激励的方式，持续推进产业发展，延伸产业链，提高走上市场和抗风险能力，拓宽脱贫农民群众增收渠道，才能实现脱贫农民群众收入持续稳定增长，从而巩固脱贫攻坚成果，接续推进乡村振兴，促进可持续发展。

2. 推进“产业兴”，是促进脱贫农民群众扩大就业、充分就业增收致富、融入乡村振兴之要

“一人就业，全家脱贫”，增加就业是最有效、最直接、最可巩固脱贫成果、最可持续致富的方式。农村人口脱贫致富与农民发展产业、扩大就业、实现收入增长直接相关，因此，要大力发展贫困群众能够增加就业、实现增收的产业，如特色农业、劳动密集型的加工业和服务业，等等，只有这样，才能使脱贫的农民群众扩大和充分就业，实现人人有就业，个个有收入，使产业振兴，也才能使脱贫的农民群众持续增收和致富，有财力建新房和扩大再生产，融入乡村振兴的浪潮之中。

3. 推进“产业兴”，是有效激活脱贫致富农民内生动力与促进乡村振兴之举

全面脱贫与乡村振兴，最根本还是通过贫困农民自身参与发展产业、实现产业兴的过程中得到脱贫的实惠，激活脱贫致富的内生动力。原因是产业扶贫具有活力，贫困群众通过发展产业实现持续增收而脱贫致富，“授人以鱼，不如授之以渔”，让贫困群众用自己的双手解放自己，创造出更多的价值，实现脱贫致富和乡村振兴达到永续，这才是脱贫攻坚的最终意义和永续发展的长远意义。

（二）推进“产业兴”面临的困难和问题

推进“产业兴”，从现实考察中发现有如下的困难和问题：

1. 开发程度不高

产业大多停留在一般性、初级开发的基础上，深度、精度、特色、优质的产业开发有待于加快推进。

2. 缺乏长远发展谋划

发展产业更多注重于“短、平、快”的项目，而对“长、久、远”的项目研究不够、谋划不多、开发准备不足。

3. 产业基础能力不强

产业发展虽已达到一定的规模，但做得还不够大，还不够强，还不够优。目前脱贫地区农业产业化发展虽取得了一定成效，但仍然存在供需结构不优、综合效益不高、品牌不响、产业链不长，科技支撑力不强，机械化、信息化程度不高。

4. 产业粗放型发展

产业发展多数还处于粗放型状态，集约性还不够高，科技支撑力不足、科技含量还不高，创新能力弱，生态化、规范化、标准化有待加强和提高。

5. 加工业发展滞后

百色的农产品加工业发展还相当缓慢，加工企业数量少、规模小、产品相对单一，市场化程度低，竞争力不够强，产品附加值不高。

6. 产业融合度低

农村三产融合力度不足，融合程度不高，农产品加工及农业观光、农村旅游休闲等服务业的比例还不够高，发展空间大而开发力度还不是很大。农业特色产业挖掘力度不足，组织化、合作化的程度也有待加强，农业产业链有待于延长，产业融合空间有待进一步扩展。

上述存在的诸多困难和问题，直接影响产业的进一步发展，影响脱贫成果的巩固、乡村振兴和产业发展的可持续。

（三）推进“产业兴”的有效之策

要推进“产业兴”，必须以解决困难、问题为导向，必须从实际出发，因地制宜，因时制宜，长短结合，精准施策，走科技创新、绿色发展、质量优先、三产融合发展的道路，使实施的“产业兴”成为实现支撑巩固脱贫成果和乡村振兴的排头兵。

1．必须立足于当地资源优势和产业基础，走把产业做大做强、提质增效之路

这本来就是脱贫攻坚实现全面脱贫的一条基本经验，今后产业的发展，促进农民增收，仍然要坚持这条基本经验。现实的情况是，由于精准扶贫以来，大力发展产业，资源的优势基本发挥出来了，产业基础也基本打牢，产业也有一定的规模。往后如何走？一要继续充分利用当地资源和地理条件，深挖产业发展潜力，打造产业特色，构建差异化发展新格局。二要依托现有的资源优势和产业基础，把产业做大做强，打开规模化发展的新局面。三要依据市场需求和走势，实施产业更新替代，把原有的产量低、耗能多、竞争弱、效益差的产业实施更新，替代为产量高、耗能少、竞争强、效益好的产业。四要坚持“短、平、快”项目与“长、久、远”项目相结合方针，既要发展“短、平、快”的项目，也要发展“长、久、远”的项目，确保经济稳增长，农民收入稳致富。五要走产业提质增效之路。要坚持绿色发展，按照规范化、标准化的要求打造产业，体现产品的地方特色，开发做大地理标志产品，提高产品质量和效益，最终使脱贫成果得到巩固，农民增收得到保障，乡村振兴有劲头。

2．要实施“资源变资产、资金变股金、农民变股东”的“三变”工程

全面推进农村产业革命，实现投资经营者、合作社和农民三方的共建共赢共享。实施“资源变资产、资金变股金、农民变股东”的“三变”工程，是农村产业发展的一场革命，它把土地的所有权、使用权和经营权有效地结合起来，盘活土地，推进资源的优化配置，调动农民的生产积极性和合作经济的发展，实现了投资经营者、合作社和农民三方的共建共赢共享，有力促进脱贫成果的巩固和乡村振兴的实现。

3. 要加快推进脱贫地区三产融合发展步伐

一要大力发展生态农业。适应当地条件，发展特色农业，循环农业，现代高效农业。2019年，菜博会上展示的“鱼菜共生”系统，将水产养殖与水耕栽培两种原本完全不同的技术，通过巧妙的生态设计，以水作为媒介，将鱼池中的水过滤后直接提供给蔬菜作为生长的“营养液”，被蔬菜吸收“脱肥”后的“营养液”又流回鱼池供鱼生长，最终达到“养鱼不换水，种菜不用土和肥”的鱼菜协同共生的目的。二要大力发展“农产品加工业”。它是以农业原料、人工养殖或野生动植物资源为基础的工业生产活动的总和。从百色农产品加工的现状来看，与农产品加工业有关的是食品加工业、食品制造业、饮料制造业、烟草加工业、纺织业、服装及其他纤维制品制造业、木材加工业、印刷业等多个行业。总体来说，百色的农产品加工业还比较落后，数量比较少、规模不够大、产品比较单一、市场竞争力还不够强，这对于刚脱贫的百色确实是一个短板，必须加大投入，加快发展。三要大力发展“农业相关服务业”。拓展延伸农产品功能和提升附加值，如农业观光旅游、农耕体验、科普教育、品牌展示、文化传承等。从单一的“农业生产”向“三产融合”发展推进，拓展百色脱贫之后产业大发展的空间，增加脱贫农民收入的渠道，提高脱贫农民的收入、智能和技能水平。四要进一步丰富三产融合业态。加快培育乡村休闲旅游、数字农业等新产业、新业态，推动“农业+”多业态高质量发展，更有效地巩固脱贫成果，推进乡村振兴。

4. 要坚持绿色理念引领产业发展

要始终坚持“绿水青山就是金山银山”的理念为指导，最大限度保持自然生态风貌，以循环种养、精深加工、旅游观光、养生度假等绿色产业，加快推进农业多元化、产业化发展。

5. 要以科技创新为支撑，推进农业产业化的发展

通过强化科技支撑，提高科技成果的应用率和农产品的科技含量；实施品牌战略，提高市场竞争力；提高脱贫农民应用科技的能力和水平，延长农产品加工的产业链，提升农副产品的附加值，提高农产品的质量和效益，推动农业高质量发展、提升脱贫农民的生活质量和水平。

6. 要充分利用电商物流等现代新手段，打开农产品走向市场的快捷通道

大力发展产业，生产的农产品必须走上市场，才能获得效益。如果生产出来的农产品销不出去，坏在田地里，或积压在储蓄库里，就会亏本乃至破产；农产品销得出去，就有收入，获得效益，销得越多，效益越多，销得越快，获得效益越快。这是商品经济基本的规律。现代电商物流，为农产品的销售插上了翅膀，使脱贫的山区农产品也能走上广阔的市场，走向全国乃至世界。脱贫攻坚的过程中，农民也知道这回事，但大多还停留在原有的现产现销的直销方式上，使用电商的现代的销售手段还不够适应也还不够多样。在百色，右江河谷经济走廊能较好地利用电商物流把芒果、香蕉、蔬菜销往全国各地，但在南部山区和北部山区电商物流还比较滞后，有待加快发展。目前，农村电商经营模式大致可分为以下三种：第一种是农产品加工企业依托现有的电商平台进行网上销售，如淘宝、拼多多、京东、中国扶贫网等已经建设完备的电商平台。第二种是阿里巴巴的线下服务站。阿里巴巴在某些县设立运营中心，在运营中心之下又设立许多服务站。第三种是企业通过自己建立的电商平台进行网上销售，但是这种模式相对较少。有关数据显示，4G网络以及互联网光纤覆盖了大部分农村，网络使用费用已大幅下降；智能设备，如智能手机、电脑等智能终端设备已逐渐普及；支付方式，如支付宝、微信、银行卡等越来越便捷。农村的基础设施不断完善，基本的行政村落都已经完成了道路硬化，交通运输更加便捷；物流体系不断完善，物流网络的覆盖面积不断扩大，随着物流行业的迅速发展，现在各个村镇基本都可以通过物流达到货物流通的目的。随着农村地区电商知识普及和基础设施的完善，加上数量不断增加的服务类平台，将进一步助力农村电商发展。为此，百色各县（市、区）务必加快电商物流向乡村的进一步延伸，加强电商物流在乡村的基础设施建设，加强对脱贫农民的电商物流知识和应用方面的普及培训，使他们扩大生产的农产品能通过电商物流走向市场，走向全国乃至世界，这是巩固脱贫成果，确保脱贫农民拓展收入之道，是稳定增收，实现乡村振兴的快捷而有效的途径。

7. 要加快培育现代产业融合体，提高产业发展的组织化水平

以培养现代新型职业农民为基础，培育一批农业产业化龙头企业带动、合作社和家庭农场跟进、广大小农户广泛参与的农村产业融合体。要大力发展农民专业合作经济组织，其在生产组织上以市场需求为主导，优化产业结构；在企业与农民之间架起一座互利互惠的桥梁，有效解决集体经济组织“统”不起来、国家经济技术部门包揽不了、农民单家独户又干不了的有关事项，有助于提高农民的专业技术水平和农产品质量，推进农业产业化发展。发展农民专业合作经济组织，可采取服务合作型、专业协作型、股份开发型、合作带动型、产销合同型、集团联合型等多种形式提高农业生产的组织化程度。加快体制机制创新，培植壮大龙头企业，发挥其在三产融合发展中的主导性、品牌化、市场化、组织化作用，目标和结果是向农业农村合作化、现代化奋进，使农民组织化程度提高、收入大增、生活富裕，社会和谐，乡村振兴，家园美丽。

二、大力推进农村“集体经济兴”

集体经济是社会主义公有制经济的重要组成部分，是新时代中国特色社会主义经济的重要形式，也是农村经济不可或缺的经济成分。

（一）发展壮大农村集体经济的现实意义

现阶段，农村集体组织（村委会和村民小组）除了承担经济职能外，还要承担向村民提供基本公共服务、治安管理、扶贫帮困、拥军优属等小政府的职能。因此，发展农村集体经济，具有诸多现实意义。

1. 是巩固社会主义公有制，完善农村“统分结合”基本经营制度的必然要求

必须发展壮大集体经济（统的层次），组织全体成员共同生产、规模经营，多元发展，才能实现农业农村现代化。在“分”的积极性已经充分体现，农村社会生产力得到了很大发展的情况下，必须解决好“统”的问题，以更好适应现代市场经济、共享经济的发展要求，真正体现和发挥“统分结合”双层经营体制的农村基本经营制度优势。

2. 是提高农业生产组织化程度，增强抵御市场风险和抗灾救灾能力的需要

市场竞争越来越激烈，家庭承包经营生产受到了诸多的制约；山区农村劳动力外出务工出现的土地撂荒现象相当严重；一些地区农民群众已经逐步自愿组织起来，通过多种合作与联合，陆续走上大小不一的合作化、集体化道路，通过土地流转、股份合作、专业合作、供销合作、信用合作、科技合作等多种形式，提高农业园区化、设施化、规模化、集约化、标准化、机械化、信息化生产，发展规模经营，增强了市场竞争力和抗灾救灾能力，产生了规模效益。

3. 是发展农村公共服务、公益事业和社会福利所必需的

发展集体经济，是巩固脱贫成果、实现乡村振兴的必然要求，是农村社会治理的物质基础。就如村内水管破裂了，村街道路上的路灯坏了，村（屯）文化活动室、敬老院等场所的设备坏了，总不能老让村委会打报告要求政府拨款派人来修，县乡政府也不可能管到各个村（屯）这些零星琐碎的事。村（屯）必须有一定的集体经济收入，来解决本村（屯）公共服务、公益事业、社会福利等方面的大小事务所必需的开支。

4. 是增强农村基层党组织的凝聚力和战斗力，巩固农村基层政权的需要

实践证明，一些农村基层组织之所以说话、办事没有号召力，是因为没有集体经济作底气，处于穷家难当的困境。因此，发展壮大集体经济，有了必要的经济基础，基层组织才会有钱办事、有人管事、有人干事，才会增强创造力、凝聚力、战斗力。只有大力提高村委会的执政能力、社会治理能力，巩固农村基层政权，才能更好地带动农民发展经济，增加收入，维护农村社会稳定。

5. 是实现共同富裕的社会主义制度安排的必然要求

小农户经营，只能解决有劳动能力正常人的脱贫奔康，但无法实现以共同富裕为核心的社会主义农业现代化，也无法解决一般农民找不到出路、不懂生产技术，不会经营管理，不会单独走进市场的发展问题，更无法解决智力低下和极个别缺乏生活意志、生性懒惰的贫困群体问题（国家提供最低生活保障群体、丧失劳动能力的特殊困难群体）。因此，巩固脱贫攻坚成果，全面建成小康社会，推进乡村振兴，实现现代化，走共同富裕道路，必然需要大力发展农村集体经济。

6. 是加强农村精神文明建设，推进农村社会进步的需要

物质文明是精神文明的基础，有了集体经济物质基础，才能更好地改善农村社会发展条件，普及科学文化知识，提高农民群众的文化素质，兴办公共福利事业，不断丰富和拓展村民的文化生活和娱乐活动，有力的引导农民群众树立集体主义观念和共同理想，更有效地推进移风易俗，破除陈规陋习，树立健康文明的新型生活方式和新时代的家风、民风、乡风和社会风尚。

（二）当前全市集体经济发展状况

2016年以来，全市结合脱贫攻坚战的全面实施，大力推进农村集体经济产业项目的发展，使多年无账的村级集体经济收支，开始有了账务往来并不断累积壮大，发挥村财政作用初步显现。

1. 取得的初步成效

全市12个县（市、区）135个乡镇（街道）1854个行政村，按照市委提出的“远学塘约·近学乐业”的发展思路，大力推进“一村一产业、一村一基地、一村一门面、一村一公司”的“四个一”发展模式，全市全面实施村级集体经济提质增效集中攻坚行动，切实加大政策、资金、项目支持力度，着力破解发展难题，推动村级集体经济持续稳定增收。

到2019年底，全市村级集体经济总收入达1.24亿元，同比增长40%，所有行政村（农村社区）集体经济收入均全部达到4万元以上，收入达5万元以上的村有903个，占比48.71%，收入达10万元以上的村有281个，占比15.16%。2020年虽然受新冠肺炎疫情的严重影响，全市村级集体经济收入仍持续增长，截至10月底，总额提高到1.55元，村均收入达8.36万元，其中年收入达10万元以上有456个村，占全部行政村24.6%，年收入达20万元以上有66个村，占3.6%，年收入达50万元以上有10个村，占0.54%；全市899个村贫困村集体经济收入总额达8298.05万元，村均收入9.23万元，其中年收入达10万元以上有311个村，占全部贫困村的34.59%，年收入达20万元以上有32个村，占3.6%，年收入达50万元以上有5个村，占0.56%。村级集体经济的发展，逐步解决了村级产业项目生产资金周转、公共事务、部分群众生活及就学困难等问题，发挥了不可替代的作用。

2. 存在的主要问题

一是认识水平不高。一些乡村没有深刻认识到发展壮大村级集体的重要意义，没有从巩固脱贫攻坚成效、推进乡村振兴的政治高度去谋划和推动发展。对自治区、市委出台的系列政策措施，有的县和部门习惯于等待观望，不抓落实，不愿发展。2017年11月和2019年3月，分别在西林县、乐业县召开的全市脱贫奔康产业园暨发展壮大村级集体经济工作现场推进会，市委主要领导到会动员，但一些县（市、区）就是没有认真贯彻落实。二是办法措施不实。2019年，全市部署开展清理违规承包合同工作，一些县、乡由于推动工作的力度不大、招数不多、措施不实，导致该项工作效果不佳。如平果县马头镇炼沙村有1350亩林场，一租就是30年，每亩租金一年只有5元；田东县作登乡大板村集体土地30亩，出租合同只写13亩，出租30年租金只有9000元。针对这些问题合同，村“两委”干部也找到承租人来协商，但被承租人一句“不同意涨租”的话给难住了，没有认真研究出招解决；同时，缺乏经营理念和管理能力，没有从长远考虑选择发展项目，组织群众发展合作经济、集体经济，产业项目不稳定。三是发展质量不佳。从统计报表上看，全市村级集体经济各项任务指标是完成了，但是相当一部分的村级集体经济收入来源主要依靠统筹扶持资金入股分红、房屋租赁收入，增长模式单一，其他发展模式收入不多，产业带动等经营性收入占比仍然偏低。特别是田东、平果、凌云、隆林等县（市）简单入股占比超过80%，部分村一股了之，没有其他作为，可持续性较弱。四是工作合力不足。虽然市、县都成立了工作领导小组，但目前大部分的工作还是更多地靠组织部门去统筹推动，各职能部门主动参与、积极配合的力度还不够，甚至有一些县级成员单位不配合不参与集体经济发展工作。分片联系指导的成效还不明显，没有真正下沉到一线发现问题、解决问题。五是产销对接抓得不力。一些乡村包括具体经济在内的特色农产品生产没有做好销售对接，只管生产，不管销路，也没有龙头企业或销售公司带动销售，生产出来的产品找不到销路，常常出现动员城镇干部职工认购扶贫产品的短期销售行为，使群众对发展集体经济缺乏信心。

（三）发展壮大农村集体经济的举措

认真贯彻落实中央《关于稳步推进农村集体产权制度改革的意见》和自治区《关于发展壮大村级集体经济的若干政策措施》等精神，夯实“三权分置”制度基础，在确保村民承包权的基础上，通过股份合作制改革，实施“资源变资本、资金变股金、农民变股东”的“三变”工程，有效盘活集体资产，合理开发集体资源，兴办农业合作社等各类经济组织，大力发展农村实体经济和服务经济，促进农村三次产业融合发展，使公司与集体经济、农民的利益紧密联系起来，农产品通过公司而走向市场，集体经济得到不断壮大，农民收入、素质、能力得到逐步提高，既实现合作社、公司、集体经济组织、农民等多方共赢，又为脱贫群众致富增收、巩固脱贫攻坚成果、推进乡村产业兴旺和全面振兴、解决今后出现的相对贫困等问题提供可靠的经营模式和坚实基础。

1. 组建集体经济实体

一是成立村组合作经济组织。通过召开村民或村民代表会议，经民主决策依法组建集体经济实体，集体经济实体接受村党组织的领导，村民委员会对其所有的经营活动进行监管。集体经济实体资产实行统一管理、授权经营、分级监督，建立符合市场经济规则的企业法人治理结构。二是实行股份合作制经营。根据中央《关于农村集体产权制度改革意见》等精神，在稳定农村基本经营制度基础上，改革农村生产经营模式。按照股份合作制要求，村集体采取资产资源经营权、资金入股等多种形式，通过依法制定章程，签订协议，明确双方权利义务，农户与农民合作社或龙头企业、农业公司等合作经济组织开展股份合作经营。三是规范股权设置和管理。在清产核资、摸清家底的基础上进行资产评估，将经营性资产量化，合理设置集体经济实体与合作社或公司等经营主体的股权结构，加强股权管理，设农户股、企业股、集体股等，其中农户股、企业股的股权折股量化到个人，但“集体股份”的股权属村集体所有，股权不得折股量化到个人。

2. 发展集体经济产业

一是发展特色优势产业生产。以优势资源为依托，在发展“5+2”“3+1”特色产业基础上，以市场为导向，实施“一村一品、一村一基地”工程，做大做强特色种养业、林产业、农产品食品加工业等。二是组建农村各类服务经济组织。组建村组经营、流通、农科服务公司、劳务公司、农产品购销、乡村旅游业、休闲观光业等经济组织和农民经纪人队伍，发展服务经济，组织劳务输出；建立“村委会+协会”“公司+农户”“合作社+农户”等模式的农业产业化服务网络，在信息、技术、营销方面提供服务等多种形式增加集体收入。三是抓好公益事业。结合乡村道路管护和小型水利管理体制改革，探索建立乡村道路、河流、沙石、水库、自来水、公益林、幼儿园、养老院等规范的管理机制，把集体经济发展与集体资源资产、公益事业的管理有机结合起来，确保现有基础设施和公共财产既能较好地管护，满足农村经济社会发展需要，又能从中获得集体经济收入，促进乡村振兴。

3. 实行所有权与经营权分离

集体经济实体作为农民合作社或公司企业的股份持有人，不直接参与和干预其日常运行，可选派人员进入合作社或公司企业理事会、监事会履行监理职能。可由基层党组织副书记或村委会副主任代表集体经济实体进入监事会担任副监事长等，但不领薪。农民合作社或公司企业等通过“集体股份”形式获得资金和相关资产使用权，自主经营、自负盈亏。

4. 合理确定利益分配方式

遵循“股权平等、利益共享、风险共担、积累共有”的原则，集体经济实体按照所占股份总额的比例获取红利，以其认缴的出资额为限承担责任，从红利中提取一定比例的资金作为追加股本，用于扩大再生产，继续投入村民合作社或公司企业中，实现资本滚动发展，其余红利作为村集体经济收入。实行村级会计委托代理，通过“四议两公开”等程序，主要用于兴办村级公益事业、扶贫济困、组织活动、弥补办公经费不足等，所有财务开支接受村民监督。

5. 建立风险防范机制

村组党组织、监事会要加强内部监管，实行民主决策和民主理财，发挥基层党组织的战斗堡垒作用。纪检监察和审计部门要定期对有“集体股份”的农民合作社或公司企业的生产经营、资金运行情况进行监管和审计，保护集体经济组织和股民的利益。村组农民合作社或企业也要强化风险意识，每年可从利润中提取一定比例的公积金、公益金和风险金，提高化解风险的能力。

（四）加强对农村集体经济的管理

一般说来，集体富，村民富，村庄社会关系友好、社会风气和谐；集体穷，村民穷；集体空，民心散。广大农民都有发展集体经济的强烈愿望，关键在于如何管理好。

1. 抓好农村集体资产清产核资

发展农村集体经济，首先要对集体所有的各类资产进行全面清产核资，摸清集体家底。要清查核实未承包到户的资源性资产和集体统一经营的经营性资产以及现金、债权债务等，查实存量、价值和使用情况，做到账证相符和账实相符。对清查出的没有登记入账或者核算不准确的，要经核对公示后登记入账或调账；对长期借出或未按规定手续租赁转让的，要清理收回或补办手续；对侵占集体资金和资产的，要如数退赔，涉及违规违纪的移交纪检监察和司法机关处理。清产核资结果要向村组集体成员公示，并经组织成员大会或代表大会确认。

2. 加强农村集体“三资”管理

严格按照制度对农村集体“三资”（资产、资源、资金）的管理，包括“三资”的清查、登记、保管、使用、处置等，建立“三资”台账，实行不定期检查，防止集体资产流失，不断提高资产保值增值水平。村级集体经济组织的资产、资源发包出租，必须采用公开招标方式进行；村集体经营性物业资产不允许随意变更，不得对外提供担保。

3. 加强农村集体经济运行的民主管理

建立健全村级集体经济组织生产经营民主决策机制，全面推行村级重大决策机制，规范和完善民主决策的内容、形式和程序，保障集体经济组织成员的知情权、参与权、决策权和监督权，充分听取组织成员的意见和建议，采纳科学合理的成分，确保村级集体经济健康发展。要完善监督机制，以集体经济组织成员为主成立监事会，对村级集体资产的运营情况进行有效的监督。

4. 加强农村集体经济组织的产权管理

要加强对农村集体经济组织中的国家（政府）、集体（村委会、村民小组）、农户、企业（公司）或股东等各方产权的登记、核查、变更等管理，建立各方资产、资源、资金等产权明细账，确保各方产权明晰，各方产权的总和等于集体经济组织的总产权，防止产权混乱，一方利益受损。集体资产等所有权确权要严格按照产权归属进行，各方依照国家政策和相关法律规章规定，行使产权所有权，参与产权利益分配、增资或转让、处置等，做到公开、公正。

5. 强化农村集体经济组织的财务管理

要加强对村级集体经济组织财会审计人员的培养培训，稳定农村财会审计队伍（或实行代管制），按照财经制度和财务管理制度做好财务收支预决算、日常财务管理工作和集体经济组织资金资产资源的管理，落实民主理财，及时、真实、规范地公开相关信息，接受监督机构和组织成员等监督。加强农村集体经济组织审计监督，做好日常财务收支等定期审计、村组干部任期和离任经济责任等专项审计；加强农村集体经济组织资金、资产、资源的监管，定期通报，建立问题移交和责任追究查处制度，切实维护集体经济组织、管理人员和全体成员的利益，增进各经营主体共同发展集体经济的信心，保障集体经济不断发展壮大和长久运行。

三、极力重振乡村“人才兴”

乡村经济不兴、人气不旺，重要原因就是人才缺乏，极大地影响乡村各方面发展，尤其是影响乡村振兴战略的实施。

（一）乡村“人才兴”的重要意义

1. 人才是推动乡村振兴的决定力量

人是一切的决定因素，人心所向决定政治走向；人的才能决定经济发展的步伐。人才是指具有一定的专业知识或专门技能，进行创造性劳动并对社会做出贡献的人，是人力资源中能力和素质较高的劳动者。人才是发展的第一资本，经济、政治、文化、社会、生态等各方面建设和发展都离不开人才。人才兴则乡村兴，人才是乡村振兴的动力源泉，也是乡村振兴的目标之一。乡村急需有专业技能、有丰富知识、有市场经验、有创新能力，以及肯于善于带领群众建设发展的技术人才、经营人才、领军人才、治理人才等各种人才。因此。只有抓好人才这个牛鼻子，乡村振兴战略才可顺利实施。

2. 人才起着实施乡村振兴的引领作用

乡村相对于城镇来说，整体素质都比较低，绝大部分人都习惯于传统生产生活方式，对新鲜事物接受度低，就如产业结构调整、产业开发、农业技术应用和推广、三次产业的融合发展、生态文明、乡风文明、平安建设、移风易俗等工作，都需要有领头人带头做、动员做、指导做、示范做，因而人才越多，越有利发展。

3. 人才是实现乡村振兴的关键因素

乡村振兴要实现全面振兴，包括产业振兴、人才振兴、文化振兴、生态振兴、组织振兴，其中的产业振兴是重点，人才振兴是保障。不仅需要经济、政治、文化、教育、卫生、信息、生态等各方面人才，还需要大量创新人才，包括技术创新、管理创新、产业创新等人才，人才越多、全面振兴才越有保障。

（二）当前乡村人才严重缺乏的表现

当前，随着城镇化进程不断加快，大量农村青壮年劳动力流向城市务工就业甚至迁移城镇安家，农村人口比例不断下降，劳动力人口越来越少，留在村里的人口基本上都是老人、妇女和儿童，形成了许多“空心村”，农村社会一片冷清，乡村人才所剩无几。

1. 农村产业发展缺人推

农村现有老弱妇孺的农民，只能做一些简单的农活。真正有劳动能力、有产业生产技术和管理能力的职业农民很少，有能力带动农户共同发展的能人更少，因此推动农村产业发展十分艰难。

2. 农村基层组织缺人挑

农村社会需要有正式组织和社会组织共同来管理，各种组织需要有人来挑头。但是，由于农村人才缺乏，农村基层党组织、村委会、监委会、村民小组都难凑齐人选，道德评议会、红白理事会等社会组织就更难有人挑。

3. 农村文化事业缺人抓

农村文化设施陈旧老化无人管、文化娱乐、体育活动、农民思想教育、社会公德、文明乡风、民族文化遗产传承等文化事业没有人来抓。

4. 农村社会事业缺人管

农村托儿所、幼儿园、夜校、卫生室、村庄道路、村容村貌、村内饮水、公益设施、拥军优属、农村养老、孤老照料、资金互助等公益事业缺人关注和参与。

5. 农村生态建设缺人理

除了个别贫困户劳动力得到安排当了护林员以外，农村植树造林、封山育林、资源环境保护、村（屯）人居环境整治等农村生态文明建设还没有更多的人参与和关注。

（三）推进乡村“人才兴”的举措

事在人为，业靠人兴，美好蓝图要有人来绘。乡村振兴、集体经济兴，关键都在人。人才兴，产业兴；人气旺，乡村旺。农民是乡村振兴的主体，过程和结果都体现为人才兴旺，没有人才兴农村是没有生机活力的虚假繁荣。因此，在农业农村现代化建设中，要坚持以人为中心，注重情感牵引、人才培育、人才引入、产业发展、制度效用、环境改善，兴人气、聚人才、促发展，使乡村振兴有基础、有灵魂、有秩序、有温度。在工业化、城镇化、信息化和农业现代化的协调推进过程中，在有序推进农民市民化的同时，通过突破体制机制障碍，整合调动各方面资源和力量，激活农村资源要素，推进农村生态环境整治，发展壮大乡村产业，让农业成为有奔头的产业，让农民成为有吸引力的职业，让农村成为安居乐业的美丽家园。激励在乡就业、吸引能人返乡创业、推动市民下乡投资立业，让农村人才兴、人气旺，乡村才能振兴起来。

1. 重视育人才

乡村振兴最根本的力量是农村群众，因此要注重培养农村当地干部和职业农民，提高当地群众生产技术水平，调动群众的创新创造精神，发展农村经济，推动农村社会进步。一是重视培养村组干部。要加强农村干部队伍建设，包括乡镇领导成员、村“两委”成员和村民小组干部。县乡党委要有计划地培养农村在职干部和后备干部，让他们不断提高素质，健康成长，增强本领，成为农业农村现代化建设的领导人才。二是锻炼城乡干部。各级党委政府机关、人民团体和企事业单位的年轻干部都要有计划地轮流到农村锻炼，培养他们成为了解“三农”、热爱“三农”、联系“三农”、支持和指导“三农”发展的双栖人才。三是培养职业农民。根据当地中长期产业发展情况，有目的地培养当地农民熟练掌握产业发展技能，给他们评定技术职称，成为职业农民，成为推动农村产业稳定发展的技术人才。四是培养农村创业致富带头人。产业发展需要有项目带动，需要有人带头去做并且有能力做得好，富裕起来，能够带动其他群众共同致富，这就需要重视培养农村致富带头人（经济能人）。

2. 政策引人才

政府持续加大对“三农”的扶持力度，通过制定各类强农、惠农政策，完善农村土地使用等相关政策，合理有效地引导各类资源要素流向农村，创造城市人口愿意到农村创业发展的条件。对前往农村创办企业以及在农村就业的各类人员给予大力扶持；吸引城市人才流向农村创业，各类产业经营主体到农村投资创业；办好农村各类产业发展车间，实现农村人口在本地稳定就业，持续推进城乡产业融合发展。完善社会事业发展等公共服务设施，吸引教育、卫生、农技、社会工作者等农村需要的人才到农村发展立业。

3. 事业聚人才

国家应逐步加强村级政权建设，建设好村部和村部招待所，改善办公和食宿条件。一是让长期性轮流安排下乡的农村工作队员安心工作。二是为城镇机关干部、高校师生和社会文化工作者等下乡督查、服务、调研、采风，了解农情村况、开展文化交流等提供食宿方便。三是吸引在城市工作的本村公职人员和其他人员带家人回村探亲访友寻根，回顾乡愁，也为让其后代了解家乡，记住根在哪里提供便利；还可发挥乡贤作用，不定期回村义务协助村组办夜校，给村民做思想道德工作和文化科学知识的宣传普及，传递文明村史及乡村变迁故事。不断深挖乡村文化内涵，在民俗、民风上打造富有个性、特色的乡村文化品牌，让绿水青山和人文素养成为聚集人气的法宝。办好农村各种传统节日、歌会，发展农家乐、各种小吃、乡村土特产、农业观光等农村文化旅游业，以淳朴的村民、独特的民风，吸引各方宾客到农村旅游、休闲、探亲访友等，聚集乡村人气，大力引来推动乡村发展需要的人才。

4. 环境留人才

坚持农业农村优先发展政策原则，国家要加大对农业的扶持、奖补、保险，逐步实现农业机械化、电气化、设施化，不断完善现代农业产业体系、生产体系、经营体系，确保从事农业生产经营的劳动者有较高的收入，农村集体经济不断发展壮大，让农业成为有希望、有奔头的产业，农民成为体面的、有吸引力的职业。通过完善农村基础设施建设，不断改善农村环境卫生条件，健全乡村绿化、保洁制度，常态化抓好村容村貌提升，实现农村环境长久优美，空气保持清新，让农村成为宜居、宜业、宜游的好地方。政府要利用好当地资源优势发展农村产业项目，激发、调动、发挥当地群众自力更生、勤劳致富的主观能动性，把项目实施的过程变成“农村劳动力成为创业者，创业者成为致富者，致富者成为领路人”

的良性循环，使农村成为一个“留人磁场”，让有志之人乐于留在农村生产生活、实现人生价值。

5. 长期树人才

重视表彰，对科学种田、科学养殖、科学管理，实现在农村发展产业获得良好经济和社会效益、贡献大的农业经营主体，包括小农户、专业大户、家庭农场、农业公司、农业龙头企业、集体经济组织和各种经济联合体，按贡献大小分类给予表彰奖励，形成制度化，激励农民和各类城乡经营主体长期安心在农村发展，增强农业经营主体的责任感和使命感，不断扩大产业规模，提高整体综合效益。让广大农民看到农业农村发展的美好前景，让城乡人民逐步感受到农业强、农民富、农村美并成为现实。

6. 注重培养致富带头人

前述农村人才的培养包括农村领导人才、农村产业发展人才（职业农民）、农村经济能人（致富带头人）和“三农”人才。这些人才的培养，一直都在抓，但从巩固脱贫攻坚和全面实施乡村振兴战略来看，培养农村致富带头人显得尤为重要。因此，要认真总结脱贫攻坚阶段培养贫困村致富带头人成功经验基础上，至少在“十四五”期间要继续实施农村致富带头人培养工程，创新工作机制，培养更多农村致富带头人，成为村组合作社负责人和村干部，更加有力地推动农村经济发展和乡村振兴。一是将培养经费列入年度财政预算。各级党委政府发挥好社会主义制度优势，贯彻好农业农村优先发展政策原则，把培养农村致富带头人工作列入实施乡村振兴的重要议事日程，留足财政资金，安排专业部门和机构负责实施。二是选好培养对象。每年根据产业发展实际，每个村安排1～3人，从本村村干部、种养能手、退伍军人、返乡农民工、大中专毕业生中选择有创业致富愿望、有为人民服务信仰和追求进步志向的人作为培养对象。三是确定好培训机构。根据本县农村致富带头人的培养目标和任务，派人到有培养资质、能承担培养任务，培训效果好的对口培训机构和培训基地进行考察、比较、选定。四是制订好培养计划。根据各村产业发展需要，确定培养内容，做好培养计划，选送人员到相应的培训机构和基地进行培养锻炼，真正提高创业致富本领。五是发挥农村致富带头人的作用。人员培训结束后，要注意在实践中继续培养跟踪指导观察，不仅让他们能够把自家产业做得更好、更大，还要逐步认领本村组致富项目，把项目做得成功，能够逐步承担起本村组合作社等有关组织负责人的职责，带领本村组群众发展经济，逐步提高群众收入，实现共同致富。

总之，实施“三兴”不放松，是巩固拓展脱贫攻坚成果与乡村振兴有效衔接的必然要求和应有之义，我们必须高度重视，把狠抓“三兴”作为巩固拓展脱贫攻坚成果与乡村振兴有效衔接的基础性工作来抓，力求大见成效，从而促进脱贫成果的巩固拓展，促进乡村振兴得以实现。

第二十章

实行“两促”不动摇

“两促”是指促进基础设施的建设、维护和管理与促进农民脱贫致富内生动力的激励机制。在巩固拓展脱贫成果和乡村振兴有效衔接的新阶段，实行“两促”不动摇，既能保证脱贫群众具有不返贫的客观条件和内在因素，又能满足脱贫群众继续发展的需要；既能保证全面实现脱贫的目标，还能满足实施乡村振兴的要求。实行“两促”不动摇，无论是对脱贫群众还是对广大农村的发展，都具有重要的现实意义和深远的历史意义，必将为乡村振兴提供有力的支持。

一、促进基础设施的建设、维护和管理

基础设施是一个地方发展的标志，完善的基础设施不但能够为当地人民群众的生产生活带来便利，更能体现当地经济社会发展的程度和趋势。因此，促进基础设施的建设、维护和管理，改善贫困落后农村的基础设施，必然能为贫困农村巩固拓展脱贫成果，推进乡村振兴插上腾飞的翅膀。

（一）促进贫困农村基础设施的建设、维护和管理是具有深远的历史意义

俗话说，要致富，先修路；公路通，百业兴；水利是农业的命脉。交通和水利等基础设施建设在贫困地区脱贫攻坚中的作用是至关重要的，因此，要大力加强基础设施的建设、维护和管理。

1. 基础设施的完善是贫困农村的脱贫历史变迁最有力的印记

我国贫困地区之所以贫困，绝大部分都是因为地理环境造成的基础设施建设跟不上。随着扶贫工作的不断推进，贫困地区的基础设施建设也不断加强，贫困村落的面貌也在不断地改变，可以这样说，基础设施是推进贫困农村脱贫致富最基本、最不可缺的条件之一，更是贫困农村的脱贫历史变迁最有力的印记。在这方面，百色就是一个典型的例子。百色是一个连片深度贫困地区，在1985年的时候，有70%多的人口没有解决温饱问题，有60多万人、50多万牲畜饮水困难，有800多个行政村不通公路，有600多行政村不通电、不通邮、无电视信号、无通信网络。以1994年《国家八七扶贫攻坚计划》公布为标志，百色全面开展扶贫攻坚“十大会战”。通过组织实施“八七”扶贫攻坚计划，以及后续的精准扶贫攻坚战略，不但有效解决了百色山区的“饮水难、行路难、用电难、上学难、看病难”等问题，也为百色继续推进扶贫攻坚工作奠定了基础。到2015年，一是解决饮水困难215.6万人，占全市农村总人口的72.8%，实现安全饮水180多万人，占已解决饮水困难人口的55.2%。二是修建国道894.459公里，省道1328.296公里，县道3991.325公里，乡道2249.172公里，村道7596.012公里，专用道47.29公里；全市农村公路总里程达14171公里，所有的乡镇全部通沥青（水泥）路，100%的建制村通公路，95.28%的建制村通沥青（水泥）路。三是全市所有的行政村基本通电、通广播电视、通电话。四是所有的农户都建起了混凝土水泥结构的平顶房或砖瓦房，部分农户房前屋后实现了路面硬化、环境净化和美化。昔日低矮、破败不堪、散发着牲畜粪便恶臭的茅草房已经不见踪影，一片美丽乡村的景象随处可见。可以毫不夸张地说，基础设施的完善是贫困农村的脱贫历史变迁最有力的印记。正是因为基础设施建设取得了重大突破，使得百色人民的生产生活条件得到明显改善，让百色贫困群众摆脱了困境，更为今后群众推进乡村振兴创造了条件。

2. 基础设施的完善是国家治理和乡村振兴的具体体现及要求

党的十九大报告中提出了乡村振兴战略，要求按照“产业兴旺、生态宜居、乡风文明、治理有效、生活富裕”的总要求，加快推进农业农村现代化。为此，党中央和国务院又公布了《乡村振兴战略规划（2018—2022年）》，对农业农村的基础设施建设聚焦了方向，部署了新任务，配套了一系列重大工程和行动计划，为实现国家对乡村的有效治理和乡村振兴战略的有效实施提供了战略支撑和政策保障。因此，农村基础设施建设是国家治理和乡村振兴的具体体现及要求。其一，没有农村的基础设施建设，产业兴旺就缺乏基本条件。贫困农村落后的重要原因之一就是没有发展产业，而发展产业的基本条件就是要有较完善的基础设施。在基础设施不完善的情况下，自然条件较好的村落，没有产业的支撑，群众也只能混个温饱，根本谈不上致富奔小康；自然条件较差的村落，要达到温饱或富裕，唯一的选择就是外出打工。要想搞什么产业，在路不通、水不通、电不通的条件下，根本是不可能的。只有搞好基础设施建设，实现通路、通水、通电、通邮、通网等，实现乡村与城镇的无缝对接，然后才能大力发展产业，才能让群众摆脱贫困，实现致富奔康。其二，没有农村的基础设施建设，生态宜居就是一句空话。随着农村生活水平不断提高，群众对居住环境的要求也越来越高，农村的人居环境也引起国家和社会的广泛关注。党的十八大以来，提出了“加强农村生态建设，搞好垃圾、污水处理”“厕所革命”“实施乡村清洁工程，努力建设美丽宜居乡村”等一系列政策和目标要求。各地方也相继出台了一系列相关文件，把建设生态宜居乡村提上了工作日程。要落实好这些政策措施，切实改善农村的人居环境，基础设施建设是必不可少的。只有基础设施建设起来，实现通路、通水、通电、通邮、通网等，才能改善人民群众吃穿住行，改善其居住的环境。其三，没有农村的基础设施建设，乡风文明就无从谈起。乡风文明就是要求把社会主义核心价值观融入农村、融入群众，成为农村群众共同的价值追求和行为准则，提升农民群众的科学文化素质，形成崇尚科学、健康文明的民俗民风。要达到这样的要求，一要让农村群众生活水平得到提高。古人言：“仓廪实而知礼节”，没有物质生活的提高，就没有精神生活的提升。二要提高乡村的治理水平。要推进乡风文明建设，遏制社会丑恶现象。三要完善农村文化基础设施。让村社文化、民俗文化蓬勃发展。没有完善的基础设施，这些事情都是空谈。其四，没有农村的基础设施建设，治理成效就难以实现。治理有效就是要加快推进乡村治理体系和治理能力现代化。当前，乡村治理除了要加强党建、加强乡村基层自治组织、整合各种力量、重构乡村治理体系、打击各种黑恶势力、维护乡村社会环境之外，还要推进乡村的基础设施建设和公共服务延展、推进乡村文化发展、推进乡村生态文明建设。这些都离不开完善的基础设施。其五，没有农村的基础设施建设，生活富裕就是一种幻想。乡村振兴的根本就在于生活富裕。农村群众要达到生活富裕，过去的简单农耕方式已经不可能了，必须要发展新产业，形成新业态。要大力推进第一、第二和第三产业的有机融合、延长农业产业链、增加农业附加值、铺展电商产业、增加农民工资性收入、确保精准脱贫目标的实现及脱贫群众的后续发展、促进农民群众文化素质和身体素质的全面发展。要达到这样的目标，没有完善的基础设施，是不可能实现的。

3. 基础设施的完善是确保脱贫不返贫的基本保障和基础条件

2020年是决胜全面建成小康社会之年，也是决战脱贫攻坚之年，贫困人口全部脱贫摘帽的目标已经实现。如何确保脱贫成果，让脱贫群众不返贫，最基本的保障和条件就是要有完善的基础设施。从百色市40年扶贫的历程来看，基础设施建设首先为百色广大贫困农民解决了温饱问题，进而实现全面脱贫奔小康。从1980年到1993年，经历了调整生产关系，解放生产力，激活农村经济的活力，激发和调动广大农民的生产积极性和进行大规模有计划的开发式扶贫。虽然取得很大的成绩，使百色没有解决温饱的贫困人口由269万人减少到143万人，贫困发生率由79.4%下降到50.1%。但是，整个百色的贫困问题仍然非常严重。随着1994年4月《国家八七扶贫攻坚计划》公布实施，百色在全地区组织开展人畜饮水建设、村级公路建设、茅草房改造、村村通电建设、村村通广播电视建设、改善学校办学条件、地头水柜建设、异地安置建设、农村沼气池建设、屯级道路建设等“十大会战”，有效地解决了山区农村“饮水难、行路难、用电难、上学难、看病难”等问题。到2000年，基本解决了农村贫困人口温饱问题，基本消除了绝对贫困。在此基础上，2001

年在新一轮定点扶贫开发中，百色组织兴边富民大会战、桂西五县基础设施建设大会战、大石山区人畜饮水工程建设大会战，贫困农村基础设施得到了进一步完善。2011年12月，党中央、国务院制定了《中国农村扶贫开发纲要（2011—2020）》，做出了新一轮扶贫攻坚和实施精准扶贫战略部署，百色市制定和落实“十二五”农村扶贫开发规划，组织实施“精准扶贫”“精准脱贫”，从而使全地区的扶贫工作取得了新突破。

4. 基础设施的完善是体现党的执政理念在农村的深化和发展

党的执政理念包含两个层面，一是为谁执政，二是怎样执政。从第一个层面来说，党的执政宗旨就是全心全意为人民服务，立党为公，执政为民。农村基础设施建设正是体现了党的乡村振兴战略在农村的具体实施，体现了党和国家对农村和农民的关怀及重视，更体现了党全心全意为人民服务的执政宗旨。广大农村地区，特别是贫困地区，基础设施建设都比较落后，都需要花大力气、大价钱去建设，去完善。农村是党的执政基础，基础不牢，地动山摇。因此，党的乡村振兴战略，不但关系着人民群众脱贫致富奔小康，关系着我国广大乡村的进步与发展，关系着中华民族的伟大复兴，更关系着中国共产党执政的基础。基础的牢靠需要党和政府着力打造，需要运用正确的执政理念，实实在在地为民办事。只有把农村特别是贫困农村的基础设施建设好，才能带领人民群众发展产业，建设生态家园，改变乡风民俗，达到社会平安、生活有序和富足。

（二）促进贫困农村基础设施建设、维护和管理的五大举措

贫困农村基础设施的重要性毋庸置疑，在脱贫攻坚战中，各地也把基础设施建设作为脱贫措施的重要环节和抓手。但是，由于受各种原因和条件限制，贫困农村基础设施仍然需要加强建设、维护和管理。

1. 把农村基础设施建设、维护和管理纳入地方公共服务建设体系

农村基础设施与地方公共服务是贫困农村群众改善生产生活条件的最基本的物质基础。2020年“中央一号文件”（《中共中央　国务院关于抓好“三农”领域重点工作确保如期实现全面小康的意见》）指出，2020年是全

面建成小康社会目标实现之年，是全面打赢脱贫攻坚战收官之年。[①] 收官之战突出的问题是农村的基础设施和公共服务，取得精准脱贫攻坚战的胜利，巩固脱贫成果，必须解决农村的基础设施和公共服务问题。在加强农村基础设施建设和完善农村公共服务的同时，要把农村基础设施建设、维护和管理纳入地方公共服务建设体系。

（1）要强化主体责任，促进农村基础设施建设、维护和管理纳入地方公共服务建设体系。要强化基层党组织的全面领导作用及主体责任，从实际出发，落实好中央一号文件的各项任务，紧紧围绕全面建成小康社会的目标，把农村基础设施和公共服务体系等关系民生的事情安排好。县乡党委政府应集各方力量，通过各种安排，加快推进农村基础设施建设和地方公共服务建设，使两者发展水平均等、标准统一、制度一体。

（2）要通过深化改革，促进农村基础设施建设、维护和管理纳入地方公共服务建设体系。习近平指出："解决农业农村发展面临的各种矛盾和问题，根本靠深化改革。"在脱贫攻坚战中，针对农村基础设施和公共服务建设采取了"派驻村工作队""两不愁三保障工作机制""八有一超"等一系列有效治理手段，精准扶贫工作取得突出成就。在脱贫攻坚任务完成后，解决相对贫困将成为扶贫工作的重心，非常态的治理机制要融入常规的治理体系中。针对脱贫地区和非贫困地区农村基础设施及公共服务建设尚有欠缺、尚不完善的现状，各级党委政府必须适应和推进常态化治理体系，有效促进农村基础设施建设、维护和管理纳入地方公共服务建设体系。

（3）要融合主客体，促进农村基础设施建设、维护和管理纳入地方公共服务建设体系。作为农村基础设施和公共服务的享有者，农民及村集体经济组织，应有一个从被动的服务客体到主动的服务供给主体的转变。让农民及村集体经济组织既是服务的享受者又是服务的供给者。地方党委政府要通过鼓励、引导、支持农民发展村集体经济，激发其内生动力，然后以村集体经济发展所得谋农村基础设施建设和公共服务的福利。

① 毛铖：《在深化改革中完善农村基础设施与公共服务》，中国社会科学网，https://baijiahao.baidu.com/s?id=1667171890639791857&wfr=spider&for=pc，2020-05-20。

2. 加大农村基础设施建设、维护和管理资金的投入以及管理力度

随着乡村振兴战略的实施和精准脱贫战役的打响，我国在农村基础设施建设、维护和管理资金的投入不断加大，基本实现了村村通路、通水、通电、通邮、通网，很大程度上改善了农村特别是贫困农村群众的生产和生活条件。但是，由于许多贫困农村的基础设施建设是在各种大会战、攻坚战中建设起来的，存在很多问题，也有许多缺漏，很多地方的基础设施在建设方面还要加强，在维护和管理上还要进一步完善。因此，要让脱贫群众真正实现小康生活，要让乡村振兴战略落实到位，还必须加大农村基础设施建设、维护和管理资金的投入、管理力度。

（1）确保中央财政较高的支持力度。农村基础设施的建设、维护和管理需要大量的资金，而地方财政特别是贫困地区的地方财政财力严重不足，而中央财政对农村基础设施建设投资的绝对量虽然是增长的，但比例却有所下降。因此，在保持中央对农村基础设施建设的投资主体的同时，应适当增加国家对农村基础设施建设投入资金的比例，确保贫困地区农村基础设施建设的财政资金来源稳定。

（2）加大资金投入和管理的法律约束。农村基础设施建设、维护和管理的资金投入主体是中央财政和地方各级财政，作为受益者的农民群众对投资农村基础设施建设的积极性却有待进一步。究其原因，最重要的一点就是担心政策的连续性和稳定性。因此，应加强对农村基础设施建设、维护和管理资金投入和管理的法律约束，从中央层面制定相应的法律法规，地方配套一系列规章制度，做到有法可依，将农村基础设施建设、维护和管理资金投入及管理纳入法治轨道。只有在法治渠道上，配合稳定、连续、规范的政策指引，才能提高社会各界及农村群众投资农村基础设施建设、维护和管理的积极性。

（3）大力培育农村社区社会资本。农村基础设施建设、维护和管理的投资主体主要有两个，一个是政府，另一个是农户。在现行运作中，几乎是一边倒地由政府买单，由于政府财力受到一定硬约束，往往会导致对农村基础设施建设、维护和管理投入不足，这就需要农村社区社会资本的助力。因

此，要更好地促进农村基础设施建设、维护和管理，改善农村基础设施供需不平衡问题，就要大力培育农村社区社会资本，实现对农村基础设施建设、维护和管理投入内外结合，共促发展。[①]

3. 提高群众对农村基础设施建设、维护和管理的思想认识及自觉性

农村基础设施建设、维护和管理的好坏，跟群众的思想觉悟有很大的关系。群众的思想觉悟高，他们会积极参与其中，充当参谋和监督、维护者，对于促进农村基础设施建设、维护和管理是非常有利的；群众思想觉悟不高，他们就不会参与其中，只是旁观者，有些甚至成为破坏者，这对于促进农村基础设施建设、维护和管理是非常不利的。因此，各级党委政府一定要在提高群众对农村基础设施建设、维护和管理的思想认识及自觉性上下功夫，才能更好地促进农村基础设施建设、维护和管理。

（1）要加大宣传力度。通过大力宣传，首先，要让群众认识到农村基础设施建设、维护和管理是大家应尽的义务，破坏基础设施是违法犯罪的行为，是可耻的。其次，要让群众认识到农村基础设施建设、维护和管理有利于农村经济和社会的发展，方便群众的生产生活。最后，要让群众对农村基础设施建设、维护和管理的意识入心入脑，化作自觉参与对农村基础设施建设、维护和管理的行动。

（2）要发展农业产业。通过发展农业产业，首先，让群众尝到农村基础设施建设给他们带来实实在在的好处，认识到农村基础设施建设、维护和管理的重要性。其次，让群众过上富足的生活，从农村产业发展中领悟农村基础设施建设、维护和管理与产业发展之间密不可分的关系。最后，让群众在享受美好生活的同时，自觉参与到农村基础设施建设、维护和管理的行动中。

（3）要赏罚并举。一方面，对于在农村基础设施建设、维护和管理中作出贡献的，要给予精神和物质上的奖励，树立榜样，引导、释放正能量。另一方面，对于在农村基础设施建设、维护和管理中有消极行为的，要予以批

---

① 张开华、万敏：《加大农村基础设施建设投入力度研究》，《科技进步与对策》2010年第8期。

评教育；有破坏行为的，依法严厉打击。要把他们作为负面典型，教育广大群众，打击、压制负能量。

4. 培养一批当地农村的基础设施建设、维护和管理方面的技术人员

基础设施建设、维护和管理工作很多是技术活，需要懂得技术的人。培养一批当地农村的基础设施建设、维护和管理方面的技术人员，一方面，在当地农村基础设施建设、维护和管理中出现的中小型工程问题的时候，可以由当地技术人员迅速处理，不需要经过繁杂的报批程序和漫长的等待，有利于当地农村快速复工复产。另一方面，在培养当地农村的基础设施建设、维护和管理方面的技术人员时，要重点培养有知识文化的脱贫户人员，增强其责任心和使命感，既有利于帮扶脱贫户继续发展致富不返贫，也有利于进一步促进农村基础设施建设、维护和管理。

5. 制定关于农村基础设施建设、维护和管理的规章制度及村规民约

农村基础设施建设、维护和管理需要制度作为保障，没有规矩，不成方圆。因此地方政府要制定关于农村基础设施建设、维护和管理的规章制度，使农村基础设施建设、维护和管理有一套质量评估指标体系，有一套绩效考核机制，有一套监督管理制度，有健全的法律法规。确保在农村基础设施建设、维护和管理中资金能落实、安全有保障、质量合标准、不良行为得到处理。作为村级政权，要制定一套村规民约，用于加强对村民在农村基础设施建设、维护和管理中行为的培养与约束。

二、促进农民致富内生动力的激发

党的十八大以来，脱贫攻坚就成为全面建成小康社会的重要政治任务。在精准脱贫实践中，以习近平同志为核心的党中央充分认识到能力贫困是引发收入贫困的最重要因素，并多次强调了消除能力贫困的重要性。习近平总书记指出，“扶贫要同扶智、扶志结合起来”“要加强扶贫同扶志扶智相结合，让脱贫具有可持续的内生动力”。在巩固拓展脱贫成果，全面推进乡村振兴的时代，针对脱贫群众，全面提升其能力，促进其内生动力的激发，只有这样，才能实现长期、持续、稳定和彻底的脱贫。

（一）促进农民致富内生动力的激发意义十分重大

在扶贫工作实践中发现，贫困农民普遍存在一些消极的思想行为，要么得过且过，要么“等、靠、要”，甚至以成为贫困户为荣。一些非建档立卡农户还极力争取成为贫困户，成为帮扶对象。这种不正常、消极的现象正是缺乏内生动力的表现。因此，在实现战胜贫困全面建成小康社会后，如何保证脱贫群众持续发展而不致返贫，农民内生动力的激发就显得尤为重要。

1. 关系贫困农民彻底摆脱贫困的内心需求及渴望

贫困农民之所以贫困，有许多因素，但归纳起来就两方面，一是客观因素。主要是这些贫困农民所居住的地方几乎都是偏远山区，山多地少，基础设施落后，劳动力外流，人才匮乏。二是主观因素。（1）思维问题。这些贫困群体大多数没有强烈的脱贫意愿，具有的却是畏难情绪、抵触变更的落后思维。（2）思想问题。受长期“输血式”扶贫的影响造成的“懒汉”思想和“等、靠、要”思想在部分贫困户中根深蒂固。这种思想既不利于脱贫攻坚战的进程，也不利于全面建成小康社会的推进，更不利于贫困群众彻底摆脱贫困的内心需求及渴望的萌发。因此，促进农民内生动力的激发，让贫困农民摆脱落后的思维定式及消极的思想意识，就十分必要。

2. 关系后脱贫时代落后农村发展的目标及着力点

后脱贫时代是我们步入全面小康、消除绝对贫困的时代。这个时代落后农村发展的目标就是国家乡村振兴战略中的产业兴旺、生态宜居、乡风文明、治理有效、生活富裕五大要求。在消除绝对贫困后，治理相对贫困将成为今后工作的着力点。要在贫困落后的农村实现五大目标，找准扶贫工作的着力点，促进农民内生动力的激发将成为重点的工作。而当前贫困农民虽然在举全国之力进行的决战贫困决胜小康的战役中获得暂时的胜利，摆脱了贫困户的帽子，但是，他们大多数人在今后将仍然属于相对贫困者。一方面在社会主义初级阶段，无论是物质财富还是精神财富都没有得到极大的满足。占有较多资源的人成为富裕者，占有相对较少资源的人成为相对贫困者。另一方面相对贫困还表现为思想文化的贫乏、精神意志的颓废和人际关系的缺失。这些因素都会让贫困农民继续成为相对贫困者。因此，只有通过各种方法和途径激发贫困农民的内生动力，从消除贫困农民收入贫困转向消除贫困农民能力贫困，才能让贫困农民真正、彻底摆脱贫困。

3. 关系乡村振兴战略的实施及和谐乡村环境构建

要实现乡村振兴，前提是要先缓解乡村贫困，我国进行的精准扶贫战略，使我国消除了绝对贫困。这并非扶贫的终点，而是进入针对相对贫困实施贫困治理的新阶段。2020年3月，习近平总书记在决战决胜脱贫攻坚座谈会上强调，要接续推进全面脱贫与乡村振兴的有效衔接。这就是下一步扶贫工作的方向。因此，只有促进农民内生动力的激发，才能有效实施乡村振兴战略。一方面，贫困农民内生动力激发与否，与贫困农民自身全面发展与否成正比，与贫困农民获取的各种无形资源成正比，与贫困农民致富奔康的速度成正比。另一方面，贫困农民内生动力激发与否，不但会影响脱贫攻坚的进程，也会影响全面实现小康社会的进程，更会因为各地之间、各村之间、各村民之间发展的不均衡而影响和谐乡村环境的构建。

4. 关系着实现中华民族伟大复兴梦想的进程及步伐

习近平总书记在党的十九大报告中指出：实现中华民族伟大复兴是近代以来中华民族最伟大的梦想。习近平还强调，行百里者半九十。中华民族伟大复兴，绝不是轻轻松松、敲锣打鼓就能实现的。全党必须准备付出更为艰巨、更为艰苦的努力。实现中华民族伟大复兴中国梦的关键一步，就是全面建成小康社会。正如习近平总书记指出：“实现中华民族伟大复兴的中国梦，就是要实现国家富强、民族振兴、人民幸福”“实现中国梦，第一步是全面建成小康社会。”[①] 全面建成小康社会，重要的是做到“全面”，覆盖的人口要全面，覆盖的区域要全面，覆盖的领域要全面，惠及全体人民。“小康不小康，关键看老乡。”习近平总书记指出：“如果贫困地区长期贫困，面貌长期得不到改变，群众生活长期得不到明显提高，那就没有体现我

① 北京市习近平新时代中国特色社会主义思想研究中心：《实现中华民族伟大复兴中国梦的关键一步——深入学习贯彻习近平总书记关于全面建成小康社会的重要论述》，《人民日报》2020年5月12日。

国社会主义制度的优越性，那也不是社会主义。”[①] 因此，促进贫困农民内生动力的激发，不仅仅是贫困农民个体脱贫致富的问题，更是关系着能否全面建成小康社会，进而实现中华民族伟大复兴梦想的问题。

（二）促进农民致富内生动力的激发的五大举措

农村贫困群体内生动力不足是全国各地精准扶贫中普遍存在的问题。究其原因主要有以下几个方面：一是“不想”。很多贫困农民思想上求稳怕变，排斥变革、缺乏进取的小农意识根深蒂固。二是“不干”。很多贫困农民得过且过，只求一日三餐，今朝有酒今朝醉，陈规陋习积重难返。三是“无能”。贫困农民受教育水平普遍较低，缺乏认知能力和自我发展能力。四是“无助”。由于各种因素，贫困农民没有得到应有的发展资源、能力资源、机会资源和榜样资源的帮助。五是“无奈”。贫困农民对于自身的处境显现的是一种无奈的心情，放任自流，不思进取。因此，必须加大力度促进农民内生动力的激发，才能使贫困农民在脱贫之后，走向生活富裕的发展之道。

1. 加大宣传力度，激发群众有“想”致富的思想

要促进农民内生动力的激发必须加大宣传力度，让贫困农民逐步认识、了解国内外大环境的基本情况，国家发展的历程，我国改革开放取得的辉煌成就，党和国家的路线、方针、政策及法律法规，以及精准扶贫战略、小康社会建设、乡村振兴战略和中华民族伟大复兴的中国梦，让贫困农民心里的震撼、自豪感、紧迫感、不甘落后的心情油然而生，进而逐步摆脱各种思想禁锢，从而产生“想”致富的冲动和念头。

（1）要加大对国际国内大环境的宣传。通过宣传，让贫困农民开阔眼界，更有国家归属感，更能认同党和国家的路线、方针、政策及法律法规，更能感受党和国家对农村及农民群众的重视和关怀。

（2）要加大对我国发展及改革开放历程的宣传。通过宣传，让贫困农民

---

① 北京市习近平新时代中国特色社会主义思想研究中心：《实现中华民族伟大复兴中国梦的关键一步——深入学习贯彻习近平总书记关于全面建成小康社会的重要论述》，《人民日报》2020年5月12日。

了解中国共产党的斗争历史、新中国成立的历史和发展的历程、我国改革开放的历程及取得的辉煌成就，国家从贫穷落后到发展壮大的变化。让贫困农民深深体会我国在中国共产党的领导下顽强不屈、艰苦奋斗、创新进取的精神，并从内心深处产生共鸣。

（3）要加大对党和国家的路线、方针、政策及法律法规的宣传。通过宣传，让贫困农民了解党和国家的路线、方针、政策，懂得基本的法律知识，能够更好地理解、支持、执行地方党委政府的脱贫攻坚及其他农村工作，也能从内心上要求自己积极配合地方党委政府做好脱贫致富奔小康工作。

（4）要加大对精准扶贫战略、小康社会建设、乡村振兴战略和中华民族伟大复兴的中国梦的宣传。通过宣传，让贫困农民了解它们之间的逻辑关系，认识到自己如果不脱贫致富，将成为影响它们发展进程的一分子，从而从内心深处萌发出一种使命感、责任感、自豪感。

（5）要加大对脱贫致富典型的宣传。榜样的力量是无穷的。通过对脱贫致富典型的宣传，让贫困农民了解到其他贫困户脱贫致富的事迹，从而受到感动、受到启发，再而产生“我也能脱贫致富、我也要脱贫致富”的心理。

2. 改变扶贫方式，激发群众“干”工作的劲头

在过去几十年扶贫的历程中，最值得吸取教训的扶贫方式就是“输血式”扶贫。因为“输血式”扶贫在贫困群体中形成了懒汉思想，造成了“等、靠、要”的思维，不但难以让贫困群体真正脱贫致富，还打击了扶贫工作者的热情及积极性，严重阻碍了脱贫攻坚的进程、阻碍了全面建成小康社会的进程，更阻碍了贫困农民内生动力的激发。因此，促进贫困农民内生动力的激发，就要改变扶贫方式，变“输血式”扶贫为“造血式”扶贫。

（1）改送钱送物为送科技。科技是第一生产力。通过农业实用技术培训、电子商务知识培训等途径使贫困农民掌握一定的农业应用技术、互联网技术，从而使贫困农民创业就业的能力不断提高，让贫困农民首先具有“干”活的技能。

（2）改送钱送物为送产业。农业是农民赖以生存、发展、实现脱贫致富的根基。发展现代农业产业，是农村贫困人口走向富裕的根本途径。如百色在40年的扶贫历程中通过发展粮食产业、蔬菜产业、蔗糖产业、水果产业、林业产业、茶叶产业、烟叶产业、桑蚕产业、中草药产业、畜牧水产业等十大农业产业为贫困农户“造血”，促进农民增收，使260多万农村贫困人口脱贫致富，其中产业扶贫起到了至为关键的作用。通过产业扶贫，让贫困农民有了“干”工作的基础。

（3）改送钱送物为送保障。贫困农民由于长期处在弱势地位，造成他们胆小怕事的性格，在脱贫攻坚中缩手缩脚，不敢为脱贫致富大胆放手地去“干”。因此，必须有足够的保障，才能让贫困农民放心大胆地为脱贫致富而奋斗。首先，要有政策作为保障。包括各级各类政策，特别是社会保障类政策和有关土地类政策。其次，要有生产资金作为保障。包括各种扶贫专项资金、低息或贴息贷款等。最后，要有风险保障，包括生产过程中的风险和产品出来后的风险保障。

3. 注重“志”“智”双扶，阻断贫困续“传”年青一代

习近平总书记指出：“扶贫要同扶智、扶志结合起来。”习近平总书记还指出：“扶贫先扶智，绝不能让贫困家庭的孩子输在起跑线上，坚决阻止贫困代际传递。”① 因此，必须十分注重“志”“智”双扶。通过“志”“智”双扶，才能激发贫困农民的内生动力，摆脱贫困；才能让贫困农民的下一代身心得到全面发展，个人发展能力、水平得到提高，适应社会发展趋势的能力得到提升，不会因为父辈的贫困而不得不接受贫困的“传承”。

（1）要通过“志”“智”双扶促进贫困农民内生动力的可持续性。习近平总书记指出：“要加强扶贫同扶志扶智相结合，让脱贫具有可持续的内生动力。”因此，扶志主要是让贫困农民摆脱“意识贫困”，扶志就是扶思想、扶观念、扶信心、扶毅力，通过扶志，让他们树立起摆脱贫困的斗志和勇气，树立脱贫致富的信心和决心。通过扶志，激发贫困农民“撸起袖子加油干”的实干精神，依靠顽强斗志和勇气迎难而上，克服困难，取得成就，

① 马玉娜：《多措并举激发脱贫攻坚内生动力》，求是网，http://www.qstheory.cn/2019-08/15/c_1124879115.htm，2019-06-04。

走出贫困。[①]扶智主要是让贫困农民摆脱“能力贫困”，扶智就是扶知识、扶技术、扶思路，提升贫困人口参与经济社会活动而获得收入的能力。扶智就要通过加强各种教育，提高贫困农民文化基础知识和各种实用技能，提升贫困农民运用知识分析和解决问题的思维方法，提升贫困农民为脱贫致富作出长远规划的能力，提升贫困农民就业导向的知识、技术和思路，培养贫困农民正确的工作态度、价值观和工作习惯。[②]通过“志”“智”双扶，促进贫困农民内生动力的激发、促进贫困农民可持续的内生动力。

（2）要通过“志”“智”双扶增加贫困农民就业机会。通过就业让贫困农民摆脱“机会贫困”，促进其内生动力的激发。失业和无业是导致贫困的重要原因，贫困农民长期游离在劳动力市场之外，个人志向和智慧难以转化为生产力，会加剧信心的丧失和知识技能的退化，使“志”“智”双扶工作成果付之东流。只有增加扶贫对象的就业机会，才能将他们的志气和智慧转化为现实生产力。因此，要通过完善多元化参与机制、信息资源共享机制、风险分散补偿机制、正向发展激励机制等增加扶贫对象的就业机会[③]，使得到“志”“智”双扶，摆脱“意识贫困”和“能力贫困”的贫困农民，同时摆脱“机会贫困”；这样激发其内生动力就既有思想基础，又有智力保障，同时还有实践载体。

（3）要通过“志”“智”双扶全力培养贫困农民的后代。贫困农民大多数“志”“智”不全，虽然通过“志”“智”双扶得到了一定的补充和提高，一定程度上达到了促进贫困农民内生动力激发的目标，促进了脱贫攻坚的进程和全面建成小康社会的进程。然而，要想持续地促进贫困农民内生动力的激发，让贫困家庭真正、彻底地摆脱贫困并实现致富奔康，阻断贫困“代际传递”，就要全力培养贫困农民的后一代。首先，要力保贫困农民的子女在学龄期间全部能够入读，一个都不能少。其次，对于在读的贫困家庭子女要学杂费全免，还要给予一定的生活补贴，确保他们不因缺少学习费用而辍学。再次，各类高校、职校、技校要免费接纳贫困农民子女就读，同时

①②③　马玉娜：《多措并举激发脱贫攻坚内生动力》，求是网，http://www.qstheory.cn/2019-08/15/c_1124879115.htm，2019-06-04。

对于毕业后就业有困难的要帮助其就业。最后，对于贫困家庭的大学毕业生，要为他们提供创业的机会、机制、保障及资源的支持。

4. 树立致富榜样，实现先富“带”后富的气象

在农村贫困农民中有一部分人是具有创新精神的，只是由于多次创业的失败，不仅让他们丧失了大量资源，也丧失了从头再来的勇气和信心；也有一部分人因为自身贫困，不具有对抗和承担风险的能力，觉得自己做什么都不会成功。针对这些贫困农民，需要扶贫干部对其进行有针对性的重点帮扶，先从心理上解决问题，再为其提供符合个人实际情况的脱贫方案，增强其脱贫致富的内生动力，帮助其重拾脱贫致富的理想与自信。[①]在这部分贫困农民脱贫致富后，要将他们作为脱贫致富的成功案例树立典型，并加以宣传，扩大影响，以点带面，带动附近农村贫困农民争取脱贫致富的信心和决心。

（1）树立的典型必须具有榜样的作用。首先，这个典型原先必须是真正的贫困户。这个贫困户有自己进行过脱贫致富的努力，是个积极有上进心的人。不能选择一些农村的能人作为脱贫致富的典型，更不能选择一些投机取巧的人作为典型。其次，要就近发掘、扶持脱贫致富典型。身边发生的事情更能感动人、影响人。要让贫困农民从身边的脱贫致富事例中心灵受到冲击、心情萌发冲动、信心得到鼓舞。

（2）树立的典型必须具有普遍的学习性。首先，这个典型的脱贫致富事业必须是其他贫困户能够学习、模仿的，而不是只有特殊的人才能做的。其次，这个典型的脱贫致富事业必须是困难程度不是很大的，只要有信心，有决心，有恒心，加上有扶贫工作队的扶持和帮助，就能够实现脱贫致富的。最后，这个典型的脱贫致富事业必须是低风险、有保障的。

（3）树立的典型必须具有带动的效应。首先，树立的典型人物必须为人正直、公道、正派，有感恩之心、回馈之心和家乡情怀。其次，树立典型从事的必须是当地有发展前景的农业产业。最后，树立的典型必须是能够长期

① 申红卫：《延安率先实现脱贫致富的产业支撑研究》，《延安大学学报（社会科学版）》，2017年第2期，第62-67页。

发展的产业。只有这样的典型，才能起到榜样的作用，才能激发贫困农民内生动力，从而带动贫困农民脱贫致富奔小康。

5. 加强道德建设，激发群众“内”在的潜力

习近平总书记2014年5月4日在北京大学师生座谈会上指出：“核心价值观，其实就是一种德，既是个人的德，也是一种大德，就是国家的德、社会的德。国无德不兴，人无德不立。如果一个民族、一个国家没有共同的核心价值观，莫衷一是，行无依归，那这个民族、这个国家就无法前进。”社会主义核心价值观的培育与践行，实际上就是社会主义道德的培育与践行。[①]如果没有道德精神，国家和民族的兴旺将无法实现；没有道德精神，人的完善与社会的和谐将无从追寻；没有道德精神，中华民族伟大复兴将无法实现。因此，促进贫困农民内生动力的激发，必须要加强对贫困农民进行道德教育及培养。只有贫困农民都具有道德精神，其才能发自内心地拥护党的路线、方针、政策，才能发自内心地配合决战贫困和决胜全面建成小康社会，才能发自内心地要求摆脱贫困。

（1）加强道德建设，必须强化道德评价机制。一是要完善道德评价组织。由县乡一级成立道德评价领导机构和指导小组，指导本县本乡进行道德评价，由村民小组和村民代表组成评议小组，对所辖农户家庭的道德行为表现开展评议，把评议结果量化成道德积分。这些道德积分将作为贫困农户的信用积分。二是要制定道德评价标准。以社会主义核心价值观作为大的评判标准，具体的以农民群众日常生产生活中需遵守的行为规范为基础，主要包括遵纪守法、行为文明、热心公益、支持发展、诚实守信、勤劳致富、家庭和睦、邻里团结等八方面内容为重点。三是要建立道德评价运行机制。采取群众自评、评议小组月评、指导小组季评的办法，评议结果要公开进行公示，接受群众的监督，确保道德评价公平、公正、公开。

（2）加强道德建设，必须强化道德修养机制。一是要以社会主义核心价值观为道德修养的主要内容引领道德建设，不断更新人们的思想道德观

① 江勇：《以社会主义核心价值观引领道德建设》，人民网，http://theory.people.com.cn/n1/2017/0421/c40531-29226728.html，2017-04-21。

念。要让社会主义核心价值观日常化、具体化、形象化、生活化，使每个农民群众都能感知它、领悟它，并内化为精神追求，外化为实际行动，做到明大德、守公德、严私德。这样既能完善社会主义道德体系，又能提高全民族道德素质，优化社会道德风尚。① 二是要帮助农民群众提升道德修养。首先通过开办道德讲堂、农民夜校、文艺演出、微课堂等渠道向农民群众普及道德知识，提升农民群众文化和道德素养。其次要强化宣传和树立典型。文明行为和道德品行的塑造，离不开宣传引导，最有效的宣传引导方式莫过于树立典型榜样。要大力开展文明创建、评先评优和优秀事迹宣传报道，引导农民群众向典型学习、向先进看齐，不断提高农民群众主动提升自身文明修养和道德品行的主动性和积极性。② 最后要强化监督、合理规范村规民约。加强村民的行为规范监督和管理，不但可以减少农民群众一些不文明不道德行为，营造美丽和谐民主文明的乡村环境，而且对于农民群众的道德素养的培育，起到非常大的作用。三是要强化乡风治理。乡风文明是农民群众道德素养培育的温床。强化乡风治理，提升乡风文明，让农民群众增强内心自律，自觉遵守村规民约，保持自身操守，升级农民群众的精神风貌，自觉参与到脱贫攻坚和小康社会建设中，激发其内在的潜能。

（3）加强道德建设，必须强化道德激励约束机制。乡村的德治水平是乡村文明的基础，更是乡村振兴的基石。提升乡村的德治水平，从小的方面来说，可以促进农民群众全面发展，激发他们脱贫致富的内生动力；从大的方面来说，不仅有利于脱贫攻坚战略的推进，也有利于全面建成小康社会伟大工程的推进，更有利于乡村振兴战略的实施。要提升乡村的德治水平，就要建立道德激励约束机制，一方面，通过完善基层民主制度，健全基层党组织领导的充满活力的基层群众自治机制；通过完善村务公开、民主管理、有序参与、信息公开、议事协商、权力监督的村级民主监督机制，形成民事民议、民事民办、民事民管的多层次基层协商机制，引导农民实现自我管理、

① 江勇：《以社会主义核心价值观引领道德建设》，《光明日报》2017年4月21日。

② 何何：《提升群众文明道德素养，建设美丽乡村》，搜狐网，https://www.sohu.com/a/299431381_100145635，2019-03-06。

自我教育、自我服务、自我提高，保障村民享有更多、更切实的民主权利。另一方面，通过挖掘乡村社会蕴含的道德规范，结合社会主义核心价值观的时代要求，引导农民向上向善、孝老爱亲、重义守信、勤俭持家的道德风尚，实现农民家庭和睦、乡村邻里和谐、农村工作中干群关系融洽。

总之，百色虽已如期脱贫摘帽，但这并不是我们扶贫工作结束的时候，而是由扶持绝对贫困向扶持相对贫困转移的开始。因此，必须毫不动摇地继续坚持实行“两促”工作，把巩固脱贫成果与乡村振兴有效衔接起来，确保脱贫群众不返贫，保证贫困群体致富奔康，确保乡村振兴战略的顺利实施，确保中华民族伟大复兴中国梦的实现。

第二十一章

狠抓“六协”不改弦

脱贫攻坚，进而推进乡村振兴，是一项系统工程。实践证明，要取得系统成效，需要系统要素的协同推进，各系统领域的相互促进和多种手段的协同作用。实现脱贫目标，巩固脱贫成果，涉及六大主要要素，即财政金融、现代信息技术、社会力量、动态治理、基层组织等。所谓“六协”，就是财政金融、现代信息技术、社会力量、动态治理、基层组织的各要素保障巩固脱贫成果、全面推进乡村振兴的协同机制。亦即通过构建财政金融扶持协同机制、现代信息技术支撑协同机制、物流快递运行协同机制、社会力量结对帮扶协同机制、动态协调与监管治理协同机制、基层组织保障协同机制等来保障巩固脱贫成果的长效机制的落实和运行，全面推进乡村振兴。在多年的扶贫脱贫实践中，尤其是实施脱贫攻坚以来，六大要素的协同作用是百色取得脱贫巨大成就的关键。在巩固脱贫成果，全面推动乡村振兴中，仍需狠抓“六协”不放松。

一、财政金融扶持的协同机制

资金是国民经济的血液。在巩固拓展脱贫成果，全面推进乡村振兴中，资金支持不可或缺。从来源途径看，资金包括财政资金、融通资金、社会资金等。在现代经济社会中，这三种资金往往又是相互作用，关系密切，其本身也需要协同调配。

（一）继续完善和实施财政扶持的政策

实践证明：财政资金的直接投入是最行之有效的扶贫手段。一方面，继续实施财政资金的直接投入，持续改善脱贫后农村地区的生产生活条件，既能满足农民群众基本的生产生活需要，也能让农民群众参与基础设施建设而增收，提升获得感。另一方面，财政资金对教育、健康、文化等公共服务的继续投入，能够促进人力资本积累，阻断贫困的代际传递，提升脱贫致富的内生动力，使脱贫从“量”的减少向“质”的提升转变。

一是继续完善和实施涉农财政资金的整合政策。整合涉农资金的实质是集中财力办大事，按照“渠道不乱、用途不变、统筹安排、集中投入、各负其责、各记其功、形成合力”的原则，把有限资金实现统筹安排，办成、办好大事。在前期实施的精准扶贫、精准脱贫战略中，整合涉农资金切实提高了涉农资金的使用效益，在促进产业发展和农民增收、条件改善上发挥了积极作用。由于巩固拓展脱贫成效和乡村振兴任务的艰巨性、时间的长期持续性、建设内容的广泛性，决定了财政资金投入与巨大资金需求相比，在任何时候都是不足的。因此，整合涉农财政资金，发挥集中财力办大事的优势，提高资金使用效益，仍是必要的。要进一步完善整合涉农资金的领导机制，建立健全领导机构和联席工作机制，制定统筹使用管理、强化监督检查、提升资金使用效率、加强示范引领等一系列实施意见和办法，形成各类资金用得好、用得快的制度体系。要进一步完善整合涉农资金的全程监管机制，建立健全民主决策机制和群众参与机制，推行项目公示制、招标制，实行责任追究制，确保涉农资金管理规范，使用高效，运行安全。要进一步完善激励机制，调动各单位、各部门争取资金的积极性。

二是要重点支持提升农村农民自我发展能力的项目。在巩固拓展脱贫成果和推进乡村振兴中，财政资金扶贫应该主要运用到产业化建设项目、基础设施建设项目和教育培训项目等三类主要项目上。产业是持续脱贫进而致富的关键，基础设施建设是改善农村农民生产生活条件、缩小城乡发展差距的基础，教育培训是农户持续自我发展的必然要求，要建立财政资金向此三类项目重点倾斜的长效机制，让有限的资金用在刀刃上，发挥关键作用。

三是要继续完善财政资金撬动社会资金、信贷资金参与巩固拓展脱贫成效和推进乡村振兴的长效机制。重视发挥财政资金在动员社会资金参与上的积极作用。如以财政贴息为重点，降低信贷融资成本，推动金融支持产业扶贫，实质就是政府财政资金和金融信贷资金配合作用下的金融扶贫模式。各级地方政府出资增信和定期贴息发挥财政资金杠杆作用，人民银行发放扶贫再贷款做金融机构资金后盾，政府、人民银行和金融机构各司其职，搭建成合作、互利、共赢框架。以广西凤山县为例，由农村信用社对扶贫贷款执行基准利率，凤山县政府对贷款利息予以全额补贴，人民银行对信用社给予增加扶贫再贷款支持，在资金供给和运用两端形成规模，以数量弥补涉农金融机构“薄利”，从而实现了降低政府负担、兼顾金融机构利益、免除贫困户利息成本的三赢局面，构建了小额扶贫贴息贷款良好的运作环境。[①] 要借鉴这类成功的经验，切实发挥有限财政资金的杠杆效应，调动金融资金流向，巩固脱贫成效，支持乡村振兴。

（二）要继续完善和实施金融扶贫政策

党的十八大以来，中央不断完善金融扶贫政策体系，加强宏观信贷政策指导，调动金融系统力量集中攻坚，为打赢脱贫攻坚战提供了强有力的支撑。巩固脱贫效果，战胜相对贫困，实现乡村振兴，一是要完善金融扶贫政策机制。继续推广田东县金融扶贫的经验：建立三级工作机构，发挥各级政府的领导和主导作用；建立农户信用信息管理系统，实现信用信息共享，为农户增信以获得贷款的权利和资格提供保障；建立信用户、信用村、信用乡镇评价标准；建立科学的信用评价机制，规范评价行为，确保信息数据时效性和真实性；创新优惠政策，促进信用评价成果运用；推动农村信用体系建设发展，扩大受益面。将农民专业合作社进行信用等级评价及授信，新增“精准扶贫”信息管理系统，对农民群众进行信用评级，大力发放扶贫小额信用贷款。二是引导以发展产业为核心，加大信贷投放力度。巩固脱贫成效，实现乡村振兴，最终靠的是能够持续发展、持续给农户带来收入的产

① 徐友仁：《凤山金融扶贫扎实精准》，金融界网，http://m.jrj.com.cn/madapter/finance/2016/12/23073021877242.shtml，2016-12-23。

业。在实施精准扶贫的基本方略中，产业扶贫是最重要的途径，但长期以来产业发展始终面临着一个重大的"瓶颈"，即融资难。因此，怎样让金融服务特色产业发展壮大，增强农村农业农户"造血"功能，成为产业扶贫关键。要进一步出台和完善新时期金融扶持农村现代化建设的政策，鼓励各商业金融机构综合考虑自身市场定位、运营优势和经营能力，对广大已经实现脱贫的农村地区主导产业、优势产业、农业现代化以及新型农业经营主体发展规模化生产进行重点支持，持续加大建档立卡人口的小额信贷投放力度，通过扶持生产和就业，实现产业振兴，促进农村地区经济增长和农村人口持续增收。三是要加强利益联结，构建利益共同体。健康持续的信贷关系有赖于各方利益均得到保障为基础。不管是农户、合作社，还是龙头企业、信贷主体，形成利益均沾的利益联结机制是持续合作进而推动产业持续发展的关键。如何有效发挥信贷资金的带动效应，将产业发展与贫困农户的利益联结，关键在于创新信贷支持模式。在这方面，各地都有不少探索，也取得了许多成功的经验，值得借鉴，并因地制宜地加以创新。如甘肃省就创造了三种模式：一是合作社带动模式，由合作社集中使用贫困户专项贷款资金，风险共担、利益共享，共建生产基地，统一生产经营，贷款到期合作社负责偿还。二是龙头企业帮扶模式，将农户专项贷款入股龙头企业，年终分红。三是互助发展模式，将互助资金存入银行作为担保金，获取银行5～10倍的授信额度，人民银行给予再贷款资金支持。[①]这几种模式的成功，在于照顾到了各方的利益，如有一方不能获利，则不可能持续。四是要发挥保险在乡村振兴中的关键作用。探索成立政策性农业保险公司，发展保障产业发展的农业保险，推进政策性农业保险在农村广泛开展。继续开展甘蔗、香蕉、芒果、林木、肉鸡、能繁母猪等特色农业保险，推广"小农户+小贷款+小保险"模式。鼓励支持保险机构研发农业农村保险新品种，鼓励优先开展特色果蔬、特色养殖保险，提出量化每年开发农业保险新产品的目标，为农村发展特色产业保驾护航。发展促进人的发展的政策性保险，支持购买义务教育阶段留

① 郭玲玲：《浅谈金融支持产业扶贫的难点与对策》，《农村农业农民》2017年第11期。

守儿童保险、农村独生子女家庭爱心保险、民政优抚人员保险、农村小额人身保险等，大力发展“贫困户小额信贷保险”。发展针对价值的政策性保险，推动开展特色农产品价格保险，改进和推广小额贷款保证保险，扩大农业保险密度和深度。支持保险机构开展农产品订单保险，龙头企业按订单价格向农户预付收购款，保险公司承保订单价，龙头企业可用保单进行融资。建立财政扶持机制，健全财政扶贫资金保险补贴机制，为农户购买农业保险提供保费补贴，为保险公司开展扶贫保险提供成本补贴。

（三）实施吸引社会资金参与巩固拓展脱贫成效和乡村振兴的政策

出台鼓励政策，激励社会资本参与巩固拓展脱贫成效和乡村振兴。研究制定金融机构支持地方经济发展考核奖励办法，强化对“三农”贷款指标的考核，鼓励各大金融机构加大扶贫开发支持力度，设立小额信贷风险补偿金，扶持发展扶贫产业。继续深入落实国有企业是中国特色社会主义的重要物质基础和政治基础，是我们党执政兴国的重要支柱和依靠力量的重要定位，推动实施企业援建帮扶，如由企业落实帮扶资金，对口援建基础设施项目。弘扬扶弱济贫风尚，设立扶贫公益基金，号召企业、社会组织和社会各界人士奉献爱心、回馈社会。理顺东西部协作帮扶工作机制，落实帮扶资金，实施东西部协助项目以及健康扶贫等措施。实施股份合作，引导推动龙头企业配置扶贫股，鼓励村集体以荒山荒坡、集体资产，贫困人口以扶贫资金、闲置宅基地入股，建立稳定的“企业+合作社+农户”利益联结机制，持续帮助贫困人口和村集体增收。

二、现代信息技术支撑协同机制

现如今，对大多数人来说，“大数据”的概念已司空见惯，但大数据为何物，又感神秘陌生。即便如此，大数据已经深刻渗透到我们的工作、生活当中，与脱贫攻坚也是紧密相连的。习近平总书记强调，“推动实施国家大数据战略”，“加强精准扶贫、生态环境领域的大数据运用，为打赢脱贫攻坚战助力”。在这方面，贵州省已经走在全国的前列。中国发展网于2018年5

月27日报道了“‘大数据’智助‘大扶贫’，打通贵州精准扶贫‘经脉’”的消息。贵州实施“大数据扶贫”，开辟了精准扶贫、提高脱贫质量，促进乡村振兴和防范相对贫困的新路径，很值得百色市学习和借鉴。

（一）高度重视“大数据”等新技术在巩固脱贫成效，推进乡村振兴中的运用

从“未知—已知—熟知—建之—用之”，把“大数据”列入脱贫攻坚的重要议程来抓，制定建立“大数据”扶贫中长期发展规划。要将大数据运用作为政府农村治理能力现代化的重要途径，通过大数据精准、动态、科学管理脱贫攻坚工作和农村治理工作。脱贫摘帽后，应该借鉴“智慧城市”建设管理经验，推进“智慧农村”建设，从农村群众关注的政务管理、教育、医疗、留守家庭关爱等热点、痛点问题入手，把智慧城市建设的丰富成果持续转化为智慧农村建设做法，让城镇的优质服务资源逐步向农村延伸，实现均衡共享，持续提升农村地区的综合治理和社会服务水平，实现农村基本公共服务主要领域指标接近全国平均水平、城镇水平。

（二）全力打造衔接脱贫攻坚和乡村振兴的大数据平台

建成全市统一、数据集中、服务下延、互联互通、信息共享、动态管理的脱贫攻坚、乡村振兴大数据平台。一是构建与国家“大数据”对接的省、市、县、乡、村相连网的“大数据”平台，实现“大数据”的“云共享”。如贵州省建设的“精准扶贫云”平台，将扶贫、公安、医疗等17个部门和单位的数据打通，实现了扶贫对象的车子、房子、医疗、社保、子女教育等数据的实时共享交换，有力促进了识别精准性。同时，帮扶干部通过平台提供的致贫原因，综合贫困户的资源条件，就可以提出精准对路的扶贫对策措施，真正“把好钢用在刀刃上”。贵州还在探索“精准扶贫云”的更多可能。“教育云”与“精准扶贫云”叠加，可以自动生成数据、自动办理教育扶贫资助，实现贫困家庭子女高中、大专院校免学费的零申请、零证明、零跑腿；“国土资源云”与“精准扶贫云”融合，以基础地理信息数据为支撑，精准掌握和调度易地搬迁扶贫等重点工程。二是打造“平台+服务+数据+银行”电子商务服务全链条体系，助推扶贫产业的蓬勃发展。通过大平台将扶贫产业发展的前身后向各环节连接起来，实现直至脱贫村（屯）的全覆盖，实现网络信息、数据、价值、服务等商务的协同与流动，让边远脱贫地区农民也能了解到市场需求，生产出来的东西通过电商、物流快递而销往各地，也有商人得到信息而来收购并走向商场，从而实现农民增收、可持续致富。作为大数据产业的领头羊，贵州在这方面也进行了探索。如多彩贵州网旗下的贵州电子商务云在省内88个县设立了扶贫点，与农户进行线上线下合作，并与国内主流电商平台合作，分别开设了天猫贵州原产地商品官方旗舰店、京东贵州扶贫馆、那家优选淘宝店铺、苏宁易购贵州馆等，拓宽了贵州商品销售渠道。由贵州电子商务云自主开发的贵州电商大数据平台，集数据填报、数据抓取、定点采集、统计监测于一体，解决了农产品销售“数据难”问题。2017年，贵州电子商务云利用该平台，结合线上广告、线下展会，向广东省、北京市、上海市等省市推介黔货，实现年销售黔货量逾百万件。三是以“大数据”引导乡村振兴，在“产业兴旺、生态宜居、乡风文明、治理有效、生活富裕”诸方面发挥其特殊作用，从而助推精准脱贫，实现可持续脱贫致富，防范返贫或相对贫困的发生。

（三）加强数据库建设

数据库建设是脱贫攻坚、乡村振兴大数据平台建设的基础性工作，要加强规范引导，确定各类脱贫攻坚和乡村振兴的资源数据为建设的内容，做好资源数据采集工作。如建立特色优势产业的生产、加工、冷链物流、销售与市场价格全生命周期的大数据库；重点解决三大核心问题，即农业产业脱贫攻坚大数据“从哪里来、怎么来，数据如何共享、业务如何协同，到哪里去、怎么用”；建立产业脱贫攻坚、乡村振兴大数据采集更新长效机制和体系。

（四）充分发挥大数据在脱贫攻坚和乡村振兴中的手段作用

通过推进农村电商交易平台全覆盖，提升农产品流通效率；通过发展远程网络教育，让“老、少、边、穷”地区学生共享更多优质数字教育资源；通过农业信息化技术促进农业提质增效，增加贫困户经营性收入；通过发展远程医疗补齐贫困地区医疗服务短板，遏制因病致贫、返贫；通过搭建“互联网+”社会扶贫供需平台，提高脱贫需求主体与扶贫供给主体的匹配效率。

与此同时，还应加强对信息化扶贫的过程管理。注重建档立卡信息采集和扶贫对象的动态调整，突出“精准性”；用信息化手段促进社会扶贫供给与贫困人口帮扶需求无缝对接，让帮扶更有针对性和适配性。

（五）借助大数据技术提高供应链现代化水平

构建较为完善的电商扶贫公共服务、配套政策、网货供应、物流配送、质量标准、产品溯源、人才培养等体系，建立以农产品为核心的全产业链各环节相互衔接配套的绿色供应链。

三、物流快递运行协同机制

实施精准扶贫基本方略以来，电子商务向农村基层快速延伸，农村电商、“云”店铺等形式有效促进了农产品上行和工业品下行，一些农民从事电商鼓起了“钱袋子”，也使一部分农民享受了网络购物的流畅流程。当然，这其中必不可少的是物流快递业的快速发展，不仅为脱贫攻坚带来成效，而且也将助力乡村振兴。但农村电商发展还存在一定的局限性，持续打通农村物流快递“最后一公里”是巩固脱贫成效、促进乡村振兴的重要条件。构建农村物流快递运行协同机制，应从以下三方面着手。

（一）推进农村物流快递与农村信息化建设相结合

依靠大数据、物联网、移动互联网、云计算等技术即时汇集和整理农村物流的相关信息，以解决农村物流快递规模经济不足和物流效率低下的问题。针对农村物流的特点开发各类易于操作的农村物流App，实现货物、设备和仓储空间的快速匹配，农户与消费者的直接匹配，物流企业与两端的农户和消费者之间的匹配等。政府相关部门可以联合相关物流快递企业定期开展和组织信息技术应用的讲座和培训，提高农村居民的信息意识和信息技术应用能力，从而在更大范围和空间上形成农村物流快递的供需网络。

（二）加快推进农村的各项改革，加大农村物流快递投资力度，构建城乡一体化的物流快递体系

目前农村与城市之间物流环节偏多，衔接不够合理，需要借助于城乡一

体化的物流体系提高农村物流效率。短期来看，应在农村物流产业的各个环节支持和鼓励现有城市大型物流企业根据自己的专长发展农村物流业务，支持和鼓励农村物流企业进一步延伸至城市物流的相关领域，引导各类资本进入农村物流行业，对于农村物流相关企业和经营个体予以税收减免和优惠；在农村基础设施方面，科学规划交通基础设施和信息网络基础设施的布局，协调城乡之间和区域之间公路、港口、铁路等基础设施的统筹规划与建设，鼓励财政资金向农村基础设施投资倾斜。长期来看，应加快推进农村的各项改革，打破区域之间和部门之间的投资障碍与市场分割，形成统一、竞争、高效的农村物流市场，为各类社会资本进入农村物流扫清制度障碍。与此同时，促进农村人口进一步专业化分工，支持部分农民就地或异地从事加工行业或服务业，从而促进农业规模化生产和经营，为农村物流快递的快速发展创造有利条件。

（三）持续加大工作力度，积极推动网络健全、功能完善、设施先进、标准规范的农村物流快递综合服务节点建设

深入推进交通运输与邮政快递、商贸、供销的合作共享，加强在运力资源、线路网络、信息互联、站点设施等方面的合作；不断创新农村物流快递发展模式，充分利用移动互联网、大数据、人工智能等现代信息技术，加快推进农村物流快递的高质量发展。通过乡村物流基础设施建设和机制体制改革，统筹电子商务进农村专项资金、农村流通网络建设资金、物流发展资金等，加大对县乡村物流改革发展的支持力度，全市建成每个县一个物流快递集散中心，所有乡镇物流快递服务站全覆盖，建制村物流快递服务点覆盖率达到60%以上，形成“场站共享、服务同网、货源集中、信息互通”的县乡村物流快递发展新格局。

四、社会力量结对帮扶协同机制

在脱贫攻坚的过程中百色的各级党委政府高度重视，落实主体责任，健全扶贫机制，脱贫攻坚有序推进，可谓全党动员、全社会参与、倾全市之

力，脱贫攻坚确实取得了显著的成就。其中社会力量参与扶贫发挥了重要作用。要继续整合社会力量，协同发力，演好提高脱贫质量、巩固脱贫成果、促进乡村振兴的“组合戏”。

（一）构建企业帮扶长效机制

要实现企业的长效帮扶，必须充分发挥政府的桥梁作用，注重优势互补，建立利益联结。百色有两个例子很能说明问题。一个例子是国有大型企业华润集团经自治区领导牵线搭桥，百色市政府积极落实，投资5000多万元扶持永乐乡的西百乐村（原贫困村），实行“公司+合作社+基地+农户”经营管理模式；实施土地流转、大棚种植蔬菜、养猪养鸡，产品拉到百色城的华润超市销售，形成“产—供—销”一条龙，实现公司有效益、合作社有收入、农民脱贫致富三方受益。长久合作，可持续发展，乡村振兴，家园美丽，成为远近闻名的华润小镇。另一个例子是民营企业壮乡红谷集团，扶持田阳县那满镇新立村（原贫困村）搞农业产业化开发，也是采取“公司+合作社+基地+农户”经营管理模式，实行土地流转。由于石漠化严重，只能实施小块拼大块的改造，然后大面积连片种植“圣女牌”西红柿、辣椒、“桂七”品牌芒果产业，拓展到周边县乡村，产品销往区内外，甚至通过“南菜北运”专列销往北京、上海。进行新农村改造，全村脱贫致富，提前实现小康。这两个企业扶持贫困村的事例给我们一个启示，如果全市所有效益好的企业，都挂一个村给予扶持，对接产业发展或者引导开发新的产业，再加上吸纳农民工到产业基地或到企业打工，就能确保使贫困村实现高质量脱贫奔小康、可持续致富，实现永续发展。

（二）动员社会组织参与扶贫和振兴乡村

要结合扶贫成效巩固和乡村振兴战略的总目标，动员各类型的农村社会组织，在其主业上发挥参与作用和助推作用。

1. 动员各类专业协会推动产业兴旺、生活富裕等目标的发展

各类专业协会是指以农牧渔业等农副产品的生产、流通以及科技推广、基础设施建设等专业经济活动为纽带，由相关从业者自发组成的非营利性会员制组织。例如生产合作社、养殖协会等。这类组织能够有效促进农村产业

发展，增加农民收入，从而提升农村生活富裕程度。在推动产业兴旺目标上，专业协会可以通过技术指导、产业引领、人员培训等发挥重要作用，促使农村一二三产融合发展，进而保证产业兴旺、生活富裕等目标的实现。

2. 动员各类文化体育组织和家族团体服务于乡风文明建设

农村乡风文明目标包含丰富农村文化体育生活、形塑良好家风等内容。农村文化体育组织可以通过开展贴近农村生产生活、符合农民现实需求的文化体育活动，促进提升农民文化生活水平、丰富农民精神世界，塑造文明乡风。家族团体包括村庄老人协会、红白理事会等类型。它是延续“乡土中国”传统，依托血缘、地缘和祠堂文化等要素而形成的社会组织。通过家族文化这样一种调节人际关系的重要手段，可以推动形成“礼治”特征的乡村治理模式，弘扬守望相助的乡村互助精神，增强“尊祖敬宗睦族”的团体意识，从而为农村家庭发展和乡村建设提供有效的价值规范和道德引领。

3. 动员各类扶贫慈善组织助推农村实现生活富裕和治理有效目标

扶贫慈善组织参与脱贫攻坚和乡村振兴的主要手段是社会救济、慈善帮扶等组织化形式，其主要目的是保障农民基本生活水平、改善农民日常生活状态，在农民脱贫致富和建成全面小康社会上有助力作用。扶贫慈善组织的参与，可以避免农村因贫困问题而出现乡村治理危机，保障农村社会经济发展的和谐与稳定，促使治理有效目标的实现。

4. 动员各类环保生态组织助推农村实现生态宜居、治理有效目标

通常情况下，环保生态组织主要的宗旨是推动生态环境保护工作的落实，其手段是积极宣传环保理念、营造良好的生态治理氛围、执行环境保护法律和法规等具有组织化特色的形式。乡村振兴战略的重要目标是生态宜居，主要保障农村社会经济可持续发展。农村环保生态组织应积极宣传“绿水青山就是金山银山”的思想理念，推动广大农民树立科学发展的意识，从而推动农村生态环境治理的有序发展。

5. 动员各类医疗卫生组织主动服务于治理有效等目标

培育和发展农村医疗卫生组织是进一步贯彻、落实“健康中国”战略的重要路径，同时也是不断完善农村医疗卫生服务体系、全面提升农村医疗卫生服务综合能力的重要枢纽，能够在提升农村医疗卫生水平、提供较高质量的医疗卫生服务等方面发挥关键效用，有助于缓解农村因病致贫等问题的发生，进一步保障农民生产生活的有序进行，从而促使乡村振兴治理有效目标的实现。

6. 动员各类女性团体参与农村乡风文明、生活富裕、治理有效等领域的活动

留守妇女和女性团体是推动农业农村现代化进程和有效实现乡村振兴等战略目标的重要力量，既是乡村振兴战略的受益者，也是乡村振兴战略的推动者。女性和女性团体由于特殊的性别特性，与乡村柔性治理的要求高度契合。比如，留守妇女有较为充裕的时间参与到村庄公共事务当中，并具有独特的女性优势，因而是乡村振兴的一股重要力量，需要进一步探索女性团体引领农村妇女参与社会治理的主要路径，从而有效实现乡风文明、生活富裕和治理有效等目标。

（三）创新实施社会扶贫的有效载体

要切实了解群众的困难，谋划针对性措施，创新创造一些社会扶贫载体，最大限度地满足广大农村群众的综合性需求。针对不少建档立卡贫困户外出难、打工苦的困境，如何才能使他们既实现了挣钱又能妥善照顾到家庭，各地各部门通过动脑筋、创新思维，创造性地提出并就地就近设立扶贫车间、就业驿站、社区工厂、卫星工厂等就业创业新载体，为贫困劳动力创造更多就业岗位，满足了他们在家门口就业的需求。而社会扶贫和协助推进乡村振兴涉及的面是广泛的，农村群众在生老病死、吃喝拉撒、生产生活娱乐等方面均有不同于城镇的需求，要实施“五大社会扶贫工程”载体，配合演好“组合戏”，即实施爱心公益超市工程、“产业到家·牵手（留住）妈妈”工程、宽带网络入户工程、手机通信网络全覆盖工程和电力供应提级工程五大社会扶贫工程，形成专项扶贫、行业扶贫、社会扶贫“三位一体”的大扶贫格局。

（四）创新完善社会扶贫力量参与巩固拓展脱贫成效和乡村振兴的机制

1. 继续完善社会力量参与的工作体系

在精准脱贫攻坚战中，从中央的统筹安排到自治区的总体筹划和自身的创新实践，百色已经建立起了广泛动员全社会力量参与扶贫开发的制度，构建包括定点扶贫、东西部扶贫协作、军队和武警部队扶贫以及各民主党派、工商联和无党派人士、企业、社会组织、个人参与的社会扶贫工作体系。在脱贫摘帽之后，要使这套工作体系继续发挥其巩固成效和推进乡村振兴的作用，把扶贫功能转化为巩固脱贫与实施乡村振兴战略的功能，减少“先破再立”的行政成本和时间成本。各社会力量党组织要把参与巩固脱贫成效和推进乡村振兴作为新时代的重大政治任务，增强担当意识、责任意识、行为自觉，要做社会力量助推农村现代化的坚定参与者、实践者和示范带动者。

2. 继续完善和创新社会力量参与的工作机制

通过党组织、行政组织及群团组织等各类综合性组织，创新运用各种技术手段，不断拓展社会力量参与的组织动员和信息服务渠道；根据脱贫成效巩固和实施乡村振兴战略的特点和工作重点，通过微调政策，突出问题导向与目标导向，进一步完善社会力量参与的激励机制；要创新社会资源筹集、配置、使用、监管机制，发挥新型集中力量办大事的优势，增强资源调配力度，使各类优势资源向巩固脱贫成效和实施乡村振兴战略集中，提高资源配置效率和配置效益。

3. 继续健全社会力量参与的支持政策

落实相关财政、税收等政策，按照国家有关规定建立完善干部挂职扶贫、驻村帮扶、扶贫志愿者行动等社会扶贫表彰和激励政策。从营造环境、鼓励参与、引导供给、健全保障等方面出台具体的优惠扶持政策，使参与的社会力量真真正正地感受到回馈。如简化登记审批环节和手续，支持社会力量举办农村养老服务、医疗服务、生产服务、文化服务等各类社会组织，非营利性机构可在具备条件的村（屯）设立多个不具备法人资格的服务网点。再如保障社会力量服务农村乡村振兴的设施用地、推行政府购买服务等。

4. 大力营造社会力量参与的浓厚氛围

一是要做好理论及政策宣传。深化社会参与脱贫攻坚、乡村振兴的研究，推动社会扶贫理论和实践创新。深入宣传习近平关于扶贫工作、乡村振兴的重要论述，宣传党和政府关于精准扶贫精准脱贫、推进乡村振兴的重大决策部署，为下一步巩固脱贫成效和实施乡村振兴战略提供正确的方向指引。二是要做好舆论引导。创新宣传形式，拓宽宣传渠道，扩大宣传空间，宣传社会力量参与脱贫攻坚的典型经验和取得的巨大成就，组织广播电视、报纸杂志等媒体推出一批社会力量精准扶贫、参与乡村振兴的重点新闻报道，利用网站、微博、微信、移动客户端等新媒体平台开展宣传推广，推出一批反映社会力量参与的优秀文艺作品，加大社会参与题材文化产品和服务的供给，为社会力量积极参与、主动参与提供正能量的舆论导向。三是要做好表彰鼓励。定期开展声势浩大的社会力量参与扶贫攻坚、乡村振兴的先进单位和模范人物评选表彰，树立正面典型。精心组织社会力量参与巩固拓展脱贫成效和乡村振兴先进事迹报告团，多角度、多形式、多层次讲好故事，着力反映社会力量对扶贫攻坚和全球减贫事业、推进农村现代化作出的重大贡献。

五、动态协调与监管治理协同机制

为了巩固拓展脱贫成果，全面推进乡村振兴，防止返贫现象的发生，很有必要构建动态协调与监管治理协同机制。

（一）建立动态跟踪的实时信息获得机制

要创新多种渠道，精准收集信息，主要通过个人申报、系统比对、第三方评价等三种途径，收集预警信息，进行动态监管。包户责任人和基层党建网格员定期入户走访，对脱贫户生产、生活状况予以随时关注，对因收入降低、突发事件等因素有可能导致返贫的人群纳入预警范围。既要重视信息获得全覆盖，监测的对象不仅覆盖建档立卡户，也覆盖非建档立卡户，让返贫户或返贫可能户都在信息掌握中；又要特别重视对边缘户等重点对象、自然灾害等重点时段和发生重大政策变化或突发危机事件等重要事件的信息获得，无延时地掌握动态信息，为预警提供可靠的信息保障。

（二）建立反应灵敏、预报准确的信息分析机制

设定预警级别，实行分级管理，按照突出重点、分类管理的原则，对脱贫户实行三级风险防控。完善风险评估，实施分类救助严格按照风险等级评估程序组织评议，各村将收集的预警信息上报乡镇（街道）扶贫站，由扶贫站协同村对脱贫户就业创业、收支状况等情况进行综合判断。在此基础上，召开村民代表会议对脱贫户风险等级进行评议、公示。乡村两级原则上每月一分析、每月一研判，及时了解、调整监测户风险等级变化；县级对新增易返贫、易致贫户进行综合研判，按季做好动态管理，按程序和要求及时纳入并录入系统，按预警级别进行针对性的帮扶。

（三）建立分类对待、精准施策的及时应对机制

首先是分级设置预警。按照“动态监测、分级管控”的原则，建立监测预警台账，通过逐户逐人综合分析监测户收入、生产生活、产业就业等情况，分类分级设置预警。根据信息分析的结果将预警户按照返贫风险的高低分为红色预警户、橙色预警户、黄色预警户。如监测范围内农户的“两不愁三保障”中任意一项指标低于“忻保障”救助指导线，即应作为红色报警户；人均可支配收入处于脱贫线边缘，且转移性收入高于一定比例以上，或因病、因学、因灾、因意外事故等特殊原因导致支出骤增、收入骤减、有致贫、返贫风险的监测范围内农户，即可列为橙色预警户；产业经营存在风险、从事高危行业、家中劳动力有限、劳动力存在失业风险的农户，或是内生发展动力不足且没有稳定收入来源的监测范围内农户，可列入黄色预警户，予以重点关注。其次是开展分类精准帮扶。分类施策、精准到户，制定针对性帮扶措施，既要解决短期内的问题，也要关注后续巩固需求，形成短期救急、长期提升相结合的格局。对红色预警户要开展“一站式”的救助，启动相关应对程序，各部门多向发力，及时救助帮扶，按照“缺什么补什么”的原则，解决“两不愁三保障”方面存在的突出问题，落实各项保障政策措施，采取公益岗位、低保、临时救助、特困供养等方式做好精准帮扶，

确保不返贫、致贫。对橙色预警户要开展“点对点”的帮扶，发展产业的预警户，协调农业、金融、文旅等部门，帮助厘清发展思路，通过产业项目、金融扶贫等措施，谋划增收项目，实现稳定增收；就业增收预警户，要协调人社等部门，支持其参加技能、创业等针对性培训，通过劳务输出、以工代赈、小型公益项目建设、公益岗位等方式拓宽就业渠道，确保每个家庭至少有一人就业，实现就业增收；因病、因学、因灾、因意外事故等特殊原因导致支出骤增、收入骤减、有致贫、返贫风险的农户，要协调民政、人社、卫健、残联等部门开展精准帮扶，组织社会力量帮扶，帮助减轻支出压力。对黄色预警户要开展“零距离”的引导，通过线上指导、线下入户等方式，加强扶志扶智方面的引导教育，及时提供农业技术、产业项目、就业信息、金融扶持等方面的支持，加强生产经营技能培训，动员龙头企业、专业合作社、贫困村创业致富带头人等带动其发展生产。实时动态关注，防止因发生风险导致收入骤减。

六、构建基层组织保障协同机制

农村基层组织即村一级的各种组织，包括基层政权、基层党组织和其他组织三个方面，主要有村党组织、村民委员会、村团支部、村妇代会、村民兵连及“两新”组织（“新的经济组织”和“新的社会组织”）。农村基层组织涵盖了党在农村的全部工作。巩固脱贫成效，推进乡村振兴，必须构建基层组织的保障协同机制。

（一）发挥基层党组织的领导核心

推进农村现代化，关键在党。党的基层组织是党全部工作和战斗力的基础，农村基层党组织是党在农村工作的基础，是贯彻落实党的方针政策、推进农村改革发展的战斗堡垒，是领导农村各项建设和各类组织的核心力量。农村基层党组织是党的组织基础，是党联系农民群众的桥梁和纽带，是落实党的工作任务的战斗堡垒，农村基层组织中的领导核心。农村基层党组织在广大农村的行政组织、自治组织、群团组织、经济组织等许多组织中的领导核心作用，有利于保证党的路线、方针、政策在农村的贯彻执行；有利于重大问题的科学决策；有利于协调乡镇、乡村各种组织的关系，协调和处理各方面的利益和矛盾；有利于对农村各项工作实行统一领导，保证农村经济平稳较快发展和社会和谐稳定。

1. 基层党组织发挥领导核心作用必须强化自身建设

要贯彻落实新时代党的组织路线，切实建强农村基层党组织。一是要全面推进党支部建设标准化。要按照习近平总书记和中组部关于党支部建设标准化、规范化的要求，专门出台专门意见，分类编写农村标准化工作手册，以具体的标准规范党支部工作，提高农村基层党建质量，有效解决支部组织生活不严格、不经常、不规范的问题和支部书记对工作不懂不会、不抓不管、不实不力的问题。尤其是要紧紧围绕抓党建促脱贫攻坚、促乡村振兴，通过标准化建设，建强脱贫攻坚一线战斗堡垒。二是着力建设忠诚干净担当的高素质干部队伍。打赢脱贫攻坚战、实施乡村振兴战略的任务非常艰巨，需要一大批忠诚、干净、有担当的高素质干部。要在农村干部成长的每一个阶段，针对实际、跟进培养，积极创造条件、搭建平台，通过日常教育提醒、集中培训、岗位交流，以及安排艰巨任务和一线工作等方式，加强党性锻炼，改进工作作风，提高工作本领。要始终不懈培养和旗帜鲜明地重用那些对群众感情真挚、深得群众拥护，说话办事有灼见、有效率，对上对下都实实在在、不玩虚招，清正廉洁、公众形象好的干部，以正确用人导向引领广大农村基层干部人才心无旁骛地干事创业。三是要着力集聚甘于奉献的各方面优秀人才。贫困农村对人才的需求，比任何地方都更为迫切，要冲破各种体制机制制约，促进人才有序顺畅流动，鼓励引导人才向基层一线和贫困地区流动。要健全完善并全面落实人才政策保障机制和联系服务制度，对引进的农村基层干部人才，点对点、一对一做好政策保障和跟进服务，让其用心做事。通过加强基层组织建设，特别是培养选配好党支部书记（含第一书记）这一领头人，根本的目的就是要让其发挥先锋、引领、带动、聚合农民群众巩固脱贫成果、可持续发展的战斗堡垒作用。

2. 基层党组织发挥领导核心作用必须真出实招

要聚焦“核心”，实施引领带动工程。采取强村带弱村、支部带党员、党员带群众、能人带贫困户“四个带动”帮扶模式，结成“以强带弱”帮扶，培育“致富型”支部，“产业型”党组织；要聚焦“产业”，扩展党组织在产业选择、产业稳富、产业链（带、片区、接边区域、工业园区）的引领作用，实现产业和产业链上有党支部，产业岗位上有共产党员，强化“党组织一引三带”（支部引领，支书带头、党员带富、能人带动）功能。

（二）要完善基层公共服务主体发挥作用的条件

村级组织公共服务场所是提供面向农民的各类服务的必备条件，也是提高服务质量的必要途径。针对一些地方村级组织公共服务场所容量小、条件简陋的实际，必须加大建设力度。百色市各县市区近年来也做了探索，形成了一些可复制的经验，可以借鉴和完善。如百色市田林县在扎实推进村级组织公共服务活动场所建设上形成了“五个统一”的工作要求，完成了新建、维修改扩建30多个村级场所的任务。“五个统一”，即统一建设标准、统一结构设计、统一功能设置、统一标识标牌、统一配置设备设施等，形成了村级组织公共服务活动场所功能完善、民族风格显著、布局设置合理、职责制度透明、设备设施不落后的总体建设效果，为党员干部、群众打造良好的办公环境和服务环境。根据农村基层群众的公共服务需要，合理安排村级公共服务中心建设内容。村级公共服务中心建设内容包括：以村级事务代理室、村级标准卫生室、村级综合文化活动室、为农综合服务站、便民农家店为重点的“三室一站一店”，村委会（党支部）办公室，综合办公（档案）室，警务综治（值班）室，农村党员远程教育（多功能活动）室，阅览（宽带网浏览）室，乒乓球室，老年人活动（棋牌）室，篮球场，村务公开栏，村民户外活动小广场等设施。

（三）聚焦“关爱”，创新基层组织干部职业化管理机制

针对村级班子人难选、人难管、人难留的问题，积极创新村干部管理体制机制，实施村干部职业化管理。聚焦村干部选拔任用、考核评价、监督管理、薪酬待遇、鼓励激励、退职保障等关键环节，向社会传递出“在农村当

干部既有面子，又有里子，更有发展前途”的信号，切实增强村干部岗位吸引力，推动人才向农村集聚，以人才振兴推动乡村振兴。

1. 建立规范化的干部选拔任用渠道

制定干部选拔标准，建立村干部准入制度和“两委”正职任职资格清单，明确村“两委”正职政治意识强、组织能力强、发展本领强、作风纪律强“四强”型任职标准，将能力弱、有污点以及涉黑涉恶人员挡在村“两委”班子门外。规范选拔渠道，确定实职村干、一般“两委”委员的村干部职数配置标准，明确提拔任用、依法选举、公开选聘等三种进入渠道。加强任职管理，经规定程序进入的村干部纳入职业化管理范围，同步建立人事档案。公开选聘村级年轻干部，加快村干部队伍“新陈代谢”，建强乡村振兴一线“施工队”。

2. 实施科学化的考核管理制度

细化岗位目标，明确村“两委”正职、年轻干部岗位职责，分类建立村干部年度工作目标，向村民作出公开承诺，并报县级组织部备案。量化绩效考核，对村干部工作情况实行“一月一考查、一季一汇总”，结合年终考核加权计算年度实绩积分。严格监督管理，建立年度经济责任审计制度，加大执纪问责力度，推动村干部依法依规行使权力。强化结果运用，对年度考核优秀的村干部当年底给予一次性奖励，对违反党纪政纪、村级工作后进且一直没有起色等情形的村干部，视情节轻重给予相应组织处理。

3. 推行职业化的薪酬待遇体系

实行差别化工资核定办法，合理设定工资基数，根据村干部职务、职龄、学历、职业资格设定系数，确定工资待遇，确保村干部基本报酬不低于上年度本地农村人均可支配收入一定倍数标准，形成个人综合素质越高、在农村工作时间越长，报酬待遇就越高的鲜明导向，吸引村干部扎根基层，干有奔头。

4. 完善持久化的激励保障机制

积极为村干部拓宽发展空间，注重选拔优秀村“两委”正职进入镇街领导班子，每年定向优秀村“两委”正职招录公务员、事业人员。加强关心关爱，对因年龄、任职年限等原因正常退出的村干部，退职后根据在职工作表现和实绩差别化确定待遇，确保在职有成绩的退职有保障，月工资不低于同类型在职人员的水平。同时对因工伤、患病的村干部，实行关爱性保底工资，达到规定年限且表现优秀的，退职后可享受一定的报酬待遇保障。

（四）总结经验、完善提升，丰富服务群众的组织新形式

要在总结“农事村办”党建老品牌的基础上，创新探索“农事城办”服务机制，以“群众到哪里，组织服务就到哪里”的服务宗旨，实现“组织服务跟进城，群众办事不回乡”的目标，坚持建立易地搬迁扶贫党组织，形成“党委建在易地搬迁扶贫社区上，党总支部建在安置点上，党支部建在网格上，党小组建在楼栋上”的组织体系。坚持推行乡镇党建工作站，构建乡镇党委—党建工作站—村（社区）党组织三级网络组织体系，为打赢脱贫攻坚战，巩固脱贫成果和乡村振兴提供坚强的组织协同保障。

（五）营造各类基层组织发挥作用的良好氛围

不断提高农村社区综合治理能力，健全自治、法治、德治相结合的村级治理体系，推进出列村振兴发展。创新村干部培养选拔机制，打破城乡、地域、行业界限，从致富能手、农民经纪人和外出务工返乡农民中选拔优秀人才担任村干部，建设坚强有力的领导班子，强化村级党组织能力建设，健全党员干部服务和联系群众制度，充分发挥村级党组织战斗堡垒作用。健全村务联席会议、“四议两公开”等制度，健全党组织领导的村民自治机制。加强农村文化建设，发挥基层党组织和村民自治组织的领导和牵头作用，充分利用老年人协会、妇女协会、农民合作社、红白理事会等各类村民组织，有计划开展各种有内涵的集体活动，把村民组织起来，让这些组织的文化和价值观念逐渐在村民心中生根发芽，促进农村文化和价值观念的现代化嬗变。

总而言之，长效机制体系是一个系统整体，重在全面实施、协同推进，方能形成合力，共同推进全面脱贫摘帽，巩固拓展脱贫成果，推进农民致富的可持续，共同向乡村全面振兴、实现农业农村现代化、建设富裕文明和谐美丽新百色迈进。

第二十二章

落实法治保障不手软

扶贫是我国维护人权、实现公平正义的一项重要事业，也是一项长期而艰巨的事业，蕴含着深刻的法理内涵。2020年是脱贫攻坚收官之年，习近平在中央农村工作会议强调，脱贫攻坚取得胜利后，要全面推进乡村振兴，这是“三农”工作重心的历史性转移。百色市在实现全面脱贫之后，应当将巩固拓展脱贫成果同乡村振兴工作引入法治轨道，加强法治保障，维护脱贫农民的利益和安全，实现“依法治贫”“依法护农”，为巩固拓展脱贫成果同乡村振兴有效衔接提供有力的法律支撑和坚强的法治保障。

一、法治保障势在必行

法治是我国治理国家和社会的基本方式，党的十八届四中全会作出了全面推进依法治国的重大决定，法治思维和法治方式是深化改革、推动发展、化解矛盾、维护稳定的重要方法，法治建设应当体现在国家各项工作的方方面面。脱贫攻坚和乡村振兴工作是国家对发展不充分、不平衡的农村地区和贫困人口的扶持和帮助，体现社会主义的本质属性，应当采取法治方式进行规范和保障，才能解决好“三农”问题，实现中国特色社会主义的公平正义。

（一）巩固脱贫攻坚成果是对公民权利的保障

贫穷不仅使人生活物资匮乏，同时还常常伴随着疾病、饥饿、战争等灾难，严重威胁贫困人民的生命安全。另外，贫困人民难以参与到社会的政治、精神领域，很难成为一个活得有尊严的人，导致全方位的人权缺失。生存权是人权的首要内容，只有首先保障一个人在社会上能够通过自己的努力得以生存，树立人的尊严，才能谈及其他权利。

国家的权力来源于国民的授权，目的是更好地保护国民的生命和财产安全，因此，国家对贫困弱小的国民负有救助的义务，国民有权要求国家为其提供生存所需要的最低保障，这包括基本生活物质资料、基本医疗条件、基本住房条件，在现代文明社会还包括基本教育条件等。《中华人民共和国宪法》规定："国家尊重和保障人权。"作为一个有能力、有担当的政党，中国共产党以"为人民谋幸福、为民族谋复兴"为自己的使命，将消除贫困作为中国人权保障工作的重中之重，通过扶贫工作的开展，缓解和消除贫困，解决贫困地区人民的生存危机，保障贫困地区人民的基本人权。自2013年精准扶贫工作开展以来，百色市以贫困地区和贫困人口为靶向，由粗放式扶贫转向精准式扶贫，全市贫困人口逐渐减少，至2020年实现全面脱贫，贫困人民生活质量提高，扶贫工作取得了良好成效。脱贫难，但守住脱贫攻坚成果更难。2020年实现全面脱贫之后，并不代表扶贫工作的结束，解决了绝对贫困问题之后，相对贫困的问题就会逐渐凸显。在全面脱贫之后，还得千方百计巩固拓展脱贫成果，防止返贫现象发生。针对相对贫困的问题，下一步工作中，要以法治保障脱贫群众的生存权，对我国人权事业全面发展具有重要而深远的意义。

（二）法治保障是全面脱贫走向乡村振兴的必要条件

在新时代的今天，我国的社会经济总量已经跃居世界第二，物质资源总量也相当丰富，人民生活走向小康，但同时仍有一部分人因个人自身条件、自然环境、地域差异等因素影响，生活水平仍然低下，处于相对贫困状况。建设中国特色社会主义现代化强国的目标不仅仅是要把蛋糕做大，重点和难点是还要把蛋糕分好。只有把蛋糕分好，才能让每一个公民在社会发展中感受到平等价值，才不会偏离我们党的初心，才能符合社会主义的本质要求。在第一个百年到来，并向第二个百年奋斗目标迈进的进程中，最艰巨、最繁重的任务仍在农村，尤其是刚脱贫的农村，为解决好农村问题，建设社会主义新农村，我们党提出实施乡村振兴战略，为下一阶段“三农”工作指明了方向。

2020年是脱贫攻坚的收官之年，也是开启实施乡村振兴战略之年。这是重大的新民生工程，其主阵地在农村，其对象仍然是农民，脱贫攻坚是乡村振兴的基础和前提，乡村振兴是脱贫攻坚的巩固和深化。百色市在开展脱贫攻坚战中，投入了大量的资金和大量的人力、物力，农村基础设施得到较大改善，乡村早已实现水、电、路、网络全通，农民生活达到“两不愁三保障”，农民经济收入大幅度提升，实现了全面脱贫，这离不开国家投入的大量资金和物质资源，是举全党全国之力开展精准扶贫的结果。不少贫困户和扶贫干部不免担忧：脱贫摘帽后是否还有大量资金和资源投入后续扶贫，如果没有，很可能有一部分刚脱贫的农民又返贫，前期的投入都会成为竹篮子打水，脱贫攻坚工作将前功尽弃。因此，要巩固拓展脱贫攻坚成果，必须坚持“四不摘”政策，做好巩固拓展脱贫攻坚成果同乡村振兴有效衔接，工作不留空当，政策不留空白。那么，如何使脱贫攻坚成果得到巩固和拓展，保证脱贫农民稳步走向富裕，在接下来的工作中，应当构建具有普遍性、稳定性和长期性的法治体系。纵观人类文明发展史，目前最为先进和科学的社会治理方式就是法治方式。法治强调法律至上，具有权威性、普遍性和稳定性等特征，法治的核心是公平，通过法治建设为巩固拓展脱贫攻坚和推进乡村振兴阶段提供权威的制度性供给，为全社会共同参与保障脱贫攻坚成果和开展乡村振兴战略规定行为规范。依法治国是我们党领导人民参与国家各项事业的基本方式。在今后解决相对贫困的过程中，我们应当坚持法治思维和法治方式，以法治手段开展扶贫工作，统筹扶贫力量、规范扶贫方式、调节扶贫各方关系、解决扶贫工作中的矛盾，实现“依法治贫”。通过“依法治贫”，为巩固全面脱贫成果和实施乡村振兴战略奠定良好制度基础，使巩固拓展脱贫攻坚成果与乡村振兴有效衔接在法治轨道上健康有序运行，这也是全面推进依法治国的必然要求。

（三）法治保障是国家治理体系和治理能力现代化的要求

十九届四中全会通过了《中共中央关于坚持和完善中国特色社会主义制

度、推进国家治理体系和治理能力现代化若干重大问题的决定》，乡村治理是实施乡村振兴的重要内容，也是国家治理体系的重要组成部分。乡村振兴不仅仅体现在农村产业兴旺、农民收入提高、村容村貌得以改善，还表现在乡村治理方面。习近平总书记强调："健全自治、法治、德治相结合的乡村治理体系，是实现乡村善治的有效途径。"毋庸置疑，良好的乡村治理环境能够更好地巩固拓展脱贫攻坚成果，更顺利地推进乡村振兴战略实施。通过加强扶贫领域的法治建设，调整农民、政府、市场的关系，规范乡村振兴中的各种行为，包括农民参与各项生产活动的行为、政府工作人员对农民的行政行为及农业市场主体的商业行为等，提高乡村振兴发展效率。通过法治途径，还可以填补脱贫攻坚和乡村振兴建设中的监管漏洞，防止扶贫领域腐败现象发生，守护脱贫攻坚胜利果实，保障乡村振兴战略顺利实施。加强乡村法治，不断提高农民法律素养，减少不必要的矛盾和纠纷，依据法律法规来维护农民各项权益，也是保障全面脱贫成果的要求。法治是我国治国理政的重要手段，是各级党委政府带领人民进行社会主义现代化建设要遵循的基本准则，在巩固全面脱贫成果和实施乡村振兴战略的过程中，要重视和加强农村法治建设，补齐农村地区法治短板，提高乡村治理水平，实现巩固拓展脱贫攻坚同乡村振兴融合发展。

二、加强乡村振兴法治保障

为巩固拓展脱贫攻坚胜利果实，衔接乡村振兴有序开展，应对下一步相对贫困问题，应当针对在脱贫攻坚中出现的乡村法治问题，提前防控部署，加强法治保障，确保乡村振兴有序推进。

（一）完善立法，以法制化持续巩固全面脱贫成果

法律是国家意志力的体现，是法治国家调整各方面各领域社会关系的规则，是各项工作有序开展的保障。农为邦本，本固邦宁。解决好"三农"问题是全党工作的重中之重，其不仅事关农民的切身利益，还事关社会的稳定、党的执政基础、社会主义现代化大局。脱贫攻坚取得全面胜利之后，在

乡村振兴阶段还要应对下一步相对贫困的挑战，确保已脱贫人口的永久脱贫，控制脱贫人口的返贫现象，巩固拓展脱贫成果，向乡村振兴迈进。因此要积极开展“三农”领域立法工作，完善乡村振兴的法律制度，建立健全农村医疗救助、养老保险、基本教育、最低生活保障、社会公益救助等与农民切身相关的法律制度，以法律形式规定乡村振兴工作中的责任主体、资金的使用和管理方式、工作原则、程序、监督审查、救济办法等，保障脱贫户的权益，防止返贫现象，巩固全面脱贫成果，保证乡村振兴工作有法可依，为“依法治贫”“以法治村”提供法制基础，为乡村振兴工作的开展提供坚实的法律保障。

（二）严格程序，以程序正义确保乡村振兴有效施行

公平正义是法治的重要精神。实现中华民族伟大复兴，最艰巨、最繁重的任务依然在农村，农民群体依旧是全面建设社会主义现代化国家进程中处于弱势的群体，脱贫攻坚和乡村振兴都是对农民群体的帮扶与救助。如不能保证脱贫攻坚和乡村振兴的公平正义，势必损害农民群体的利益，导致贪污腐败的滋生，使乡村振兴实施偏离维护平等价值的初衷，损害国家公信力，影响群众对政府公权力的态度，影响党和国家长期治国理政的权威性。法律正义包括实体正义和程序正义，程序正义被称为“看得见的正义”，过程能够被人民群众直接感受，评价标准客观。程序正义是保证实质正义的基础和重要手段。

脱贫攻坚工作的顺利开展离不开程序的公正性。要守护脱贫攻坚胜利果实，推进乡村振兴阶段各项工作，同样要制定科学合理的工作程序，规范工作流程，要保障群众的知情权和参与权，要保证裁判者，也就是政府工作人员的中立性，保证工作过程的公开性，严格执行利害关系人回避制度，保证决策过程的民主性，以科学严密的程序保证乡村振兴各个工作环节有序开展。“徒法不足以自行”，有了科学严密的工作程序，还要严格执行这些程序，才能发挥程序正义的作用。必须严格按照工作程序和标准开展巩固拓展脱贫攻坚和推进乡村振兴的各项工作，不得合并、不得简化步骤，不得弄虚作假，确保各个环节公开透明，畅通监督渠道。在整个过程中，一旦发现问

题或者经举报存在弄虚作假的，责任部门要追查到底，立即责令整改，并予以曝光，追求责任人责任，严肃处理。

（三）坚持平等，以法治原则维护农民利益

平等是法治的基本精神和基本原则，也是社会主义核心价值观的要求。平等可以分为“形式上的平等”和“实质上的平等”。“形式上的平等”是指“机会平等”或者“机会均等”，它是指每个人作为抽象的人是平等，不管如何，都应该获得平等的机会。[①] 且不说每个县的自然条件和地理环境有差异，即使是一个县，各村各户的生产条件和生活情况都不可能完全一样，乡村振兴对象是具体的，要实现“实质上的平等”，就不能搞“一刀切”，要根据不同个体的实际情况，采用不同的手段，合理地差别对待，从而实现真正的平等。这也是我们党和政府提出精准扶贫方略的重要原因，精准扶贫体现了扶贫中的实质平等，在乡村振兴发展阶段，同样不可忽视这一重要原则。

在巩固拓展脱贫攻坚成果和开展乡村振兴的阶段，工作人员应当继续坚持平等的工作原则，因地制宜，根据实际情况为脱贫不稳定户和边缘易致贫户提供不同的生产生活援助与支持，根据实际情况谋划各乡村发展蓝图，针对不同主体采用不同方式，做到“实质上的平等”，有助于防止返贫发生，保证乡村全面振兴。在巩固拓展脱贫攻坚成果和开启乡村振兴工作的重要衔接阶段，这种平等的精神不能丢，要一以贯之地制定科学合理的工作方案，保障农民群众的获得感和幸福感，体现社会主义平等性质。

（四）制约权力，以严密监督防治乡村振兴工作腐败

如果说脱贫攻坚是解决“三农”领域的某些短板问题，那么乡村振兴就是实现“三农”更高形态、更佳状态的现实路径。要实施更高形态的乡村振兴战略，更要以对腐败“零容忍”的态度推进乡村振兴全面开展。在乡村振兴阶段，要建立健全权力制约监督机制，防止行政人员自由裁量权力过大，遏制权力恣意。第一，应当建立权责统一机制，确定行政人员责任，制定权

---

① 林来梵：《宪法学讲义》，法律出版社2011年版，第272页。

力清单，加强人、权管理，严格禁止法外特权的滋生。第二，建立完善资金、物资管理和使用制度，严格项目资金的使用程序，禁止违背程序擅自使用扶贫物资的行为，严格防范跨级对扶贫资金物资的使用。第三，健全权力制约监督机制，加大监督力度，拓宽监督渠道。除了建立健全上下级监督、内部监督办法，还要发挥群众监督作用。脱贫攻坚和乡村振兴的阵地在农村，对象是农民，一般情况下，农民最熟悉本村经济情况，也是脱贫攻坚和乡村振兴的受惠者，因此要开通群众监督渠道，将村里有较高威望的村民纳入工作监督小组中，定期更换小组成员，鼓励村民揭发举证贪腐现象。除此之外，还要引入其他社会监督力量，形成全面的、多层级多方位的完善的监督体系，尤其要为外部力量提供有效监督渠道，引入利益无关的社会力量参与监督。第四，完善信息公开制度，对巩固拓展脱贫攻坚和乡村振兴政策、项目资金使用情况、受惠对象鉴别等相关信息予以公开，为社会监督和群众监督提供可行路径。第五，完善对工作人员的审查制度，加大对贪腐行为的处罚力度。脱贫攻坚和乡村振兴是我们党和国家解决“三农”问题的重大举措，决不允许腐败破坏脱贫攻坚成效，影响乡村振兴大业。

（五）正确引导，以法律智力帮扶推进乡村善治

要引导农村群众善用合法高效的维权手段。构建多元社会矛盾化解机制，充分发挥人民调解的优势，加强人民调解组织体系建设，在实现村级人民调解组织全覆盖的基础上，积极发挥群团组织调解的界别优势，行业组织调解的专业优势，宗族、同乡会组织调解的地缘亲缘优势。加强各类调解组织的业务沟通。统一管理，对自我管理规范、作用发挥明显、群众满意度较高的民间调解组织给予一定的资金支持或奖励。

要完善法律援助体系。组织各种法律人才到村担任法律顾问，有计划安排一定数量的现场法律服务，每季度至少举办一次法治知识讲座，为基层组织和村民提供法律咨询，帮助困难群众获得法律援助。积极开展面向农民、残疾人、老军人、农村留守儿童等特殊群众的专项法治服务活动，无条件地为脱贫对象提供法律援助。做到小事不出村、大事不出乡镇，教育引导群众依法表达诉求、依法履行义务、践行传统美德，做诚信守法好公民。

要加大普法宣传活动。党员干部在服务群众工作中要主动开展普法宣传工作，手教面带讲解各种法律法规及涉农法律法规知识，识别和抵制针对农村的社会违法欺诈行为、邪教活动等，教育引导农牧民群众真正学法知法守法，正确运用法律维护自己的合法权益。普法活动要讲究形式、方法和渠道，普法活动不仅要进农村进社区，还要进校园，学法要从学生抓起，多管齐下，还可以通过晚会、有奖竞猜等群众喜闻乐见的形式来开展。对农村新出现的骗局要及时了解，向群众宣传和教育，提前做好防范。普法活动还可以结合扶贫工作来开展，教育农民群众要提防非法分子的不法行为侵害到自身利益，防止返贫风险。

在全面推进依法治国的大背景下，在巩固拓展脱贫攻坚同乡村振兴有效衔接的重要阶段，通过总结和分析脱贫攻坚工作中遇到的法治难题，加强下一阶段乡村振兴工作中的法治建设，推进全面脱贫与乡村振兴在法治轨道上融合发展。为巩固拓展脱贫攻坚成果，实现乡村振兴提供法理依据和法治保障，让农村群众共享社会主义现代化的果实，共同迈进更加公平正义、更加幸福美好的新时代。

结语

站在新起点，奋进新征程，谱写百色乡村振兴新乐章

新故相推，日生不滞。

2020年征途艰险，我们坚忍不拔、共克时艰，在艰苦卓绝的大战大考中生动践行新时代百色精神，历史性摆脱了绝对贫困，用行动兑现了习近平总书记“希望下一个5年，整个百色地区能够同全国一起实现全面小康”①的殷切嘱托，一个民族、一个村子、一个群众也没有落下，沉甸甸的成绩“装点此关山”，百色“今朝更好看”。

2021年征程启航，我们梦想驰骋、坚毅笃行，锚定脱贫攻坚取得胜利后，全面推进乡村振兴这一“三农”工作重心的历史性转移，牢记习近平总书记“我们还要咬定青山不放松，脚踏实地加油干，努力绘就乡村振兴的壮美画卷，朝着共同富裕的目标稳步前行”②的谆谆教诲，持续巩固成果，做好全面脱贫与乡村振兴的有效衔接，向相对贫困宣战，努力走出一条具有百色特色的乡村振兴之路，在这新征程上再奋勇争先！

民族要复兴，乡村必振兴。全面推进社会主义现代化建设，实现百色全面复兴，最艰巨、最繁重的任务依然在农村，最广泛、最深厚的基础依然在农村。告别绝对贫困，应对相对贫困，促进乡村振兴和农业农村现代化，这是我们处在百年未有之大变局、全面脱贫、实现小康，完成建党百年目标的

① 习近平总书记参加十二届全国人大三次会议广西代表团审议时对百色特别提出的要求。

② 习近平：《二〇二一年新年贺词》，《人民日报》2021年1月1日，第1版。

历史关键节点上面临的新课题，是奋进“十四五”目标、迎接2035基本实现社会主义现代化远景目标的新起点。开启五年新篇，应对和解决相对贫困的深度、广度、难度都不亚于消除绝对贫困，以更有力的举措、汇聚更强大的力量来推进，才能为实现脱贫致富，实现农业农村现代化开好局、起好步。

本书提出构建“13261”长效机制，顺应发展规律，立足百色实际，措施系统协同、衔接紧密，力促应对和解决相对贫困的工作常态化，并落到实处，最终使乡村振兴起来、农业强起来、农民富起来、农村美起来，把既定目标变为美好现实。2020年以后应对和解决相对贫困的基本思路是：围绕从主要消除绝对贫困向解决相对贫困转变，从主要解决收入贫困向解决多维贫困转变，从重点解决农村贫困问题向统筹城乡协调发展转变。具体走向是：接续推进全面脱贫和实施乡村振兴战略有效对接起来，贯彻落实“产业兴旺、生态宜居、乡风文明、治理有效、生活富裕”的乡村振兴总方针，促进农业农村的现代化建设，从根本从长远解决相对贫困问题，让农民脱贫致富永续。

无论是消除绝对贫困，还是应对和解决相对贫困，推进全面脱贫与乡村振兴的有效衔接，实现城乡融合发展，都必须坚持党的全面领导，加强基层组织建设，充分发挥党组织的战斗堡垒作用，发挥党员的先锋模范作用，把好方向，定好目标，搞好规划，选好路径，带领农民群众脱贫致富，实现乡村振兴，推进农业农村现代化。

回顾过去，我们豪情满怀，书写了百色发展史上的壮丽诗篇；展望未来，我们信心百倍，努力谱写百色发展新征程上的华美乐章。我们这本书对于百色扶贫、消除绝对贫困的总结性研究是个结点，又是提出构建全面脱贫和乡村振兴有效衔接长效机制的前瞻性、战略性研究成果，是解决后续相对贫困、共同致富、可持续发展研究的新起点。我们会继续跟踪研究，努力为百色反贫困斗争提供多方建言献策，做出新的贡献。

“脱贫摘帽不是终点，而是新生活、新奋斗的起点。”在纪念建党100周年之际，在“十四五”规划开启之年，我们要更加紧密地团结在以习近平同志为核心的党中央周围，以时代楷模黄文秀为榜样，不忘初心，牢记使命，勇于担当，砥砺前行，为左右江革命老区百色的反贫困斗争和经济社会又好又快的发展，为加快推进中国特色社会主义现代化建设和中华民族伟大复兴的中国梦的实现而共同奋斗！

参考文献

[1] 中共中央党史和文献研究院：《习近平扶贫论述摘编》，中央文献出版社2018年版。

[2]《习近平谈治国理政》，外文出版社2014年版。

[3]《习近平谈治国理政》（第二卷），外文出版社2017年版。

[4]《习近平谈治国理政》（第三卷），外文出版社2020年版。

[5]［英］洛克：《政府论·下篇》，叶启芳、瞿菊农译，商务印书馆1964年版。

[6]［美］约翰·罗尔斯：《正义论》，何怀宏等，译，中国社会科学出版社1988年版。

[7] 夏勇：《人权概念起源》，中国政法大学出版社1992年版。

[8] 林来梵：《宪法学讲义》，法律出版社2011年版。

[9] 沈斌华：《谈“生态扶贫”和“组织扶贫”》，《北方经济》1999年第8期。

[10] 罗侠、杨波、庞革平：《新词·新概念·生态扶贫》，《人民日报》2002年10月28日。

[11] 殷文涛、谭诗斌：《收入贫困的界定与测量——贫困理论探讨之三》，《脱贫与致富》2003年第8期。

[12] 张开华、万敏：《加大农村基础设施建设投入力度研究》，《科技进步与对策》2010年第16期。

[13] 麻艳香、蔡中宏：《教育：文化发展的内在机制——教育与文化的关系研究》，《西北民族大学学报（哲学社会科学版）》2010年第1期。

[14] 孟建伟：《教育与文化——关于文化教育的哲学思考》，《教育研究》2013年。

[15] 周炳群：《百色扶贫开发史》，广西人民出版社2016年版。

[16] 黄承伟：《中国扶贫开发道路研究：评述与展望》，《中国农业大学学报（社会科学版）》2016年第5期。

[17] 刘琼秀：《广西靖西县边民扶贫脱困建议》，《科教导刊（电子版）》2017年。

[18] 李志强：《精准扶贫的法理正义与路径选择》，《西北大学学报（哲学社会科学版）》2017 年第7期。

[19] 杨成：《论精准扶贫的法治保障》，《河北法学》2017年第5期。

[20] 玉纪：《扶贫办惊现“一窝鼠”》，《中国纪检监察报》2017年6月4日。

[21] 饶蕊、耿达：《文化扶贫的内涵、困境与进路》，《图书馆》2017年第10期。

[22] 何平：《我国精准扶贫战略实施的法治保障研究》，《法学杂志》2017年第1期。

[23] 郭玲玲：《浅谈金融支持产业扶贫的难点与对策》，《农村、农业、农民》2017年11月27日。

[24] 申红卫：《延安率先实现脱贫致富的产业支撑研究》，《延安大学学报（社会科学版）》2017年第2期。

[25] 李小云、徐进、于乐荣：《中国减贫四十年：基于历史与社会学的尝试性解释》，《社会学研究》2018年第6期。

[26] 李漫娅：《中越边境地区推进边贸扶贫工作研究——以崇左市龙州县水口镇为例》，《经济研究参考》2018年第23期。

[27] 陆志伟：《西藏精准扶贫方式创新之边贸扶贫探究》，《西藏发展论坛》2018年第4期。

[28] 黄滨：《构建贫困地区扶贫金融工作思路框架研究——以百色为视角》，《区域金融研究》2017年第9期。

[29] 袁利平、丁雅施：《教育扶贫：中国方案及世界意义》，《教育研究》2020年第7期。

[30] 周娟、唐建兵：《精准教育扶贫：理论阐释、战略意义及其路径选择》，《安徽农业大学学报（社会科学版）》2020年第2期。

[31] 黄启学：《“五大发展理念”引领下的百色市精准扶贫探析》，《桂海论丛》2017年第5期。
[32] 韦从克、黄启学、李剑，等：《巩固精准扶贫成果研究》，《百色科学发展谈》2018年第2期。
[33]《广西年鉴》1999年。
[34] 唐仁健：《全力抓好产业扶贫这个脱贫根本之策》，《学习时报》2019年1月11日。
[35] 郑震：《以法治思维和法治方式推动精准扶贫》，《光明日报》2016年6月18日。
[36] 拓兆兵：《扶贫要抓好基础设施这个“关键”》，《经济日报》2016年9月13日。
[37] 孟性荣：《整合资源禀赋拓宽增收渠道——毕节市以产业扶贫促进脱贫攻坚》，《毕节日报》2018-08-14。
[38] 黄俊毅：《找准扶贫门路脱贫有了出路》，《经济日报》2016年1月20日。
[39] 周异决：《百色市精准扶贫工作报告》，《右江日报》2016年9月5日。
[40] 温涛：《实现征信体系和信息互联互通，以普惠金融创新推进乡村振兴》，《光明日报》2020年3月24日。
[41] 百色：《因地制宜打造特色扶贫产业》，《右江日报》2020年8月29日。
[42] 凌经球：《创新引领扶贫协作 助推百色河池高质量脱贫》，《光明日报》2020年10月15日。
[43] 彭晓春：《写好后续帮扶这篇大文章》，《经济日报》2020年12月10日。
[44] 北京市习近平新时代中国特色社会主义思想研究中心：《实现中华民族伟大复兴中国梦的关键一步——深入学习贯彻习近平总书记关于全面建成小康社会的重要论述》，《人民日报》2020年5月12日。
[45] 徐友仁：《凤山金融扶贫扎实精准》，金融界网，2016-12-23。
[46]《国务院办公厅转发教育部等部门关于实施教育扶贫工程意见的通知》，中华人民共和国教育部门户网站，2013-07-29。
[47] 中共中央、国务院：《关于打赢脱贫攻坚战的决定》，新华社，

2015-11-29。
[48] 中共中央、国务院：《关于印发“十三五”脱贫攻坚规划的通知》，新华社，2016-12-02。
[49] 中共中央、国务院：《关于稳步推进农村集体产权制度改革的意见》，新华社，2016-12-29。
[50] 中共中央、国务院：《关于打赢脱贫攻坚战三年行动的指导意见》，《人民日报》，2018-08-20。
[51] 中共中央、国务院：《关于实施乡村振兴战略的意见》，新华社，2018-01-02。
[52] 中共中央、国务院：《乡村振兴战略规划（2018—2022年）》，新华社，2018-09-26。
[53] 中共中央、国务院：《关于全面推进乡村振兴加快农业农村现代化的意见》，新华社，2020-02-08。
[54] 《农业部召开全国推进质量兴农绿色兴农品牌强农工作会议》，农业部网站，2018-02-07。
[55] 田海舰：《马克思的人的自由全面发展思想的价值蕴涵》，中华魂网，2018-07-01。
[56] 董伟伟：《坚持扎根中国大地办好教育》，中国社会科学网，2018-11-22。
[57] 毛铖：《在深化改革中完善农村基础设施与公共服务》，中国社会科学网，2020-05-20。
[58] 曾江、华夏：《积极推进新时代文化扶贫》，中国社会科学网，2020-05-29。
[59] 江勇：《以社会主义核心价值观引领道德建设》，中国共产党新闻网，2017-04-21。
[60] 纪绍勤：《乡村振兴关键在人》，人民网，2018-05-15。
[61] 王飞、常钦：《人气旺乡村更有希望》，人民网，2018-07-18。
[62] 章文光：《精准扶贫与乡村振兴战略如何有效衔接》，人民论坛，2019-01-31。
[63] 刘奇：《促进脱贫攻坚和乡村振兴战略有机衔接》，人民论坛，2019-

02-18。

[64] 马玉娜：《多措并举激发脱贫攻坚内生动力》，中国共产党新闻网，2019-06-04。

[65] 人民论坛理论研究中心：《文化扶贫：新时代扶贫工作的重要内容》，人民论坛网，2019-02-02。

[66] 何何：《提升群众文明道德素养，建设美丽乡村》，搜狐网，2019-03-06。

[67]《五年六次召开座谈会 这个话题习近平总书记时刻牵挂》，人民网，2019-04-18。

[68] 农业农村部：《产业扶贫已覆盖92%贫困户》，央广网，2019-10-14。

[69]《什么是农村“三变改革”？了解这些步骤你就清楚啦！》，乡村动力网，2020-06-17。

[70]《贵州整合基层资源破解扶贫产业“痛点”》，新华社，2019-11-29。

[71] 周汉民：《扶志+扶智 精准“拔穷根”》，光明网，2020-06-27。

[72]《百色芒果进驻上海　喜获无数粉丝》，中国网，2019-07-31。

[73]《广西壮族自治区党委　自治区人民政府关于稳步推进农村集体产权制度改革的实施意见》，广西政府网，2018-05-17。

[74]《广西百色高质量决战决胜脱贫攻坚》，人民日报客户端，2020-11- 20。

[75] 韦鹏雁、周进忠：《百色进出口总额突破300亿元》，广西新闻网，2020-12-09。

[76] 中共百色市委员会：《百色市人民政府关于坚决打赢“十三五”脱贫攻坚战的决定》，广西新闻网，2015-12-08。

[77] 徐顺东、陈强，等：《百色万名干部进村开展精准识别工作》，广西新闻网，2015-11-26。

[78]《百色抓住芒果发展机遇 努力打造“百色芒果”品牌》，广西新闻网，2020-07-18。

[79]《2019年百色市农业产业结构分布现状运行分析》，广西壮族自治区统计局网站，2020-03-31。

[80] 杨小传：《乐业：推行村干部职业化“四有”管理，破解村干部“不适

应综合征”》，百色新闻网，2020-08-05。

[81] 中共国家乡村振兴局党组：《人类减贫史上的伟大奇迹》，求是网，2021-02-15。

[82] 《2019年百色市国民经济和社会发展统计公报》，百色市发展和改革委员会网站，2020-07-27。

[83] 百色市人民政府：《百色市“十三五”脱贫攻坚规划》，2020-07-27。

[84] 《百色市扶贫办：“深百”携手齐攻坚 扶贫协作谱新篇——深圳对口百色扶贫协作工作综述》，百色新闻网，2018-04-24。

[85] 《政府工作报告（摘要）——2020年4月16日在百色市第四届人民代表大会第五次会议上》，2020-04-17。

[86] 《百色市深度贫困县脱贫攻坚工作亮点清单》，百色市田林县人民政府网，2019-11-12。

[87] 靖西市扶贫开发办公室：《靖西市脱贫攻坚“十三五”规划（2016—2020年）》，2017年2月。

[88] 那坡县扶贫开发办公室：《那坡县脱贫攻坚“十三五”规划》，2017年11月。

[89] 靖西市政协调研组：《靖西市边境0至3公里边民生产生活现状调研报告》，靖西市政协办，2019-03-18。

[90] 百色市人民政府：《百色市扶贫开发领导小组办公室关于印发〈百色市2020年脱贫攻坚相关问答〉的通知》，2020年。

[91] 《中共中央关于制定国民经济和社会发展第十四个五年规划和二〇三五年远景目标的建议》。

[92] 中共中央、国务院：《关于实现巩固拓展脱贫攻坚成果同乡村振兴有效衔接的意见》。

[93] 《中共中央关于坚持和完善中国特色社会主义制度　推进国家治理体系和治理能力现代化若干重大问题的决定》。

后 记

《脱贫攻坚与乡村振兴有效衔接研究——左右江革命老区核心区百色市的探索实践》一书终于付梓出版了。此书是在中共百色市委党校校委直接组织领导下、百色市脱贫攻坚战指挥部和百色学院大力支持下，新老教授和年轻教师合作共同研究完成的成果，是集体智慧的结晶。这本书的出版来之不易。2019年8月29日，百色市脱贫攻坚战指挥部下发了《〈百色市2019年脱贫攻坚课题研究工作方案〉的通知》，其中有一个重点项目是“百色市巩固脱贫攻坚成果长效机制研究”，本校黄启学教授申报此项目并获得立项，接着他会同课题组成员原百色市委党校常务副校长李树立和罗金丁副校长一起深入12个县（市、区）调查研究，结合原有长期研究扶贫的基础，完成了此项研究成果，并上报市政府。2020年3月6日得到了市政府分管领导古俊彦副市长的批示：“该课题对百色市构建巩固脱贫成果长效机制的研究较为深入，对策建议可行，值得各县（市、区）借鉴、采纳。”后来，黄启学经过压缩修改成论文，题为“落实‘四不摘’政策，构建巩固脱贫攻坚成果的长效机制”，发表在《西部发展研究》2020年第1期（社科文献出版社出版），还有“构建巩固脱贫攻坚成果，解决相对贫困的长效机制初探——以西南深度贫困地区广西百色市为研究样本”一文，发表在广西区党委党校学报《桂海论丛》2020年第3期，为百色市巩固脱贫攻坚成果、应对解决相对贫困问题的研究，提供了有指导意义的成果。

2020年是脱贫攻坚收官之年，为了总结百色市脱贫攻坚成果、全面脱贫的经验，有效对接乡村振兴、应对和解决相对贫困问题，黄启学、李树立、罗金丁决定带领本校教师在原有的研究成果基础上深化拓展，写成一本总结经验、展望未来，对巩固拓展脱贫攻坚成果与乡村振兴有效对接的有指导意义的著作。此事得到市脱贫攻坚战指挥部领导的高度重视和大力支持。2020年1月9日，黄启学初拟了写作大纲，经与李树立、罗金丁等同志深入讨论修改，并征求了大家的意见和建议，尤其是征求了百色市委党校特聘的享受国务院特殊津贴专家、中共广西壮族自治区委党校凌经球教授的建议，进行了反复修改敲定了写作大纲。2020年6月，正式组织写作组开展调研和写作。全体校内作者28人，分成5个小组深入12个县（市、区）39个乡镇52个村进行调研，掌握了第一手材料，同时还经常到市脱贫攻坚战指挥部了解全市脱贫攻坚进度和收集掌握数据，为写作打下了良好的基础。大家经过8个月的调研、写作和反复修改，终于完成了著作，成果来之不易，其凝聚了各位领导、作者的心血和集体的智慧。

本著作34.9万字，紧紧围绕百色巩固拓展脱贫攻坚成果与实施乡村振兴有效衔接、应对和解决相对贫困、促进可持续发展的探索实践来组织内容，前十五章是对百色35年来从扶贫到精准扶贫、精准脱贫工作历史过程进行全面总结，分析了从基础设施建设扶贫到党建扶贫等十二个方面的基本状况、做法和成效，总结了基本经验。从第十六章到第二十二章，对脱贫攻坚战胜利后面临的形势、机遇、困难、问题和挑战进行了分析，着重阐述要构建“13261”巩固拓展脱贫攻坚成果、有效对接乡村振兴、应对和解决相对贫困、促进可持续发展的长效机制，总体内容很有现实指导性和可操作性，整体框架合理，内容翔实，资料丰富，结构严谨，层次分明，论证也比较充分，指导意义重大而深远，是一本区域性研究著作。在写作中，我们注重以下几点：

第一，高政治站位。我们以习近平总书记关于精准扶贫、精准脱贫的系列重要论述为遵循，站在我们党组织动员全国力量、帮扶贫困人口全面脱贫奔小康的庄严承诺的高度，来调研分析左右江革命老区核心区百色市贫困农民的贫困状况和原因，总结实现脱贫摘帽所采取的对策和经验，尤其是如何巩固拓展脱贫成果、与乡村振兴有效对接、应对和解决相对贫困、促进可持续发展的问题，提出了有见解的举措，体现了紧跟党中央的部署的政治自觉。

第二，显创新内容。书中坚持系统观念，突出表现在创新性提出了构建“13261”的长效机制，即多维机制合成的系统体系，即“1责（主体责任）、3兴（产业兴、集体经济兴、人才兴）、2促（促进基础设施建设与维护、促进农民脱贫致富内生动力的激发）、6协（财政金融、电商、物流、社会力量、动态治理、基层组织建设六方面的协同行动）、1保（法律保障）”的长效机制体系，无论是对巩固脱贫成果，还是乡村振兴行动、应对和解决相对贫困及可持续发展问题，具有重要的可行性的意义。

第三，用协同方法。书中坚持系统观点，运用了协同的方法进行分析研究，提出要把脱贫攻坚战当作一个系统整体来抓，强调系统各要素的协同合作，在构建“13261”的长效机制要协同，在贯彻落实的各要素举措也要协同，才能形成协同力，共同贯彻落实好“13261”的长效机制，使巩固拓展脱贫攻坚成果、实施乡村振兴行动、应对和解决相对贫困及可持续发展取得实实在在的效果。

第四，实调查资料。我们注重深入实际调查研究，广泛收集核实材料和数据，使书中的各种资料丰富、翔实、具体、准确，不仅具有收藏的价值和意义，而且可为今后的进一步研究提供参考。

第五，聚集体智慧。本书由29位作者合作，他们既是中共百色市委党校教师，也是百色学院马克思主义理论一流学科（培育）研究人员，大家团结协作，以老带新、认真负责、谦虚谨慎、互相帮助、取长补短，充分发挥了各个人的智慧，在短短几个月的时间内拿出这一成果，着实不易，是集体智慧的结晶。各章作者是：代序凌经球；第一章韦曼莉；第二章卢玉凤；第三章黄爱叶；第四章梁振芳；第五章凌宏波；第六章郑直、周昌平；第七章杨素刚；第八章刘承智；第九章余美琼、杨倩云；第十章罗世营、韦武年；第十一章黄玉娇、魏子岳；第十二章陆贵松；第十三章黄虹妮、蓝筱萍；第十四章李树立；第十五章谢贞君；第十六章罗金丁；第十七章黄启学；第十八章谈冬妮；第十九章王文亮、黄启学；第二十章邱晓晨；第二十一章赵堂高；第二十二章蓝筱萍；结语李永谋；后记黄启学。在组织写作过程中，李树立、罗金丁、赵堂高、王文亮负责组织调研、讨论、修改部分章节的工作；罗金丁还参与了后期统稿工作和联系扶贫指挥部事宜；韦曼莉负责编辑书稿和联络工作；黄启学作为课题主持人，负责组织、指导、协调、最终统稿和定稿工作。

此书的出版，为左右江革命老区核心区百色市巩固拓展脱贫攻坚成果和乡村振兴的有效对接实践提供了有指导意义的成果，也为中国反贫困斗争的研究增添了“沧海一粟”。

此书在写作和出版过程中，首先是得到了百色市脱贫攻坚战指挥部的大力支持和资助，尤其是市扶贫办黄茂兵主任给予了精心指导和鼎力相助。百色学院也给予热情支持，把此著作列为“广西一流学科（培育）建设项目——百色学院马克思主义理论一级学科”给予资助，特别是得到百色学院党委副书记徐魁峰教授、副校长罗志发教授友情指导和帮助。享受国务院特殊津贴专家、广西区委党校凌经球教授作为特邀顾问，认真负责指导写作并代作序。市领导、各县（市、区）领导、脱贫攻坚战指挥部和各有关部门积极配合、组织召开座谈会和协助下乡村调研，给予了大力支持和引导。在校内，校委高度重视和加强领导，在人、财、物诸方面确保此书的完成，特别是得到了各位教职工的全力支持和帮助。为了写好此书，我们还参考和引用了许多书籍、报纸杂志和有关部门的数据资料。特别是中国出版集团研究出版社编辑寇颖丹同志付出了艰辛的劳动。对以上各方的大力支持和热情帮助，我们表示衷心感谢并致以崇高敬意！

当然，中国乃至世界反贫困的斗争远还没有到“完成时”，还在“进行时”，我们的研究成果还只是刚刚开始，许多不足之处在所难免，敬请各位专家学者多多指教。我们一定会以大家的支持和帮助为动力，守初心，担使命，勤耕耘，砺前行，勤研究，导实践，为百色的巩固拓展脱贫攻坚成果同乡村振兴有效对接，为推进农业农村现代化做出新的更大贡献！

中共百色市委党校课题组

2021年2月8日